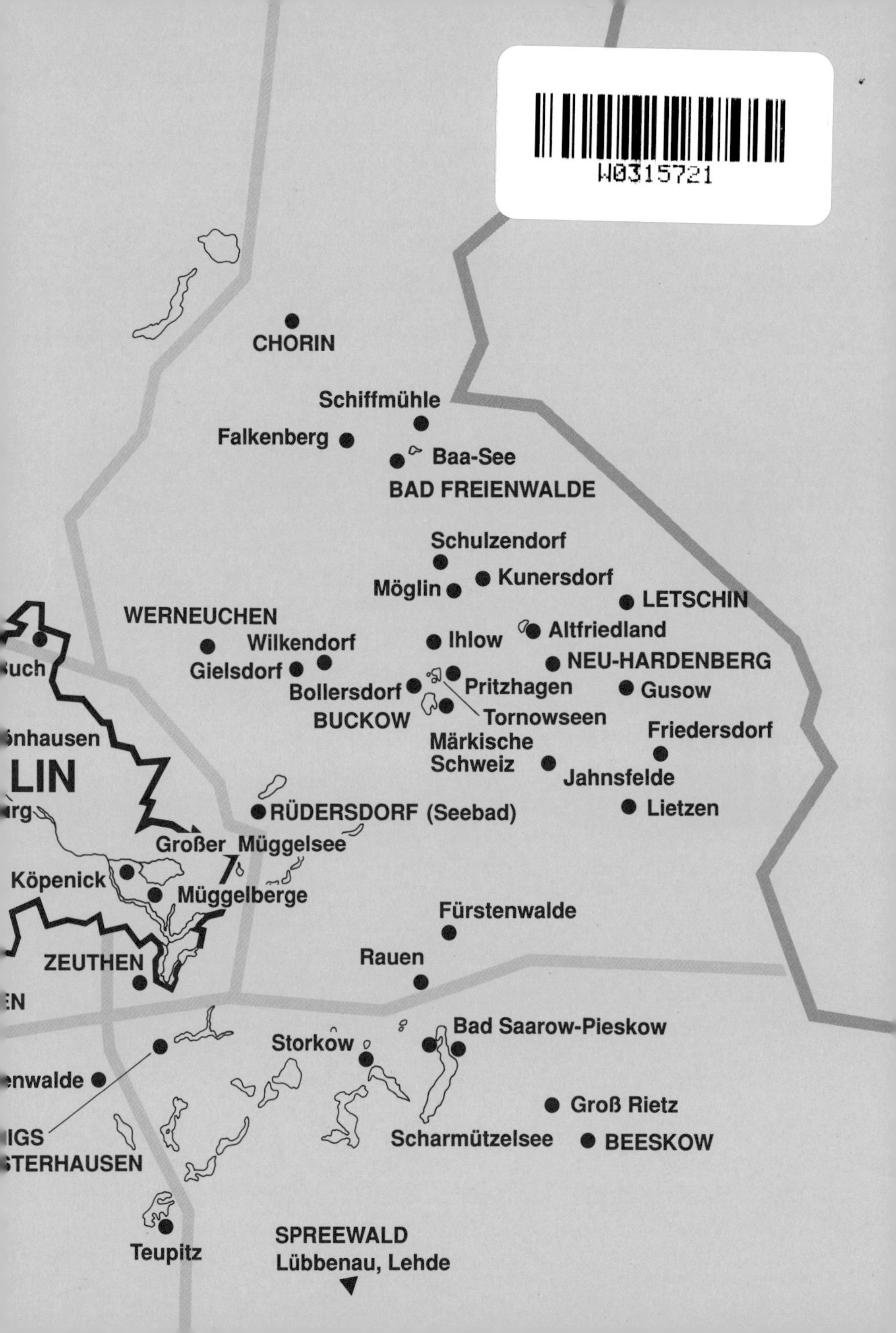
CHORIN
Schiffmühle
Falkenberg
Baa-See
BAD FREIENWALDE
Schulzendorf
Kunersdorf
Möglin
LETSCHIN
WERNEUCHEN
Altfriedland
Wilkendorf
Ihlow
uch
Gielsdorf
NEU-HARDENBERG
Pritzhagen
Bollersdorf
Gusow
BUCKOW
Tornowseen
Friedersdorf
önhausen
Märkische Schweiz
LIN
Jahnsfelde
RÜDERSDORF (Seebad)
Lietzen
Großer Müggelsee
Köpenick
Müggelberge
Fürstenwalde
ZEUTHEN
Rauen
EN
Bad Saarow-Pieskow
Storkow
enwalde
Groß Rietz
IGS
Scharmützelsee
BEESKOW
TERHAUSEN
SPREEWALD
Teupitz
Lübbenau, Lehde

Unterwegs mit Fontane in Berlin und der Mark Brandenburg

GISELA HELLER

Unterwegs mit Fontane in Berlin und der Mark Brandenburg

NICOLAI

4. Auflage 1999

Umschlagbild: Manfred Hamm, Berlin
Satz: Mega-Satz-Service, Berlin
Plan: Ingo Naroska, Berlin
Druck und Bindung: Franz Spiegel Buch GmbH, Ulm

Printed in Germany
ISBN 3-87584-853-5

Vorwort

»Wer in der Mark reisen will, der muß zunächst Liebe zu ›Land und Leuten‹ mitbringen, mindestens keine Voreingenommenheit. Er muß den guten Willen haben, das Gute gut zu finden, anstatt es durch krittliche Vergleiche totzumachen.« 1864 gab Fontane den Wanderern in der Mark diesen Rat. Wie gegenwärtig klingt er heute, da unzählige »Wanderer« ausziehen, ein Land zu entdecken, das jahrzehntelang als »verlorene Provinz« galt.

Wer dieses Land »mit der Seele suchen«, wer das Wesen von Mark und Märkern verstehen will, ist noch heute mit Fontane gut beraten, denn er hat beide »liebevoll geschildert, aber nirgends glorifiziert«. Wie ein Wünschelrutengänger berührte er den Boden und ließ historische Gestalten erstehen, und in dieses Zauberspiel der Phantasie wird der Fontane-Leser auch heute hineingezogen: In Wustrau wird ihm Zieten aus dem Buch lebendig, in Rheinsberg Prinz Heinrich, in Meseberg der ›tolle Kaphengst‹; in Molchow wird er schmunzelnd bestätigen, daß der hölzerne Glockenturm wirklich so aussieht, »als habe ihn ein Schilderhaus mit einer alten Windmühle gezeugt«; eine Blumenwiese in Hankels Ablage wird ihn an Lene und Botho erinnern; und obwohl es nie ein Schloß Stechlin gegeben hat, wird man am Großen Stechlinsee, vielleicht in einer knorrigen Eiche, den alten Dubslav raunen hören: »Unanfechtbare Wahrheiten gibt es überhaupt nicht, und wenn es welche gibt, so sind sie langweilig.«

Etwas von der ungeheuren Zauberkraft, die von Fontanes »Wanderungen« und Romanen ausgeht, ist in diesem Buch eingefangen; der Leser scheint Fontane über die Schulter zu sehen, er erfährt, warum es ihn an diesen oder jenen Ort zog, was ihm dort widerfuhr und wie es sich in Leben und/oder Werk niederschlug.

»Unterwegs mit Fontane« heißt aber nicht nur reisen zu den Stätten, die für ihn von Bedeutung waren, sondern auch reisen zum Menschen Fontane. Die Neuruppin- und Berlin-Kapitel ergeben so etwas wie eine Fontane-Biographie: Kinderjahre, Schulzeit, Sturm und Drang in Berlin, Reifezeit, Familienleben, Ärger mit Chefredakteuren, Ministern, Hausbesitzern und der leidigen »Commodité«, kurz, sein ganzer Lebensbogen bis zu dem großen Romanwerk, das er mit 60 begann.

Berlin nimmt verständlicherweise den größten Raum ein und ist allen anderen Kapiteln vorangestellt. Fontane erlebte, wie die Stadt sich aus provinzieller Enge befreite und »vernobelte«; er beobachtete die Anfänge kaiserlichen Bombasmus, ... die Folgen mit all den schrecklichen Verwüstungen sah er nicht mehr.

Keine seiner 18 (!) Wohnstätten blieb dort erhalten, und doch wird der Leser eine Vielzahl von Plätzen finden, an denen er überrascht innehält und sich sagt: Ja, *hier* muß es gewesen sein, auf diesen jüdischen Friedhof konnte er von seinem Fenster aus sehen, oder hier, in der Invalidenstraße, könnte die Witwe Pittelkow oder hier, in der Keithstraße, könnte Effi Briest gewohnt haben; und die Poggenpuhls, schwärmten sie nicht von dem Ausblick auf den stillen Matthäikirchhof? Wirkliche und Romangestalten laufen einem durcheinander, und gerade das war von Fontane gewollt.

Erich Kästner schrieb 1959 in einer Hommage à Fontane: »Er schuf Berlin zum zweiten Male. Er schenkte uns die Stadt an der Spree, wie uns Balzac die Stadt an der Seine und Dickens die Stadt an der Themse schenkten. Diese Städte und ihre Gesellschaft mögen sich wandeln, sie mögen wachsen, verfallen oder gar zerstört werden – ihr Herz und eigentliches Wesen lebt im Œuvre der großen Romanciers fort.«

Und was die Mark Brandenburg betrifft, so hoffe ich, daß der Leser am Ende seiner Reise mit Fontane sagen kann: »Ich bin die Mark durchzogen und habe sie reicher gefunden, als ich zu hoffen gewagt hatte.« Zwar muß sich der Reisende – wie zu Fontanes Zeiten – auf manche Unebenheiten gefaßt machen, aber: »Es wird einem selten das Schlimmste zugemutet«.

Mögen nun die vorliegenden Kapitel »in andern jene Empfindungen wecken, von denen ich am eigenen Herzen erfahren habe, daß sie ein Glück, ein Trost und die Quelle echtester Freuden sind« (Theodor Fontane, November 1861).

Gisela Heller, April 1992

Berlin

»Es ist mir im Laufe der Jahre besonders seit meinem Aufenthalte in London Bedürfnis geworden an einem großen Mittelpunkte zu leben, in einem Centrum wo entscheidende Dinge geschehn, ... ein solches Schwungrad in nächster Nähe sausen zu hören, auf die Gefahr hin, daß es gelegentlich zu dem bekannten Mühlrad wird« (an Paul Heyse, 28. 6. 1860). Es sollte ihm reichlich zuteil werden: Schwungrad und Mühlrad. Als er im Herbst 1833, also noch nicht vierzehnjährig, mit seinem Habseligkeitsbündel nach Berlin kam, das er bisher nur von kurzzeitigen Besuchen an der Seite seiner Eltern her kannte, ahnte er nicht, daß diese Stadt sein Schicksal werden sollte.

Zunächst sehnte er sich nach Swinemünde zurück, wo er vom siebten bis zum zwölften Lebensjahr in »freier Wildbahn« aufgewachsen war. In einer befreundeten Honoratiorenfamilie hatte er am Unterricht durch einen Hauslehrer teilgenommen, den Rest besorgte Vater Fontane selbst nach einer eigenen, spielerischen Methode, die er kühn »die sokratische« nannte. »Da war ich unschuldigen Herzens und geweckten Geistes gewesen, voll Anlauf und Aufschwung, ein richtiger Junge, guter Leute Kind. Alles war Poesie. Die Prosa kam bald nach...« Die Prosa – das waren die anderthalb Jahre auf dem Neuruppiner Gymnasium unter der Fuchtel des Schulmonarchen Thormeyer.

Dann beschloß der Vater, den Jungen auf die 1824 in Berlin gegründete Klödensche Gewerbeschule zu geben. Karl Friedrich Klöden, bekannt als Geograph und Historiker, wollte in seiner Lehranstalt vor allem »Realien«, die praktischen Fächer vermitteln. Da Theodor Apotheker werden sollte, hielten die Eltern dies für die beste Voraussetzung. So bezog der Knabe sein erstes Berliner Domizil: die Schülerpension Badtke in der Wallstraße 73.

»Das Resultat dieses unterbrochenen Schulganges war, daß ich, anstatt *eine* Sache wirklich zu lernen... von links her die Gymnasialglocken, von rechts her die der Realschule habe läuten hören, also mit minimen Bruchteilen einerseits von Latein und Griechisch, andrerseits von Optik, Statik, Hydraulik, von Anthropologie – wir mußten die Knochen und Knöchelchen auswendig lernen –, von Metrik, Poetik und Kristallographie meinen Lebensweg antreten mußte« (»Von Zwanzig bis Dreißig«, Kapitel »Mein Onkel August«).

Immerhin ist diese »gemischte«, durchaus praktikable Bildung später dem Journalisten und auch dem Romancier Fontane zugute gekommen. Das Pensionat erwies sich bald als zu lieblos und vor allem zu teuer. Deshalb zog Theodor zu seinem Onkel August, der Burgstraße 18, gegenüber dem Stadtschloß, ein Malutensiliengeschäft betrieb und selber recht ordentlich malte und musizierte. Tante Pinchen hatte, wie es hieß, ihm zuliebe eine große Bühnenkarriere aufgegeben, aber den theatralischen Lebensstil beibehalten. »Da war alles auf Schein, Putz und Bummelei gestellt; medisieren und witzeln, einen Windbeutel oder einen Baiser essen, heute bei Josty und morgen bei Stehely, nichts tun und nachmittags nach Charlottenburg ins Türkische Zelt fahren – das war so Programm. Wo das Geld dazu herkam, erworben oder nicht erworben, war gleichgültig, wenn es nur da war«. Dem Knaben gefiel diese legere Art, er »glaubte an die beste der Welten«, nur manchmal mahnte ihn das Gewissen zu »solider Pflichterfüllung, mein bestes Erbstück von der Mutter her« (ebenda).

Ostern 1835 mußte die schöne, romantische Wohnung aufgegeben werden. Man zog nach der Großen Hamburger Straße 30/30a. »Lauter gescheiterte Leute hatten hier, als Trockenwohner, ein billiges Unterkommen gefunden: arme Künstler, noch ärmere Schriftsteller und bankrotte Kaufleute... Eine Gesamt-Gesellschaft, in die, was mir damals glücklicherweise noch ein Geheimnis war, mein entzückender Onkel August – er war wirklich entzückend – durchaus hineingehörte.« Der sechzehnjährige Theodor bewohnte ein Zimmer im Seitenflügel, so feucht, »daß das Wasser in langen Rinnen die Wände herunterlief« (ebenda). Auf dem gleichen Flur wohnten ein verarmter polnischer Edelmann und eine couragierte junge Witwe, die – Jahrzehnte später – vielleicht das Modell für die Witwe Pittelkow abgegeben haben mag.

Zu Onkel Augusts Whistrunde gehörte Herr Rat Kummer, »ein Tausendkünstler, Erfinder der Reliefkarten und -globen«, ebenso reich beanlagt und ebenso unbedenklich in den Tag hinein lebend. Seine Pflegetochter Emilie Rouanet wirkte auf den Jüngling Theodor wie ein »Ciocciaren-Kind aus den Abruzzen«, er war bezaubert von ihrer exotischen Wildheit und Theaterleidenschaft. Fünfzehn Jahre später wurde sie seine Frau.

Zu Pfingsten 1835 gefiel es dem Onkel, vor dem Oranienburger Tor eine Sommerwohnung zu mieten. Der Weg zur Schule dauerte nun eine Stunde. Obendrein wanderte Oberlehrer Ruthe mit seinen Schülern zweimal in der Woche zum Botanisieren nach Treptow, Britz oder zu den Rudower Wiesen. »Dann mußte ich mit nur *zu* oft wundgelaufenen Füßen... wenigstens anderthalb Stunden« nach Hause laufen. »Angekommen hatte ich noch die Pflanzen in Löschblätter zu legen und fiel dann todmüde ins Bett. Man male sich aus, mit welcher Freudigkeit ich dann am Donnerstag in die Schule ging. ... Die Folge... war denn auch, daß ich immer mehr und mehr in Bummelei verfiel« (ebenda).

Damals begann er schon auf eigene Faust mit »Wanderungen«: »Grunewald und Jungfernheide nahmen mich auf, und wenn ich es an dem einen Tage mit den Rehbergen oder mit Schlachtensee versucht hatte, so war ich tags darauf in Tegel und lugte nach dem Humboldtschen ›Schlößchen‹ hinüber, von dem ich wußte, daß es allerhand Schönes und Vornehmes beherberge. Nebenher war ich aber wirklich auf der Suche nach Moosen und Flechten und bildete mich auf diese Weise zu einem kleinen Kryptogamisten aus« (ebenda).

Theodor liebte den Lehrer Ruthe, der ein abenteuerliches Leben hinter sich hatte und profunde medizinische, zoologische und botanische Kenntnisse besaß. Auf seinen späteren »legitimen« Wanderungen griff er öfter auf Ruthes »Naturgeschichte der Mark Brandenburg« zurück. Und in dem Roman »Irrungen, Wirrungen« erinnert die Wiese auf Hankels Ablage, auf der Lene ihrem Liebsten den beziehungsvollen Strauß bindet, an Ruthe und die Rudower Wiesen.

»An der Ecke Schönhauser und Weinmeisterstraße, will also sagen an einer Stelle, wohin Direktor Klöden und die gesamte Lehrerschaft nie kommen konnten, lag die Konditorei meines Freundes Anthieny... Da trank ich denn, nachdem ich vorher einen Wall klassisch-zeitgenössischer Literatur... um mich her aufgetürmt hatte, meinen Kaffee. Selige Stunden. Ich vertiefte mich in die Theaterkritiken von Ludwig Rellstab, las Novellen und Aufsätze von Gubitz...«, – und Fontane ahnte nicht, daß er einmal die Nachfolge dieser Herren antreten würde als Theaterkritiker bei der »Vossischen Zeitung«. Las auch »vor allem die Gedichte jener sechs oder sieben jungen Herren, die damals... eine Berliner Dichterschule bildeten« (ebenda). Angeregt durch Chamissos »Salas y Gomez« verfaßte er selbst ein Gedicht. »Natürlich waren es auch Terzinen; Gegenstand: die Schlacht bei Hochkirch« (an Storm, 14. 2. 1854). »Hätte ich... pflichtgemäß meine Schulstunden abgesessen, so wäre mein Gewissen zwar reiner geblieben, aber mein Wissen auch, und auf dem ohnehin wenig beschriebenen Blatte meiner Gesamtgelehrsamkeit würd auch das Wenige noch fehlen, was ich dem ›Freimütigen‹, dem ›Gesellschafter‹ und dem ›Figaro‹ von damals verdanke« (ebenda).

(Dieses »Bekenntnis« schrieb der fünfundsiebzigjährige Dichter in seinen Memoiren, just in dem Jahr, in dem ihm die Ehrendoktor-Würde der Berliner Universität verliehen worden war. Der Weg dahin war lang und steinig, oft genug dornenvoll.)

Am 1. April 1836 trat Theodor Fontane bei Wilhelm Rose, dem Besitzer der Apotheke »Zum weißen Schwan«, seine Lehre an. Er wohnte im Seitenflügel Spandauer Straße, Ecke Heidereitergasse und durfte am Lesezirkel seines Lehrherrn teilhaben. Da Rose den von Karl Gutzkow und den Jungdeutschen herausgegebenen »Telegraph« abonniert hatte, eröffnete sich ihm eine neue Welt.

Ungeachtet aller Bildungsbeflissenheit vertrat der Prinzipal eine ausgesprochene Geldsackgesinnung, die der junge Fontane um so lächerlicher fand, als gar kein nennenswerter Geldsack vorhanden war. Er sah in Rose den Prototyp eines Bourgeois; Jahrzehnte später brachte er seine Beobachtungen in den Roman »Frau Jenny Treibel« ein.

Zu den angenehmsten Seiten der Ausbildung gehörte das Kochen von Queckenextrakt im Kellerlaboratorium. »Schönere Gelegenheit zum Dichten ist mir nie wieder gegeben worden; die nebenher laufende, durchaus mechanische Beschäftigung, die Stille... alles war geradezu ideal« (ebenda, Kapitel »Berlin 1840«). In der mittäglichen Freistunde schrieb er dann alles auf, was er sich am Braukessel ausgedacht hatte. So »leimte ich ein kleines Epos zusammen: Heinrich IV. Und das Jahr darauf schrieb ich meine erste Ballade, die ... hieß ›Vergeltung‹, behandelte ... die Schuld, den Triumph und das Ende des Pizarro und wurde unter Gratulationen von dem betreffenden Redakteur in einem hiesigen Blatt gedruckt« (an Storm, 14. 2. 1854). Auf ähnliche Weise entstand auch die erste Novelle »Geschwisterliebe«, die im Dezember 1839 ebenfalls im »Berliner Figaro« erschien. Dieses Sich-gedruckt-Sehen hob sein Selbstwertgefühl, so daß er ohne Murren die »letzte Waschfrauenarbeit« verrichtete.

Seine freie Zeit verbrachte er im Platen-Klub oder im Lenau-Verein. Dort lernte er auch den gleichaltrigen Studenten der Nationalökonomie Julius Faucher und den sieben Jahre älteren Gustav Adolf Techow kennen. Zwei sprühende Feuerköpfe, die sich 1848/49 leidenschaftlich für die Revolution einsetzten. Techow wurde deswegen zu 15 Jahren Festungshaft in Spandau verurteilt, wo ihn Fontane besuchte. Faucher mußte nach London emigrieren. Dort sollte ihm Fontane später wieder begegnen.

1838/39 war dies alles noch nicht abzusehen, harmlos das Geplauder in den berühmten Cafés von Stehely am Gendarmenmarkt, Josty gegenüber dem Schloß und Spargnapani Unter den Linden 50. Dennoch nannte sie Karl Gutzkow »den Revolutionsherd der vormärzlichen Zeit, wo Baisers, Spritzkuchen und Journale den Geist der Neuerung befördern halfen«. Und der junge Fontane, sooft es Zeit und Geldbeutel erlaubten, immer mittendrin.

Im Januar 1840 bescheinigte ihm Stadtphysikus Dr. Natorp »sehr gute Kenntnisse der Chemie, Pharmacie und Latinität«. Als Apothekengehilfe arbeitete er nun in Burg und Leipzig, wo er sich dem Herwegh-Klub anschloß. Beklagte nun nicht mehr im Lenau-Stil die Grabesstille der vereisten Natur, sondern schmetterte mit jugendlichem Ungestüm ins Horn des schwärmerisch-revolutionären Herwegh: »Ich möcht hinaus! Umbrüllt von Sturm und Wettern...!« und so weiter...

Ein erster Versuch in Leipzig, vom Ertrag seiner Feder zu leben, mißlang. Typhus und rheumatisches Fieber zwangen ihn für Monate aufs Krankenlager. 1842 trat er in die renommierte Salomonis-Apotheke des Dr. Struve in Dresden ein, begann den »Hamlet« neu zu übersetzen und den englischen Arbeiterdichter John Prince; bereitete sich in der väterlichen Apotheke zu Letschin auf ein Studium vor, aus dem aber nichts werden sollte; begann am 1. 4. 1844 seinen Dienst als Einjährig-Freiwilliger im Kaiser-Franz-Gardegrenadierregiment Nummer 2. Bewohnte in dieser Zeit ein Zimmerchen in der Klosterstraße 64, später Jüdenstraße 55. Der Dienst muß recht kommod gewesen sein, denn der Herr Oberst bewilligte ihm vom Wachdienst weg zwei Wochen Urlaub für eine unerwartete England-Reise. Er sollte seinem Schulfreund Hermann Scherz dolmetschen. Die Tower-Bridge, Buckingham Palace, blutige Historie und weltoffene Gegenwart beeindruckten ihn stark. Zeit seines Lebens blieb ein »liking« für diese pulsierende, imposante Riesenstadt. Es bewahrte ihn später davor, das im Vergleich zu London doch noch provinzielle Berlin als Nabel der Welt anzusehen.

Im Kaiser-Franz-Grenadierregiment diente als Berufsoffizier Bernhard von Lepel, ein künstlerisch talentierter Mann, brillierend in italienischer Sprache und Kultur, ein Meister des Bonmots und der gereimten Improvisation, leider ständig in Liebesaffären verstrickt, doch seinem Freund Fontane gegenüber treu; er half ihm über manche seelische und finanzielle Durststrecke hinweg und führte ihn in die literarische Sonntagsgesellschaft »Tunnel über der Spree« ein.

Der »Tunnel« war 1827, als ihn der geistreiche Hans-Dampf-in-allen-Gassen Saphir gründete, »an vielen Sonntagen nichts weiter als ein Rauch- und Kaffeesalon, darin, während Kellner auf und ab gingen, etwas Beliebiges vorgelesen wurde«. 1844, zu dem Zeitpunkt, als Fontane den »Tunnel«-Namen »Lafontaine« erhielt und als ordentliches Mitglied aufgenommen wurde, stand der Verein in seiner Hochzeit. Es gehörten ihm eine Reihe in Malerei und Dichtung dilettierende Offiziere wie Bernhard von Lepel an, hohe Beamte wie der Kammergerichtsrat Wilhelm von Merckel, Architekten wie Richard Lucae, Professoren wie die Kunstwissenschaftler

Franz Kugler und Friedrich Eggers; aber auch Kaufleute, Assessoren und »wirkliche Künstler« wie Kuglers Schwiegersohn Paul Heyse, die Maler Adolph Menzel und Theodor Hosemann. Als Gäste können Emanuel Geibel und Theodor Storm genannt werden.

Fontane schrieb zwar in seinen Memoiren: »Die Tunnel-Leute waren, wie die meisten gebildeten Preußen von einer auf das nationalliberale Programm hinauslaufenden Gesinnung«, doch muß dies aufgrund ihrer Herkunft und Profession bezweifelt werden. So erlangte Merckels Pamphlet aus dem Jahre 1848 traurige Berühmtheit, das mit dem Satz schloß: »Gegen Demokraten helfen nur Soldaten!«

Der »Tunnel« sollte ein von der Ästhetik geheiligter Bezirk sein, über der banalen Realität des Alltags stehend; Toleranz war oberstes Gebot, politische und konfessionelle Streitgespräche nicht erlaubt, ja, um des lieben Friedens willen verpönt. Durch die »Tunnel«-Namen sollten alle gesellschaftlichen Schranken aufgehoben werden. Man las vor, die anderen sagten ihre Meinung, begründeten sie, wurden akzeptiert oder widerlegt. Fontane lernte dabei ungemein, bildete seine Urteilsfähigkeit. Mit seinen eigenen Arbeiten, Versen und Übersetzungen des englischen Arbeiterdichters John Prince, die den schwärmerisch-freiheitlichen Impetus Herweghs nicht verleugneten, stieß er zunächst auf Kopfschütteln und Befremden. Erst mit dem volksliedhaft-derben »Alten Derfflinger« fand er genau den Ton der »Tunnel«-Leute und deren ungeteilte Anerkennung. Kein Wunder, daß dem Derfflinger weitere preußische Helden folgten: der alte Dessauer, Zieten aus dem Busch, Seydlitz, Schwerin und Schill. »Die große Mehrzahl meiner aus der preußischen aber mehr noch aus der englisch-schottischen Geschichte genommenen Balladen entstammt jener Zeit, und manche glückliche Stunde knüpft sich daran. Die glücklichste war, als ich… 1853 oder 54 – meinen ›Archibald Douglas‹ vortragen durfte. Der Jubel war groß. Nur einer ärgerte sich und sagte: ›Ja, wer *so* vorlesen kann, der *muß* siegen‹« (»Von Zwanzig bis Dreißig«, Kapitel »Mein Eintritt in den Tunnel«).

Fontane war 21 Jahre lang Mitglied des »Tunnels«, zeitweise sein Schriftführer – denn es wurde gewissenhaft Protokoll geführt – und ab

1859 sogar »angebetetes Haupt«, sprich Vorsitzender. Die Jahre von 1844 bis 1855 waren für ihn die intensivsten und wichtigsten, denn im »Tunnel« lebte er sein eigenes Leben, das ihm über private und berufliche Miseren hinweghalf. Am 1. April 1845 endete sein Militärdienst. Weil für die Approbation als »Apotheker erster Klasse« eine bestimmte Praktikantenzeit nachgewiesen werden mußte, arbeitete er eine Weile als Rezeptar beim Vater in Letschin und übernahm am 24. 6. 1845 die Stelle eines zweiten Rezeptars in der »Polnischen Apotheke« von Dr. Julius Schacht in Berlin, Friedrichstraße 153a, Ecke Mittelstraße. Dort lernte er Friedrich Witte kennen, den späteren Reichstagsabgeordneten und Inhaber einer pharmazeutischen Fabrik in Rostock. Ihm und seinem Bruder sollte er zeitlebens freundschaftlich verbunden bleiben. Bei seinem Onkel August traf er das »Nachbarskind« aus der Großen Hamburger Straße wieder. »Die Kleine, mittlerweile neunzehn Jahr alt geworden, war total verändert. Nicht bloß das Abruzzentum war hin... beweglich und ausgelassen, vergnügungsbedürftig und zugleich arbeitsam war sie der Typus einer jungen Berlinerin, wie man sie sich damals vorstellte... Wir nahmen den alten herzlichen Ton wieder auf« (ebenda, Kapitel »Fritz, Fritz, die Brücke kommt«), und am 8. Dezember verlobten sie sich. Während eines Spaziergangs. Mitten auf der Weidendammer Brücke.

Um heiraten zu können, war »noch zweierlei vonnöten: Geld und Examen«. Ernsthaft bereitete er sich, teils in Letschin, teils in Berlin, auf das Staatsexamen vor, wohnte wieder einmal bei Onkel August – Dorotheenstraße 60 – und erwarb am 2. 3. 1847 die Approbation. Doch ihm fehlten die Mittel, um sich auf eigene Füße zu stellen. Er mußte wieder als Rezeptar arbeiten. Nun in der Apotheke »Zum Schwarzen Adler«, Neue König-, Ecke Georgenkirchstraße.

Von der Armseligkeit seines Daseins zeugt ein Brief an Wilhelm Wolfsohn, den Freund aus Leipziger und Dresdener Tagen, der ihn in Berlin besuchen wollte: »Hast Du denn... ganz vergessen, daß ein conditionirender Giftmischer ähnlich wohnt wie der Salzhering in seiner Tonne?!... Ich bewohne eine Schandkneipe, einen Hundestall, eine Räuberhöhle mit noch zwei andern deutschen Jünglingen und habe keine freie Verfügung über diese Schlafstelle, die viel vor Erfindung dessen, was man Geschmack, Eleganz und Comfort heißt, vermuthlich von einem Vandalen erbaut wurde« (10. 1. 1848). Unter diesen mißlichen Lebensumständen entstand der Romanzenzyklus »Von der schönen Rosamunde«.

Von hier brach er an jenem denkwürdigen 18. März 1848 auf, um in der nahen Georgenkirche die »Sturmglocken der Revolution« zu läuten. Leider war die Kirche verschlossen. Daraufhin gesellte er sich denen zu, die die Requisite des Königstädtischen Theaters am Alexanderplatz stürmten, um »Degen, Speere, Partisanen und vor allem kleine Gewehre« zu requirieren. Die Flinten waren für ein Lustspiel gedacht und für den Ernstfall völlig untauglich.

Fontane erkannte sehr schnell, daß die ihm gemäße Waffe die Feder war, mit der er sich rückhaltlos auf die Seite der Aufbegehrenden und Unterprivilegierten stellte. Seine Artikel in der »Berliner Zeitungshalle« waren spandaureif. Als die Revolution in Berlin bereits niedergeschlagen war, schrieb er für die radikal-demokratische »Dresdener Zeitung« weiter.

Das offizielle Preußen hat ihm dieses Engagement in den Jahren 1848/49 nie ganz verziehen. Darum wohl versuchte der alte Fontane in »Von Zwanzig bis Dreißig« seinen Anteil an den revolutionären Ereignissen herunterzuspielen und zu verharmlosen. Etwas wunderlich klingt danach allerdings das Bekenntnis, daß es ihm in jungen Jahren »zubestimmt war, unausgesetzt Revolutionären und ähnlichen Leuten in die Arme zu laufen: Robert Blum, Georg Günther – Schwager R. Blums – Jellinek, Dortu, Techow, Herzen, Bakunin und noch andre, die das, wofür sie kämpften, mit ihrem Leben oder mit ihrer Freiheit bezahlt haben«. Von ungefähr läuft man solchen Leuten wohl nicht in die Arme...

Auf einem Wollboden in der Neuen Königstraße wurden Wahlmänner vorgeschlagen, die als Volksvertreter die Verfassungsgebende Versammlung wählen sollten. Als Gegenkandidaten zu dem befrackten Hohenzollern-Verfechter schlug Fontane den Bäcker Roesicke vor, von dem man wenigstens wüßte, daß er »in der ganzen Gegend die besten Semmeln hätte«. Am Ende wurde Fontane selbst gewählt und nahm nun fast täglich an den Versammlungen im Konzertsaal des Königlichen Schauspielhauses teil. »Ich zähle die Stunden, in denen diese Beratungen stattfanden, zu meinen allerglücklichsten. Es war alles voller Leben und Interesse.« Der Prinzipal der Apotheke sah das gewiß anders, »denn solchen ›Politiker‹ um sich zu haben, der jeden Tag ins Schauspielhaus lief, um dort pro patria zu beraten, und bei dem außerdem noch die Möglichkeit einer plötzlichen Verbrüderung mit dem Blusenmann Siegrist nicht ausgeschlossen schien, hatte etwas Bedrückliches, ganz abgesehn von den... geschäftlichen Unbequemlichkeiten, die mein beständiges ›sich-auf-Urlaub-Befinden‹ mit sich brachte« (»Von Zwanzig bis Dreißig«, Kapitel »Berlin im Mai und Juni 48«). So waren denn beide froh, daß er im September 1848 in die neu gegründeten Krankenanstalten zu Bethanien berufen wurde, um zwei Diakonissen in Pharmazie auszubilden.

»Ein Sonnenstrahl des Glücks hat mich getroffen«, schrieb er am 17. 9. 1848 an Lepel. »Ich bin in Bethanien bei *freier Wohnung und Station,* mit 20 rth monatlich angestellt. Nur während zweier Mittagsstunden hab ich in der Apotheke zu arbeiten; die übrige Zeit ist mein. Du kannst Dir denken wie viele Pläne und Hoffnungen ich an diese Muße knüpfe...« Fontane arbeitete hier nicht nur an seinem (unvollendet gebliebenen) Drama »Karl Stuart«, verfaßte nicht nur die Ballade von der Ermordung Wallensteins auf Schloß Eger, er schrieb auch weiter für die »Berliner Zeitungshalle«. Bethanien »war ein Idyll, wie's nicht schöner gedacht werden konnte: Friede, Freundlichkeit, Freudigkeit...« In den Ministerien aber gewannen die reaktionärsten Kräfte Oberhand, Wrangel wurde zum Oberbefehlshaber in den Marken ernannt und mit seinen Truppen nach Berlin beordert, um den letzten Funken der Revolution auszutreten. »Der Augenblick erheischt Thaten, oder doch Wort und That«, schrieb er am 21. 9. 1848 an Lepel, »Schande Jedem, der zwei Fäuste hat mit Hand ans Werk zu legen, und sie pomadig in die Tasche steckt... Hast Du nicht auf väterlicher Rumpelkammer eine alte aber gute Büchse?« Diese Bitte an die Adresse eines Gardeoffiziers war natürlich verfehlt. Doch taten die politischen Meinungsverschiedenheiten ihrer Freundschaft keinen Abbruch.

Am 30. September 1849 war Fontanes Aufgabe in Bethanien erfüllt. Er beschloß, sich, »*auf jede Gefahr hin*, auf die eigenen zwei Beine zu stellen... So nahm ich denn meine sieben Sachen und übersiedelte nach einer in der Luisenstraße gemieteten... Wohnung, dicht neben mir die Charité, gegenüber die Tierarzneischule« (ebenda, Kapitel »Im Hafen«).

Am 5. Oktober schrieb er an Freund Lepel: »Da sitz' ich denn wieder, und koste die Reize des Chambre garni. Die knarrende Bettstelle, die mitleidsvoll aus den Fugen geht, um einer obdachlosen Wanzenfamilie ein Unterkommen zu bieten, – der wankelmüthige Nachttisch, – das geviertheilte Handtuch, – die stereotypen Schildereien: Kaiser Nicolaus, und Christus am Kreuz, alles ist wieder da, mir Auge und Herz zu erquicken.« Wie ein Verzweiflungsschrei heißt es weiter: »Kannst Du mir nicht sagen... warum ich zu gar nichts komme? Ich mache so geringe Ansprüche... 400 Thaler, worauf mit Recht der Spruch erfunden ist: ›zum Leben zuwenig, zum Sterben zuviel‹ ersehne ich nun schon seit Jahr und Tag... dennoch ist es nicht möglich, auch nur ein solches Minimum zu ergattern.«

Wolfsohn verhalf ihm zu einer Korrespondenz für die radikal-demokratische »Dresdener Zeitung«. In sechs Monaten entstanden dreißig Artikel. Der letzte, »Preußen – ein Militär- oder Polizeistaat?« wurde nicht mehr veröffentlicht. Dafür erschienen »Männer und Helden«. Acht Preußenlieder bei A.W. Hayn in Berlin und »Von der schönen Rosamunde« bei Katz in Dessau. Die lächerlichen Honorare reichten gerade, um die drückendsten Schulden zu bezahlen. In dieser ausweglos scheinenden Lage machte er sich im August 1850 auf den Weg nach Schleswig-Holstein, um in dem Unabhängigkeitskrieg gegen Dänemark als Feld-Apotheker sein Brot zu finden. Vielleicht, so hoffte er, würden auch einige Artikel dabei herausspringen. Unterwegs erreichte ihn die Nachricht, daß Wilhelm von Merckel ihn im neugegründeten Literarischen Kabinett unterbringen könne. Ohne Zögern telegraphierte er seiner Braut: Im Oktober Hochzeit! Nach 5 Jahren Verlobungszeit, die Emilie zum größten Teil bei Verwandten in Schlesien verbrachte, ist diese Eile schließlich verständlich.

Das Paar wurde von Pastor Fournier in der Französischen Kirche getraut und bezog in der Puttkamerstraße die erste gemeinsame Wohnung. »Die Wohnung ist reizend, das tägliche Brot erscheint, gut zubereitet, als ›Gemüse und Fleisch‹ auf dem zweigedeckten Tisch, die Betten (nichts Unerhebliches im Ehestande...) sind... so bequem wie möglich... an Ruhe fehlt es nicht und an Arbeit auch nicht... so daß ich... ein undankbarer Esel sein müßte, wenn ich nicht voller Freude und Zufriedenheit sein wollte«, schrieb Fontane am 1. 11. 1850 an Freund Witte.

Wenige Wochen später wurde die Regierung umgebildet, das Literarische Kabinett aufgelöst und Fontane entlassen. Vergebens suchte er sich zu trösten, es sei sowieso unter seiner Würde gewesen, die Sauce zuzubereiten, »mit welcher das lit. Cabinet das ausgekochte Rindfleisch Manteuffelscher Politik tagtäglich zu übergießen hatte«. Dies moralische Unbehagen war er los, dafür kam die finanzielle Katastrophe. Frau Emilie nahm Schüler als Pensionisten ins Haus. Es brachte mehr Verdruß als Taler. Fontane gab Privatunterricht in Englisch und Geschichte. Freunde rieten ihm, beim König um Unterstützung aus dem Fonds für notleidende Künstler zu bitten. Nach furchtbaren inneren Kämpfen schrieb er das Gesuch. Es wurde abgelehnt. Aus politischen Gründen.

Im Mai 1851 veröffentlichte er zur Einweihung des Rauchschen Reiterdenkmals für Friedrich den Großen Unter den Linden das Gedicht: »Der Alte Fritz«. Es blieb ebenso ohne Resonanz wie die erste Sammlung seiner Gedichte. Zu Weihnachten 1851 erschien in Berlin das von Fontane herausgegebene »Deutsche Dichteralbum« in prächtiger Ausstattung – und mit kärglichstem Honorar.

Im Herbst Umzug in eine kleinere und billigere Wohnung: Luisenstraße 35. Friedrich Witte, der sich weiter in Pharmazie ausbilden wollte und eine Unterkunft suchte, zog als Untermieter ein. Bei ihm hatten sie wenigstens nicht das demütigende Gefühl, vor dem Herrn, der für die Miete sorgte, knicksen zu müssen.

In Not und Sorge schrieb Fontane Anfang 1851 eine umfangreiche Ballade »Der Tag von Hemmingstedt«, über jenen 17. Februar 1500, an dem die Bauern von Dithmarschen ihre Unabhängigkeit erkämpften. »Ich habe neun Wochen daran gearbeitet und möchte wenigstens *halb* so viel Tageslohn bekommen wie ein Droschkenkutscher oder Dreckzusammenfeger« (an Wolfsohn, 8. 3. 1851). Dementsprechend hatte er sich 10 Taler 15 Silbergroschen ausgerechnet. Das Gedicht erschien im »Deutschen

Museum«, und der Autor erhielt dafür 4 Taler (!), umgerechnet 2 Silbergroschen pro Tag. (15 Jahre später sollte es Liliencron in die Sammlung »Historische Volkslieder der Deutschen« aufnehmen.)

»Der Himmel bewahre jeden ehrlichen Menschen vor Bittstellerei, Antichambrieren und Bedientengesichtern«, schrieb er zum Jahresende an Wolfsohn. »Für heute nur die Mitteilung, daß ich seit November wenigstens wieder zu essen habe, wenn auch nicht allzuviel. Am 14. August, just im höchsten Hungerstadium, ward mir ein kleiner Junge geboren, ein liebenswürdiges, reizendes Kind... Würmchen heißt George Emile.« Das Wimmern des hungrigen Säuglings brachte ihn dazu, sich als Mitarbeiter am Feuilleton und/oder dem Englischen Artikel der »Neuen Preußischen« genannt »Adler-Zeitung« zu bewerben. Dank Fürsprache renommierter »Tunnel«-Freunde erhielt er die Stellung und 30 Taler Gehalt im Monat. Er empfand diesen Schritt als Kapitulation. Am 1. November, dem Tag seines Eintritts, schrieb er an Lepel: »Ich habe mich heut der Reaction für monatlich 30 Silberlinge verkauft und bin... angestellter Scriblifax (in Versen und Prosa) bei der... ›Adler-Zeitung‹. Man kann nun mal als anständiger Mensch nicht durchkommen...« Noch grimmiger klang es wenige Tage darauf: »Ich kann Dir auf Wort versichern, daß ich dieser 30 Rth. nicht froh werde und ein Gefühl im Leibe habe, als hätt' ich gestohlen... Es ist das Sechserbrot, das der Hungrige aus dem Scharren nimmt – aber es ist immer gestohlen. Wie ich's drehn und deuteln mag – es ist und bleibt Lüge, Verrath, Gemeinheit...«

Lepel begriff, daß der unglückliche Freund Abstand brauchte, Abstand von der Politik, um zu sich selbst zu finden. Es ergab sich die Möglichkeit, im Sommer 1852 als Korrespondent der »Adler-Zeitung« nach London zu gehen. Mit geliehener Barschaft, ein armer Schlucker, gelang es ihm weder als Journalist noch als Apotheker, in der fremden Stadt Fuß zu fassen. Doch eine innere Stimme sagte ihm: Hier findest du, was du suchst... In seinem Tagebuch steht: »Rätselhafterweise ein wahres Heimatgefühl gehabt; mir wurde die Brust weit, und das Herz schlug mir höher, als mein Cab über die schöne Waterloo-Brücke hinweg in das vollste Leben der Stadt zwischen City und Westend hinabrollte. Ich vergaß für einen Augenblick alles andre: Frau, Kind, Not, Sorge – der alte Zauber dieser Londongröße ward wieder lebendig und hatte mich.«

Für die »Adler-Zeitung« schrieb er zahlreiche Feuilletons in Briefform, und diese bildeten den Grundstock für sein erstes Buch in Prosa: »Ein Sommer in London«. Fünf Monate England-Aufenthalt brachten ihm Erkenntnisse und Erfahrungen, die er in keiner anderen Großstadt hätte gewinnen können, aber er sah auch Preußen nicht mehr so durchweg negativ wie zuvor. Nur in seiner beruflichen Existenz war er keinen Schritt weitergekommen.

»Ich bin nicht sehr traurig darüber, daß es mit England nichts wurde; ich würde mich dort bei aller Bewunderung, die ich dem *Ganzen* zolle, nie heimisch gefühlt haben, denn der einzelne, auf den man dort zumeist angewiesen ist und in dem einzig und allein der dauernde Reiz des Lebens liegt, läßt dort viel zu wünschen übrig« (an Friedrich Witte, 18. 10. 1852).

Das tief gefühlte Bedürfnis nach Gedankenaustausch, Geselligkeit, Kritik und Ermutigung im Freundeskreis führte zur Gründung des »Rütli«, der sich aus Mitgliedern des »Tunnel« zusammensetzte, die einander besonders schätzten. Zu ihnen stieß im Dezember 1852 auch Theodor Storm.

Der geistige und Herzens-Beistand einzelner Rütlionen sollte Fontane über die folgenden schweren Jahre hinwegbringen. Zusammen gaben sie das belletristische Jahrbuch »Argo« heraus. Fontane steuerte die Erzählungen »Tuch und Locke«, »James Monmouth« und »Goldene Hochzeit« bei, Adolph Menzel zeichnete das Titelblatt.

Der Sommer 1853 wurde überschattet von einer gefährlichen, verschleppten Lungenentzündung, damit verbunden Schwächezustände und Todesahnungen. Er versuchte sie zu bekämpfen, indem er verbissen an dem großen Aufsatz »Unsere lyrische und epische Poesie seit 1848« weiterarbeitete. Er definierte darin die Rolle des Realismus in der Kunst. Der Aufsatz erschien anonym in Karl Biedermanns »Deutschen Annalen« und brachte ihm dennoch allerlei Ungelegenheiten ein.

Im Juli 1854 kam »Ein Sommer in London« bei den Gebrüder Katz in Dessau heraus. Das tägliche Brot war zwar durch seine Anstellung als Revisionsredakteur an der »Adler-Zeitung« gesichert, allein es war ein karges Brot, das er lediglich durch einige neue Balladen aufbessern konnte, darunter »Archibald Douglas«, die später in keinem Schullesebuch fehlen sollte.

Insgesamt waren die vier Jahre in der Luisenstraße 35 leidvoll und ohne jede »fortune«. Frau Emilie schenkte drei Kindern das Leben (Rudolf am 2. 9. 1852, Peter Paul im Oktober 1853 und Ulrich am 29. 5. 1855), alle drei starben, noch ehe sie recht zu leben angefangen. Im August 1855 wurde Fontane erneut nach London geschickt, diesmal, um eine deutsch-englische Korrespondenz aufzubauen und zu leiten; eine Aufgabe, für die drei Männer nötig gewesen wären. Neben der politischen »Kärrner-Arbeit« schrieb er Berichte über Theater und Galerien, Feuilletons über Land und Leute. Heimwehkrank holte er im Januar 1856 seine Frau mit dem kleinen George nach London. Doch an ein gedeihliches Zusammensein war bei dem überhasteten, nervösmachenden 18-Stunden-Arbeitstag nicht zu denken. Enttäuscht kehrte Emilie nach Berlin zurück, mußte, weil sie die alte Wohnung aufgegeben hatte, eine neue suchen. Bellevuestraße 16. In der Nähe wohnten die hilfsbereiten Merckels. Hier wurde – im November 1856 – Theodor junior geboren. Im April 1857 konnte sie endlich mit beiden Kindern wieder nach London reisen. Diesmal unter günstigeren Voraussetzungen.

Die Jahre in England waren, was das politische Leben betraf, eine Hohe Schule, literarisch aber unergiebig. In langen, immer sehnsuchtsvolleren Briefen an seine Berliner Freunde, allen voran Merckels, beklagte er sein »kühles Amphibien-Dasein«, in dem er seine Muse zwangsläufig zur Dienstmagd herabwürdigen müsse.

In Berlin indessen geschahen entscheidende Dinge: Im Oktober 1858 übernahm Prinz Wilhelm die Regentschaft für seinen älteren Bruder, der an schweren Durchblutungsstörungen der Hirnschlagadern litt. Machtkämpfe tobten zwischen der Lobby des bedeutungslos gewordenen Königs und der Partei des neuen Herrn.

Fontane – aus London zurückgekehrt – fand als Outsider in dieser Umbruchsituation keinen Platz. Hauste eine Weile im »Hotel de Pologne«, Dessauerstraße 38 (»eine höhere Räuberhöhle«!), dann in einem möblierten Zimmer, Dessauerstraße 31. Inzwischen löste Frau Emilie in London den Haushalt auf. Mit Verlust natürlich. Nachdem alle Bemühungen Fontanes, in Berlin oder in München Arbeit zu finden, fehlgeschlagen waren, mietete die Familie im April 1859 eine Sommerwohnung in der Potsdamer Straße 33. Ihr einziger Vorteil: Sie kostete nur 45 Taler im Quartal. Lose Verbindung zur Stadt durch einen Pferdeomnibus und »ächte Berliner Gartenluft: Blumen vorne und Müllkute hinten!« (an Wolfsohn, 26. 5. 1859).

Hier vollendete Fontane seine »Londoner Skizzen«, – die Studien über englisches Theater, englische Kunst und englische Presse – und »Jenseit des Tweed«, Reisebriefe aus Schottland, das er mit Lepel bereist hatte. Angesichts von Loch Leven Castle war ihm die Erinnerung an Schloß Rheinsberg aufgestiegen, und dieses Bild gab die Initialzündung zu den »Wanderungen durch die Mark Brandenburg«.

Im Juli 1859 brach er nun zu seiner ersten Tour ins Ruppinsche auf, wenig später in den Spreewald. Die »Neue Preußische (Kreuz-)Zeitung« druckte die Beschreibungen dieser Ausflüge unter dem Titel »Märkische Bilder«. Es war der erste Schritt auf dem mühevollen Weg zu späteren Erfolgen.

Die Wohnung Tempelhoferstraße 51, die Fontanes im Herbst 1859 bezogen, war feucht und roch nach »Dunst und Schimmel«, was den Kindern nicht gut bekam. Frau Emilie war »etwas matt und angegriffen«, außerdem befand sie sich wieder in anderen Umständen. Der Hausbesitzer, Holzhändler Degebrodt, sah die wirtschaftlich prekäre Lage der Familie mit scheelen Blicken und setzte sich dementsprechend aufs hohe Roß. Zum 1. 6. 1860 war Fontane die Redaktion des Englischen Artikels bei der »Kreuz-Zeitung« versprochen worden, bis dahin mußte er sich irgendwie über Wasser halten. Er arbeitete an dem biographischen Lexikon »Männer der Zeit« mit, hielt in Arnims Hotel Unter den Linden zehn Vorträge über England und Schottland, setzte seine »Wanderungen« fort, die zum Teil als »Bilder und Geschichten aus der Mark Brandenburg« im Cotta'schen »Morgenblatt« erschienen.

Es war eine vertrackte Zeit: »George hatte die Röteln, Theochen hat das Scharlachfieber... und meine Frau erwartet jede Stunde ihre Niederkunft.

Da heißt es denn: Ohren steif!« (an Paul Heyse, 13. 3. 1860). Am 21. März wurde Martha geboren, endlich ein Mädchen, das zeit ihres Lebens Lieblings- und Sorgenkind bleiben sollte. Vorerst brachte sie Glück: Im Juni erschienen die schottischen Reisefeuilletons »Jenseit des Tweed« bei Julius Springer in Berlin, im Herbst folgten die »Londoner Skizzen« bei Ebner und Seubert in Stuttgart sowie eine Sammlung »Balladen« bei Wilhelm Hertz in Berlin. Hinzu kam das schmale, doch regelmäßige Gehalt der »Kreuz-Zeitung«. Frau Emilie atmete auf, mußten sie doch endlich nicht mehr von der Hand in den Mund leben.

Die redaktionelle Arbeit ließ ihm wenig Spielraum für das »Eigentliche«, die »Wanderungen«. Er benutzte dafür die Wochenenden und teilte den Jahresurlaub in viermal eine Woche, um nach und nach die Grafschaft Ruppin, das Oderland, Barnim und Lebus und – Jahre später – das Land an Havel und Spree zu bereisen.

Fast generalstabsmäßig bereitete er diese Ausflüge vor: Eisenbahn- und Postkutschenanschlüsse gehörten dazu, Übernachtungsmöglichkeiten, auch Empfehlungsbriefe für Adelshäuser, ohne die er als »unbekannter Scriblifax« sonst kaum Eingang gefunden hätte. Mathilde von Rohr, in deren kleinen literarischen Zirkel – Behrenstraße 70 – ihn Lepel eingeführt hatte, erwies sich hier wie in allen Lebenslagen als zuverlässige mütterliche Freundin, denn sie kannte Gott und die Welt und besaß bei allen unbestrittene Autorität.

Die märkischen Reisebilder fanden bei einem breiten Publikum lebhaften Anklang, und so erbot sich Wilhelm Hertz, der im Winter 1860/61 Fontanes Balladen herausgebracht hatte, auch die »Wanderungen durch die Mark Brandenburg« zu drucken. Die erste Ausgabe erschien zu Weihnachten 1861. Das preußische Kultusministerium erklärte sich nun bereit, dem Autor einen jährlichen Reisekostenzuschuß von 300 Talern zu zahlen.

Bei seinen Wanderungen durchs Oderland, das ihm zum Teil von Aufenthalten in der väterlichen Apotheke zu Letschin bekannt war, fand Fontane Orte, Landschaften und Biographien, die er in seinen gedanklich bereits konzipierten Roman »Lewin von Vitzewitz« einbringen wollte. Auch Hertz zeigte für diesen Roman Interesse. Doch sollte er erst sechzehn

Jahre später mit dem Titel »Vor dem Sturm« erscheinen. Zu viele, nicht vorhersehbare Schwierigkeiten hatten sich dazwischengeschoben.

Erste unliebsame Überraschung: die Kündigung des Hauswirts. Frau Emilie war außer sich, Fontane beschwichtigte sie, die »Commodité« sei sowieso unter aller Würde und die Vorderzimmer zu kalt gewesen. Nach einigem Suchen zogen sie in die Alte Jakobstraße 171 III. Das Wirtschaftsbuch weist 10 Taler 5 Silbergroschen Umzugskosten auf und 62 Taler 15 Sgr. an Miete für das erste Quartal. Das klingt günstig, doch Fontanes waren Trockenwohner, wie seinerzeit Onkel August und Tante Pinchen. Im Jahr darauf wurden wieder 10 Taler Umzugskosten fällig. Sie zogen in die Hirschelstraße 14 I, wo sie neun Jahre blieben. Hier erblickte am 5. Februar 1864 Friedrich Fontane, genannt Friedel, das Licht der Welt, der später einmal das Werk des Vaters sammeln und edieren sollte.

Das Haus Nummer 14, eines der ersten im sogenannten Geheimratsviertel, erhielt 1866, als die Hirschelstraße in Königgrätzer Straße umgetauft wurde, die Nummer 25. Als Fontanes hier einzogen, stand die Berliner Stadtmauer noch, und eine Verbindungsbahn hielt den Gütertransport zu den außerhalb der Stadt liegenden Bahnhöfen aufrecht. Auch alle Truppentransporte kamen hier vorüber: 1864 nach Schleswig-Holstein, 1866 auf den böhmischen Kriegsschauplatz. Mit diesem Bild vor Augen begann Fontane mit der Niederschrift seines ersten Romans: »Ich schrieb abends und nachts die ersten Kapitel... während die österreichischen Brigaden unter meinem Fenster vorüberfuhren; und wenn zuletzt die Geschütze kamen, zitterte das ganze Haus, und ich lief ans Fenster und sah auf das wunderbare Bild: die Lowries, die Kanonen, die Leute hingestreckt auf die Lafetten, und alles von einem trüben Gaslicht überflutet...« (an Ernst Gründler, 11. 2. 1896).

Fontane selbst brach von hier aus – im Auftrage der »Kreuz-Zeitung« – als Kriegsberichterstatter auf, kam bis zu den Düppeler Schanzen, erhielt dafür sogar eine Militär-Medaille; kehrte nach Beendigung der Feindseligkeiten im Herbst 1864 noch einmal dorthin zurück, besuchte Lübeck und Kopenhagen, Fredericksborg, Wisborg, Alsen und Düppel, auf dem Heimweg auch Husum, die graue Stadt am Meer, wo er die alte, wegen der unterschiedlichen Charaktere immer etwas schwierige Freundschaft mit Theodor Storm erneuerte.

Der Inhaber der Königlichen Geheimen Ober-Hofbuchhandlung von Decker trug Fontane an, ein Buch über den Schleswig-Holsteinischen Krieg zu verfassen, Ludwig Burger sollte es illustrieren. Fontane hoffte bei einem solchen Auftraggeber auf gutes Honorar und sagte zu. Das geliebte Roman-Manuskript mußte zurückstehen zugunsten einer reinen Fleißarbeit, darin doch immer wieder feuilletonistische Karfunkelsteine aufblitzten, seien es Impressionen auf dem Marsch oder menschlich-allzumenschliche Haltungen innerhalb eines dramatischen Gefechtes... Der erhoffte finanzielle Erfolg stellte sich nicht ein. Das Honorar reichte gerade für eine dreiwöchige Reise zu zweit an den Rhein und in die Schweiz. Jahre später sollte die Mühe sich doch auszahlen, als er die Handlung seines Romans »Unwiederbringlich« in die ihm nun bekannte Gegend nach Schleswig-Holstein und Dänemark verlegte. Das erste Halbjahr 1866 war trotz wochenlanger nervös-gastrischer Störungen und der üblichen Redaktionsarbeit ganz und gar Lewin von Vitzewitz gewidmet. Im Mai/Juni mietete er sich in Thale ein und kam wahrhaftig gut mit seinem Stoff voran.

Da trat der Kampf Preußens gegen Österreich um die Vorherrschaft in Europa in seine heiße Phase, und Fontane mußte nun die böhmischen Kriegsschauplätze aufsuchen; denn natürlich wollte Decker ein neues Buch von ihm, und »Der Deutsche Krieg von 1866« war ja auch genau genommen die Fortsetzung des voraufgegangenen. So landete Lewin von Vitzewitz wieder in der Schublade, weil das Kriegsbuch Fontane bis Frühjahr 1869 voll in Anspruch nahm. Es wurden immerhin zwei großformatige Bände mit zusammen 1100 Seiten.

1869 wanderte er – wieder neben der Redaktionsarbeit – durchs Havelland: Gütergotz und die Nutheburgen, Trebbin, Werder, Geltow und Schwielowsee, Fahrland, Bornstedt und Marquardt. Er las sich ein in die Zeit Friedrich Wilhelms II., der Lichtenau und des Geheimen Rosenkreuzer-Ordens, besuchte Paretz mit seinen Erinnerungen an Friedrich Wilhelm III. und die Königin Luise, war also zeitlich seinem Roman-Manuskript schon ganz nahe. Im Juni, so vertröstete er seinen Verleger, würde er mit dem Havelland abschließen und sich dann dem Roman zuwenden.

Aber es kam wieder einmal ganz anders.

Im April war Frau Emilie mit der zehnjährigen Martha nach London gefahren, wo das Kind bei Freunden ein Jahr lang englische Sprache und Sitte lernen sollte. »Da wir unsren Kindern sonst nichts hinterlassen können, so wollen wir wenigstens versuchen, ihnen eine innerliche Ausrüstung mit auf den Weg zu geben, die es ihnen möglich macht vorwärts zu kommen. Und dazu gehört beispielsweise Sprachkenntnis« (an Mathilde von Rohr, 15. 4. 1870).

Fontane, der alle schwerwiegenden Entscheidungen meist in Abwesenheit seiner Frau traf, nahm einen belanglosen Streit mit dem Chefredakteur zum Anlaß, um seine Stellung bei der »Kreuz-Zeitung« zu kündigen. Gewiß schuldete er ihr manches: sicheres, wenn auch keineswegs üppiges Einkommen und durch den »cercle intime« im Hause des Chefs die Bekanntschaften mit interessanten Persönlichkeiten aus Wissenschaft, Kunst und Politik. Aber er empfand von Jahr zu Jahr belastender, daß er kostbare Lebenszeit in der Redaktion versaß. Immerhin hatte er die Fünfzig bereits überschritten. Wenn er seinen Roman (und einige Novellenstoffe, die ihm im Kopfe spukten) schreiben wollte, mußte er sich von der »Kreuz-Zeitungs«-Fessel befreien. Er versuchte, es seiner Frau in einem Brief nach London klarzumachen: »Man hat nur den Wert eines Maschinenrades, das man mit Öl schmiert, so lange das Ding überhaupt noch zu brauchen ist, und als altes Eisen in die Rumpelkammer wirft, wenn die Radzähne... abgebrochen sind.« Frau Emilie war entsetzt und sah den Ruin schon vor sich. Als sie jedoch, heimgekehrt, einen wie ausgewechselten, schaffensfrohen Mann vorfand, der überdies gerade einen Vertrag als Theaterkritiker bei der »Vossischen Zeitung« unterschrieben hatte, beruhigte sie sich. Frohgemut fuhren beide nach Warnemünde in die Sommerfrische. Da brach der Krieg gegen Frankreich aus. Und Fontane, der eigentlich im stillen Dobbertin als Gast der Stiftsdame Mathilde von Rohr an seinem Roman weiterschreiben wollte, kam gerade noch dazu, am 17. August im Königlichen Schauspielhaus als Kritiker zu debütieren (man gab »Wilhelm Tell«), dann fuhr er schnurstracks im Auftrage Deckers nach Frankreich, bis dicht hinter die Hauptkampflinie. Fühlte sich wohl immer noch als »Wanderer«, jedenfalls machte er arglos einen Abstecher nach Domrémy, um das Geburtshaus der Jeanne d'Arc zu besichtigen, jener Heldenjungfrau, für die er schon als Kind geschwärmt hatte. Franktireurs nahmen ihn gefangen, und unter Spionageverdacht wurde er auf die Festung Besançon und weiter bis auf die Isle d'Oléron geschleppt. In Berlin setzten sich indessen hochgestellte Persönlichkeiten für ihn ein: Sogar Bismarck verwendete sich für den Verfasser der »Wanderungen«, »preußischen Untertan und wohlbekannten Geschichtsschreiber«.

So kam Fontane kurz vor Weihnachten 1870 wohlbehalten nach Berlin zurück, und die »Vossische Zeitung« druckte unverzüglich seinen noch im Kerker verfaßten Erlebnisbericht »Kriegsgefangen« in Fortsetzungen ab. Selbstironisch ernannte er sich zum »nine-days-wonder«. Viele Leser, die Angehörige in Gefangenschaft wußten, lasen erleichtert, daß »der Feind auch ein Mensch war«. Fontane beschrieb die Franzosen zwar als lebhaft patriotisch, manchmal eitel und ruhmredig, aber auch sanguinisch, rücksichtsvoll und nie beleidigt. »Auch ihr Bildungsstand... hatte mindestens, bei sonst gleichen Voraussetzungen, das Niveau des unsrigen, wie ich denn überhaupt glaube, daß wir uns nach *dieser* Seite hin allzu selbstgefälligen Vorstellungen hingeben.« – Kommentar eines preußischen Generalstabsoffiziers: »Bei uns wären Sie in dieser Situation an die nächste Wand gestellt worden!«

Im April 1871 brach er abermals nach Frankreich auf. Es war die Zeit der Pariser Commune. Bei der Mühle von Sannois, nahe Paris, wurde er Augenzeuge, »wie die dreifarbige und die rote Republik miteinander rangen«. Dieser Reisebericht »Aus den Tagen der Okkupation. Eine Osterreise durch Nordfrankreich und Elsaß-Lothringen 1871«, den er in einem Zuge niederschrieb, fügte sich ebenbürtig an seine »Wanderungen durch die Mark Brandenburg« an, nur waren es Wanderungen unter besonderem Vorzeichen.

Seine noble, verständnisvolle Haltung *allen* Menschen gegenüber, denen er begegnete, bewirkte, daß »Kriegsgefangen« 1892 von Théodore de Wyzewa ins Französische übersetzt und Germanistikstudenten an französischen Universitäten als »edles Stück deutscher Prosa und Gesinnung« vorgestellt wurde.

In unendlicher Fleißarbeit bewältigte Fontane das von Decker geforderte Manuskript »Der Krieg gegen Frankreich 1870/71«. Insgesamt vier Bände! Es war Broterwerb, nicht Herzenssache. Und er sollte offiziell keinen Dank ernten. Er beklagte sich nicht darüber, nur einmal, in einem Brief an Mathilde von Rohr (30. 11. 1876), brach es aus ihm heraus: »Zwölf Jahre habe ich an diesen Kriegsbüchern Tag und Nacht gearbeitet; sie feiern, nicht in großen aber in empfundenen Worten unser Volk, unser Heer, unsren König und Kaiser; ich bereiste 1864 das gegen uns fanatisierte Dänemark, war 1866 in dem von Banden und Cholera überzogenen Böhmen und entging in Frankreich, nur wie durch ein Wunder, dem Tode. Unabgeschreckt, weil meine Arbeit das Wagnis erheischte, kehrte ich an die bedrohlichen Punkte zurück. Dann begann meine Arbeit. Da steht sie, wenn auch weiter nichts als das Produkt großen Fleißes, ihrem *Gegenstande* nach aber das Einzige repräsentirend, dem gegenüber man eine Art Recht hat, das Interesse des Kaisers, als des persönlichen Mittelpunkts, des Helden dieser großen Epopöe (ich spreche nur vom Stoff), zu erwarten. Und ebendieser Held und Kaiser, gefragt, ›ob er einen Grund habe, dem Verfasser dieses umfangreichen Werkes wohlzuwollen oder gnädig zu sein‹, verneint diese Frage.« Der Brief schließt mit dem tapferresignierenden Lieblingssatz Fontanes, den Yorck 1814 in der Schlacht bei Laon getan hatte, als nichts so lief, wie es sollte: »Eh bien, es muß auch *so* gehn!«

Aber gerade zu jenem Zeitpunkt, November 1876, hatte Fontane Aufmunterung, und sei es auch nur moralische, unbedingt nötig: Er hatte auf die dringende Bitte seiner Frau den Posten eines Sekretärs der Akademie der Künste angenommen, um seine Altersversorgung zu sichern, aber es ging nicht. Er war nicht geschaffen für einen Beamten, schon gar nicht in dieser Institution, die Langeweile mit Feierlichkeit verkleidete. »Immer die unsinnige Vorstellung, daß das Mitwirthschaften an der großen, langweiligen... total confusen Maschinerie, die sich Staat nennt, eine ungeheure

Ehre sei. Das ›Frühlingslied‹ von Uhland oder eine Strophe von Paul Gerhardt ist mehr werth als 3000 Ministerialreskripte... Ich passe nicht für dergleichen« (an Mathilde von Rohr, 30. 11. 1876).

Bei der Nachricht seiner Kündigung erlitt Frau Emilie einen Nervenzusammenbruch: Wie konnte ihr Mann so egoistisch handeln, er mußte doch bedenken, daß sie beide nicht gesund waren und noch zwei Kinder in der Ausbildung hatten! Sein Satz, »Mir ist die Freiheit Nachtigall, den andern Leuten das Gehalt«, brachte sie aus der Fassung. Keine Krise in den 26 Ehejahren war so tiefgreifend wie diese.

Und doch sollte, was wie Leichtsinn oder Tollkühnheit aussah, die einzig richtige Entscheidung sein. Die endlich freigesetzte Quelle seiner schöpferischen Kräfte begann zu sprudeln. Nach zwei arbeitsreichen, wenn auch finanziell bescheidenen Jahren erschien – 1878 – sein »Schmerzenskind«, der Roman »Vor dem Sturm«. Ihm folgten nun in jedem Jahr ein neues Buch: 1880 »Grete Minde«, 1881 »Ellernklipp«, März 1882 »L'Adultera«, der erste Berliner Roman, und »Spreeland« als vierter Band der »Wanderungen«, November 1882 »Schach von Wuthenow. Eine Erzählung aus der Zeit des Regiments Gensdarmes«, 1884 »Graf Petöfi«, 1885 die Kriminalerzählung »Unterm Birnbaum«, 1887 »Cécile«, 1888 »Irrungen, Wirrungen«, 1889 »Fünf Schlösser«, ein Nachtrag zu den »Wanderungen«, 1890 »Quitt« und »Stine«, 1891 »Unwiederbringlich«, 1892 »Frau Jenny Treibel«, 1894 »Meine Kinderjahre«, 1895 »Effi Briest«, 1896 »Die Poggenpuhls«, 1898 der zweite Teil seiner Memoiren »Von Zwanzig bis Dreißig« und »Der Stechlin«.

In den »Wanderungen« hatte Fontane die Mark Brandenburg wie mit einer Wünschelrute berührt und die Gestalten der Vergangenheit auferstehen lassen, es gelang ihm, »die märkische Lokalität wie die Prinzessin im Märchen zu erlösen« und zu neuem Leben zu erwecken. Und die Berliner, die aufgrund der ausgebauten Bahnverbindungen mobiler geworden waren und hinausfuhren und, auf Fontanes Spuren wandernd, das Gelesene nachvollziehen konnten, dankten es dem Autor. Fontane war nun »der märkische Wanderer« schlechthin. Das freute ihn zunächst. Doch später erwies sich dieses Prädikat als hinderlich. Selbst die professionelle

Kritik – bis auf wenige Ausnahmen – maß seine Berliner Romane immer wieder mit der Elle der »Wanderungen« und setzte sie damit in ein schiefes Licht.

In einem großen, würdigenden Aufsatz zum Tode Willibald Alexis' (am 16. 12. 1871) heißt es: »Die Fremde... lehrt uns nicht bloß sehen, sie gibt uns auch das Maß für die Dinge... Sie leiht uns die Fähigkeit, Groß und Klein zu unterscheiden, und sie bewahrt uns vor jenem ebenso ridikülen wie anstößigen Lokalpatriotismus, der den Sieg der Müggelberge über das Finsteraarhorn proklamiert.« Die Londoner Erfahrungen bewahrten ihn davor, die Gründerjahre in Preußen als Apotheose des Sieges und des Fortschritts anzusehen. »Weder das ›ewige Gesiege‹, noch die 5 Milliarden (Goldfrancs, die Frankreich an Deutschland zahlen mußte) haben unsre Situation gebessert«, schrieb Fontane am 10. 8. 1875 aus Mailand an seine Frau. »Nicht nur, daß man Schritt um Schritt empfindet, wie sehr uns diese alten und reichen Kulturlande voraus sind, nein, man *taxiert uns auch in diesem Sinne*... das was wirkliche Superiorität schafft, fehlt uns... nach wie vor.«

Er selbst hatte die Kehrseite der »großen Gründerzeit« am eigenen Leibe zu spüren bekommen. Das Haus Hirschelstraße 14, in dem er neun Jahre wohnte, gehörte dem Glindower Ziegeleibesitzer Fritze; dieser verkaufte, als ihm die Grundstückspreise hoch genug erschienen, an einen Bankier, der ab dem 1. 10. 1872 das Dreifache an Miete forderte. Frau Emilie barmte, nun werde man wieder 3 Treppen hoch ziehen und 100 Taler Miete mehr zahlen müssen. Fontane, dem dies ebensowenig recht war, wiegelte trotzdem ab: Alles in allem sei das Haus doch sehr heruntergekommen, und »der Hof sieht aus, als könne er das ganze Geheimratsviertel mit Typhus versorgen«.

Die Johanniter-Ordens-Ballei Brandenburg, für deren Wochenblatt Fontane öfter schrieb, bot der Familie in ihrem Hause Potsdamer Straße 134c eine erschwingliche Wohnung an. 3 Treppen hoch. Was den Grad der Verwahrlosung betraf, so kamen sie vom Regen in die Traufe. Friedrich Fontane, der jüngste Sohn, schrieb später darüber: »Seit Jahren aufgespeicherter Schmutz starrte den Ankömmlingen entgegen. Aber die schlimmste Hinterlassenschaft barg jener eigentümliche Schlafraum, der, Alkoven genannt, in alten Gebäuden die Verbindung zwischen Vorder- und Hinterstuben darstellt; hier wimmelte es nur so von Ungetier, hier feierte die Bettwanze ungestörte ewige Brautnacht. In allen Fugen und Ritzen war es lebendig... dazu gesellten sich, namentlich in der Küche... die biederen Schaben in kaum übersehbarer Heerschar. In diesem fürchterlichen Chaos galt es nun Ordnung zu schaffen... Es kostete viele Tränen, bis es endlich unter Anwendung radikalster Mittel gelang, die Säuberung zu vollziehen, die Räume wohnlich, behaglich und besuchsfähig herzurichten.« Kein Geringerer als »Rütli«-Freund Richard Lucae, inzwischen Direktor der Bauakademie, stand dem Ehepaar Fontane beim Umbau zur Seite. Der Dichter allerdings verzog sich bei dieser Radikalkur ins Ruppinsche, um für die dritte Auflage der »Wanderungen« nachzurecherchieren.

Die Wohnung kostete nur 70 Reichstaler im Quartal, später 70 Mark im Monat, und sie sollte Fontanes Heimstatt bleiben bis zu seinem Tode. Von hier spazierte er zu jeder Premiere, jedem Gastspiel ins Schauspielhaus am Gendarmenmarkt, hier erlebte er den ersten Spatenstich für die Berliner Kanalisation, dank der auch Nummer 134c eines Wasserklosetts teilhaftig wurde; hier rollten seit 1879 die Pferdebahnen nach Schöneberg und seit 1897 die ersten elektrischen Straßenbahnen. Hier entstanden seine Romane und Novellen. Hier stellte – 1885 – der älteste Sohn das Fräulein Robert vor, seine zukünftige Frau. Der künstlerisch veranlagte, aber etwas leichtsinnige George war Lehrer an der Kadettenschule in Berlin-Lichterfelde geworden, heiratete glücklich, erbte von den Schwiegereltern eine Villa – und verstarb anderthalb Jahre später an einer zu spät erkannten Blinddarmentzündung.

Bald nach seinem älteren Bruder verlobte sich auch Theo junior. Er hatte nach dem Jurastudium zielstrebig Karriere gemacht (ganz unfontanisch, wie der Vater bemerkte) und sollte es bis zum Wirklichen Geheimen Kriegsrat bringen.

Im Januar 1898 schließlich verlobte sich in dieser Wohnung, 38jährig, auch Fontanes Liebling, die nervlich übersensible Martha. Sie hatte den 26 Jahre älteren und verwitweten Architekten Karl Emil Otto Fritsch gewählt, weil er gebildet, gütig und tolerant war – so wie der geliebte Vater.

Schließlich ging auch Friedel, der Jüngste, der in der nahen Lützowstraße 84 seinen Verlag hatte, zuzeiten fast täglich ein und aus. Als »Sohn und Kollege«, denn Friedrich Fontane verlegte unter anderen namhaften Belletristen deutscher Sprache auch die Werke seines Vaters. Am 20. September 1898 brachte er ihm die freudige Nachricht, daß die erste Auflage des »Stechlin« durch Vorbestellung bereits ausverkauft sei. Es war die letzte Freude, die er dem Vater bereiten konnte. Am selben Abend schloß Fontane die Augen für immer. Tags darauf trug man ihn unter lebhafter Anteilnahme unzähliger Berliner zum Friedhof der Französischen Reformierten Gemeinde in der Liesenstraße, seiner letzten Ruhestätte. 65 Lebensjahre – von denen nur die Apothekenpraktika in Burg, Leipzig, Dresden und die Englandaufenthalte abgerechnet werden müssen – verbrachte Fontane in Berlin. 65 Jahre, in denen sich die alte Residenzstadt entscheidend veränderte. Der Bogen spannte sich von Friedrich Wilhelm III. bis zu Kaiser Wilhelm II. Und was lag alles dazwischen: Vormärz, Revolution und Reaktion, drei Kriege, in denen Preußen seine Vormachtstellung in Deutschland befestigte, Gründerboom und Börsenkrach, Bismarck und Bebel...

Fontane erfühlte dieses Spannungsfeld mehr, als daß er es erkannte. (Und das erstere war vielleicht das wichtigere.) Über einen großen Freundes- und Bekanntenkreis reichten seine Sensoren in alle Schichten der Gesellschaft. Vornehmlich durch den »Tunnel« hatte er viele Persönlichkeiten kennengelernt. Zu seinen Freunden zählten Gardeoffiziere und Kunstwissenschaftler, Maler, Architekten und Historiker. Er verkehrte mit Prinzen, Schauspielern, Landjunkern und Landpastoren, mit dem katholischen Freiherrn von Wangenheim, dem evangelischen Hofprediger Windel, aber auch mit jüdischen Intellektuellen wie Julius Rodenberg, Moritz Lazarus und Maximilian Harden; der russisch-jüdische Literat Wilhelm Wolfsohn stand ihm genauso nahe wie die märkische Stiftsdame Mathilde von Rohr, und bis zuletzt hielt er Dr. Beta die Treue, der nach 1848 in London Asyl fand und erst spät, arm und krank, nach Berlin heimkehren durfte. Wenn es um Anregungen oder Milieustudien zu einem Fontane vorschwebenden Romanstoff ging, war ihm Graupen-Schulze oder der Klempnermeister aus der Königgrätzer Straße genauso wichtig wie der Fürst Eulenburg.

»Die Schriftstellerei hat etwas Kritisches, etwas in gutem Sinne Freigeistiges, und wem es obliegt, die Welt darzustellen, der muß darüber stehen, wenn er diese Welt darstellen will. Wer einen auf den Hochstelzen des Bürokratismus umherstolzierenden Geheimrat, einen Minister, einen Gymnasialdirektor alten Stils, einen Landbaron, einen Kürassierrittmeister in all ihren Eigentümlichkeiten, in ihren guten und schlechten Seiten, in aller Wahrheit und Lebendigkeit darzustellen versteht, der kann dies nur, nachdem er sie sich zuvor zu *eigen* gemacht, d.h. sie geistig sich unterworfen hat, und wer diese Herrschaft geübt und mit den Lebensformen gespielt hat, der verlernt es, diesen Lebensformen einen hohen Wert beizulegen...« So schrieb Fontane in seinem Aufsatz über »Die gesellschaftliche Stellung des Schriftstellers«, der am 26. 12. 1891 in der Berliner Wochenschrift »Das Magazin für Litteratur« erschien. Er enthielt den unmißverständlichen Vorwurf an die herrschenden Kreise, die den (realistischen) Schriftsteller in eine Aschenbrödelrolle drängten oder ihn zum Tintensklaven deformierten. »Die für ›Freiheit‹ arbeiten, stehen in Unfreiheit und sind oft trauriger dran als der mittelalterliche Hörige.«

Da Fontane selbst genügend schlechte Erfahrungen gesammelt hatte, ließ er diesen Aufsatz ohne Namensnennung drucken. Er endete mit der Aufforderung an die Schriftsteller, angesichts der versagten gesellschaftlichen Anerkennung wenigstens größere Achtung vor sich selbst zu haben.

Achtung haben vor sich selbst, das ist ein zentraler Punkt in fast allen seinen Werken; handeln, nicht weil es der Sittenkodex vorschreibt, sondern weil man es sich selber schuldig ist; Mut zu haben, sich zu seinem Glücksanspruch zu bekennen, darum dreht sich schließlich alles. Darauf führte er auch alle Skandalgeschichten zurück, die man ihm berichtet hatte. »Schach von Wuthenow« zum Beispiel, »L'Adultera« oder »Effi Briest« basieren auf tatsächlich geschehenen Gesellschaftsskandalen. Einige der Betroffenen lebten noch, als Fontane an den Romanen schrieb. Es kam ihm keineswegs darauf an, Moral zu predigen, im Gegenteil, er gab zu verstehen, daß das eigentlich Skandalöse in den Verhältnissen begründet lag, die solche Schicksale provozierten.

In »L'Adultera« versucht Melanie van der Straaten ihrem selbstgerechten, zynischen Erfolgs-Mann klarzumachen, warum sie ihn verlassen wird, nämlich um sich auf die Seite derer zu schlagen, die »Menschliches menschlich« ansehen. »Auf *die* hoff' ich, *die* brauch' ich. Und vor allem brauch ich mich selbst. Ich will wieder in Frieden mit mir selber leben, und wenn nicht in Frieden, so doch wenigstens ohne Zwiespalt und zweierlei Gesicht« (Kapitel 16).

Melanie war die erste, weit über Ibsens »Nora« hinausreichende emanzipierte Frau in der deutschen Literatur, die ungeachtet der Ächtung durch »die Gesellschaft« ein ihr angemessenes Leben gestaltet. »L'Adultera« brachte Fontane – wie er am 27. 4. 1894 an Viktor Widmann schrieb – »viel Anerkennung, aber auch viel Ärger und Angriffe ein«.

Oft vergingen vom Hören einer Geschichte bis zur Niederschrift mehrere Jahre. So im Fall des Schach von Wuthenow, den er durch Mathilde von Rohr erfahren hatte. Erst im Januar 1882, als ihm durch Vorverlegung der Tat die historische Symbolkraft deutlich vor Augen trat, bot er den Stoff Julius Grosser an: »›Schach von Wuthenow‹ spielt in der Zeit von 1805 auf 6 und schildert den *schönsten* Offizier der damaligen Berliner Garnison, der, in einem Anfalle von Übermut und Laune, die liebenswürdigste, aber *häßlichste* junge Dame der damaligen Hofgesellschaft becourt. *So,* daß der Skandal offenbar wird. Alles tritt auf die Seite der Dame, so daß sich v. Schach anscheinend freudig zur Hochzeit entschließt… Die Kameradschaft vom Regiment Gensdarmes aber lacht und zeichnet Karikaturen, *und weil er dieses Lachen nicht ertragen kann,* erschießt er sich unmittelbar nach dem Hochzeitsmahl… Alles ein Produkt der Zeit, ihrer Anschauungen, Eitelkeiten und Vorurteile. Übrigens alles Tatsache.«

Schach wurde für Fontane *der* Vertreter des nachfriderizianischen Offizierscorps, das auf den Lorbeeren des großen Königs eingeschlafen war und das »statt Ehre nur noch den Dünkel und statt der Seele nur noch ein Uhrwerk hatte, ein Uhrwerk, das bald genug abgelaufen sein wird«.

Die Niederlage bei Jena und Auerstedt war vorgezeichnet. Schach erschießt sich, damit seine Ehre oder das, was er dafür hält, gewahrt bleibt. Das Schicksal Victoires bleibt außerhalb seiner Überlegungen.

Alle Vertreter einer absterbenden Gesellschaftsschicht opfern bei Fontane diesem »Gesellschaftgötzen«. Pierre von St. Arnaud, ein alternder Jeu-Oberst, beobachtet gelassen die sich anbahnende Beziehung zwischen Cécile und dem welterfahrenen Gordon, aber als er meint, dieser habe die Etikette verletzt, fordert er ihn zum Duell. Er tötet ihn, nicht aus Liebe zu Cécile, sondern aus überzogenem Stolz.

Oder: Graf Haldern, ein Lebemann und Schwerenöter, findet zwar nichts dabei, sich bei der hübschen Witwe Pittelkow zu vergnügen, doch als sich sein Neffe ernsthaft in Stine verliebt, zieht der Alte sofort die Ehren-Bremse.

Oder: Baron von Innstetten verstößt Effi; obwohl er sie noch immer liebt und obwohl ihr Flirt mit dem lebenslustigen Crampas längst verjährt ist, erschießt er den Unglücklichen im Duell. Nicht aus Rache, sondern »weil es sein muß«. In dem Dialog zwischen Innstetten und seinem Standesgenossen von Wüllersdorf – nach Heinrich Mann »die größte Sprechszene des deutschen Romans im 19. Jahrhundert« – heißt es: »Das mit dem ›Gottesgericht‹, wie manche hochtrabend versichern, ist freilich Unsinn, nichts davon, umgekehrt unser Ehrenkultus ist ein Götzendienst, aber wir müssen uns ihm unterwerfen, solange der Götze gilt« (»Effi Briest«, Kapitel 27).

»Müssen wir das wirklich?«, fragt Fontane zwischen den Zeilen. Diese Frage überhaupt zu stellen, fanden etliche Tugendwächter schon anstößig. Als 1887 »Irrungen, Wirrungen«, eine aquarellistische Sommerliebe zwischen der träumerisch-sinnlichen Näherin Lene und ihrem Gardeoffizier, als Vorabdruck in der »Vossischen Zeitung« erschien, bombardierten sie den Chefredakteur mit der Forderung, »endlich mit dieser gräßlichen Hurengeschichte aufzuhören«. Was war daran so verwerflich? Jeder wußte um die typisch berlinischen »Herzensbünde auf Zeit«. Ungezählte brave Mädchen gingen darauf ein, weil sie sich danach sehnten, einmal aus Fabriksälen und Dienstbotenkammern herauszukommen, zum Stralauer

Fischzug vielleicht, und einen feschen Kavalier zu haben, der sie ausführt und ein Essen spendiert. Nicht daß Fontane darüber schrieb, nahmen sie ihm übel, sondern daß er sich nicht darüber empörte, es im Gegenteil als etwas Natürliches schilderte.

Am 16. 7. 1887 schrieb der Autor an den Chefredakteur Friedrich Stephany: »So bin ich zum Schilderer der Demimondeschaft geworden.« Er konstatierte es halb belustigt, halb grimmig.

Wie ernst die Fronde der Tugendphilister zu nehmen war, sollte er im Jahr darauf erfahren, als er »Stine« anbot. Zwei Jahre lang lag sie bei verschiedenen Verlegern und Chefredakteuren in den Schubladen, niemand wollte sie haben. Stine, die allzu Brave, kennt die Welt der Invaliden- und Chausseestraße, »wo Borsig und Schwartzkoppen seine« Arbeiter täglich vorbeikommen, eigentlich nur aus dem verkleinernden und verhübschenden Spiegel am Fenster. Hier sitzt sie Tag für Tag und arbeitet für ein Woll- und Strickereiwarengeschäft. In demselben Hause aber hat ihre ältere Schwester, die Witwe Pittelkow, eine Wohnung, die ihr Graf Haldern bezahlt für unkonventionelle Besuche ab und an. Pauline ist die Inkarnation einer unverwüstlichen Berlinerin. Das Leben hat es mit ihr und ihrer Schulfreundin Wanda, Star am Nordend-Theater, nicht eben gut gemeint. So halten sie mit Courage fest, was sich ihnen bietet, und machen das Beste draus. Menschliche Substanz ist auf ihrer Seite eher zu finden als auf der gräflichen. Der Graf preist zwar bei jeder Gelegenheit die Heldentat seines Neffen, der 1870 in der ersten Attacke schwer verwundet wurde und seitdem dahinsiecht, – aber als der weltfremde Jüngling in der unschuldig-sentimentalen Stine den »Glanz der Abendsonne seines Lebens« sieht, besteht der Onkel auf dem Haldernschen Ehrenkodex und auf Trennung. Der junge, untaugliche Mann geht freiwillig aus einem verpfuschten Leben. Auch Stine »wird nich wieder«, erkennen die gefühlsarmen Kleinbürgerinnen der Nachbarschaft. Aber Pauline Pittelkow setzt sich durch, weil sie das Leben nimmt, wie es ist und nicht, wie es sein sollte.

Der Autor fand Stine selbst »nur so so, – aber die Witwe Pittelkow...!« »Ich glaube, sie ist eine mir gelungene und noch nicht dagewesene Figur« (an Emil Dominik, 3. 1. 1888).

Im April 1890 erschien »Stine« endlich im Verlag Friedrich Fontane. Als der Dichter die ersten Exemplare an Freunde verschickte, bemerkte er deutlich, was in dem Roman nur zwischen den Zeilen zu lesen war: »Mit dem Adel hohen und niedren, bin ich fertig; er war zeitlebens ein Gegenstand meiner Liebe... aber einer unglücklichen Liebe« (an Georg Friedlaender, 29. 5. 1890). Und: »Mir ist immer mehr und mehr klar geworden, daß diese Form in die moderne Welt nicht ganz paßt, daß sie verschwinden muß und jedenfalls daß man mit ihr nicht leben kann« (an Georg Friedlaender, 2. 9. 1890).

In geistiger Verwandtschaft zu Lene und Stine, Wanda und Pauline steht auch Mathilde Möhring, ein Kind der Gründerzeit. Sie wohnt bei ihrer ewig klagenden Mutter, Witwe eines Buchhalters. Mathilde will raus aus den kleinen Verhältnissen, angelt sich den labilen, willensschwachen Untermieter, verlobt sich mit ihm, hilft ihm, das juristische Examen zu bestehen. Nun steigt er auf der Karriereleiter, stirbt aber früh an der Schwindsucht. Mathilde fällt in den Augen der Wilhelminischen Gesellschaft wieder ins Nichts zurück. Sie erkennt: »*Er*... hat mir eine Stellung gegeben. Denn wenn ich es auch gemacht habe, wenn *er* nicht da war, so ging es nicht.« Die Gabe des Sich-Einfindens in gegebene Umstände läßt sie einen Ausweg finden: Da sie nun wenigstens finanziell in der Lage ist, wird sie Lehrerin und erlangt so aus eigener Kraft eine geachtete Position.

Leider blieb dieser Roman unvollendet.

Alle diese Frauen besitzen den »Sinn für Tatsächlichkeiten« (den Fontane auch sich selbst bescheinigte); sie wollten (wie er!) nie mehr als das Maximum des Erreichbaren, jede auf die ihr gemäße Weise. Einen Typus, der in den Berliner Gründerjahren sich eigentlich erst ausformte, hat Fontane mehrfach zu fassen versucht: den Typus des Bourgeois. Zwei Entwürfe – »Kögels Hof« und »Allerlei Glück« – blieben unausgeführt, bildeten aber später eine Art Steinbruch für andere Arbeiten.

Und dann fand er plötzlich in der Familie seines Schwagers Sommerfeldt ein geeignetes Modell, ohne sich dessen gleich bewußt zu sein. Es war nach Schwester Jennys Geburtstagsfeier – 18. April 1884 –, Fontane berichtete Tochter Mete, es sei zwar alles sehr nett gewesen, aber: »Ich kann den Bourgeoiston nicht ertragen... [es] dreht sich mir... angesichts des wohlhabendgewordenen Speckhökerthums das Herz um. Wirklicher Reichthum imponirt mir... und ich lebe gern inmitten von Menschen, ... die Fabrikstädte gründen und Expeditionen aussenden... Große Schiffsreeder, die Flotten bemannen, Tunnel- und Canalbauer, die Welttheile verbinden... Alles Große hat von Jugend auf einen Zauber für mich gehabt... Aber der ›Bourgeois‹ ist nur die Karikatur davon, er ärgert mich in seiner Kleinstelzigkeit und in seinem unausgesetzten Verlangen auf nichts hin bewundert zu werden... alles, was angeschafft oder wohl gar ›vorgesetzt‹ wird, wird mit einem Blicke begleitet, der etwa ausdrückt: ›Beglückter Du, der Du von *diesem* Kuchen essen,von *diesem* Wein, trinken‹ durftest, alles ist kindische Überschätzung einer Wirthschafts- und Lebensform, die schließlich gerade so gut Sechserwirthschaft ist wie meine eigene... Der Bourgeois versteht nicht zu geben, weil er von der Nichtigkeit seiner Gabe keine Vorstellung hat. Er ›rettet‹ immer, und man verschreibt sich ihm auf eine Schrippe hin für Zeit und Ewigkeit.«

Von diesem Brief bis zu »Frau Jenny Treibel« war es dann nur noch ein kleiner Schritt. Und es kam ihm auch noch eine Klatschgeschichte zugute, die man sich bei Sommerfeldts Kaffeetafel erzählte: Die Enkelin aus dem Gemüseladen, die immer so schön herausgeputzt wurde und die später mit ihren »kastanienbraunen Locken« dem Sohn des Fabrikanten den Kopf verdrehte, wurde zu Jenny Bürstenbinder, die, von dem Studenten Wilibald Schmidt angedichtet, sich doch lieber für den plumpen Treibel entscheidet. Aus Blutlaugensalz und Eisenvitriol schlägt dieser bare Münze, er produziert das Preußischblau, mit dem man Uniformen einfärbt. Sein Geschäft steigt und fällt mit dem Politbarometer, also ist er ultrakonservativ, obwohl es ihm andererseits gegen den gesunden Menschenverstand geht. Seine Welt ist einfach: in Soll und Haben, Debit und Kredit aufgeteilt. Alles andere ist Mumpitz.

Jenny hingegen, nachdem sie als Kommerzienrätin eine Villa mit Kakadu und Bologneserhündchen bewohnt, hat den Grünkramladen vergessen und schwärmt fürs »Ideale«. Sie behauptet allen Ernstes: »Dem Poetischen... allein verlohnt es sich zu leben. Alles ist nichtig; am nichtigsten aber ist das, wonach alle Welt so begehrlich drängt: äußerlicher Besitz, Vermögen, Gold.« Dabei hatte sie selbst keine Anstrengung gescheut, dies alles zu erlangen. Sie ist eine Heuchlerin par excellence, ist sich dessen aber nicht bewußt. So beklagt sie die »Milchsuppenschaft« ihrer Söhne, setzt aber alles daran, um sie unselbständig und beherrschbar zu halten. Sie sagt: »Ich höre so gern von glücklichen Ehen, namentlich in der Obersphäre der Gesellschaft«, arrangiert aber über die Köpfe ihrer Söhne hinweg deren Ehen nach rein merkantilen Gesichtspunkten. Sie betont, kleine Verhältnisse wären das, was allein glücklich macht, dabei hatte sie doch ihren kleinen, dichtenden Studenten damals sitzenlassen. Der ist inzwischen Gymnasialprofessor geworden und sieht die Dinge gelassen. Man erkennt unschwer in ihm den Dichter selbst und in der literarischen Mittwoch-Gesellschaft, die sich regelmäßig bei ihm trifft, den »Rütli«-Kreis. Und hinter Schmidts Tochter Corinna – »23 Jahre, pikant, frei, klug« – steckt zweifellos Fontanes Tochter Mete.

Auch Corinna will aus ihren kleinen Verhältnissen ausbrechen. Sie beschließt, den in jeder Hinsicht schwächlichen Leopold zu heiraten, Frau Jennys Sohn. Geist will sie mit Geld verbinden und bewußt die Freiheiten genießen, die das Geld bietet. Es kommt wirklich zur heimlichen Verlobung. Die Kommerzienrätin sucht mit allen Mitteln ihre Gegenstrategie durchzusetzen, was Corinna nur noch mehr anstachelt. Sie will es drauf ankommen lassen.

Erst die alte Schmolken, Schmidts Haushälterin, setzt Corinna (beim Birnenpuddingkochen in der Küche) den Kopf zurecht: »Du kannst doch nicht… dein un andrer Leute Glück… verschütten un verderben wollen, bloß um der alten Kommerzienrätin mit ihrem Puffscheitel un ihren Brillantbommeln einen Tort anzutun. Es is eine geldstolze Frau, die den Apfelsinenladen vergessen hat un immer bloß ötepotöte tut… ich hätt ihr sowas gegönnt… Aber… man soll sein Leben nich auf den Haß stellen.« Corinna gibt ihr recht, hat es selbst längst eingesehen.

Zwei Gesellschaften, zwei Arten, die Welt und das Leben zu betrachten, werden einander gegenübergestellt: die klassisch gebildeten, geistreich spritzigen Freunde bei Professor Schmidt – man denkt sich unwillkürlich in die Potsdamer Straße 134c – und die Villa mit dem Kakadu und einer Personage, die aus einem Wachsfigurenkabinett entliehen zu sein scheint.

Am Schluß sagt Schmidt: »Corinna, wenn ich nicht Professor wäre, so würd ich am Ende Sozialdemokrat.« »Frau Jenny Treibel oder Wo sich Herz zum Herzen findt'« erschien 1892 im Verlag Friedrich Fontanes und war (endlich!) ein großer Erfolg. Noch im selben Jahr war die zweite Auflage fällig. Die Rezensenten schrieben von einem »saft- und kraftvollen Leben, das da mit Bildnerhand ausgebreitet« worden sei.

Von dem Bourgeois, den Neureichs erwartete Fontane für die Zukunft nichts Gutes, der Adel hatte sich überlebt, – blieb nur die Hoffnung auf den vierten Stand. Wie unkonventionell er darüber dachte, geht aus einem Brief an seine Frau vom 5. 6. 1878 hervor: »Millionen von Arbeitern sind grade so gescheidt, so gebildet, so ehrenhaft wie Adel und Bürgerstand, vielfach sind sie ihnen überlegen. Der junge Rinneberg ist ein Tischlergeselle; glaubst Du, daß er Max oder Kurt Sommerfeldt nachsteht?... Alle diese Leute sind uns vollkommen ebenbürtig und deshalb ist ihnen weder der Beweis zu führen, ›daß es mit ihnen nichts sei‹ noch ist ihnen mit der Waffe in der Hand beizukommen. Sie vertreten nicht bloß Unordnung und Aufstand, sie vertreten *Ideen*, die zum Theil ihre Berechtigung haben und die man nicht todtschlagen oder durch Einkerkerung aus der Welt schaffen kann...«

In den Romanen wies Fontane dem vierten Stand eigentlich nur Charakterchargen zu, allerdings sehr einprägsame: Da wäre neben der Schmolken Roswitha Gellenhagen zu nennen, das Kindermädchen von Effi Briest, der Innstetten und Wüllersdorf, wenn auch widerwillig, zugestehen müssen, sie wäre ihnen an Güte und Menschlichkeit überlegen; da ist Hoppenmarieken, die mehr Lebensweisheit auf ihrem krummen Buckel wegträgt als der alte und der junge Gnädige Herr auf Hohen-Vietz zusammengenommen; da ist der einfühlsame Diener des alten Dubslav von Stechlin und ebendort auch Hedwig, die ihre schlimmen Dienstmädchenerfahrungen in den kategorischen Satz faßt: »Der Bourgeois tut nichts für die Menschheit. Und wer nichts für die Menschheit tut der muß abgeschafft werden.«

Obwohl er sich – vor allem in den Briefen an den schlesischen Amtsgerichtsrat Friedlaender – immer sarkastischer über die »aussterbensreife Geburtsaristokratie« äußerte, fand Fontane erst Ruhe, als er diesen Adel poetisch zu Grabe getragen hatte. Einmal – 1896 – leicht farcenhaft in den »Poggenpuhls« und zu guter Letzt im »Stechlin«. Hier schildert Fontane »den Adel wie er sein sollte, aber nicht ist«. Er kehrte dazu an seinen Ausgangspunkt, ins Ruppinsche zurück, an den Stechlinsee, der »in halb rätselhafter Verbindung mit der Welt da draußen« steht und alle Erschütterungen der großen Weltbewegungen mitmacht.« »Zum Schluß stirbt ein Alter und zwei Junge heiraten sich – das ist so ziemlich alles«, glossierte der greise Autor, doch tief innen spürte er, daß er hier ein Zeitdokument des Fin de siècle geliefert hatte.

»Eine neue Zeit bricht an. Ich glaube, eine bessere und eine glücklichere. Aber wenn auch nicht eine glücklichere, so doch mindestens eine Zeit mit mehr Sauerstoff in der Luft, eine Zeit, in der wir besser atmen können. Und je freier man atmet, je mehr lebt man« (Kapitel 29). In seinen Altersbriefen – an Friedlaender oder an den englischen Arzt James Morris – äußerte er sich weitaus prononcierter: »Mein Haß gegen alles, was die neue Zeit aufhält, ist in einem beständigen Wachsen und die Möglichkeit, ja, die Wahrscheinlichkeit, daß dem Sieg des Neuen eine furchtbare Schlacht voraufgehen muß, kann mich nicht abhalten, diesen Sieg des Neuen zu wünschen« (an Georg Friedlaender, 6. 5. 1895).

In seinen kühnsten und schrecklichsten Träumen konnte er sich nicht vorstellen, welche Ausmaße dieser Kampf annehmen und daß am Ende von seinem Berlin nicht viel mehr übrigbleiben würde als das, was er in den Romanen für immer aufbewahrt hatte.

Es begann mit dem ersten Schritt zur »Weltstadt« eine Entwicklung, die Fontane teils freudig, teils skeptisch verfolgte. »Die Stadt wächst und wächst«, schrieb er bereits 1879. »Die Millionäre verzehnfachen sich, aber eine gewisse Schusterhaftigkeit bleibt, die sich vor allem in dem Glauben ausspricht, ›Mutters Kloß ist der Beste‹.« Äußerlich ging es sichtbar aufwärts: Franz Schwechten erbaute den Anhalter Bahnhof, und der mit Fontane befreundete Dichter-Ingenieur Heinrich Seidel setzte eine ungewöhnliche Kuppel drauf; Martin Gropius vollendete das Kunstgewerbe-Museum; wenig später verkehrten die ersten Stadtbahnen zwischen Schlesischem Bahnhof und Charlottenburg; das Deutsche Theater wurde gegründet und die AEG. Und alles trug sich in Fontanes Nachbarschaft zu oder betraf ihn unmittelbar. Er freute sich, »diese vernobelte Zeit noch erlebt zu haben«, und doch kamen ihm Bedenken: »Neben unsrer neuen Größe läuft eine Kleinheit, eine Enge und Unfreiheit her... Besonders die militärische Welt überschlägt sich; es ist der verwöhnte Sohn im Hause, der... sich unter Zustimmung der Eltern alles erlauben darf. Der Rest der Welt, wenn er eine eigne Meinung haben will, ist nur dazu da gescholten und verdächtigt... zu werden. Von dieser militärischen Welt gilt in gesteigertem Maße das, was von der ganzen Zeit gilt: im Ganzen glänzend, im Einzelnen jämmerlich« (an Georg Friedlaender, 3.4. 1887). Er erkannte den Ur-Grund des Verhängnisses, das über der Stadt heraufzog.

Fontane erlebte noch den Anfang der »vernobelten Zeit« unter Kaiser Wilhelm II., die sich in protzigem Neobarock und imposanter Neorenaissance verewigte und die schließlich mit dem verlorenen Weltkrieg endete. Dann kam die »neue Sachlichkeit« und danach der personifizierte Größenwahn, der Berlin zu »Germania, Hauptstadt des Tausendjährigen Großdeutschen Reiches« hochstilisieren wollte. Schon wurde damit begonnen, überdimensionale Schneisen durch die Stadtlandschaft zu schlagen, – da fielen die Bomben und machten tabula rasa. – Es blieben nur noch Ruinen. Dazwischen drängten sich ungeordnet und unorganisch Läden und Märkte in der Hoffnung auf schnelles Geld. Die Treibels – diesmal ohne Titel – hatten wieder ihre hohe Zeit. – Dann kam die Mauer, jener Lindwurm aus Beton und Stacheldraht, der ganz Berlin in Schach hielt und zerschnitt, was über Jahrhunderte gewachsen war. Rechts und links von ihr breitete sich tödliches Niemandsland aus. Besonders verheerend wirkte die Wüstenei zwischen Potsdamer Platz und Reichstagsgebäude. Hier war einmal Fontanes ureigenster Lebensbereich. Im alten Johanniterhaus in der Potsdamer Straße 134c saß er, drei Treppen hoch, und ließ Zeit und Zeitgenossen Revue passieren; lief Jahre hindurch bis zu seinem 70. Geburtstag zu jeder Premiere, jedem Gastspiel ins Schauspielhaus am

Gendarmenmarkt, um in der »Vossin« darüber zu berichten; versäumte keine Rede Bismarcks im Reichstag; empfing Gäste wie Otto Brahm, den Begründer der »Freien Bühne« und Gerhart Hauptmann, der wie ein Hurrikan in die abgestandene, miefige Theaterszene einbrach und in Fontane seinen einzigen Fürsprecher unter den Kritikern fand.

Vom Johanniterhause aus machte er – bis zum letzten Tage – seine Spaziergänge in den Tiergarten, und schrieb – von wenigen, meist jüdischen Publizisten nur in seiner wirklichen Größe erkannt – Romane und Novellen, die erst ein Menschenalter später von Heinrich Mann als »gültige, bleibende Dokumente einer Gesellschaft, eines Zeitalters« geachtet werden sollten. »Alles vermöge richtig gesehener, stark gezeichneter Personen, einer Welt von Personen oder einzeln ausgesuchter, die dasselbe tun: standhalten, sich selbst unverletzt überbringen den weiten Weg von damals her.«

Zehn Jahre nach Fontanes Tod haben ihm die Stadt Berlin und das offizielle Preußen im Tiergarten ein Denkmal setzen lassen; es war eine oberlehrerhafte Anstandsgeste. Was kannte man allgemein von ihm? Den alten Zieten und den alten Ribbeck auf Ribbeck, Archibald Douglas und John Maynard, sie standen in allen Lesebüchern. Wenn es hoch kam, hatte man noch die »Wanderungen« durchs Havel- und Spreeland und »Effi Briest« gelesen. C'est tout.

Fontane in seiner Universalität und in den Irrungen, Wirrungen seiner Zeit wurde in Ost und West erst nach dem Zweiten Weltkrieg »entdeckt«. Erich Kästner war es, der 1959 in drei Sätzen aussprach, was Theodor Fontane nicht nur, aber besonders für Berlin bedeutete, in einer Epoche, die von einer erneuten Umwertung aller Dinge gekennzeichnet war: »Theodor Fontane gelang, was den großen ausländischen Meistern mit Paris, London und Petersburg gelungen war: er schuf Berlin zum zweiten Male. Er schenkte uns die Stadt an der Spree, wie uns Balzac die Stadt an der Seine und Dickens die Stadt an der Themse schenkten. Diese Städte und ihre Gesellschaft mögen sich wandeln, sie mögen wachsen, verfallen oder gar zerstört werden – ihr Herz und eigentliches Wesen lebt im Œuvre der großen Romanciers unzerstörbar fort.«

Sehenswürdigkeiten

Dieses Wort scheint hier nicht in jedem Falle angebracht, denn von vielen Fontane-Plätzen in Berlin muß man sagen: »unwiederbringlich« – unwiederbringlich verloren. Von den 18 Wohnstätten blieb keine einzige erhalten. Neun wurden zugunsten von Neubauten abgerissen, neun wurden im Kriege zerstört. Auch von den Apotheken existiert keine mehr. Wer versucht, wenigstens den alten Standort ausfindig zu machen, geht leicht in die Irre: Oft wurden Straßen verlegt, verbreitert, umbenannt oder umnumeriert. So ist die heutige Potsdamer Straße 134c nicht identisch mit dem alten Johanniterhaus, das nach Fontanes Angaben »300 Schritt vom Kanal« in Richtung Potsdamer Platz lag. Es wurde schon um die Jahrhundertwende wegen Baufälligkeit abgerissen.

Irritiert wird der Suchende auch durch den Umstand, daß ganze Wohnviertel in wechselvollen Zeitläuften ihren Charakter vollständig veränderten. Dennoch gibt es bei allen zu beklagenden Verlusten eine Vielzahl von Örtlichkeiten, an denen man überrascht innehält und sich sagt: Ja, *hier* könnte es gewesen sein! Auf dieses Stück Spree konnte er von seinem Fenster aus sehen, oder: hier könnte Effi Briest vor ihrer Scheidung gewohnt haben... sie wollte doch »die Nachtigallen aus dem Tiergarten und die Papageien aus dem Zoologischen hören«. Man ertappt sich dabei, daß wirkliche und Romangestalten durcheinanderlaufen, und genau das war vom Dichter gewollt: »Das wird der beste Roman sein, dessen Gestalten sich in die Gestalten des wirklichen Lebens einreihen, so daß wir in Erinnerung an eine bestimmte Lebensepoche nicht mehr genau wissen, ob es gelebte oder gelesene Figuren waren.«

Machen wir uns also ungeachtet aller oft schmerzlichen Veränderungen in dieser Stadt auf zu einer Art ›sentimental walk‹ und versuchen wir aufzuspüren, was uns noch an diesen und jene erinnert. Dabei wird uns zunehmender bewußt, mit wie vielen Fäden Berlin an Fontanes Werk geknüpft war und ist. Der besseren Übersicht wegen unterteilen wir den Spaziergang durch Raum und Zeit in eine östliche und eine westliche Route. Ausgangspunkt ist in beiden Fällen das Brandenburger Tor.

Das *Brandenburger Tor* spielt merkwürdigerweise weder in Fontanes Romanen noch in seinen Briefen eine Rolle, aber es gibt drei »Einzugs«-Gedichte, in denen er die preußischen Truppen würdigte, die 1864 gegen Dänemark, 1866 gegen Österreich und 1870/71 gegen Frankreich kämpften und siegreich durch dieses Tor die Linden entlang zogen. Er pries ihren Mut und ihre Tapferkeit und ließ sogar den Großen Friedrich auf seinem Denkmalsockel vor ihnen den Hut ziehen. Storm gratulierte zu diesem fachlich bravourösen Gedicht, schloß dann aber ironisch, warum bei ihm »die Tat des Volkes erst durch das Kopfnicken eines Königs Weihe und Bedeutung erhält« (19. 12. 1864). Im Einzugslied von 1866 bescheinigte er den Garden, Linientruppen und der Landwehr, daß sie in Ehren ihre schwere Pflicht erfüllt hätten. (Er selbst hatte sich davon auf allen Kriegsschauplätzen überzeugen können.) Von einem »sittlichen Gehalt ihrer Tat« kein Wort, auch nichts von Weihestimmung. Das Gedicht – offensichtlich eine Auftragsarbeit – wirkt etwas gequält: Pflichtübung. Und als die preußischen Truppen 1871 zum drittenmal triumphierend durch das große Portal zogen, heißt es bei Fontane:

»Bei dem Fritzen-Denkmal stehen sie wieder,
Sie blicken hinauf, der Alte blickt nieder;
Er neigt sich leise über den Bug:
›Bon soir, Messieurs, *nun ist es genug*‹.«

Das dürfte auch die Meinung des Autors gewesen sein: »Nun ist es genug!« In der »Kreuz-Zeitung« erschien dieses Gedicht nicht.

Pariser Platz Nummer 7, neben dem nördlichen Wachgebäude des Brandenburger Tores, wohnte und arbeitete Max Liebermann von 1893 bis 1933. Im April 1896 saß ihm Fontane hier zweimal in der Woche. »Ich freue mich... drauf, einmal, weil es nun doch endlich mal ein richtiger Maler ist, dem ich in die Hände falle, dann, weil Liebermann ein ebenso liebenswürdiger wie kluger Mann ist« (an Martha, 19. 3. 1896). Das Original der berühmt gewordenen Kreidezeichnung befindet sich heute in der Alten Nationalgalerie Berlin, eine interessante Kreideskizze in der Kunsthalle Bremen.

Die *Behrenstraße* war eine ausgesprochen »geistreiche« Gegend. Es wohnten hier, wenn auch nicht alle zur gleichen Zeit, in
Nr. 26 Schriftsteller und Theaterleiter Heinrich Laube,
Nr. 30 Wilhelm von Humboldt mit Frau Caroline (1819),
Nr. 31 Maler und Kupferstecher Daniel Chodowiecki (1777–1801);
Nr. 61 beherbergte das Junge Deutschland (Heine, Grabbe, Laube u. a.),
Nr. 58 war das Elternhaus von Paul Heyse, der hier lebte, bis er 1854 die Tochter Franz Kuglers heiratete;
in Nr. 70 wohnte Schopenhauer (1830). Von 1833 bis 1869 hatte Mathilde von Rohr hier ihren kleinen literarischen Zirkel, in dem, eingeführt durch Bernhard von Lepel, Fontane zehn Jahre lang verkehrte. Der Charakter dieser Geselligkeit war immer derselbe: »immer sechs, acht Personen, immer Mustertee, immer ›Götterspeise‹, immer Dichtungen vor einem Publikum, das durch den Vortrag derselben grenzenlos gelangweilt wurde. Nur Fräulein von Rohr strahlte...« Sie war neun Jahr älter als Fontane, alles andere als schön, aber voll Herzensgüte. Über Jahrzehnte erwies sie sich als verständnisvolle Freundin. Manches Empfehlungsschreiben an hochgestellte Adelsfamilien verdankte er ihr und »wohl ein Dutzend der lesbarsten Kapitel in meinen ›Wanderungen‹... Sie war auch ein wahres Anekdotenbuch und eine brillante Erzählerin alter Geschichten aus der Mark Brandenburg... Den Stoff... zu ›Schach von Wuthenow‹ habe ich mit allen Details von ihr erhalten« (Aus »Mathilde von Rohr, Konventualin zu Kloster Dobbertin«, 1889.)

Die *Gegend zwischen Potsdamer Platz, Brandenburger Tor und Gendarmenmarkt* war Fontane sehr vertraut, führte ihn doch sein Weg jahrelang von der Potsdamer Straße 134c zum Königlichen Schauspielhaus. Mehrere Romangestalten siedelte er dort an: Frau von Carayon wohnte in der Beletage Behrenstraße, Ecke Charlottenstraße. Von ihrem Salonfenster aus wird sie mit Tochter Victoire Zeuge der gespenstischen Schlittenfahrt, die wie ein Wetterleuchten das unheilvolle Ende ankündigt. Der Urheber des Unglücks logiert bei Fontane in der Wilhelmstraße, unweit des Palais des Prinzen Ferdinand von Preußen. Behrenstraße, gegenüber der Kleinen Mauerstraße, wohnt Graf Haldern im obersten Stock eines »altmodischen, im übrigen aber gut und sauber gehaltenen Hauses«. Neffe Waldemar spricht dort mit ihm über seinen Entschluß, Stine, die Schwester der von dem Grafen ausgehaltenen Witwe Pittelkow, zu heiraten. Die Idee wird als absurd zurückgewiesen. Auch »der Baron«, genannt Papageno, der die schöne Witwe ebenfalls öfter besucht, hat einen beziehungsreichen Wohnort: Mohrenstraße, Ecke Zietenplatz, 3 Treppen. Er schaut von seinem Fenster auf den »alten Zieten, ... die Gamaschen des alten Dessauers und... auf die Fahnenspitze des alten Schwerin.« Die nichtssagenden Fragmente der preußischen Heroen genügen ihm durchaus. Als Lebemann lacht er über den »ehernen Griffel der Geschichte«. Er gratuliert Waldemar zu seinem Vorhaben: »Ich freue mich immer, wenn einer die Courage hat, den ganzen Krimskrams zu durchbrechen.«

Mohrenstraße 49 befand sich das »Englische Haus«, in dem sich im 18./19. Jahrhundert der »Berliner Montagsklub« traf, zu dem auch Lessing, Fichte, Hegel und die Humboldts gehörten. Der »Tunnel« tagte dort ebenfalls eine Zeitlang. Zum 70. Geburtstag Fontanes hatte die »Vossische Zeitung« 400 auserlesene Persönlichkeiten zu einem Festessen ins »Englische Haus« geladen. Der Dichter selbst nahm diese kolossale Ehrung jedoch mit gemischten Gefühlen auf. Ihm »fehlte der Sinn für Feierlichkeit« solcher Art.

Unter den Linden

(Hier muß man vorausschicken, daß die Numerierung der Häuser auf der Südseite des Pariser Platzes begann und mit dem Alten Palais am Opernplatz bei Nummer 37 endete. Dann ging es auf der nördlichen Seite mit Nummer 38 weiter und endete mit Nummer 78 am Pariser Platz.)

Die berühmte Straße übte auf Fontane zeit seines Lebens eine besondere Anziehungskraft aus: Als Kind, wenn er mit dem Vater von Ruppin aus zu Onkel August und Tante Pinchen fuhr, die hinter dem Berliner Stadtschloß wohnten, war ihm dieser letzte Teil der Reise stets Höhepunkt; als Gewerbeschüler und Pensionist bei Onkel August lief er oft hier entlang zum Tiergarten; als Lehrling verbrachte er anregende Stunden im Lese-Café des Schweizer Konditors Spargnapani (Unter den Linden 50), und noch Jahre später überkamen ihn im nebligen London »süße Heimwehschauder«, wenn er wie eine Zauberformel das Wort »Spargnapani« vor sich hin sprach. Am 23. Mai 1844 stand Theodor Fontane als Einjährig-Freiwilliger im Kaiser Franz-Regiment Posten an der

Neuen Wache, als Hermann Scherz, Freund aus Ruppiner Kindertagen vorbeikam, um ihn für den übernächsten Tag zu einer Englandreise einzuladen. Fontane setzte alles auf eine Karte, drang bis zum Chef des Regimentes, Oberst von Hirschfeldt, vor und erreichte innerhalb weniger Stunden zwei Wochen Sonderurlaub. In einer Militärhose mit roten Biesen, mit einem einzigen Taler und einem Doppellouisdor nebst winzigem Proviantbündel trat der Grenadier Fontane die Englandreise an, die für sein Leben entscheidende Bedeutung erlangen sollte.

Einer seiner Vorgesetzten war Bernhard von Lepel, durch den Fontane vier Jahre zuvor in den Literatenverein »Tunnel über der Spree« aufgenommen worden war. »Es tut aber nicht gut, einen Freund und Dichtergenossen als Vorgesetzten zu haben«, gestand er in seiner Autobiographie »Von Zwanzig bis Dreißig«.

Zum *Reiterdenkmal Friedrichs des Großen* von Christian Daniel Rauch hatte Fontane enge Beziehungen. Von Kindesbeinen an war er mit altenfritzischen Anekdoten vertraut, und so ging ihm zur Einweihung des Denkmals (1851) das Gedicht »Der Alte Fritz« leicht von der Hand. Er blieb ein zunächst überschwenglicher, später kritischer Bewunderer des Feldherrn und Philosophen von Sanssouci. Viele auf dem Denkmalsockel dargestellte Generäle tauchen in Fontanes »Preußenliedern« oder in den »Wanderungen« wieder auf. Zu der Position der Künstler und Gelehrten, denen bezeichnenderweise der Platz unter dem Pferdeschwanz vorbehalten war, äußerte er sich allerdings nie.

An der Berliner *Universität* studiert Lewin von Vitzewitz, jugendlicher Held in dem Roman »Vor dem Sturm«; er hört Vorlesungen von Thaer und Fichte. Von der Philosophischen Fakultät dieser Universität wurde Fontane 1894 die Ehrendoktorwürde verliehen. Hinter dem Vorschlag standen

Männer wie Heinrich von Treitschke, Herman Grimm und Theodor Mommsen. Letzterer nannte Fontane einen »Dichter, Erzähler und Bürger, gleich ausgezeichnet durch die Anmut seiner Kunst wie die Kraft seines sittlichen Strebens«. An Friedlaender schrieb der Geehrte: »Im Ganzen genommen stehe ich mau und flau zu Auszeichnungen derart; diese aber hat doch einen Eindruck auf mich gemacht« (9. 12. 1894).

Auf die *Königliche Bibliothek* war Fontane nicht gut zu sprechen; er mußte schlechte Erfahrungen gemacht haben, denn er nannte sie »ein elendes Institut« und meinte, daß sie das »wohl noch lange bleiben wird« (an Hans Hertz, 16. 3. 1895). Die für seine Arbeit notwendigen Bücher pflegte der Autor sich möglichst bei Fachexperten auszuleihen. Die Abneigung muß auf Gegenseitigkeit beruht haben, denn als 1928 die Urheberschutzfrist abgelaufen war und Friedrich Fontane sich bemühte, den gesamten Nachlaß seines Vaters geschlossen der Preußischen Staatsbibliothek anzuvertrauen, bot ihm diese – nach sechs Jahren Hinhalten – die beleidigende Summe von 8000 RM, zahlbar in zehn(!) Jahresraten.

Ebenso schlechte Erinnerungen knüpften sich für Fontane an die *Akademie der Künste* – Unter den Linden, Ecke Charlottenstraße – wo er sich 1876, in Sorge um die Altersversorgung seiner Familie, als beamteter Sekretär versucht hatte. Im Jahr zuvor war Anton von Werner Direktor der Akademie geworden. Man erwartete von den Untergebenen nicht nur kritiklose Anerkennung seines pathetisch-gestelzten Malstils, sondern auch »vor Herrn von Werner wie vor einer aufgehenden kronprinzlichen Sonne zu liebedienern« (an Hitzig, Mai 1876).

Das ging Fontane zu weit. Er, der allem Bombast abhold war, sollte erleben, wie von Werner später zum Liebling Kaiser Wilhelms II. und zu dessen Berater in Kunstfragen avancierte. Max Liebermann, dessen Kunstauffassung Fontane teilte, wurde von eben diesem Kaiser als »Rinnsteinkünstler« beschimpft. Mit Edvard Munch, Leistikow u. a. gründete er als eine Art Selbstwehr die Berliner Sezession. Als von Werners Kolossalgemälde »Kaiserproklamation im Spiegelsaal zu Versailles« fertig war – 4,34 Meter hoch und 7,32 Meter breit! – spotteten die Sezessionisten, »det sei die jrößte Kunst überhaupt!«

Von Werners Riesenschinken prangten nicht nur im Stadtschloß, sie schmückten auch das Unter den Linden, Ecke Friedrichstraße gelegene *Café Bauer* und paßten zu der pompösen Innenausstattung, möglicherweise war das ein Grund, weshalb Fontane Café Bauer nicht schätzte, obwohl dort über 70 Zeitungen auslagen. Gegenüber befand sich seit 1834 das von einem österreichischen Zuckerbäcker eingerichtete Lese-Caféhaus Kranzler, damals bevorzugter Treffpunkt der Gardeleutnants und Modegecken. Einmal kamen Fontane und Storm von einem Spaziergang durch den Tiergarten zurück, und Storm wollte unbedingt bei Kranzler einkehren. Fontane genierte sich wegen Storms auffallender Kleidung – »leinerne Beinkleider und Weste... grünes Röckchen, Reisehut und Schal«, der »in zwei Strippen mit Puscheln hin und her pendelte«, doch der Husumer bestand ahnungslos auf einem Besuch, vernahm nicht das spöttische Gezischel hinter seinem Rücken, Fontane aber war froh, als sie »nach einer halben Stunde wieder heil heraus waren«.

Hinter der Katholischen Kirche nennt sich die kurze Straße, die vom Opernplatz an der 1773 geweihten Hedwigskirche vorbei zur Französischen Straße führt. Hier lag das Café Belvedere, in dem jeden Sonntag der von Moritz Gottlieb Saphir 1827 gegründete literarische Verein »Tunnel über der Spree« tagte. Fontane gehörte ihm über viele Jahre mal mehr, mal weniger intensiv an und war zeitweise auch dessen Sekretär und »Angebetetes Haupt«, wie der Vorsitzende scherzhaft genannt wurde.

»Prophete rechts, Prophete links, das Weltkind in der Mitten« – dieses Goethe-Zitat charakterisiert auch den *Gendarmenmarkt:* auf der nördlichen Seite der Französische, auf der südlichen der Deutsche Dom, in der Mitte das von Schinkel erbaute Schauspielhaus. Zu Fontanes Zeiten galt der Platz wegen seiner architektonischen Geschlossenheit als einer der schönsten Europas. Im Zweiten Weltkrieg zur Trümmerwüste zerbombt, entstand er in jahrzehntelanger Arbeit neu und erinnert wie kein anderer Schauplatz in Berlin an Fontanes Leben und Wirken. Adolph Menzel malte diesen Platz und den historischen Augenblick, als hier die Berliner im März 1848 die Opfer der Revolution aufbahrten und den König zwangen, den Toten die letzte Ehre zu erweisen. Wir wissen nicht, ob sich Fontane in der Volksansammlung befand, von ihm selber überliefert aber ist, daß er im Frühsommer 1848 als Wahlmann an den fast täglich im Königlichen Schauspielhaus stattfindenden Beratungen teilnahm.

Im Vormärz war er eifriger Besucher des Lese-Cafés »Stehely«, *Charlottenstraße 36/Jägerstraße,* dem Schauspielhaus schräg gegenüber; nach Gutzkow ein »Revolutionsherd…, wo Baisers, Pasteten, Spritzkuchen und Journale den Geist der Neuerung befördern halfen«. Sehr viel später, 1886, schrieb Fontane einen kleinen Gedenkaufsatz über »Berliner Cafés von heute und Konditoreien von ehemals«, die in Zeiten strenger Zensur die einzigen Informationsquellen waren. Ehrbare Professoren, Literaten und Politiker rangelten sich dort um die ausländischen Journale. »Die betreffenden Herren waren nicht nur Stehelysche Habitués, sondern zugleich auch Leute von gesellschaftlicher Stellung.« Respektvoll hielt sich der junge Dichter damals zurück, und nicht immer gelangte er an eins der begehrten Blätter. Trotzdem »verließ ich… das Lokal mit dem Gefühl, mich eine Stunde lang an einer geweihten Stätte befunden zu haben« (»Von Zwanzig bis Dreißig«).

Der Französische Dom

Fontanes Vorfahren und auch die seiner Frau gehörten zu den Refugiés, die nach dem Edikt von Potsdam in Brandenburg Zuflucht gefunden hatten. Seine Eltern »repräsentierten noch den unverfälschten Kolonistenstolz«, er selbst nicht minder, obwohl er sich als ein »in der Wolle gefärbter Preuße« verstand. In dem 1889 im »Deutschen Wochenblatt« erschienenen Aufsatz »Die Märker und die Berliner« versuchte er, den Anteil der Refugiés am Zustandekommen des Berlinertums zu ergründen; immerhin gesellten sich 1685 zu den 8000–10 000 Berlinern auf einen Schlag 5000 Franzosen, so daß jeder dritte Berliner ein Franzose war. »Die Refugiés waren Muster von Loyalität, ohne je servil zu werden, und gaben ein gutes Beispiel nach mehr als einer Seite hin… sie führten vieles ein, was bis dahin nicht da war, und anderes hoben sie durch ihre Geschicklichkeit und ihren Geschmack auf eine höhere Stufe.« Aber: sie waren »keine pariserischen, sondern puritanische Leute, steif, ernsthaft, ehrpußlich, was sie vielfach bis auf diesen Tag geblieben sind«. Und schließlich: »Der richtige Berliner kann nicht von ihnen herstammen.« Diese genannten Eigenschaften waren es wohl auch, die ihn bei aller Liebe und allem Stolz in gewisser Distanz zur Französischen Kolonie hielten. Er saß zwar »mit jungen Leuten aus alten Kolonistenfamilien... auf der Konfirmandenbank«, wurde 1836 von August Fournier in der Alten Französischen Kirche in der Klosterstraße eingesegnet und von demselben Geistlichen am 16. 10. 1850 getraut; auch der älteste Sohn George wurde hier getauft und konfirmiert; aber ein »Religionseiferer« war Fontane nicht. »Kein vernünftiger Mensch wird was gegen Religion haben, wenn er persönlich auch nicht mitmacht... ich habe zwar noch nicht gesehn, daß viel dabei herauskommt, aber wenn es ehrlich ist, geb ich dem Gläubigen seine Ehre« (an Friedlaender, 12. 2. 1892).

Vor allem schätzte Fontane an der Französischen Kolonie das soziale Engagement: Sie begründete die Charité, richtete Altersheime und Kinderkrippen ein, half mit Studien- und Überbrückungsgeldern. Von der Familie Fontane waren »drei Vettern auf dem Colonie-Waisenhaus und mein zweiter Sohn viele Jahre lang im Seminar« (an Friedlaender, 5. 10. 1888). Zu bestimmten Feiertagen der Kolonie erwartete man literarische Revanche. »Ich bastle natürlich wieder an einem Prolog«, schrieb er am 18. 10. 1886 an Sohn Theo, »und insofern gern, als ich immer an die Möglichkeit einer Unterkriechung in einem Koloniehaus denke. Holtei verbrachte seine letzte Zeit in einem Breslauer Kloster, warum *ich* nicht in irgend einem Maison d'Orange!« Später überließ er das Festspiel zur Jubelfeier des Bestehens der Kolonie allerdings seinem schriftstellerisch nicht unbegabten Sohn Theo.

Ein anderes Merkmal der Refugiés war die Dankbarkeit dem Hause Hohenzollern gegenüber, das einst in größter Bedrängnis Asyl gewährt hatte. Obwohl sie ihren Dank auf vielfältigste Weise tausendfach abgetragen hatten, hielten sie es für ihre vornehmste Pflicht, »dem Lande treu zu dienen«. Dieser Gedanke ist auch Fontane nicht fremd.

Der Dom für die französisch-reformierte Gemeinde in Berlin wurde von 1701 bis 1705 nach dem Vorbild der zerstörten hugenottischen Hauptkirche in Charenton errichtet. Erst später entwarf Carl von Gontard den Kuppelturm mit drei Säulenhallen, den Georg Christian Unger von 1780 bis 1785 aufsetzte. Den figuralen Schmuck gestaltete Daniel Chodowiecki. – 1943 wurde die Kirche durch Fliegerbomben schwer beschädigt und bis 1983 mühsam wieder aufgebaut. Im unteren Teil befindet sich das

Hugenotten-Museum, in dem deutlich wird, wieviel Berlin-Brandenburg den Nachfahren der Refugiés verdankt; neben berühmten Namen wie Reclam, de la Motte Fouqué, Chamisso, Pesne, Devrient, Gruson, Michelet, Ravené oder Dubois-Reymond steht dort auch der Name Theodor Fontanes.

Das *Schauspielhaus* von Karl Friedrich Schinkel, auf den Grundmauern des Langhansschen Nationaltheaters von 1818 bis 1821 errichtet, war 20 Jahre lang Wirkungsstätte des Theaterkritikers Fontane. »Von 1870–90 hatte ich für die ›Vossische‹ das Referat über die Königlichen Schauspiele... Es war keine uninteressante Zeit, die Zeit der Aufrichtung des Reiches an bis zum Sturz dessen, der es aufgerichtet hatte.« Es war die Zeit, da in dem vom Kaiser höchstpersönlich favorisierten Theater viel süßlich-romantische Oberflächlichkeit, dritte und vierte Aufgüsse der Klassiker und pseudopatriotischer, pompöser Kitsch über die Bühne ging. Fontane unterschied mit sicherem Gespür Echtes von Unechtem und sprach es unmißverständlich aus. So hieß es z.B. über eine schwerfällige Shakespeare-Inszenierung, Fräulein Buske als Titania »weidet wie ein Reh in dieser grünen Waldesdichtung, während Oberon wie ein Sechszehnender ins Gehege brach«. Und von Scribes Bolingbroke sagte er, er habe nicht die Haltung eines Vicomte, sondern die »eines Landrates aus Neu-Vorpommern« (1881). Er lobte gern und von Herzen, wo etwas zu loben war, und er nannte Blech, was blechern war und sich für Silber ausgab. »Wenn man für Lob und Tadel immer nur Mitteltöne hat, immer sich ängstlich maßvoller Worte befleißigt, ... so kommt... ein Schablonenurteil heraus, ... ein einfacher Lob-und-Tadel-Pegel, an dem Brachvogel und Schiller gleich hoch stehen« (1888). Schiller gehörte seine ganze Sympathie. »Kabale und

Liebe« übte noch beim zwanzigsten Anschauen »wieder seinen alten Zauber«, denn »mit all seinen Unglaublichkeiten ist es so furchtbar wahr bis diesen Tag«. Und auf aktuelle Hofberichte anspielend endet er sarkastisch:« So wird es einem zur tröstlichen Gewißheit, daß die von Kalb und von Bock unsterblich sind... Alles wie vordem; nur die Millers sind eingegangen.«

Manches unerhebliche Stück (wie Scribes »Feenhände«) wäre völlig vergessen, gäbe es nicht den weit über eine Rezension hinausreichenden, fast visionären Essay aus Fontanes Feder. Brachvogels »Narziß«, der noch im dreißigsten Jahr beklatscht und bewundert wurde, verriß Fontane mit der ironischen Bemerkung, der Physiker Vogt könne unmöglich recht haben, »daß jetzt mit der Ernährung mehr Phosphor ins Gehirn käme und die Menschen dadurch klüger würden...« Mit Voltairescher Bissigkeit ging er vor allem gegen den teutonischen Bombast vor, der sich auf der königlichen Bühne breitmachte. Witzig-elegant schmetterte er jene karrieristischen Stückeschreiber ab, die als historisches Trauerspiel ausgaben, was doch nur »eine dramatisierte Turn- und Sängerfahrt mit aufgelegtem Fäßchen und Redeprogramm« war. Sieben Jahre lang zog er mit der Kritikerlanze gegen den bei Hofe hochgeschätzten Ernst von Wildenbruch ins Turnier; erst als er »Die Quitzows« herausbrachte, schloß er mit ihm einen Teilfrieden. »Der alte Wildenbruch tobt und wuracht auch hier noch herum, aber es ist doch so viel an Genialem da, daß ich seinem Unsinn Indemnität erteile« (an Mete, 21. 2. 1891).

Das Schlimmste war für ihn Karl Gutzkows »Der Gefangene von Metz«, ein grob tendenziöses, antifranzösisches, antikatholisches Stück. »Ich saß auf meinem Platz und wand mich vor seelischem und physischem Unbehagen.« Fontane hatte Gutzkow als Jüngling sehr geschätzt, er wußte, daß dieser nun ein alter, kranker Mann war, aber kam zu dem Schluß: »Schlecht ist schlecht, und es muß gesagt werden« (1876). Es wurde auch abgesetzt. Zwanzig Jahre lang saß Fontane bei jeder Premiere, jedem Gastspiel auf seinem exponierten Parkettplatz 23: »kein eigentlicher Parkettplatz, sondern nur ein Annex, ein Vorposten, ein ausgebautes Fort... ganz in die scharfe Ecke zwischen Proszeniums- und Parkettlogen hineingebaut... Für den Eitlen war Nummer 23 ein kurulischer Stuhl, für den weniger Eitlen ein Armsünderbänkchen. Denn man bilde sich nur nicht ein, daß ein Theaterkritiker ein Richter ist, weit öfter ist er der Angeklagte. ›Da sitzt das Scheusal wieder‹ habe ich sehr oft aus den Gesichtern gelesen« (»Causerien über Theater«, 1870–89).

Mit siebzig zog er den Schlußstrich, höflich sein Alter vorschützend; in Wahrheit war er der wohlkonservierten Langeweile des Königlichen Schauspielhauses überdrüssig. Etwas Neues war in Berlin auf den Plan getreten: die »Freie Bühne«. Beargwöhnt von den etablierten Kritikern, verfemt von der konservativen Presse fand sie in dem alten Fontane den wärmsten Fürsprecher.

Das Schauspielhaus am Gendarmenmarkt wurde ein Opfer des Bombenkrieges. Lange stand es anklagend als notdürftig gesicherte Ruine, bis 1980 der Wiederaufbau begann. Der klassische Schinkelbau mit den antikisierenden Reliefs von Friedrich Tieck wurde äußerlich original wiederhergestellt, das Innere nach den Anforderungen einer Konzerthalle umgestaltet. Weißer Stuckmarmor vermittelt den Eindruck schlicht-vornehmer Eleganz; zum Teil echt, zum Teil Schinkel künstlerisch nachempfunden sind Wand- und Deckengemälde, Büsten, Lüster und Skulpturen. Zwei Säulenreihen tragen das langgestreckte festliche Foyer. An einer Säule lehnte (1854) in einer Theaterpause Fontane und brachte flüchtig mit Bleistift und in einem Atemzuge den »Archibald Douglas« zu Papier. Von Carl Löwe vertont wurde sie zur populärsten seiner Balladen.

Parkettplatz 23 – jenes unglückliche »Sperrfort« – ist zugunsten der neuen, großzügigen Sitzanordnung weggefallen. Dennoch kann sich der festlich animierte Besucher vorstellen, daß »Th. F.« dort säße, rechts außen in der ersten Reihe, so wie ihn Paul Schlenther beschrieben hat: »mit hochgezogenen Brauen... den Oberkörper leicht vorgebeugt, das schöne Dichterhaupt in den Nacken geworfen, den sorgenvollen Blick gespannt, in leibhaftiger Fragestellung. Im ganzen Publikum gab es keinen aufmerksameren Betrachter. Wie alles in Kunst und Leben Eindruck auf ihn machte, so nahm er auch von diesen notgedrungenen Theaterbesuchen stets etwas Besonderes mit, freilich auch Bedenken, Zweifel,

Qual...« Die Welt des Theaters spielt in fast alle Romane hinein: in »Grete Minde« ist es die exotische Zenobia, in »Petöfi« die erstaunlich emanzipierte Tragödin La Grange, in »Stine« die Vorstadtkomödiantin Wanda Grützmacher, in »Effi Briest« die kapriziöse Sängerin Marietta Tripelli, in den »Poggenpuhls« der adlige »Wurzen«-Spieler Klessen, in »Mathilde Möhring« der leichtsinnige Rybinski. In »Petöfi« spielt eine preußisch-protestantisch-zielstrebige Schauspielerin sogar die weibliche Hauptrolle. Bei der Witwe Pittelkow wird »Judith und Holofernes« als Kartoffelkomödie aufgeführt, denn »ihr ist nichts im Leben heilig«; in »Unwiederbringlich« besucht die dänische Prinzessin eine Aufführung von »Heinrich IV.«, die Schmolken in »Frau Jenny Treibel« vergießt im Theater manche »schöne Träne«, und zu Effi Briests Polterabend spielt man die Holunderszene aus dem »Käthchen von Heilbronn«, später »Ein Schritt vom Wege« von Wichert, das ihr eigenes Schicksal vorwegnimmt. In »Cécile« klingt mit Wagners »Tannhäuser« das drohende Verhängnis an; und die »Poggenpuhls«, die »in Pommern so ziemlich dasselbe, was die Quitzows in der Mark waren«, besuchen in Berlin Wildenbruchs kraftmeierndes Quitzow-Drama. Immer handelt es sich um Werke, die in Fontanes Kritikerjahren auf dem Spielplan standen, fast alle hat er besprochen.

Vor dem Königlichen Schauspielhaus wurde 1871 das *Schiller-Denkmal* eingeweiht. Reinhold Begas hatte es nach zwölfjährigen, oft unwürdigen Streitigkeiten geschaffen. Der Berliner Volksmund erklärte die vier voluminös-weiblichen allegorischen Figuren – Lyrik, Drama, Geschichte und Philosophie symbolisierend – kurzerhand zu »Schillerns Musen«.

1891 wurde Fontane – zusammen mit Klaus Groth – der Schiller-Preis zuerkannt. Er bedankte sich artig, doch seinem Tagebuch vertraute er an, daß er sich am meisten über die damit verbundenen 3000 Mark gefreut habe, »denn mit der Ehre ist es so... jeder betrachtet es als eine Auszeichnung, die meinen Anspruch darauf übersteigt«. Das war Vermutung. Im Jahr darauf erhielt Wildenbruch für »Heinrich und Heinrichs Geschlecht« sogar den Schiller-Preis doppelt (wohl weil es darin hieß: »Treue zum König ist Deutschlands Religion«). Es bewies Fontane erneut die Fragwürdigkeit solcher Ehrung. Wenn jemand den Preis verdientermaßen bekommen hat, dann war es Fontane, fühlte er sich doch dem freiheitlichen Impetus Schillers elementar verbunden. Schon als Kind kannte er alle Schiller-Balladen auswendig, und seine Anführerrolle in »Störtebeckers Kuhl« bei Swinemünde trug Züge der Schillerschen »Räuber«. Wohl wissend, daß dies keine Konzeption fürs Leben sein konnte, sagte er sich doch nie ganz davon los. Noch 1878 gestand er dem Schauspieler Maximilian Ludwig gegenüber: »Im letzten empfinde ich *(gerade ich)* genau wie Karl Moor.« In dem geplanten Roman »Die Likedeeler« wollte er noch einmal die schöne Utopie von einem freiheitlichen Leben unter Gleichen aufgreifen, die zum Scheitern verurteilt und doch nicht aus der Welt zu schaffen ist. Es kam nicht mehr dazu.

Das Schiller-Denkmal auf dem Gendarmenmarkt wurde 1939 abgebaut, weil von dem Marmor-Original ein Bronzeabguß hergestellt werden sollte, und so überstand es Kriegs- und Nachkriegswirren. Nun steht es wieder auf dem angestammten Platze.

Leipziger Straße 25 befand sich das Weinhaus Kempinski. Am 10. 2. 1889 wurde hier der Theaterverein »Freie Bühne« gegründet. Führender Kopf war Otto Brahm (eigentlich Abrahamson), der neben Fontane von 1881 bis 1885 für die »Vossische Zeitung« Kritiken geschrieben hatte.

In der *Niederwallstraße* ließ Fontane Melanie van der Straaten wohnen, die erste sich emanzipierende Frauengestalt im realistischen deutschen Roman. Sie hatte ein lebendes Vorbild: Therese Ravené, die Schwiegertochter des Industriellen Ravené. Ihre Geschichte war als Gesellschaftsskandal durch alle Zeitungen gegangen. Der Autor verfremdete unter anderem dadurch, daß er die Niederwallstraße in Große Petristraße umbenannte.

In der *Wallstraße* lag die 1824 von dem Naturforscher Karl Friedrich Klöden gegründete »Gewerbeschule«, eine Art Realschule, die Goethe als »bewundernswürdig« bezeichnete und für die auch Louis Henri Fontane eingenommen war. Am 1. Oktober 1833 trat deshalb der noch nicht vierzehnjährige Theodor, vom Neuruppiner Gymnasium kommend, in die dritte Klasse ein. Er wohnte zunächst in der Pension Badtke, Wallstraße 73, die aber der Mutter zu lieblos – und wahrscheinlich auch zu teuer war.

Darum wurde er zu Onkel August, dem Bruder des Vaters, in Pension gegeben. Fontane benutzte die ihm vertraute Gegend um den Spittelmarkt als Nebenschauplatz in dem Roman »Vor dem Sturm«. Lewin von Vitzewitz besucht hier seinen Freund Hansen-Grell aus dem Dichterklub »Kastalia«. Hansen-Grell wohnte in der Kreuzgasse, die damals aus »alten und stattlichen aber freilich auch heruntergekommenen Häusern bestand.« Die »Kastalia« erinnert natürlich an den »Tunnel«.

Das *Märkische Museum* wurde bereits 1874 als Heimatmuseum für Berlin und Brandenburg gegründet, konnte aber erst 1908 Am Köllnischen Park in ein eigenes Haus ziehen. Ludwig Hoffmann verwirklichte hier die Idee, charakteristische Stilelemente aus der Mark zu einem architektonischen Ensemble zusammenzufügen. Vom Ästhetischen her ist ihm das gelungen. Wir finden also bei näherer Betrachtung aus Wittstock den Turm der alten Bischofsburg, aus Brandenburg den durchbrochenen Giebel der Katharinenkirche und die Kopie des Rolands, aus Wusterhausen den Bären und aus Berlin den Wiekturm der Memhardtschen Stadtbefestigung.

Es lag nahe, daß Fontane die Teile seines Nachlasses, die von allgemeinem Interesse waren, dort aufbewahrt wissen wollte. Frau Emilie übergab im Frühjahr 1902 den Schreibtisch des Dichters mit den Original-Manuskripten aller Romane und Novellen, autobiographische Schriften, Kriegsbücher (1870/71) und von den »Wanderungen« die Bände »Havelland« und »Spreeland«; dazu den Schreibtischstuhl und zwei Schränke.

Das Museum erlitt durch den Krieg schwere Verluste, doch die Manuskripte blieben erhalten. Nach dem Krieg wurde Theodor Fontane im Märkischen Museum ein eigenes Zimmer eingeräumt, aus Platzmangel aber später unverständlicherweise wieder aufgegeben. Lediglich ein Raum, der sich mit Berliner Theatergeschichte befaßt (vornehmlich Freie Bühne und Deutsches Theater) stellt Beziehungen zum Theaterkritiker Fontane her. Hervorgehoben wird vor allem dessen Engagement für den jungen Gerhart Hauptmann. Das Märkische Museum im Ostteil berät nun mit dem Berlin Museum im Westteil über künftiges Zusammenwirken. Zeugnisse der Ur- und Frühgeschichte bis zu den Anfängen des 19. Jahrhunderts sollen in dem romantisch-verwinkelten Backsteinbau Am Köllnischen Park ihr Domizil finden bzw. behalten; Fontane würde demnach in die Lindenstraße ziehen.

Burgstraße. Das reizvoll verschrobene Haus Nummer 18, in dem Onkel August ein Geschäft für Malutensilien betrieb, gehörte zu dem Teil der Burgstraße, der längs der Spree zwischen Rathausstraße und Schloß-Brücke verlief und heute nicht mehr existiert. »An Sommerabenden lagen wir im Fenster und sahen die Spree hinauf und hinunter. Es war mitunter ganz feenhaft, und wer dann von der Prosa Berlins, von seiner Trivialität und Häßlichkeit hätte sprechen wollen, der hätte einem leid tun können. In dem leisen Abendnebel stieg nach links hin das Bild des Großen Kurfürsten auf und dahinter das Schleusenwerk des Mühlendammes. Gegenüber aber lag das Schloß mit seinem ›Grünen Hut‹, während sich in der Spree selbst zahllose Lichter spiegelten...« Der Große Kurfürst zog vor das Charlottenburger Schloß, das Stadtschloß wurde zuerst zerbombt, dann gesprengt und abgetragen, und dennoch gibt es heute noch in späten Abendstunden, wenn sich in der Spree die Lichter spiegeln, »feenhafte« Augenblicke, in denen man Fontanes Kindheitserinnerungen nachvollziehen kann.

Die *Friedrich-Werdersche Kirche,* in der Karl Friedrich Schinkel neogotische und klassizistische Züge vereinte, wurde erst 1830 eingeweiht. Sie war noch zu neu, als daß Fontane sie hätte bemerkenswert finden können. Als der Schüler Theodor 1833 nach Berlin kam, war der 38 Jahre vor ihm in Neuruppin geborene Schinkel gerade dabei, das Antlitz der Hauptstadt zu prägen: 1817 war die Neue Wache Unter den Linden fertig geworden, 1821 das Schauspielhaus, 1824 die Schloßbrücke, 1830 das Alte Museum und die Friedrich-Werdersche Kirche, 1835 die Bau-Akademie. Fontane war Zeitzeuge, als die riesige monolithische Granitschale vor dem Museum aufgestellt wurde. Später, auf seinen Wanderungen begegnete er überall Schinkels Wirken. Durch zahlreiche Entwurfskataloge setzte sich seine Kunstauffassung bis in die alltäglichsten Gebrauchsgegenstände durch. »Alles war schinkelsch: Möbel, Uhren, Geschirr, bis zur Ofentür.« Auch in Fontanes Elternhaus. Fontane nannte ihn den einflußreichsten

Architekten seines Jahrhunderts: »Schinkel hat architektonisch gemalt und malerisch gebaut.« Wer sein Werk unter einem Dach finden und begreifen will, sollte die Friedrich-Werdersche Kirche besuchen, die nach ihrem Wiederaufbau 1981 als Schinkel-Museum dient.

Das *Nikolaiviertel*, Kern der Berliner Altstadt, wurde im Zweiten Weltkrieg fast völlig zerstört und in den achtziger Jahren teilweise rekonstruiert, teilweise in Anlehnung an historische Stilelemente neu aufgebaut. Point de vue ist die *Nikolaikirche*, eine auf romanischen Fundamenten ruhende spätgotische Hallenkirche, 1817 von Schinkel restauriert. Nur wenig blieb von Bomben verschont. Eindrucksvoll sind die Grabmäler alter märkischer Adelsgeschlechter, darunter das Erbbegräbnis derer von Kraut. Fontane spürte mit detektivischem Scharfsinn und großem Aufwand dem skandalumwitterten, dramatischen Leben der 1819 verstorbenen »Krautentochter« Luise Charlotte von Kraut-Elliot-Knyphausen-Arnstedt nach und widmete ihr in »Fünf Schlösser« ein umfangreiches Kapitel.

An der Nikolaikirche predigte Paul Gerhardt von 1657 bis 1669, in der Zeit unseliger Fehden zwischen Lutherischen und Reformierten. Fontane, in Glaubensfragen ein Verfechter der Toleranz, kam in den »Wanderungen« mehrfach auf diesen unsinnigen Streit zurück: auf Paul Gerhardt in dem Kapitel »Mittenwalde« (»Wanderungen« IV) und auf den Gelehrten Andreas Fromm im Kapitel »Neuruppin« (»Wanderungen« I). Auch in den Romanen taucht die Nikolaikirche auf: So gerät Melanie van der Straaten am Osterabend in einen Armengottesdienst; nur wenige Lichter brennen, und der Pfarrer faßt sich kurz. Ihr eigenes Schicksal wird in dieser Szene vorweggenommen, denn anderntags offenbart ihr Rubehn den Bankrott seines Bankhauses. In heiterem Licht erscheint die Nikolaikirche in »Frau Jenny Treibel«, wenn Corinna und Marcel Wedderkopp, die füreinander Geschaffenen, hier getraut werden.

Nach dem Wiederaufbau (1987) wird die Hallenkirche vom Märkischen Museum zu angemessenen Ausstellungen genutzt. Da in Berlin keine der Apotheken mehr existiert, in denen Fontane tätig war (Bethanien ausgenommen), hat man in Nachbarschaft der Nikolaikirche eine »*Fontane-Apotheke*« eingerichtet mit einem kleinen Museum, in dem der »Dichter als Apotheker« dargestellt wird: Da sind Bilder der väterlichen Apotheken zu Neuruppin, Swinemünde und Letschin und solcher, in denen er selbst gearbeitet hat, in Berlin, Burg, Leipzig, Dresden und wieder Berlin. Zeugnisse, Apparate, mit denen er umgegangen sein könnte: Waagen, Tinkturpressen, ein Perkulator zur Herstellung von Fluidextrakten usw. An der Stirnseite des Raumes ein Wandfries, entworfen von Schadow, ausgeführt 1803 von Rauch »Das Walten der Ärzte auf dem Schlachtfeld«; es wurde aus den Trümmern der militärärztlichen Ausbildungsstätte gerettet. Auch der mittellose Fontane war ja 1850 ausgezogen, um als Feldapotheker am Krieg gegen Dänemark teilzunehmen. Zum Glück kam es nicht mehr dazu.

Der Apotheker blinkt noch manchmal in seinen Romanen durch. In »Effi Briest« in der Gestalt des liebenswürdigen Alonzo Gieshübler oder in der Szene, in der Dr. Rummschüttel der verstoßenen Effi ein (wohl mehr psychotherapeutisch wirkendes) Mittel empfiehlt: »Aqua Amygdalarum eine halbe Unze, Syrupus florum Aurantii zwei Unzen. Hiervon, meine gnädigste Frau, bitte ich Sie alle zwei Stunden einen halben Teelöffel voll nehmen zu wollen. Es wird Ihre Nerven beruhigen.«

Rathausstraße

Links vor dem Hauptportal der Marienkirche steht ein *Sühnekreuz.* Es erinnert daran, daß aufgebrachte Berliner 1325 an dieser Stelle den Propst Cyriacus ermordeten. Der Papst forderte hohes Sühnegeld und die Errichtung eines Sühnekreuzes. Es regte sowohl Liliencron als auch Fontane zu einem Gedicht an.

In der *Marienkirche,* an der Nordseite des Altarraumes, befindet sich das *Erbbegräbnis der Grafen von Sparr.* Fontane verfolgte die Spuren dieses reichbegüterten Geschlechts auf seinen Wanderungen durchs Oderland. Vor allem beschäftigte ihn Otto Christoph von Sparr. Über 30 Jahre führte er Krieg, im Dienste des Kaisers, später des Großen Kurfürsten von Brandenburg. Doch im Gegensatz zu Derfflinger oder Goertzke hielt er, als er geachtet und belohnt heimkehrte, innere Einkehr und versuchte, das Leid, das er in Kriegszeiten über andere gebracht hatte, wiedergutzumachen. »Er baut Kirchen und Türme, schenkt Glasmalereien und Glocken« und läßt auf eigene Kosten den abgebrannten Turm der Berliner Marienkirche wiederaufrichten. Damit übernahm er sich. Er starb verarmt« (»Wanderungen« II, »Von Sparren-Land und Sparren-Glocken«).

In dem Aufsatz »Die märkischen Kriegsobersten im Dreißigjährigen Krieg« berichtet Fontane unter anderem die Geschichte, wie von Sparr 1660 die brennende Marienkirche rettete. Als Stadtkommandant »ließ er Kanonen auffahren und den Turm in Mittelhöhe so geschickt einschießen, daß die brennende Turmspitze in den steinernen Unterbau herabfiel und nun... ohne besondere Mühe gelöscht werden konnte.« Die Geschichte ist nicht erwiesen, aber auch nicht widerlegt worden. Fontane nennt das Sparrsche Erbbegräbnis als »das bei weitem schönste, das Berlin aus jener Vor-Schlüter'schen Zeit aufzuweisen hat«.

Neue König-, Ecke Georgenkirchstraße befand sich die *Apotheke »Zum Schwarzen Adler«*, in die Fontane am 2. 3. 1847 nach bestandenem Staatsexamen eintrat. Von hier aus eilte er zur Georgenkirche, um die »Sturmglocken der Revolution« zu läuten, fand aber die Kirche verschlossen. Daraufhin schloß er sich denen an, die auf dem nahen Alexanderplatz Barrikaden errichteten. – Aufgrund der enormen Erweiterung des Alexanderplatzes und der damit verbundenen veränderten Straßenführung ist der Standort der Apotheke nicht mehr auffindbar.

»An *der Ecke Schönhauser-/Ecke Weinmeisterstraße*... lag die Konditorei Anthieny, der der Stehely jener von der Kultur noch unberührten Ostnordostgegenden war.« Hier verbrachte der (die Schule schwänzende) Theodor »selige Stunden« hinter einem »Wall klassisch-zeitgenössischer Literatur« (»Von Zwanzig bis Dreißig«). An dieser Ecke befindet sich heute die ziemlich unliterarische Gaststätte »Zum Alten Schönhauser«.

Ostern 1835 zog Onkel August als Trockenwohner in die *Große Hamburger Straße 30/30a* neben dem alten Judenfriedhof. Fontane beschrieb dieses Quartier in »Von Zwanzig bis Dreißig«: »Trotzdem alles ganz neu war, war alles auch schon wieder halb verfallen, häßlich und gemein.« So waren fast alle Häuser dieses Viertels; darum ist auch keins mehr erhalten. Auch die Numerierung änderte sich. Man kann sich nur an dem alten Judenfriedhof orientieren. Seit 1827 war dort nicht mehr begraben worden. Auf einem Teil entstand später das erste Altersheim der Jüdischen Gemeinde Berlins. 1943 wurde es zum Vorhof der Hölle, Sammelstelle für den »Transport«. Am Ende standen Theresienstadt, Auschwitz oder Treblinka. Der alte Friedhof wurde eingeebnet, 3000 Grabstätten ausgelöscht; auch die des Arztes Marcus Herz und des Philosophen Moses Mendelssohn. Heute dehnt sich an dieser Stelle eine Rasenfläche mit wenigen Gedenksteinen, einer davon für Moses Mendelssohn, den Freund Lessing in der Gestalt des weisen Nathan unsterblich werden ließ.

Hinter der Sophienkirche, deren Turm Fontane von seinem Fenster aus sehen konnte, stößt die Sophienstraße auf die Große Hamburger. Dort glaubt man sich heute noch in vergangene Zeiten versetzt: Es wohnen hier Zinngießer, Goldschmiede, Glasbläser, Holzspielzeugmacher in alten Häusern. Die Gegend um das »Sophieneck« hat Flair, aber es ist der Stil der Jahrhundertwende, nicht der von 1835.

Die *Oranienburger Vorstadt,* das Viertel um die Invalidenstraße, kannte Fontane genau. Onkel August bezog zu Pfingsten 1835 eine Sommerwohnung in der Chausseestraße 39, beim Liesenschen Lokal. Von hier aus mußte Theo mindestens eine Stunde weit zur Schule laufen. Damals entstanden die Eisengießereien und Maschinenfabriken von Egells, Borsig, Schwartzkopff und Wöhlert, weshalb die Gegend bezeichnenderweise auch »Feuerland« genannt wurde.

In dem Roman »Stine« (1890) läßt der Autor die Schwestern in der Invalidenstraße 98e wohnen, eine Straße »wo die Pferdebahnen klingelten« und »wo Borsig und Schwartzkoppen seine« vorbeikamen. Die gesundheitlich zarte, zum Sentimentalen neigende Stine, die in Heimarbeit täglich zwölf Stunden für ein Stickereigeschäft arbeitet, betrachtet das Leben da draußen am liebsten nur durch den Spiegel am Fenster, der alles verkleinert und dadurch verschönt, während die resolute Witwe Pittelkow sich vom Leben nimmt, was sich halt bietet. Ihre Freundin Wanda Grützmacher, Schauspielerin am Nordendtheater, siedelt Fontane in der nahen

Tieckstraße an: »Nummer 27a war das dritte Haus von der Ecke: fünf Fenster Front, drei Stock und eine kleine Mansarde. Der Wirt, ein Kupferschmied, hatte den Hof in eine halb offene Werkstatt verwandelt, in der nun, den ganzen Tag über, auf oft zweimannshohen Braukesseln herumgehämmert wurde, bei welchem Gedröhn und Gehämmre Wanda ihre Rollen lernte« (»Stine«, Kapitel 3). Das Milieu ist geographisch und soziologisch derart stimmig, daß selbst heutige Leser versucht sind, Invalidenstraße 98e und Tieckstraße 27a für bare Münze zu nehmen.

Als der alte *Friedhof der Französisch-Reformierten Gemeinde* an der Chausseestraße nicht mehr ausreichte, wurde 1835 in der *Liesenstraße* ein neuer Friedhof angelegt. Hier ruht seit dem 24. September 1898 auch Theodor Fontane. Pastor Eugène Devaranne begleitete ihn und mit ihm, wie das »Berliner Tageblatt« schrieb, »nahezu die ganze literarische Gemeinde Berlins«. Vom Hof oder den Ministerien keine offiziellen Vertreter. Akademische Grabreden. Berichte in allen Zeitungen. Ein paar Tage später die ihm angemessen-würdige Trauerfeier im Roten Rathaus.

Fontanes Grab ist nicht leicht zu finden. 63 Jahre lang kam man durch den Haupteingang an der Liesenstraße. Vornan ein Obelisk mit französischen Inschriften zum Gedenken an die Gemeindemitglieder, die in den Kriegen Preußens gefallen waren: 1864 ein Mitglied; 1866 drei; 1870/71 sieben. Wie leicht hätte unter Nummer acht »Theodor Fontane« stehen können... Der Zweite Weltkrieg holte ihn noch im Tode ein. Artilleriegeschosse zerwühlten das Erdreich, sprengten den Grabstein. Die Französische Gemeinde sorgte dafür, daß er und seine Frau Emilie wieder eine würdige Ruhestätte bekamen, denkmalgeschützt, aber 28 Jahre lang so gut wie verbannt, denn der Friedhof lag im Grenzgebiet. Es durfte nur zu ihm, wer einen »Passierschein zum vorübergehenden Aufenthalt im Schutzstreifen« vorzeigen konnte. Seit dem Herbst 1989 ist der Weg zu ihm wieder frei.

Und es kommen viele, nun wieder durch das große Portal, offizielle und mehr noch solche, die mit einer Rose oder einem Immortellensträußchen Dank sagen wollen für Effi, Melanie und Corinna, dafür, daß er uns wandernd und plaudernd die historischen Quellen der märkischen Streusandbüchse erschloß und daß er in seinen Romanen ein unzerstörbares Berlin bewahrte. In der *Luisenstraße 12* bezog der junge Fontane im Oktober 1849 ein elend möbliertes Zimmer, wild entschlossen, fortan als freier Schriftsteller zu leben. Ein Jahr hielt er aus. Der Standort des Hauses ist trotz späterer Umnumerierung schnell zu identifizieren: Genau gegenüber ist die schöne, spätklassizistische Dreiflügelanlage, die der Schinkel-Schüler Ludwig Hesse 1839/40 als Tierarzneischule errichtet hatte. Die Mietshäuser Nummer 11, 12 und 13 wurden zu Beginn des 20. Jahrhunderts abgerissen. Seit 1909 befindet sich auf ihrem Grund und Boden die Hals-, Nasen- und Ohrenklinik der Charité. Das Viertel ähnelte damals dem Quartier Latin in Paris; Studenten wohnten hier, Schauspieler und Künstler wie Adolph Menzel und Theodor Hosemann. Die Gegend war Fontane nicht unsympathisch, darum zog er, als er merkte, daß er sich mit der ersten Ehestandswohnung in der Puttkamerstraße übernommen hatte, wieder in die Luisenstraße zurück. Diesmal Nummer 33. Hier erlebte er die schlimmsten Jahre seines Lebens; kaum, daß es für Milch und Brot reichte, obwohl er sich so sehr bemühte. Er lief z. B. zweimal in der Woche bis zum Holzmarkt(!), um Privatunterricht zu geben. Wenn er bei schlechtem Wetter eine Droschke nehmen mußte, schloß er mit drei Groschen Manko ab. – Als er von der »Kreuz-Zeitung« aus nach London geschickt wurde, behielt Frau Emilie die Wohnung. Hier gebar sie drei Söhne, die alle früh starben. Hier packte sie 1856 die Koffer, um mit dem einzig überlebenden George zu ihrem Mann nach London überzusiedeln.

Man findet heute auf dem Wege zur Charité auf der rechten Straßenseite mehrere Gedenktafeln: für Albert Lortzing, Robert Koch, Karl Marx, der als Student hier wohnte. An Fontane erinnert keine.

In der *Schumannstraße* wurde seit 1848 Theater gespielt; zunächst Possen im Casino (den späteren Kammerspielen), ab 1850 unter Stabführung Albert Lortzings große Oper. Im Jahr darauf starb der Komponist und Kapellmeister; mit dem Friedrich-Wilhelmstädtischen Theater ging's bergauf und bergab. Man rettete sich mit Johann Strauß, Offenbach und Suppé über die Runden. Für Fontane uninteressant. Erst die Gastspiele der »Meininger« ließen ihn aufhorchen. 1883 kaufte L'Arronge, der durch seine Volksstücke Millionär geworden war, das Haus mit dem Anspruch, ein Deutsches Nationaltheater zu begründen, das sich vom Königlichen Schauspielhaus vor allem durch das Mitspracherecht der Schauspieler unterscheiden sollte. Die großen »Gastier-Virtuosen«, die mit ihren Glanzrollen durch die Lande zogen, sollten hier in einem durchweg hervorragenden Ensemble eine Heimat finden. Gut gedacht, aber finanzielle Sorgen und Künstlereitelkeiten stellten das Vorhaben oft genug in Frage. Außerdem mußte auch Rücksicht auf das Herrscherhaus genommen werden. Dem Kaiser gehörte die Proszeniumsloge; von seinem Wohlwollen oder Stirnrunzeln hing nicht alles, aber doch vieles ab.

Die Forderungen nach einer wirklich freien Bühne wurden in Berlin immer lauter. Otto Brahm begründete sie am 10. 2. 1889 nach dem Vorbild des französischen »théatre libre«. Zu dem Kreis gehörten noch Paul Schlenther, Maximilian Harden, Ludwig Fulda, die Brüder Hart, Samuel Fischer und Theodor Wolff. Sie wollten in Sonntags-Matineen, die nicht der Polizei-Zensur unterlagen, von der Bühne her »den Kampf gegen die Lüge in jeglicher Gestalt« aufnehmen. Den alten Fontane betrachteten die jungen Künstler und Intellektuellen als einen der ihren. »Ich verfolge die Bestrebungen der neuen Schule mit dem größten Interesse«, schrieb er am 4. 4. 1891 an »den kleinen Brahm«, doch die Lebenserfahrungen lehrten ihn, sich nicht völlig einnehmen zu lassen.

Sie spielten zunächst in geschlossenen Vorstellungen des Lessing-Theaters (an dem durch die Grenzanlagen später verwüsteten Kapelle-Ufer), und zwar 1889 Ibsens »Gespenster«, Gerhart Hauptmanns »Vor Sonnenaufgang« (1889), »Einsame Menschen» (1891) und »Die Weber« (1892). Der junge Hauptmann fand in Fontane, der es seit Oktober 1889 übernommen hatte, diese Aufführungen in der »Vossischen« zu besprechen, seinen »höchsten Protektor«. Fontane nannte ihn »den entphrasten Ibsen« und »einen echten Hauptmann der schwarzen Realistenbande«; er stand damit, von vielen angefochten, auf ziemlich einsamem Posten. 1894 übernahm Brahm das Deutsche Theater und brachte – diesmal ganz offiziell – noch einmal »Die Weber« auf die Bühne. Es kam zum Eklat, der Kaiser kündigte seine Loge, ja, er behauptete, in dem Stück würde zum Umsturz der bestehenden Ordnung aufgerufen, und nahm dies zum Vorwand, das schärfste Maulkorbgesetz zu rechtfertigen, das er im Reichstag durchzusetzen suchte. »Brahm... hat viel Kummer mit seinem Liebling Gerhart Hauptmann«, schrieb Fontane an seinen Sohn Theo und forderte ihn auf, die »Berliner Schriftstellerschaft in corpore« gegen diese Umsturzvorlage aufmarschieren zu lassen (23. 2. 1895). Schlenther entwarf eine Resolution, Fontane unterschrieb und bat Freunde wie Adolph Menzel um deren Unterschrift. Die Umstände machten den Theaterkritiker zu einem immer schärferen Gesellschaftskritiker.

Nachfolger Brahms wurde Max Reinhardt, dessen Glanzzeit Fontane nicht mehr erlebte. Vor dem Haus in der Schumannstraße stehen heute noch die Büsten der beiden bedeutendsten Theatermänner Berlins: Otto Brahm und Max Reinhardt.

Die *Weidendammer Brücke* war für Fontane die wichtigste Brücke überhaupt, denn hier entschied sich am 8. Dezember 1845 sein Leben: Auf dieser Brücke verlobte er sich mit Emilie. Sie kannten sich von Kindheitstagen her, hatten sich über Jahre aus den Augen verloren, der Zufall führte sie wieder zusammen. Er hatte Spätdienst als Rezeptar in der Schachtschen Apotheke, sie ängstigte sich, von einer Geburtstagsfeier allein nach Haus zu gehen. »Der Weg war nicht sehr weit, aber auch nicht sehr nah.« (Die Apotheke befand sich in der Friedrichstraße, Nähe Unter den Linden, *sie* mußte in die Oranienburger Straße.) Sie waren »plauderhaft und etwas übermütig«, und plötzlich durchzuckte ihn die Idee, sich zu verloben.

»Es war wenige Schritte vor der Weidendammer Brücke, daß mir dieser glücklichste Gedanke meines Lebens kam, und als ich die Brücke wieder um ebenso viele Schritte hinter mir hatte, war ich denn auch verlobt« (»Von Zwanzig bis Dreißig«, Kapitel »Fritz, Fritz, die Brücke kommt«). Es klingt etwas unterkühlt, muß aber doch aus dem Herzen gekommen sein, denn die Ehe dauerte 48 Jahre, bis der Tod sie schied.

Die Weidendammer Brücke war damals schon aus Eisenguß, aber wesentlich bescheidener als die jetzige, die aus den Jahren 1895 bis 1897 stammt und ganz und gar dem »vernobelten Berlin« entspricht.

Georgenstraße, »dicht an der Friedrichstraße« stand ein stattliches Haus, »beinah schon ein Palais, vorn kleine Balkone von Eisen mit Vergoldung... ein Feinkostladen, ein Barbier-, ein Optikus- und ein Schirmladen« im Erdgeschoß. Hier ließ Fontane Mathilde Möhring wohnen. Sie bricht zielstrebig aus einem eintönigen Leben aus, indem sie dem »Chambregarnisten« ihrer Mutter, einem schönen, aber energielosen Studenten dank ihrer Kraft zur Karriere verhilft. Das Haus macht einen vornehmen Eindruck, doch die Damen Möhring wohnen vier Treppen hoch unterm Dach und stehen für den Grundsatz: Mehr scheinen als sein!

»Friedrichstraße, ganz in der Nähe der Linden« trat Fontane 1845 in die »Polnische Apotheke« ein. »Medizinalrat Schacht und Frau waren, *er* durch Charakter, *sie* durch Liebenswürdigkeit und Esprit – sie entstammte einer Refugiéfamilie –, ausgezeichnet.« Er fühlte sich wohl in diesem Haus und befreundete sich mit dem Lehrling Friedrich Witte. Dieser heiratete später die Tochter des Prinzipals, übernahm in Rostock eine pharmazeutische Fabrik und blieb bis zu seinem Tode (1893) nationalliberaler Reichstagsabgeordneter. Die Familien Fontane und Witte sind »durch ein langes Leben hin in herzlichster Freundschaft verbunden geblieben« (»Von Zwanzig bis Dreißig«). Die »Polnische«, später »Dorotheenstädtische Apotheke« befand sich genau Mittelstraße 56, Ecke Friedrichstraße. Sie existiert längst nicht mehr; dafür entstand unter dem gleichen Namen in der Friedrichstraße 154 eine neue Offizin, die häufig für die Schachtsche gehalten wird.

Die westliche Berlin-Route

Vom Brandenburger Tor aus westwärts blickend, überfällt den »Wanderer« noch immer ein gelindes Grausen: Der dem Mauerbau geschuldete Kahlschlag wirkt auch nach dem Abbau der Grenzanlagen verheerend. Als einsamer Koloß ragt rechterhand

der *Reichstag* auf. In zehnjähriger Bauzeit wurde er ganz nach dem Geschmack Kaiser Wilhelms II. errichtet und 1894 eingeweiht. Er kann

Fontane unmöglich gefallen haben. Auch die Politik, die darin gemacht wurde, betrachtete er mit zunehmender Skepsis. Sehr aufmerksam verfolgte er die Reden Bismarcks; er schätzte dessen geschliffene Rhetorik und den Weitblick, mit dem er seine Ziele verfolgte, nur die Mittel, derer er sich bediente, mißfielen ihm, und er sprach das auch offen aus.

Zweimal griff Fontane in Reichstagsdebatten ein: Als wieder einmal aus aktuellem Anlaß die Diskussion um das Duell als Standesvorrecht des Adels aufflammte, antwortete er auf die ihm gemäße Weise mit dem berühmt gewordenen Dialog zwischen Innstetten und Wüllersdorf, in dem Unnatur und Widersinn des Sich-Duellierens überdeutlich werden (»Effi Briest«, Kapitel 27).

Ein andermal bezog er unmittelbar Stellung: 1894/95 war auf Forderung des Kaisers die sogenannte Umsturzvorlage in den Reichstag eingebracht worden, wonach Pressegesetz, Straf- und Militärgesetz dahingehend abgeändert werden sollten, daß jeder, der eine freie, von der sanktionierten Meinung abweichende Ansicht vertrat, mit Gefängnis bis zu zwei Jahren bestraft werden konnte. Zunächst mokierte sich Fontane nur über die weltfremden Argumente der Konservativen. »Trotzdem ist die bloße Idee, das berühmte Volk der ›Dichter und Denker‹, das Volk Luthers, Lessings und Schillers mit solchem Blödsinn beglücken zu wollen, eine Ungeheuerlichkeit und eine Blamage vor Europa, fast vor China« (an August von Heyden, 27. 2. 1895). Als es dann aber hieß, strafwürdig im Sinne des neuen Gesetzes seien auch alle herabsetzenden Äußerungen gegen die Monarchie, die Religion, Ehe und Familie, fühlte sich Fontane persönlich betroffen; strafwürdig waren demnach Stine, die Witwe Pittelkow, Lene oder Melanie van der Straaten, beharrten sie doch auf dem Recht ihrer »freien Liebe«. Schließlich kam es in den konservativen Blättern zu einer regelrechten Treibjagd gegen alle Freisinnigen, vor allem gegen die »Freie Bühne« mit Otto Brahm und Gerhart Hauptmann. Paul Schlenther verfaßte eine Protestresolution gegen das kaiserlich verfügte Maulkorbgesetz, Fontane unterschrieb und sammelte Unterschriften bei solchen Freunden, die »durch Titel und Orden geaicht ›zweifelsohne‹ dastehn«.

Bellevuestraße 16 war eine im griechischen Stil erbaute Villa, in deren Beletage Universitätsprofessor Kaspar wohnte. Im März 1856 mietete Emilie Fontane drei winzige Zimmer unter dem Dach, wo sie im November ihr fünftes Kind zur Welt brachte. Da Fontane die Korrespondenten-Stellung in London halten mußte, war Frau Emilie ganz auf die Hilfe der befreundeten Familie von Merckel angewiesen, die um die Ecke in der Lennéstraße wohnte. Im Juli 1857 konnte sie hier endlich die Zelte abbrechen und mit dem sechsjährigen George und dem acht Monate alten Theo junior nach London übersiedeln. Die »stille, vornehme Straße, unter deren fast allzu dichten Kastanien man wie in einem Dom dahinwanderte«, war 1928 bereits – wie Theodor Fontane junior in seinen »Lebenserinnerungen« schrieb – »in aufdringlicher Weise zur Geschäftsstraße geworden«. Die antikisierende Villa hatte dem Hotel »Esplanade« weichen müssen, das seit dem Krieg allein auf weiter Flur stand – als gespenstische Ruine.

Bellevuestraße 8–9 befand sich das gemütliche Lokal »Bei George«, wo Theodor und Emilie Fontane am 16. 10. 1850 ihre Hochzeit feierten. Vom Kaffeegarten aus sah man auf die im spitzen Winkel auf die Bellevuestraße stoßende *Lennéstraße.*

Hier wohnte Kammergerichtsrat Wilhelm von Merckel, dessen »grüner Salon« oft anregender Treffpunkt der Rütlionen war. Er hielt in den schweren Anfangsjahren seine schützenden Hände über das junge Paar; Henriette von Merckel blieb bis an ihr Lebensende tätige Patentante für die Fontane-Buben.

In der *Lennéstraße* ließ der Romancier Fontane später Leslie Gordon logieren. Hier empfängt er den Brief, der ihn über die Herkunft Céciles aufklärt; von hier aus macht er sich zu Fuß auf den Weg zum *Hafenplatz,* wo der Oberst von St. Arnaud und Cécile wohnen. In dem Roman wird der Weg genau beschrieben, man kann ihn heute noch verfolgen und überquert dabei ein tristes Terrain: Lenné-Dreieck und Potsdamer Platz. Eldorado für Schwarzhändler; früher verkehrsreichster Platz Berlins, zu Fontanes Zeiten mit einem gewissen noblen Flair. Als junger Mensch trank er gern bei Josty Schokolade; als älterer Herr bevorzugte er die Weinstuben von Habel oder Huth, wo man ihn nicht selten in Gesellschaft der

»kleinen Exzellenz«, des Malers Menzel, antraf. Um das vornehme Hotel »Fürstenhof« schlug er meist einen Bogen, doch ließ er in dem Roman »Die Poggenpuhls« Herrn Eberhard Pogge von Poggenpuhl hier absteigen, wenn er von seinen schlesischen Gütern nach Berlin kam, um mal wieder »die frische Winterluft... vom Hall'schen Tore her« zu atmen.

Der alte Glanz ist schwer vorstellbar; weit und breit nur ein (heruntergekommenes) Etablissement, an dessen bröckelnder Mauer noch die Schrift »Weinstuben Huth« erkennbar ist. Wo ist nun das Haus Potsdamer Straße 134c, das der Johanniter-Ordens-Ballei Brandenburg gehörte? Es ist unauffindbar. Es wurde 1900 wegen Baufälligkeit abgerissen, sein Nachfolger von Bomben zerstört. Das eingeebnete Ruinengrundstück diente viele Jahre als Hundedressurplatz (!) und avancierte nach dem Fall der Mauer zu einem Kampffeld internationaler Immobilienspekulanten. Doch selbst gegen die künftigen Glas- und Marmorpaläste des Big Business kann Fontane sich behaupten: Einen Steinwurf von seinem Wohnort entfernt wurde 1967 bis 1970 nach Plänen Hans Scharouns – mitten auf dem ehemaligen Verlauf der Potsdamer Straße – die

Staatsbibliothek errichtet. Hier sind alle Werke des Dichters wohlverwahrt, einschließlich der kaum überschaubaren Sekundärliteratur und der zahlreichen Autographen.

Man kann den obligaten Spaziergang des alten Fontane in den Tiergarten leicht nachvollziehen. In dem 1895 entstandenen Gedicht »Meine Reiselust (früher und jetzt)« heißt es:

»Auf, hinaus in die weite Welt,
Drauf war ehdem der Sinn gestellt,
Mehr als Weisheit aller Weisen
Galt mir reisen, reisen, reisen...
Jetzt zwischen Link- und Eichhornstraße
Meß ich meine bescheidenen Maße,
Höchstens bis Königin Luise
Wag ich mich vor, umschreitend diese,
Bleib dann ein Weilchen noch in dem Bereiche
Des Floraplatzes am Goldfischteiche.

Der Wrangelbrunnen bleibt mir zu Linken,
Rechtsher seh ich Goethe winken.
Zuletzt dann vorbei an der Bismarckpforte
Kehr heim ich zu meinem alten Orte,
Zu meiner alten Dreitreppenklause,
Hoch im Johanniterhause. –
Schon seh ich grüßen, schon hör ich rufen –
Aber noch fünfundsiebzig Stufen!«

Mit zunehmendem Alter zog sich Fontane mehr und mehr von großer Geselligkeit zurück. »Es ist immer das alte Lied. Bis 3 Arbeit. Dann zu Tisch. Und *nach* Tisch matt und müde in den ledernen und doch mir so lieben, weil so nöthigen Thiergarten hinaus... Müde komm ich nach Haus und strecke mich, um mir für Abend und Abendzeitung die nöthige Kraft zu erschlafen« (an Zöllner, 5. 2. 1897). Kein Wort darüber, daß er sechs Stunden intensiv am »Stechlin« geschrieben hatte.

Der Tiergarten war für Fontane so etwas wie der »Parkgarten eines Sanatoriums«. In Wirklichkeit war der ausgedehnte Park eine Stätte zwangloser Begegnung. Eine solche schildert Fontane 1888 in dem Gedicht »Lebenswege«:

»Und mitunter, auf stillem Tiergartenpfade,
Bei ›Kön'gin Luise‹ trifft man sich grade.
›Nun, lieber F., noch immer bei Wege?‹
›Gott sei Dank, Exzellenz... trotz Nackenschläge...‹.«

Es war einer jener früheren »Tunnel«-Freunde, die zu Generälen und Chefpräsidenten avancierten, während der Dichter »ein Lichtlein auf demselben Altar« geblieben war. Ein paar Floskeln, höfliche Verbeugung, man lebte in verschiedenen Welten. – Die ausgleichende Gerechtigkeit richtete es so ein, daß »Exzellenz« der Vergessenheit anheimfiel, während der Dichter Fontane zehn Jahre nach seinem Tode im südwestlichen Teil des Tiergartens ein gebührendes Denkmal bekam. Hier befindet er sich ganz in der Nähe seiner Romanheldinnen, denn Melanie van der Straaten ließ er am Nordwestrand direkt an der Spree in einer Villa mit Park und Palmenhaus wohnen. – Baron von Innstetten bezieht mit Effi die Beletage einer Villa in der Keithstraße 1a (im späteren Diplomatenviertel). Effis Vorbild – die unglückliche Elisabeth von Ardenne – hatte nur einen Katzensprung entfernt am Lützow-Ufer gewohnt. Sie lebte noch, wenn auch nicht mehr in Berlin, als Fontane den Roman schrieb. »Mitunter erschrecke ich bei dem Gedanken, daß ihr das Buch – so relativ schmeichelhaft die Umgestaltung darin ist, zu Gesicht kommen könnte« (an Marie Uhse, 13. 11. 1895).

Der südwestliche Zipfel des Tiergartens war 1844 von Friedrich Wilhelm IV. für die Anlage eines *Zoologischen Gartens* freigegeben worden. Den Park gestaltete Joseph Peter Lenné, die Tiergehege der Afrikareisende Heinrich Lichtenstein. Die Tiere wurden von der königlichen Menagerie der Pfaueninsel hierher überführt.

Die Familie Fontane, vor allem die Kinder, besuchten den Zoo, sooft sie konnten. »Schräg gegenüber dem Zoologischen«, da, wo heute Budapester und Kurfürstenstraße zusammenkommen, siedelte Fontane die Gärtnerei Dörr an, in der die Weißnäherin Lene Nimptsch mit ihrer hilfebedürftigen Pflegemutter zur Untermiete wohnte. Hier spielt sich die bittersüße Liebesgeschichte zwischen Lene und ihrem Gardeleutnant ab, von hier aus spazieren sie »den stillen Wiesenpfad entlang« bis Wilmersdorf. Sie meiden den Reitweg zum Jagdschloß Grunewald, weil sie dort von Rienäckers Regimentskameraden gesehen werden könnten. – Erst auf Betreiben Bismarcks wurde 1880 damit begonnen, diesen Weg zu einer breiten Promenadenstraße mit einem Reitweg in der Mitte auszubauen und zu pflastern. Es war der Beginn des *Kurfürstendammes.*

Botho von Rienäcker muß, um das verschuldete väterliche Gut zu retten, eine reiche Cousine heiraten. Lene glaubt, mit tapferem Herzen die Trennung überwunden zu haben. Doch eines Tages begegnet sie ihm unverhofft. Sie hat Stickereien am Holzmarkt abgeliefert und läuft durch die *Lützowstraße* heimwärts, betrachtet vergnügt »das Treiben auf dem *Magdeburger Platz,* wo gerade Wochenmarkt war«, und als sie »links hinunter nach der Turmuhr der Zwölf-Apostel-Kirche schaut«, erblickt sie plötzlich Botho am Arm einer schönen Frau. Er bemerkt Lene nicht, die aber verliert für einen Moment die mühsam erlangte Selbstbeherrschung und die Besinnung. Um ihm nicht noch einmal zu begegnen, mietet sie eine weiter entfernte Wohnung und heiratet schließlich einen »Weltverbesserer«, der wie sie über den Vorurteilen seiner Zeit steht.

Potsdamer-, Ecke Lützowstraße hatte der aus London zurückgekehrte Fontane im April 1859 eine Sommerwohnung gemietet; sie lag damals noch außerhalb der Stadt, doch war es nicht weit bis zur Redaktion der »Kreuz-Zeitung« (Königgrätzer-, Ecke Bernburger Straße) und zum Anhalter Bahnhof, von wo aus er zu den ersten »Wanderungen« startete.

In den Gründerjahren nach 1871 wurde das Viertel zwischen Potsdamer Platz, Potsdamer Straße und Halleschem Tor zügig ausgebaut. In *Lützowstraße 7* etablierte sich »Der Bär«, Zeitschrift des Vereins für die Geschichte Berlins. 1880 trug man Fontane die Leitung der Redaktion an. Zwölf Jahre früher hätte er womöglich dankbar zugegriffen, nun aber war gerade seine erste Novelle veröffentlicht, die zweite in Arbeit, nun wollte er trotz eines ansprechenden Salärs nicht mehr zurück: »Kuhdorf und Kuhschnappel immer wieder beschreiben, bloß um ›Patriotismus‹ und damit der Bär sein Dasein fristet, ist mir doch eine zu lumpige Aufgabe. Überhaupt habe ich den ganzen patriotischen Krempel satt, ja mehr: ›I am sick of it‹... In Anbetung glücklich zu ersterben ist nicht meine Sache« (an Emilie, 1880). Ebenfalls Lützowstraße 7 redigierte Julius Rodenberg seine »Deutsche Rundschau«, eine Zeitschrift mit hohem literarischen Anspruch, in der 1891 »Unwiederbringlich« und 1894 auch »Effi Briest« im Vorabdruck erschienen.

Lützowstraße 84b hatte Friedrich Fontane, der jüngste Sohn, seine Verlagsbuchhandlung. Nach dem Tode des Vaters mietete er für sich und seine Mutter eine angemessene Wohnung am Kleistpark, *Elßholzstraße 17.*

Für die *Großgörschenstraße* zeigte Fontane besondere Vorliebe; sie war nach der Schlacht in den Befreiungskriegen benannt, an der auch Fontanes Vater als junger Freiwilliger teilgenommen hatte. Nicht von ungefähr ließ er die Poggenpuhls hier wohnen, eine aus Pommern übersiedelte, verarmte Adelsfamilie. Verblichen sind Geld und Ruhm, sie zehren nur noch von den Heldentaten ihrer Vorfahren. Ein Major hielt 1758 bei Hochkirch »den Friedhof eine halbe Stunde... bis er unter den Toten lag«. Sein Bild hängt über dem Sofa, fällt aber beim Staubwischen jedesmal herunter. Ein Rittmeister tat sich bei Großgörschen hervor, daher angeblich die Wahl: Großgörschenstraße. Der eigentliche Vorzug des »noch ziemlich mauerfeuchten Neubaus« bestand jedoch in seiner »großen Billigkeit«. Blick vorneraus auf die Grabmäler des Matthäikirchhofs, Blick hintenraus auf die Rückfronten der Kulmer Straße mit der aufdringlichen Reklame von Schulzes Bonbonfabrik. In ihrem krampfhaften Bemühen, standesgemäß aufzutreten, auch wenn man von Meißener Porzellan nur Kartoffeln und Stippe speist, erscheinen die »Poggenpuhls« – ob vom Autor beabsichtigt oder nicht – wie liebenswürdige Figuren aus einem Panoptikum; sie existieren im Grunde genommen nur noch dank der Tatkraft der angeheirateten bürgerlichen Frauen. – Die Großgörschenstraße wäre heute zweifellos keine Wohngegend mehr für die Poggen von Poggenpuhl und ihresgleichen. Das einzige, was von dem Roman-Milieu übrigblieb, ist der Blick auf den stillen

Matthäikirchhof. Seit 1856 wurden hier die Verstorbenen des Tiergarten-Viertels begraben, so sie lutherischen Glaubens waren. Es ruhen neben Bankiers und reichen Kaufleuten viele Fabrikanten, hohe und höchste Beamte, Wissenschaftler, Ärzte und Künstler. Manche Familie ließ für ihre Toten eindrucksvolle Grabstätten errichten, so daß im Laufe der Jahre eine Friedhofsarchitektur entstand. Fontane hat hier manchem guten Bekannten das letzte Geleit gegeben. Er verfaßte sogar ein Gedicht, »Auf dem Matthäikirchhof«, das in seiner Realistik in bewußtem Gegensatz steht zu dem Tremolo pathetisch-gestelzter Grabreden, die dem Dichter in zunehmendem Maße auf die Nerven gingen. Eine Ausnahme bildete Pfarrer Carl Büchsel (1803–1889), ein handfester Uckermärker, dessen anekdotenreiche »Erinnerungen eines Landgeistlichen« Fontane sehr schätzte; er nannte sie »ein Prachtstück unserer märkischen Spezialliteratur« und erwähnte ihn als volkstümlichsten Prediger Berlins in »Stine«, »Irrungen, Wirrungen« und »Von Zwanzig bis Dreißig«. Er kannte Carl Büchsel auch aus dem »cercle intime«, der sich beim Chefredakteur der »Kreuz-Zeitung« zu treffen pflegte. Man sagt, Fontane habe dem Pastor Lorenzen im »Stechlin« Büchsels Züge verliehen.

Viele Männer, denen Fontane über Jahre verbunden war, sind auf dem Matthäikirchhof zur letzten Ruhe gebettet: der Kunsthistoriker, »Tunnel«-Freund und Rütlione Franz Kugler, der auch die von Adolph Menzel illustrierte »Geschichte Friedrichs des Großen« verfaßte; der Sprachvirtuose und Herausgeber der »Geflügelten Worte« Georg Büchmann; die Brüder Jacob und Wilhelm Grimm und Wilhelms Sohn Herman, der für die Ernennung Fontanes zum Ehrendoktor plädierte; David Kalisch, Vater der Berliner Posse; Wilhelm Hertz, Fontanes Verleger, und dessen Sohn Hans Hertz; der Arzt Rudolf Virchow, dem Fontane besonders hoch anrechnete, daß er sich als Sozialpolitiker so sehr für die Kanalisation Berlins einsetzte; Alfred Messel, der das phantastische Warenhaus Wertheim am Leipziger Platz erbaute; der Eisenbahnkönig Bethel Henry Strousberg; der preußische Finanzminister David Hansemann samt seiner Bankiersfamilie; der von Fontane grimmig verspottete preußische Kultusminister Karl Otto von Raumer und schließlich – unter schlichtem Marmorkreuz – Carl Büchsel.

Das Schicksal des Friedhofs, auf dem sich ein Kapitel Berliner Kulturgeschichte des 19. Jahrhunderts manifestiert, schien 1938 besiegelt, als Hitler den wahnwitzigen Plan faßte, Berlin zur »Welthauptstadt Germania« auszubauen. Von Nord nach Süd wurde eine 120 m breite Schneise quer durch das »Geheimratsviertel« geschlagen, ihr fiel auch ein Drittel des Matthäikirchhofs zum Opfer. Der Krieg verhinderte weiteren Kahlschlag, schuf dafür aber andere Verwüstungen. Natur- und Denkmalschützer sorgten erst in jüngster Zeit, daß vieles wiedergutgemacht und gerettet wurde. So ist der Friedhof trotz aller Turbulenzen ein noch immer ringsum von hohen Bäumen beschattetes Eiland, das zu nachdenklichem Verweilen einlädt. – Als Fontane 1859 aus England heimkehrte, um für immer in Berlin zu bleiben, wechselte er zwar öfter seine Wohnstätten, doch blieb er immer in demselben »Planquadrat«, das im Süden vom Landwehrkanal begrenzt wird, im Westen von der Potsdamer Straße, im Norden etwa von Koch- und Oranienstraße, im Osten von der Alten Jakobstraße. Es gibt hier eine Fülle von Adressen, die für Fontane von Bedeutung waren, doch von den originalen Häusern ist keines mehr vorhanden. Von Westen nach Osten wären zu nennen:

Am Karlsbad beschreibt Fontane als eine »gartenreiche, idyllische Querstraße der Potsdamer Straße.« In Nummer 11 wohnte von 1880 bis 1895 Heinrich Seidel mit Frau und drei Kindern. »Aus den Vorderfenstern« schaute er »auf den Güterbahnhof der Potsdamer Bahn und... aus den Hinterfenstern... in das Idyll friedlicher, blühender Gärten«. Fontane war hier öfter zu Gast, denn er schätzte Seidels mathematischen Verstand, mit dem er, allein für Berlin, ein halbes Dutzend origineller Brücken gebaut und für den Anhalter Bahnhof eine Riesenkuppel mit 62,5 m Spannweite konstruiert hatte.

Mit dem Umzug zum »Karlsbad« gab der erfolgreiche Ingenieur seinen Beruf auf, um sich fortan nur noch der Schriftstellerei zu widmen. Fontane wertete die Leistungen des phantasievollen Konstrukteurs zwar höher als die des Literaten, fand aber an dem einfachen und etwas skurrilen Menschen Heinrich Seidel so viel Gefallen, daß er ihn bis zuletzt zu seinen Freunden zählte.

Am Hafenplatz ließ Fontane in seinem Roman »Cécile« das Ehepaar von St. Arnaud wohnen. Das elegante Haus Nummer 7a am Nordrand des Hafenbeckens existiert schon lange nicht mehr, statt des Hafenbeckens dehnt sich der Mendelssohn-Bartholdy-Park; doch man kann Céciles Fensterblick nachvollziehen, wenn man Adolph Menzels Bild »Bauplatz mit Weiden« betrachtet. Er malte den Ausblick allerdings von der gegenüberliegenden Seite, denn Menzel wohnte damals (1845 bis 1847) in der *Schöneberger* Straße 18 (später umnumeriert 32). Hier entstand auch sein berühmtes Bild »Balkonzimmer« mit der sacht wehenden Gardine.

Köthener Straße 27 wohnte seit 1888 der Journalist und Essayist Maximilian Harden, der ab 1892 die Wochenschrift »Die Zukunft« herausgab. »Er stürzte Minister, brachte die Eulenburg-Affaire zur Explosion, ließ das kaiserliche Palais jede Woche vor anderen Attacken und Enthüllungen erzittern« (Stefan Zweig). Der alte Fontane stand mit Harden in lebhaftem Gedankenaustausch. Der überaus gesellschaftskritische Briefwechsel wurde bezeichnenderweise erst 1956 veröffentlicht.

Dessauer Straße 38 (Hotel de Pologne) und 31 (Chambre garni) waren für Fontane, als er im Januar 1859 zunächst allein aus London zurückkam, nur kurzzeitige Zwischenstationen. Er lebte hier »aus dem Koffer«, bis die Familie am 1. 4. 1859 eine Sommerwohnung in der Potsdamer Straße 33 und im Herbst eine feste Wohnung in der Tempelhofer Straße 51 beziehen konnte.

Bernburger-, Ecke Hirschelstraße befand sich die Redaktion der »Neuen Preußischen Zeitung«, bei der Fontane ab dem 1. 6. 1859 als Redakteur für den Englischen Artikel angestellt war.

Die Hirschelstraße wurde nach dem Sieg Preußens über Österreich 1866 in Königgrätzer Straße umbenannt, später hieß sie teils Fritz-Ebert-, teils Saarlandstraße. Aus Saarland- wurde in der Weimarer Republik Stresemannstraße; der Ebert-Teil wurde 1933 in Hermann-Göring-Straße umgetauft, aus Stresemann- wurde wieder Saarlandstraße. Nach 1945 heißt sie nun in voller Länge *Stresemannstraße*. Fontane hätte sicher einen sarkastischen Vers darauf gemacht.

Als er 1863 in die *Hirschelstraße 14 (Ecke Dessauerstraße)* zog, war dies Haus eines der ersten im sogenannten Geheimratsviertel, von dem kaum noch Spuren zu entdecken sind. »Die Stadtmauer (von den Jungens schon überall durchlöchert) stand noch, und unmittelbar dahinter liefen die Stadtbahngeleise, die den Verkehr zwischen den Bahnhöfen vermittelten« (an Ernst Gründler, 11. 2. 1896). Hier begann Fontane seinen ersten Roman »Vor dem Sturm«.

Von der Hirschelstraße 14 aus waren es nur wenige Schritte bis zur Redaktion der kreuzkonservativen »Neuen Preußischen Zeitung«, der er 1870 kündigte, um von nun an als Theaterkritiker für die liberale »Vossische Zeitung« zu schreiben. Von hier aus bereiste er die verschiedensten europäischen Kriegsschauplätze, hier entstanden seine Kriegsbücher und ein großer Teil seiner märkischen »Wanderungen«. Wachen Auges beobachtete Fontane die oft dramatischen sozialen Verschiebungen und Veränderungen in seinem Viertel; das Bodenspekulantentum griff um sich, kleine Leute wurden fast über Nacht zu Millionären, übernahmen sich, stürzten ab. Er sah, hörte und notierte. Es entstanden die Entwürfe zu »Allerlei Glück« und »Kögels Hof Nr. 3«. Und immer wieder variierte er ein Thema, das in »Allerlei Glück« zum erstenmal auftaucht: »Es gibt vielerlei

Glück, und wo dem Einen Disteln blühn, da blühn dem Andern Rosen. Das Glück besteht darin, daß man da steht, wo man seiner Natur nach hingehört.«

Von der Königgrätzer Straße, wie sie Fontane sah, blieb noch ein Bruchteil der Stadtmauer, eigentlich ein Mäuerchen nur; es steht als denkmalpflegerisch aufgeputztes Vorzeigestück auf dem Mittelstreifen der stark frequentierten Stresemannstraße, schräg gegenüber der imposanten Ruine, die einst die Fassade des Anhalter Bahnhofs gewesen war. Das Viertel selbst änderte mehrfach seinen Charakter, ab 1860 verlor es das Ländlich-Provinzielle, nach 1871 wurde es in die überhitzten Gründerjahre hineingezogen. Und noch ehe sich Hitlers Gigantomanie austoben konnte, richteten die Bomben alles zugrunde. Der Eindruck heute: ein Konglomerat ohne jeden Charme.

1872 wurden Fontanes selbst Opfer des Gründerbooms: Der Hausbesitzer verkaufte, und der neue erhöhte die Mieten drastisch, so daß Fontanes gezwungen waren, umzuziehen. Allerdings trafen sie es gut, die neue Wohnung wurde zur Adresse auf Lebenszeit.

In der Königgrätzer Straße »zwischen Askanischem Platz und Halleschem Tor« wohnt auch Effi Briest nach ihrer Scheidung. »Ein Vorder- und Hinterzimmer und hinter diesem die Küche mit Mädchengelaß, alles so durchschnittsmäßig und alltäglich wie nur möglich.« Fontane kannte diese Wohnungen genau, seine eigene war nur um weniges größer und besser. Dr. Rummschüttel, Effis alter Hausarzt, versucht, die triste Aussicht aufzuwerten: »Sehen Sie doch nur die verschiedenen Bahndämme. ...und wie es beständig darauf hin und her gleitet... Und wie die Sonne den weißen Rauch durchleuchtet!« (Es entsprach etwa der Aussicht, die Fontane von seinem Fenster aus genoß.) Und: »Ich höre von einer Terrassierung des *Kreuzberges* sprechen, Gott segne die Stadtverwaltung, und wenn dann erst die kahle Stelle dahinten mehr in Grün stehen wird... Eine reizende Wohnung« (»Effi Briest«, Kapitel 32).

Wie die Gegend zu Beginn des 19. Jahrhunderts aussah, erfahren wir aus »Schach von Wuthenow«: Junge Adlige kutschieren vom Stadtschloß aus nach Tempelhof »in raschem Trabe die Friedrichstraße hinunter, erst auf das Rondell und das Hallesche Tor zu, bis der tiefe Sandweg, der zum Kreuzberg hinaufführte, zu langsamerem Fahren nötigte«. 1890 verwandelte die Stadtverwaltung den Kreuzberg (66 m) in den Viktoria-Park. Er ist inzwischen so zugebaut, daß man seiner erst ansichtig wird, wenn man unmittelbar davor steht.

Gesichtslos und ohne erkennbare städtebauliche Konzeption ist die Gegend zwischen Kochstraße und Halleschem Tor. Nur wer es genau wissen will und gegen Enttäuschungen gewappnet ist, sollte die Straßen ablaufen, in denen Fontane – die Londoner Jahre abgerechnet – von 1850 bis 1863 zu Hause war. Von den Häusern, den Straßenzügen ist nichts geblieben; selbst eine Gedenktafel wäre fehl am Platz, denn das Umfeld ist nicht mehr vorhanden.

Puttkamerstraße 6, in der Fontane die erste gemeinsame Wohnung mit Emilie bezog, wo das Paar wenige Monate sorglos glücklich war und 1851 George geboren wurde, ist heute ein Dutzend-Neubau.

Friedrichstraße, die – was viele nach der Spaltung Berlins aus dem Bewußtsein verloren hatten – am Mehring-Platz anfängt und auch endet, war früher eine »literarische Gegend«. 1867 schrieb Fontane in »Liebling der Musen« über Paul Heyse und die »wohltuende Ruhe der Friedrichstraße. Kochstraße war die Grenze. Diesseits war Lärm, jenseits Stille.« Jenseits war der Kreuzberger Teil. Hier wohnte in Nummer 218 August Kopisch (1833–1847), in Nummer 235 Chamisso (1822–1838), in Nummer 242 hatte der Verleger und Kammergerichtsrat Eduard Hitzig sein gastfreies Haus; die durch E.T.A. Hoffmann unsterblich gewordenen »Serapionsbrüder« gingen hier ein und aus, auch Geibel, Scheffel, Chamisso, Dahn und Eichendorff. Hitzigs Schwiegersohn war Franz Kugler, dessen Tochter Paul Heyse heiratete; mit ihnen war Fontane befreundet, so verkehrte auch er in dem Hause Nummer 242, von dem außer der Nummer keine Spur mehr zu finden ist.

Tempelhofer Straße 51 war nach den Londoner Aufenthalten die erste »ordentliche« Wohnung der Fontanes in Berlin. »An alter Stell, an neuer Stell,/Es wird noch immer nicht recht hell...«, schrieb er für Emilie am 14. 11. 1859. Hier wurde im März 1860 Tochter Martha, genannt Mete, geboren. Von hier aus pilgerte Fontane ab Juni 1860 täglich zur Redaktion der »Kreuz-Zeitung«, von hier aus unternahm er seine märkischen Wanderungen.

Die Tempelhofer Straße gehörte damals noch zum Bezirk Kreuzberg, der außerhalb Berlins lag, was den Vorteil niedrigerer Mieten mit sich brachte. Als dieser Teil dann eingemeindet wurde, suchte der Hauswirt durch Neuvermietung mehr Geld herauszuschlagen und kündigte den Fontanes mit der Begründung, drei Kinder im Haus wären ihm zuviel. (George war damals 11, Theo junior 6 und Mete gerade 3 Jahre alt). So zog die Familie in die nahe gelegene Alte Jakobstraße. Aus der Tempelhofer Straße wurde 1864 Belle-Alliance-Straße, aus der Nummer 51 Blücherplatz 1. Nach der restlosen Zerstörung im Zweiten Weltkrieg erhielt die Belle-Alliance-Straße den Namen des Historikers und Publizisten Franz Mehring. Auf dem Grund und Boden des kinderfeindlichen Hauseigentümers erhebt sich heute die *Amerika-Gedenkbibliothek.*

Alte Jakobstraße 171 parterre links wohnten Fontanes zwar nur ein Jahr (denn nur so lange währten für Trockenwohner in Neubauten die verbilligten Mieten), trotzdem muß diese Straße bei Fontane einen starken Eindruck hinterlassen haben, denn sie taucht in zwei späten Romanen wieder auf: So will Lene Nimptsch auf dem Wege zum Geschäft der Gebrüder Goldstein, wo sie ihre Stickereien abliefert, eine Bekannte in der Alten Jakobstraße besuchen (»Irrungen, Wirrungen«, Kapitel 16). Und wie ein psycho-sozialer Report der Straße und ihrer Bewohner liest sich der Beginn des zweiten Kapitels in »Frau Jenny Treibel«: »Als aber nach dem siebziger Kriege die Milliarden ins Land kamen und die Gründeranschauungen selbst die nüchternsten Köpfe zu beherrschen anfingen, fand auch Kommerzienrat Treibel sein bis dahin in der Alten Jakobstraße gelegenes Wohnhaus, trotzdem es von Gontard, ja nach einigen sogar von Knobelsdorff herrühren sollte, nicht mehr zeit- und standesgemäß und baute sich auf seinem Fabrikgrundstück eine modische Villa mit kleinem Vorder- und parkartigem Hintergarten... Hier wohnte Treibel seit sechzehn Jahren und begriff nicht, daß er es... so lange Zeit hindurch in der unvornehmen und aller frischen Luft entbehrenden Alten Jakobstraße ausgehalten habe...« Die Luft am neuen Standort – etwa in Nähe des Märkischen Museums zu denken – war nicht viel besser, dafür hatte man aber »Komfort« erkauft durch die Aufgabe liebgewordener Traditionen und historischer Kontinuität.

Das Haus, das von Gontard, vielleicht sogar von Knobelsdorff stammen sollte, gab es wirklich. Kreisphysikus Dr. Natorp wohnte darin, und Fontane bestand dort im Januar 1840 seine Apothekergehilfenprüfung.

In der gleichen Straße lag auch der Grünkramladen einer Frau Päpken, die eine niedliche Enkelin so herausputzte, daß sie sich nach tausend Wochen einen reichen Fabrikantensohn angelte. So erzählte man sichs am Kaffeetisch bei Fontanes Schwester Jenny Sommerfeldt (der Schwager besaß die Luisenstädtische Apotheke). Aus diesem an sich banalen Klatsch erwuchs die Initialzündung für »Frau Jenny Treibel«.

Die einzige Gedenktafel für Theodor Fontane befindet sich im Bezirk Kreuzberg, am Mariannenplatz, in dem 1973 zum *Künstlerhaus Bethanien* umgestalteten Krankenhaus Bethanien. »Bethanien war eine Schöpfung Friedrich Wilhelms IV., der diesem Diakonissenhause... seine ganz besondere Liebe zugewandt hatte. 1845 wurde der Grundstein gelegt und 1847 die Anstalt eröffnet«, schreibt Fontane in seiner Autobiographie »Von Zwanzig bis Dreißig«. Vorsteherin war Gräfin Rantzau, alles beherrschender Kopf jedoch Pastor Schultz, der als herb, hart und ehrgeizig bezeichnet wird und »von der Anschauung durchdrungen, daß man mit Bibel-Kapiteln regieren könne«. Fontane verachtete diese von sich eingenommenen, intoleranten Leute, doch er mußte froh sein, in dem dramatischen Jahr 1848 irgendwo »bei freier Station und 20 rthl. monatlich« unterschlüpfen zu können. Schultz hatte ihm das auch nur angeboten, weil er Fontanes Mutter schätzte, sogar weitläufig mit ihr verwandt war. Im letzten Zimmer des Erdgeschosses im Hauptgebäude rechts liegt noch heute das »Eckzimmer... das als Apotheke eingerichtet war und besonders um seiner Höhe willen einen wundervollen, halb mittelalterlichen Eindruck machte«. Es ist besichtigenswert. Hier arbeitete Fontane fünfzehn Monate als Apotheker – von Sommer 1848 bis Herbst 1849. In dem Trakt, in dem die Ärzte wohnten, verfügte er über zwei bescheidene Zimmer. Eines davon bot er im Oktober 1848 dem Komitee des 2. Deutschen Demokraten-Kongresses an, der in Berlin tagte, und wünschte sich als liebsten Gast – Ferdinand Freiligrath. »Ich erhielt glücklicherweise keine Antwort. Das Komitee war klüger als ich und ich begriff den Unsinn, einen blutroten Revolutionär – der Freiligrath damals war – ganz gemütlich in Bethanien einquartieren zu wollen. Was ich mir dabei gedacht, ist mir noch nachträglich unerfindlich. Alles in allem ein Musterstück unzulässigster Poetennaivität« (»Von Zwanzig bis Dreißig«, Kapitel »In Bethanien«).

Bethanien hat heute noch eine ganz eigene Atmosphäre, die wohl aber mehr zu Freiligrath als zu Pastor Schultz hin tendiert. Wer die betreffenden Passagen aus Fontanes autobiographischen Schriften liest und sich danach von dem neuen Ambiente Bethaniens inspirieren läßt, wird doppeltes Vergnügen haben.

Zum Schluß sei noch auf das *Berlin Museum, Lindenstraße 14* verwiesen. Fontane hat das Haus wohl nie betreten, doch birgt es mehr Erinnerungen an ihn und sein Berlin als alle vorher genannten Örtlichkeiten. Das Gebäude wurde 1735 auf Anordnung Friedrich Wilhelms I. errichtet und diente bis ins 20. Jahrhundert hinein als Altes Königliches Kammergericht, das »Gott sei Dank, immer literarisch war«, wie Professor Wilibald Schmidt bemerkte (»Frau Jenny Treibel«). Er spielt darauf an, daß E.T.A. Hoffmann bis zu seinem Tode 1822 in diesem Hause als Kammergerichtsrat tätig war; sein Schriftstellerkollege Eduard Hitzig wirkte hier als Kriminaldirektor und war von 1820 bis 1823 Vorgesetzter von Willibald Alexis. Ernst Fidicin begann hier als Aktuar, bis man ihn 1848 zum Ersten Stadtarchivar von Berlin berief. Der Wanderer Fontane griff oft – »wenn gar nichts mehr half« – auf Fidicins lederne, aber peinlich genaue heimatgeschichtliche Forschungen zurück.

Der schlichte, wohlproportionierte Barockbau wurde – wie das ganze Viertel – im Zweiten Weltkrieg schwer beschädigt, sein Abbruch bereits erwogen, doch im Hinblick auf die 750-Jahr-Feier Berlins entschloß man sich, ihn als *Berlin Museum* wiederaufzubauen, ein Pendant zum Märkischen Museum im Ostteil der Stadt. – Das Berlin Museum nimmt sich vor allem des Kultur- und Geisteslebens im 19./20. Jahrhundert an. Persönliche Gegenstände Theodor Fontanes – von einem Dutzend Handschriften abgesehen – besitzt es zwar nicht, doch wird der Besucher auf Schritt und Tritt an ihn erinnert: *Eduard Gaertners »Panorama von der Friedrich Werderschen Kirche 1832«* zeigt Berlin so, wie es Fontane als Schüler der Klödenschen Gewerbeschule sah; *Interieurs der Lese-Cafés* ersetzten dem Jüngling die Universitäten; man erkennt *Franz Kuglers Porträt von Adolph Menzel* und (Gott bewahre!) auch *Menzels »Borussia als Schutzmantelmadonna«* aus dem Jahre 1868. Man sieht den von Fontane bedichteten *»Einzug der siegreichen preußischen Truppen«* 1871 in Berlin und *Photos vom Potsdamer Platz,* so wie er ihn auf seinen täglichen Spaziergängen erlebte.

Beim Anblick bestimmter Exponate assoziiert der Betrachter unwillkürlich Fontanes Kommentare. Da ist *Kaiser Wilhelm I.* (1848 von den Berlinern als »Kartätschenprinz« schimpfiert), der über den Kriegsberichterstatter und Verfasser von vier dicken Kriegsbüchern sagte, er sähe keinen Grund, ihm gnädig zu sein...

Bismarck, überlebensgroß *als »Schmied des Deutschen Reiches«:* »Man mag Bismarck lieben oder hassen, so muß doch immer zugestanden werden, daß intellektuell dasselbe von ihm gilt, was in physischer Beziehung von ihm gesagt worden ist: ein gewaltiger Mann!« (1879). In Romanen nennt Fontante ihn »den Schwefelgelben«, nach dem gelben Kragen der Halberstädter Kürassieruniform, die Bismarck trug. In einem Brief an Tochter Mete charakterisiert er ihn als eine »Mischung von Übermensch und Schlauberger... Heros und Heulhuber« (1895). Doch als er von dem jungen Kaiser wie ein lästiges Überbleibsel abgeschoben wurde, empörte sich Fontanes Gerechtigkeitssinn: »Ich bin kein Bismarckianer, das Letzte und Beste in mir wendet sich von ihm ab, er ist keine edle Natur; aber die Hohenzollern sollten sich *nicht* von ihm abwenden, denn... die ganze... neue Glorie des Hauses verdankt das Hohenzollernthum dem genialen Kraftmeier im Sachsenwald... Es ist der sprichwörtliche Undank der Hohenzollern« (an Friedlaender, 5. 4. 1897). Als Bismarck am 30. Juni 1898 starb (sieben Wochen vor Fontane) und Ernst Heilborn aus diesem Anlaß ein Gedicht des »Preußensängers« Fontane erwartete, bekam er zur

Antwort: »Ich könnte eher ein Gedicht auf den Scharfrichter Krauts... machen als auf Bismarck«. Doch drei Tage später fielen ihm beim Frühstückstee die Verse ein, die später als Beispiel unprätentiöser Würdigung in allen Lesebüchern Eingang fanden: »Wo Bismarck liegen soll...«

Angesichts der *Kolossalporträts Kaiser Wilhelms II.:* »Was der Kaiser muthmaßlich vorhat, ist mit ›Waffen‹ überhaupt nicht zu leisten;... die Rüstung muß fort und ganz andre Kräfte müssen an die Stelle treten: Geld, Klugheit, Begeisterung... durch Grenadiermützenblech, Medaillen, Fahnenbänder und armen Landadel... wird er es aber *nicht* erreichen... Worin unser Kaiser die *Säule* sieht, das sind nur *thönerne Füße.* Wir brauchen einen ganz andren Unterbau. Vor diesem erschrickt man; aber wer nicht wagt, nicht gewinnt« (an Friedlaender, 5. 4. 1897).

Porträts von Siemens, Borsig und anderen Gründer-Persönlichkeiten: Fontane nannte sie – und in dem Zusammenhang auch Virchow, Thaer, Persius oder Gropius – einen neuen »Adel, wenn auch ohne ›von‹... neuzeitliche *Vorbilder*... die ... moralisch und intellektuell, die Welt fördern und ihre Lebensaufgabe nicht in egoistischer Einpöklung abgestorbener Dinge suchen« (an Friedlaender, 8. 7. 1895).

Salon des Kaufmanns und Färbereibesitzers Gustav Schultze: (Er könnte ebensogut der Frau Kommerzienrätin Jenny Treibel gehören.) »Die ganze Welt... hat sich durch gesteigerten Besitz und durch gesteigerte Lebensansprüche bis zu einer gewissen *Bourgeoishöhe,* vielfach von greulichem Protzenthum begleitet, entwickelt, aber von der... Entwicklung bis zur Aristokratie, der echten natürlich, wo das Geld wieder anfängt, ganz andren Zwecken zu dienen als dem Bier- und Beefsteaks-Consum... sind wir weiter ab denn je« (an Friedlaender, 27. 5. 1891). Photographien der exotisch-phantastischen Warenhaus-Kathedrale von *Wertheim* (eröffnet 1898): »...habe ich immer noch nicht gesehen, trotzdem es nur hundert Schritt vom Leipziger Platz liegt« (an Friedlaender, 2. 6. 1898).

Die ersten *Standbilder der Siegesallee,* die unter der Leitung von Reinhold Begas entstanden und sowohl Menzel als auch Fontane ästhetischen Schüttelfrost bereiteten und zu sarkastischen Bemerkungen veranlaßten.

Vergoldete Requisiten aus großbürgerlichen Wohnpalästen, gewissermaßen eine Umkehrung des alten preußischen Moralsatzes »Mehr sein als scheinen«, wecken die Erinnerung an Fontane-Zitate wie dieses: »Überhaupt Geld!... Daß Macht dabei herauskommt und daß alles vor jedem Stockjobber winselnd auf dem Bauche liegt, gebe ich zu... außer dieser Macht über Sklaven kommt aber gar nichts dabei heraus; die miserabelsten Zustände, die widerwärtigsten Tragödien spielen sich immer in Geldhäusern ab« (an Friedlaender, 4. 7. 1893). Oder: »Die Welt war nie so arm an Idealen. Diese Anschauung beherrscht mich seit Jahr und Tag und jeder Tag bringt neue Belege und steigert mein Unbehagen bis zur Angst« (an Friedlaender, 1891).

Ein Saal des Berlin Museums ist der *Revolution von 1848* gewidmet: Pamphlete, Karikaturen, königliche Aufrufe und Verfügungen, das berühmt gewordene Bild Menzels »Leichenzug der Märzgefallenen« – all das hatte der junge Fontane hautnah miterlebt. 1842 hatte er bereits geschrieben: »Gott sei Dank, die Welt ist eine Welt des Fortschritts und ob auch noch Jahrhunderte vergehen mögen, bevor der große Schritt geschieht, zu dem die Welt bereits den Fuß erhoben hat – spät oder früh, geschehen wird er doch.« Und diese Hoffnung bewahrte er. 1871 standen, in einer Theaterkritik versteckt, die prophetischen Worte: »Die Welt liegt in Wehen; wer will sagen, was geboren wird: Der Sturz des Alten bereitet sich vor... die Dinge gehen ihren Gang; tut eure Maulwurfsarbeit, ihr, die ihr unten seid (Rezension zu »Feenhände« von Scribe). Und 1895 an den Chefredakteur der »Vossischen Zeitung«: »Ehe nicht die Machtverhältnisse zwischen alt und neu zugunsten von ›neu‹ sich ändern, ist all unser politisches Thun nichts als Redensartenkram und Spielerei.« Er gründete seine Hoffnung auf das gebildete Bürgertum und den vierten Stand, konnte nicht ahnen, daß dieser von ihm herbeigesehnten Republik die grausamste Diktatur folgen sollte, deren erste Opfer jene waren, die Berlin recht eigentlich zur geistig-kulturellen Hauptstadt des Reiches gemacht hatten: *jüdische Künstler und Intellektuelle.* Ihnen ist im Berlin Museum ein gebührender Platz eingeräumt worden. Man stößt hier auf viele Namen, die mit Fontane verbunden waren. Als er zu seinem 75. Geburtstag resignieren wollte, weil die Stechows und Bredows, die Quitzows und Rochows und alle, über die er geschrieben hatte, ausblieben, da erschienen die »von prähistorischem Adel« und stellten ihn freundlich an ihre Spitze. Was sollten ihm »da noch die Itzenplitze«...

»Jedem bin ich was gewesen,
Alle haben mich gelesen,
Alle kannten mich lange schon,
Und das ist die Hauptsache...
›Kommen Sie, Cohn!‹«

Fritz Th. Cohn war Berliner Verlagsbuchhändler (Elßholzstraße 13). Fontane nannte ihn in dem Gedicht »An meinem Fünfundsiebzigsten« stellvertretend für Moritz Lazarus, Otto Brahm, Julius Rodenberg, Maximilian Harden, Paul Schlenther, Fritz Mauthner oder Theodor Wolff. (Letzterer wurde, hochbetagt, in einem deutschen KZ umgebracht.)

In den Räumen, die den jüdischen Trägern und Förderern des Berliner Geisteslebens gewidmet sind, findet man das kulturelle Umfeld, in dem sich der alte Fontane bewegte, das ihn inspirierte und das er inspirierte, weit über seinen Tod hinaus.

Buch

»Zwei Meilen nördlich von Berlin liegt das Dorf Buch, reich an Landschaftsbildern aller Art, aber reicher noch an historischen Erinnerungen. Einer unserer Lustgartenomnibusse führt den Reiselustigen über Pankow und Schönhausen bis an die Grenze von Französisch-Buchholz, etwa halber Weg; *wir* aber, in jenem stolzen Wandergefühl, das sich nach Strapazen sehnt, haben den Omnibus verschmäht und treffen erst mit der untergehenden Sonne vor Buch ein.« Es war Juni 1860, Hochzeitsmonat, im einzigen Gasthof kein Zimmer frei. Die Wirtin wußte Rat: »ein paar nach oben gekehrte Stühle... eine Schütte Stroh... und zwei große, rote Deckbetten, deren jedes mich an eine dicke, wulstige Päonie gemahnte, vollendeten den Hoch- und Tiefbau, darin wir eine halbe Stunde später versanken.«

Der gemütliche Plauderton, mit dem das Kapitel eingeleitet wird, versandet leider bald. Als Fontane beginnt, »die Geschichte Buch und seiner vier alten Familien, der Röbel, Pöllnitz, Viereck und Voß« zu erzählen, dominiert ein nur selten anekdotisch aufgelockerter Chronikstil. In der Kirche besichtigte er die Grabkammern, in denen aus unbekannter Ursache »die drin aufgestellten Toten zu Mumien werden.« Inmitten der Kirche entdeckte er eine Vertiefung. Der Grabstein fehlt. Hier ruht »die schöne Julie von Voß, bekannt unter dem Namen der Gräfin Ingenheim« (1766–89). Im Schloß erblickte er das Bildnis einer überaus zarten und sensiblen jungen Dame, »aber die Kastellanin nennt den Namen nicht«. Namenlos erhebt sich auch im Park »ein Monument mit einem Reliefbild... der Engel des Todes hüllt eine Sterbende in sein Gewand, und ihr Antlitz lächelt, während ein Kranz von Rosen ihrer Hand entsinkt«.

Der Autor rettete sich in Sentimentalität, wahrhaft ergriffen schien er nicht. Noch wußte er zu wenig vom Schicksal der Julie von Voß, was er wußte, preßte er – zunächst – in eine Fußnote. Darin erscheint sie nur als eine Episode im Leben des maitressenfreudigen Königs. Sie wird ihm, um den Einfluß der nicht standesgemäßen Geliebten Wilhelmine Rietz zu brechen, gleich nach dem Tode Friedrichs II. 1786 »zur linken Hand« angetraut und zur Gräfin Ingenheim erhoben. Sie stirbt, nachdem sie einen Sohn zur Welt gebracht, im März 1789, wie man munkelte, an einer vergifteten Orange; in Wahrheit an einem Lungenleiden.

Eine von vielen Skandalgeschichten am Hofe Friedrich Wilhelms II. Fontane berichtete sie ohne innere Anteilnahme. Als Fußnote erschien sie noch im November 1860 im »Morgenblatt« und 1862 in der Erstausgabe der »Wanderungen«. 1876 aber kamen die Erinnerungen der Oberhofmeisterin S. M. der Gräfin Voß an die Öffentlichkeit, für Fontane eine Fundgrube, was »historisches Lüderlichkeitsmaterial« betraf. Sophie Marie von Voß war die Lieblingstante der unglücklichen Julie, aus ihren Tagebüchern gewann die Geschichte für ihn ganz neue Konturen. Aber eben nur Konturen. Als er das Kapitel »Buch« 1881 für den Band »Spreeland« bearbeitete, fügte er zwar Teile dieser Tagebücher ein, doch sie blieben ungeformter Rohstoff. Sechs Jahre später sollte Julie von Voß literarisch gewandelt auferstehen in der Gestalt von »Cécile«. Allein vom Erscheinungsbild her könnten sie Schwestern sein. Wenn Fontane in den »Wanderungen« schrieb: »Julie von Voß war eine Schönheit im Genre Tizians... von schönen Formen und feinen Zügen, blendend, aber von einer marmorähnlichen Blässe, die noch durch ein überaus reiches rötlichblondes Haar gehoben wurde«, so sieht der Leser »Cécile« vor sich. – Bereits 1856 gab Fontane seinem ersten Plan zu den »Wanderungen« den Untertitel »Um künftiger Dichtung willen gesammelt«. Eine Vorahnung? Jedenfalls hat sie sich – und nicht nur hier – auf das Wunderbarste bestätigt.

Sehenswürdigkeiten

Inmitten des weiträumigen Neubaugebietes von Berlin-Buch mit zahlreichen Kliniken und Krankenanstalten, liegt wie eine Insel *Alt-Buch* mit dem *Schloßkrug,* in dem Fontane so unbequem übernachtete. Das Schloß selbst sucht man vergebens, es wurde im letzten Krieg zerstört und dann abgetragen.

Die *Kirche* aus den Jahren 1731–36 erweckte in Fontane den Eindruck, als habe man drei Gartenpavillons »in Verjüngung übereinandergestellt und den untersten kreuzartig erweitert«. Der heutige Besucher dürfte weniger streng mit ihr ins Gericht gehen. Allerdings wurde sie nach schwerer Beschädigung ohne den obersten Turm wiederaufgebaut. Die Inneneinrichtung ist noch heute sehenswert, vor allem Kanzel, Altar und das prächtige, »von Glume herrührende Marmordenkmal des Ministers von Viereck«. In dem »Grab unter der Kirchenkuppel, in der Nähe des Altars« ruht noch immer Julie von Voß.

Den *Park* schilderte Fontane ausgesprochen melancholisch: »Alles Bunte fehlt. Die Rüsteralleen, die sich wie Kirchenschiffe wölben, erscheinen nicht wie Weg und Steg in die freie Natur hinaus, sondern wie Gitter und Spaliere *gegen* dieselbe. Dieser Park hat zu lachen verlernt. Wenn das Sonnenlicht auf ihn fällt, und ihn erheitern will, ist es wie eine Witwe, die man mit Bändern und Blumen schmückt.«

Es ist wohl eine Frage der Beleuchtung und der Interpretation.

(Alle Zitate aus »Wanderungen« IV, Kapitel »Buch«.)

Charlottenburg

»Es regnet. Auf den Plüschbänken des Charlottenburger Omnibus sitzt ein halbes Dutzend fröstelnder Gestalten, gleichgiltig oder verstimmt, jeder einen abtröpfelnden Alpaka in den Händen. Keiner spricht. Ein Dunst, wie wenn Wäsche trocknet, nebelt um uns her... Es regnet, und am Ende mit Recht. Schreiben wir doch den 19. November! Wer mag da Sonnenschein fordern, wenn es ihn lüstet, den Charlottenburger Schloßgarten zu besuchen. Was von den Menschen gilt, gilt auch von den Tagen; man muß sie nehmen, wie sie sind.« So beginnt das Kapitel »Das Belvedère im Schloßgarten zu Charlottenburg«, ein stimmungsvolles, historisierendes Feuilleton, so recht geschaffen für die Leser der Sonntagsbeilage der »Vossischen Zeitung«, aber eigentlich gedacht für den Band »Havelland«, in dem es auch 1872 erschien.

Fontane verzichtete darauf, den zahlreichen Beschreibungen des Schlosses eine weitere hinzuzufügen. Später, in »Schach von Wuthenow« kam er noch einmal darauf zurück und ließ den Major von Schach nach Charlottenburg reiten, wo Friedrich Wilhelm III. an die »Honnêteté eines Offiziers des Regiments Gensdarmes« und die Königin an sein stürmisches Herz appellierten; beide erwarteten, daß er das Fräulein von Carayon, das er verführt hatte, auch heiratete.

Die glotzäugigen Langen Kerls, die ihn im Schloß aus goldenen Rahmen anstarrten, die römischen Kaiser im Park, die ihm verschwörerisch zublinzelten, Schach nahm sie kaum wahr, für Fontane aber waren sie beredte Statisterie, die das Zwiespältige in Schachs Situation symbolisierten.

Fontane zog an an jenem beschriebenen Novembertag also nicht ins Schloß, sondern in den regenfeuchten Park, vorbei an den römischen Kaisern, die mit Regentropfen an der Nase »so gemütlich, so einfach-menschlich« aussahen; weiter über die »Klingelbrücke«, von der aus er als Kind und später mit den eigenen Kindern die uralten, bemoosten Karpfen gefüttert hatte. Er beschreibt einen Umweg, um nicht an dem Mausoleum vorbeizumüssen, in dem Königin Luise und Friedrich Wilhelm III. ruhen, sie hätten seinen Feuilletonrahmen gesprengt. Beschränkung auf das Belvedere, das erinnert ihn mit dem kupfernen Dachhelm, auf dem drei Genien einen goldenen Fruchtkorb balancieren, an das Marmorpalais: »Die Tage der Lichtenau standen wie auf einen Schlag vor mir: Sentimentalität und Sinnlichkeit, Schäferspiele und kurze Röckchen, Antonius und Kleopatra. Nur alles trivialisiert. Statt des Pharaonenkindes eine Stabstrompetertochter.«

Die abgestandene Luft im Innern des seltsamen Rundbaues vermittelt den Eindruck von Mumienhaftigkeit, dem selbst Apoll und Diana zu erliegen scheinen. Auch das Cabinet, in dem Bischoffwerder auf Wunsch Friedrich Wilhelm II. »die Geister Marc Aurels, des Großen Kurfürsten und des Philosophen Leibniz erscheinen« ließ, die den labilen König zu Tode erschreckten. »Von jenem Abend an stand das *Belvedère* fünfzig Jahre lang leer. Es war, als wäre es an dieser Stelle nur aus der Erde gewachsen, um als Rokokoschaubühne für eine Geisterkomödie, hinterher aber, um als Wahrzeichen *dafür* zu dienen, daß das alles wirklich einmal war.« Friedrich Wilhelm III. mied diesen Ort wie alle Plätze, an denen sein Vater den Lüsten und den Gespenstern verfallen gewesen; erst Friedrich Wilhelm IV. unternahm »Wiederbelebungsversuche für das Charlottenburger Belvedère. Aber sie kamen und gingen wie bloße Träume. Bald schlief der Bau mit seinen drei Rokokogenien weiter. Er schläft noch.«

Fontane behauptete: »Etwas Unheimliches ist drumher.« Ein Gefühl, das sich in tropfender Novembereinsamkeit sicher noch verstärkte, und es ist anzunehmen, daß nach Erscheinen des Feuilletons viele Besucher kamen, um diese Mischung aus Neugier und Grusel nachzuerleben.

zu allen Jahreszeiten ist noch immer das aus dem ehemaligen Lustschlößchen hervorgegangene *Barockschloß,* das seinen Namen von der ersten Bauherrin, der Kurfürstin Sophie Charlotte erhielt, die mit Leibniz befreundet war. Im Schloßhof das berühmte Schlütersche *Denkmal für den Großen Kurfürsten.* Im Park, der von einer barocken Gartenanlage in einen englischen Landschaftspark übergeht, liegt, ernst und feierlich, das *Mausoleum* mit dorischen Säulen, darin die Marmorgrabdenkmäler für Königin Luise und Friedrich Wilhelm III. von Christian Daniel Rauch. Das 1788 von Langhans dem Älteren errichtete Lust- und Spukhaus *Belvedere* brannte 1944, von Bomben getroffen, aus, wurde aber 1957 wiederhergestellt. Es beherbergt eine kostbare Sammlung Berliner Porzellane.

Nicht immer war die Schloßanlage Fontanes Ziel, wenn er nach Charlottenburg fuhr; mehrmals besuchte er Dr. Heinrich Beta »in seinem Sorgenstuhl« (23. 2. 1871). Beta war nach der mißglückten Revolution von 1848 nach London emigriert. Sein Haus »war ein Rendezvous für alles, was damals von deutschen Politikern und Schriftstellern in London lebte. Seine Mittel waren nicht groß, aber seine Herzensgüte desto größer; er wurde nicht müde zu geben, und was er mit seinen gichtigen Fingern sicher schwer verdiente, das gab er leichter Hand wieder fort« (»Von Zwanzig bis Dreißig«). Während seines Londoner Aufenthalts war Fontane oft Gast in Betas Haus, vor allem in den besonders einsamen Weihnachtsfeiertagen. Er nannte ihn »eine gute, treue Seele« und hielt ihm die Freundschaft, als Beta endlich nach Berlin zurückkehrte, um dort seinen von ständigen Schmerzen gepeinigten Lebensabend zu beschließen.

(Alle Zitate, soweit nicht anders vermerkt, aus »Wanderungen« III, Kapitel »Das Belvedère im Schloßgarten zu Charlottenburg«.)

Köpenick

»Das *alte* Schloß Köpenick stand schon, als die Deutschen unter Albrecht dem Bären ins Land kamen. Jaczko... der letzte Wendenfürst... residierte daselbst. Nach seiner Unterwerfung wurde seine Residenz, eine Wendenveste, zur markgräflichen Burg.« So berichtet Fontane in »Spreeland«. In erfrischend herzhaften Szenen schildert er, was sich unter den brandenburgischen Markgrafen, Kurfürsten und Königen in diesen Mauern abspielte; von Adelsrevolten ist die Rede, von Wolfsjagden, von der »schönen Gießerin« und von Riesenvöllereien, die schließlich mit dem Schlagfluß des Kurfürsten endeten. Gustav Adolf und Kurfürst Georg Wilhelm suchten hier, vergeblich, eine gemeinsame Position in den Wirren des Dreißigjährigen Krieges zu finden; Kurprinz Friedrich zog sich hierher zurück aus Angst, seine Stiefmutter könnte ihn vergiften; der Soldatenkönig stach hier höchst deroselbst dutzendweise wilde Eber ab, und im Oktober 1730 saß er hier im Wappensaal zu Gericht, »um «über den Lieutenant Katte... sowie über den ›desertierten Obristlieutenant Fritz‹« ein vernichtendes Urteil zu sprechen.

Die Zeit von 1749–82 muß die vergnüglichste gewesen sein, da war das Schloß eine Art Verbannungsort für die frühverwitwete Prinzessin von Brandenburg-Schwedt. Sie wußte sich zu trösten, und der Hofprediger Saint Aubin half ihr dabei. Als Dank schenkte sie ihm einen ehemaligen Weinberg nordöstlich des Schlosses, auf dem ließ er sich ein Herrenhaus bauen »mit Speisehalle und Gartensaal, mit Bibliothek und Empfangszimmern. Es wechselte oft den Besitzer. Um 1850 besaß es Bernhard von Lepel«.

Franz Kugler und Paul Heyse, die beiden »Tunnel«-Freunde, besuchten ihn hier, vor allem aber sein bester Freund – Fontane. »Schlößchen Bellevue« wurde die parkumkränzte Oase genannt. Es diente später als Modell für das Vaterhaus des »Schach von Wuthenow«. Das Schlößchen überstand den Zweiten Weltkrieg nicht, doch der Bellevue-Park zwischen der Köpenicker Damm-Vorstadt und Hirschgarten erfreut sich noch heute allgemeiner Beliebtheit.

Fontane war also öfter mit dem Pferdeomnibus hier herausgefahren, er kannte die Altstadt mit ihren niedrigen Fischer- und Kolonistenhäusern, er kannte die »Freiheit«, wo sich nach 1685 Hugenotten und andere Glaubensflüchtlinge angesiedelt hatten; er kannte das kleine Palais Alt-Köpenick Nummer 15 mit dem reichgeschnitzten Treppenhaus, das auch dem »trostreichen« Hofprediger Saint Aubin gehört hatte, und er kannte die wechselvolle Geschichte des Schlosses, das dreimal aufgebaut worden war: als Wasserveste, als Jagdschloß und als Renaissanceschloß. Allein, er hatte das Schloß gemieden, denn es war nach 1819, als die rigorose Verfolgung aller Liberalen und Demokraten begann, zum Untersuchungsgefängnis umfunktioniert worden. »Die Fenster, die nach dem Wasser hinaus lagen, wurden mit Holz bekleidet, und nur ein schmaler Streifen blieb offen, der dem Lichtstrahl von oben her einen Eingang gestattete. Geschlossene Wagen rollten über die Brücke, alles war in Dunkel und Geheimnis gehüllt; es ging ›ein finstrer Geist durch dieses Haus‹... Hunderte saßen hinter den Gitterfenstern... Eine trübe Zeit.« Der Anblick mußte ihn mahnend an das Schicksal seiner Gesinnungsfreunde aus dem Leipziger Herwegh-Klub oder dem Berliner Lenau-Verein erinnern, dem *er* glimpflich entgangen war.

Als Fontane im Herbst 1860 die Brücke über den Schloßgraben passierte, hatte das Schloß seine jüngste Vergangenheit wie einen schweren Traum abgeschüttelt. Die Fenster blitzten wieder. Ein Lehrerseminar war eingezogen, eine heitere Jugend, bereit, »in Demut und Bescheidenheit zu lernen«.

Fontane drückte sich vorsichtig aus, denn das Kapitel war für Heinrich Pröhles Zeitschrift »Unser Vaterland. Bilder aus der deutschen Geschichte, Kultur und Heimatkunde« bestimmt, in der es auch im Spätsommer 1860 erschien. Im Jahr darauf fand es in der Erstausgabe der »Wanderungen« seinen Platz und 1881 im Band »Spreeland«.

Sehenswert

ist die gesamte, unter Denkmalschutz stehende *Altstadt von Köpenick,* wo ganze Straßenzüge, Kirche, Apotheke und das »Palais« des Saint Aubin fast noch so aussehen wie zu Fontanes Zeiten. Das *Renaissanceschloß* wurde seit 1950 aufwendig restauriert und beherbergt eins der schönsten Museen Berlins, das *Kunstgewerbemuseum;* ein idealer Platz, um auserlesene Gegenstände auszustellen, die Künstler und Kunsthandwerker vergangener Zeiten schufen, um Herz und Sinne zu erfreuen. Lichtdurchflutete Räume schaffen ein festliches Raumgefühl, und entzückend ist der Blick aus dem *Wappensaal* oder von der Balustrade, er umfaßt »einen Kreis von fast vier Meilen... Wald, Wasser, soweit das Auge reicht, und mitten im Bilde die Müggelsberge«.

In unmittelbarer Nähe der Schloßinsel »treffen zwei Flüsse beinahe rechtwinklig zusammen: die eigentliche Spree und die Wendische Spree, letztere auch die »Dahme« geheißen.« Hier, am Luisenhain, legen heute die Schiffe der Weißen Flotte an, mit denen man durch Berlin und um Berlin herum fahren kann. Fontane liebte dieses ruhige Dahingleiten, das Defilee von Dörfern und Landschaften. In dem brillanten Feuilleton »An Bord der Sphinx« erzählt er – ebenfalls in »Spreeland« – von einer exklusiven Segelpartie von Köpenick bis Teupitz. Sie begann zwischen Schloßinsel und Kietz, am Frauentog, und dauerte vom 7. bis 9. Juli 1874.

Fontane, froh, endlich seinen Kopf von den Kriegsbüchern auslüften zu können, mit denen er damals intensiv beschäftigt war, beschrieb diese Fahrt mit so viel Vergnügen, daß der Leser heute noch Lust bekommt, sie ebenfalls zu erleben.

Es steht dem nichts im Wege.

(Zitate, falls nicht anders angegeben, aus »Wanderungen« IV, Kapitel »Schloß Köpenick«.)

Müggelsee und Müggelberge

»Die Müggel ist bös. Es ist, als wohnten noch die alten Heidengötter darin, deren Bilder einst die Hand der Mönche von den Müggelsbergen herab in den See warf. Die alten Mächte sind besiegt, aber nicht tot, und in der Dämmerstunde steigen sie herauf und denken, ihre Zeit sei wieder da.«

Fontane hatte sich offensichtlich intensiv in Adalbert Kuhns »Märkische Sagen und Märchen« eingelesen, bevor er zum Müggelsee aufbrach, und der See tat alles, um die Erwartungen nicht zu enttäuschen: Gerade hatte der Wanderer den Fährmann gebeten, ihn über den See zu rudern, da schoß eine grauweiße Säule über die eben noch ruhig daliegende Wasserfläche. »Wie geängstigte Schwäne fahren die Wellen der Müggel vor ihr her und während ich meinen Arm fester um die Fichte lege, bricht vom See her, ein Windstoß in Schlucht und Wald hinein und jagt mit Geklaff und Gepfeif durch die Kronen der Bäume hin. Einen Augenblick nur, und die Ruh ist wieder da, – aber die Bäume zittern noch nach, und auf dem See, der den Anfall erst halb überwunden, jagen und haschen sich noch die Wellen.« Es war eine der spukhaften Windböen, die heute noch von Seglern gefürchtet werden. Dreimal machte Fontane von Köpenick aus den »reizenden Spaziergang durch den Wald« zur »Müggelbude« – Herbst 1860 und 1861. Die Feuilletons darüber erschienen in der Erstausgabe der »Wanderungen« 1862; später (1882) ordnete er sie dem Band »Spreeland« zu. Zunächst wurden »Die Müggelsberge« in der »Neuen Preußischen Zeitung« abgedruckt, bei der Fontane den Englischen Artikel übernommen hatte. Die Prosa der Redaktionsstube stand in krassem Gegensatz zur Poesie dieses »quadratmeilen großen Wald- und Inseldreiecks, das Spree und Dahme kurz vor ihrer Vereinigung bei Schloß Köpenick bilden«. So ist es verständlich, daß Fontane der Phantasie die Zügel locker ließ. »Die Müggelsberge«, so schrieb er, »liegen da wie der Rumpf eines fabelhaften Wassertieres, das hier in sumpfiger Tiefe zurückblieb, als sich die großen Fluten der Vorzeit verliefen.« (In der Tat wurden sie während der letzten Eiszeit von Gletschern aufgestaucht, sie erheben sich 115 Meter über dem Meeresspiegel.)

Auf der Westkuppe, der höchsten Erhebung, lehnte Fontane an einem Kiefernstamm und blickte in den Abend: »Dörfer und Städte wachsen heiter mit ihren roten Dächern und Giebeln aus allen Schattierungen des Grün hervor. Die Türme der Hauptstadt, die graugelben Wände des Köpnicker Schlosses, beide leuchten im Schein der untergehenden Sonne. Fabrikschornsteine begleiten den Lauf des Flusses, ... Leben überall«. Welch Gegensatz zur östlichen Seite! »Die Spree zieht den Müggelsee wie einen breiten Spiegelkristall an ihrem schmalen, blauen Bande auf, und die Dahme buchtet sich immer weiter und breiter landeinwärts und schafft Inseln und Halbinseln, so weit unser Auge reicht. Auf Quadratmeilen hin nur Wasser und Wald... es ist hier, wie es immer war, und während jetzt die Abendnebel von den Seen her aufsteigen und ihre Schleier auch um den Rand der Kuppe legen, auf der wir stehen, ist es, als stiege die alte Zeit mit aus der Tiefe herauf«.

Und nun geht Fontane einen Schritt weiter, zurück in die Zeit der Völkerwanderung, als die Semnonen, ein westgermanischer Volksstamm, der ursprünglich zwischen Elbe und Oder siedelte, nach Süden aufbrachen. Karl Blechen hatte (1827) ein »Semnonenlager auf den Müggelbergen« gemalt. Fontane fühlte sich mit ihm einig in dem Versuch, »über das bloß Landschaftliche hinaus... eine historische Landschaft« darzustellen. In besagtem »Semnonenlager« sind »Schilde und Speere zusammengestellt, ein Feuer flackert auf, und unter den hohen Fichtenstämmen, angeglüht von dem Dunkelrot der Flamme, lagern die germanischen Urbewohner des Landes mit einem wunderbar gelungenen Mischausdruck von Wildheit und Behagen. Wer die Müggelsberge gesehen hat, wird hierin ein richtiges und geniales Empfinden unsres Malers bewundern – er gab dieser Landschaft *die* Staffage, die ihr einzig gebührt.«

Wer heute das Glück hat, im Schein der untergehenden Sonne allein zu sein auf dem 30 Meter hohen Müggel-Aussichtsturm, der wird das vielleicht nacherleben können.

Mit der lebhaften Schilderung dieses Bildes, das damals in einer Privatsammlung hing und kaum jemandem zugänglich war, wollte Fontane eine Lanze brechen für den »Vater unsrer märkischen Landschaftsmalerei«; erst 1891 wurde das Bild von der Nationalgalerie erworben.

Die Vision des Semnonenlagers auf den Müggelbergen ließ Fontane nicht los. 1895 schrieb er, darauf anspielend, eine gemütliche Persiflage über den Aufbruch dieser bärtigen Vorfahren, in der es heißt:

»Am Eierhäuschen hebt es an:
Eine Vorhut, etliche dreißig Mann,
Ein Bardentrupp folgt von Friedrichshagen,
Wo noch jetzt Nachkommen die Harfe schlagen,
Bei Kiekemal und Kiekebusch
Blasen Hörner den Abschiedstusch;
Auf Flößen kommen andre geschwommen,
Haben den Weg bis Schmöckwitz genommen,
Bis Schmöckwitz, wo, Wandel der Epochen,
Jetzt Familien Kaffee kochen...
Jetzt aber – der Dämeritz ist überschritten –
An des Zuges Ausgang und inmitten
Erblick ich Mädchen, erblick ich Fraun,
Alle thusneldisch anzuschaun,
Alle mit Butten, alle mit Hucken,
Draus blond die kleinen Germanen kucken –
So ziehen sie südwärts mit Kiepen und Kobern,
Von der Müggel aus die Welt zu erobern.«

Das ähnelt mehr einer Landpartie und kann als Gegenstück zu dem damals sehr in Mode gekommenen Teutonenkult verstanden werden.

(Alle Zitate aus »Wanderungen« IV, Kapitel »Der Müggelsee« und »Die Müggelsberge«; »Auf der Kuppe der Müggelberge« (Semnonen-Vision) aus »Gedichte«, Band I.)

Schloß Niederschönhausen

Schloß Niederschönhausen gehörte zu den heiteren Lustschlößchen des prunkliebenden Kurfürsten Friedrich III. Hier fanden um 1700 die Geheimverhandlungen mit dem kaiserlichen Gesandten statt, an deren Ende sich Friedrich in Königsberg selbst zum ersten König Preußens krönen durfte. Unter Friedrich Wilhelm I., dem sparsamen, blieb das königliche Etablissement unbenutzt. Erst Friedrich II. erwählte es 1740 zum angemessen ausstaffierten Verbannungsort für seine ungeliebte Gemahlin Elisabeth Christine von Braunschweig-Bevern. Es blieb im Besitz des Königshauses. In Fontanes Leben spielte Schloß Niederschönhausen nur eine mittelbare Rolle. Sein Großvater versah dort das Amt des Kastellans, und der Vater verlebte hier einen Teil seiner Kindheit. Von dem Großvater erzählt der Dichter nicht ohne Stolz, von dem Vater eher heiter-ironisch:

»Mein Vater Louis Henri Fontane, geboren am 24. März 1796, war der Sohn des Malers und Zeichenlehrers Pierre Barthélemy Fontane. Was dieser, mein Großvater, als Maler leistete, beschränkte sich vorwiegend auf Pastell-Copien nach englischen Vorbildern, als Zeichenlehrer aber muß er tüchtig gewesen sein, denn er kam zu Beginn des 19. Jahrhunderts an den Hof und wurde mit dem Zeichenunterricht der ältesten königlichen Prinzen betraut... Königin Luise wohnte gelegentlich dem Unterrichte der Kinder bei, und alsbald an dem gewandten und ein sehr gutes Französisch sprechenden Manne Gefallen findend, nahm sie denselben als Kabinettssekretär in ihren persönlichen Dienst.« Das Glück war aber nur von kurzer Dauer, denn es »folgte die Katastrophe von Jena, der Hof, flüchtig werdend, ging nach Königsberg, und Pierre Barthélemy, dessen Dienste keine weitere Verwendung mehr finden konnten, erhielt, in Berlin zurückbleibend, wohl als eine Art Abfindung, das *Amt eines Kastellans von Schloß Niederschönhausen.*« Es war eine außergewöhnlich schwierige Zeit. 1806–07 quartierten sich französische Truppen dort ein, sechs Jahre später die mit den Preußen verbündeten Russen. Der Kastellan, der sich seiner Herkunft nach als Franzose fühlte, aber alle Ursache hatte, dem preußischen Königshause dankbar zu sein, wandte alle Diplomatie auf, um größeren Schaden von dem ihm anvertrauten Schlosse fernzuhalten. Auf den zehnjährigen Louis Henri machte die Begegnung mit Napoleons Soldaten und Offizieren einen so unauslöschlichen Eindruck, daß er im Laufe seines Lebens zu einem profunden Kenner Napoleons und seiner Generäle wurde; er kannte alle Siege, alle Niederlagen bis in anekdotische Details und gab sie später seinem Sohne derart lebendig wieder, daß sie sich auch ihm unvergeßlich einprägten.

In den wildbewegten Jahren von 1806 bis 1809 pilgerte der Knabe Louis Henri nun jeden Tag von Niederschönhausen bis ins Gymnasium Zum Grauen Kloster, »wenigstens anderthalb Stunden« erforderte der Weg. »Von guter Schülerschaft konnte bei den zwei Meilen Wegs... nach eignem Zeugnis meines Vaters wohl nicht die Rede sein. Es darf aber aus dem Umstande, daß er zeitlebens selbst von einer mangelhaften Schulbildung sprach, nicht auf eine Trauer über diesen Tatbestand geschlossen werden.«

Weder in dem Buch »Meine Kinderjahre« noch an irgendeiner anderen Stelle äußerte sich Theodor Fontane abschätzig über seines Vaters »hausgemachte« Lexikon- und Journal-Bildung. Er selbst hatte ja auch nur anderthalb Jahre das Gymnasium in Neuruppin und zweieinhalb Jahre die Klödensche Gewerbeschule in Berlin besucht und war dennoch einer der umfassendst gebildeten Männer seiner Zeit geworden.

Nikolskoë

»Nikolskoë war ursprünglich nichts als ein russisches Blockhaus, das Friedrich Wilhelm III. auf einer Havelhöhe gegenüber der Pfaueninsel errichten ließ.« Eine artige Aufmerksamkeit für die Lieblingstochter Charlotte, die dem russischen Zaren Nikolaus vermählt worden war. Bei einem Besuch »mit ihrem Vater… zwischen den Bäumen der Pfaueninsel auf und ab schreitend, äußerte sie, ›wie schön und erbaulich es sein müsse, wenn diese Abendstille vom Glockengeläut… durchtönt würde‹, Worte, die ganz der Stimmung des Königs entsprachen«; und so entstand die Kirche von Nikolskoë. »Der Kronprinz entwarf eine Skizze, die… von den Hofbaumeistern Stüler und Schadow zu regelrechten Plänen erweitert wurde.« Der sparsame Bauherr entschied sich statt der für russische Kirchen charakteristischen fünf Türme nur für einen kuppelartigen Turm, der auch nicht vergoldet, sondern nur grün angestrichen sein sollte. Im August 1837 wurde die Kirche eingeweiht. Ab 1877 erkor die Karlsche Linie des Hauses Hohenzollern Nikolskoë zu ihrer Begräbnisstätte, und Persius fügte der Kirche eine »mit weißem, blauem und dunkelgrauem schlesischen Marmor getäfelte« Gruft an. Auch Prinz Friedrich Karl fand 1885 hier die letzte Ruhe.

Die Peter-Paul-Kirche sollte »neben ihrer gottesdienstlichen Aufgabe… als Bild in der Landschaft wirken und… mit ihren Glocken die Stille romantisch-feierlichen Klanges unterbrechen. Und beides ist erreicht worden.«

Nikolskoë gehört heute noch zu den schönsten Punkten der malerischen Havellandschaft zwischen Berlin und Potsdam.

(Alle Zitate aus »Fünf Schlösser«, Aufsatz »Dreilinden«.)

Ausflug zur Pfaueninsel

»Pfaueninsel! Wie ein Märchen steigt ein Bild aus meinen Kindertagen vor mir auf: ein Schloß, Palmen und Känguruhs; Papageien kreischen; Pfauen sitzen auf hoher Stange oder schlagen ein Rad, Volièren, Springbrunnen, überschattete Wiesen; Schlängelpfade, die überall hinführen und nirgends; ein rätselvolles Eiland, eine Oase, ein Blumenteppich inmitten der Mark.«

Diese Kindheitserinnerung mag Fontane bewogen haben, der Pfaueninsel im dritten Band der »Wanderungen« ein eigenes Kapitel zu widmen. Zu diesem Zwecke ließ er sich im Juni und Juli 1861 mehrmals mit dem Kahn übersetzen. Die Havel-Insel, nur 20 Kilometer vom Potsdamer Platz und scheinbar weltenweit entfernt, entzückte ihn wie eh und je; sie bezauberte ihn doppelt, weil sich längst vergangene kindliche Impressionen verwoben mit inzwischen gewonnener Kenntnis historischer Hintergründe.

Das urwaldartige Eiland, Kaninchenwerder genannt, geriet erst ins Blickfeld der Landesherren, als Potsdam zur zweiten Residenz avancierte. Der Große Kurfürst ließ die Alchimistenhütte des Kunckel-Karfunkel dort ansiedeln, auf daß niemand hinter das Geheimnis des Goldrubinglases käme; der Soldatenkönig schenkte die Insel dem Militärwaisenhaus; Friedrich Wilhelm II. kaufte sie zurück.

»Aus dem Heiligen See in die Havel, an Sacrow vorüber, steuerte er an heiteren Nachmittagen, umgeben von den Damen seines Hofes, der ihm lieb gewordenen Insel zu ... Tänze und ländliche Spiele wechselten ... Erst mit der sinkenden Sonne kehrte man nach dem Marmorpalais zurück.«

Die 1794 zur Gräfin Lichtenau erhobene »schöne Wilhelmine« entwarf den Plan zu einem romantischen, halb verfallenen italienischen Landhaus, sie »dilettierte in Kunstsachen, und nicht ganz ohne Talent«; leider starb der König, bevor der Bau vollendet war, und Friedrich Wilhelm III.

verbannte die Geliebte seines Vaters und waltete selbst auf der Insel wie ein Gutsherr. Meierei und Rinderstall entstanden – alles im gotischen Stil. Schafe weideten, Korn wuchs. Es war die schwere Zeit Napoleonischer Unterdrückung.

»Ohnehin zu einem kontemplativen Leben geneigt, fand der König, aus den Stürmen des Krieges heimgekehrt, die Einsamkeit dieser Insel anziehender denn je zuvor... Man schritt zu neuen Anlagen und war bemüht, den Aufenthalt immer behaglicher zu gestalten« für sich und die heranwachsenden Kinder; dazu gehörte die mit Kupfer beschlagene Fregatte (ein Geschenk des englischen Königs), ein russischer Rollberg, »eine sogenannte Rutschbahn und russische Schaukeln«, vor allem aber eine Menagerie. »Sie wurde hier wie von selbst zu einem *zoologischen Garten*, da Lenné, feinen Sinnes und verständnisvoll, von Anfang an bemüht gewesen war, den einzelnen Käfigen und Tiergruppen immer die passende landschaftliche Umgebung zu geben. 1830 wurde das Palmenhaus errichtet.« An zwei Tagen in der Woche durften die Berliner an dieser exotischen Pracht teilhaben. So hat es auch Fontane erlebt. Allerdings galt – und gilt noch heute – eine strikte Anweisung: »Wirths- und Kaffeehäuser sind unzulässig an dieser Stelle«.

Friedrich Wilhelm IV. bevorzugte Sanssouci und kam nur selten hierher, um Tee zu trinken. So auch am 15. Juli 1852. Als Überraschung für seinen hohen Gast, den Zaren Nikolaus, sollte die gefeierte französische Schauspielerin Elisa Rachel Félix auftreten. Hofrat Louis Schneider, königlicher Vorleser und zugleich Günstling des Zaren, hatte das arrangiert. »Er wußte, daß der berühmten Tragödin ungemein daran lag, in Petersburg – das ihr seit 1848, wo sie, von der Bühne herab, als ›Göttin der Freiheit‹ die Marseillaise gesungen hatte, verschlossen war – wieder Zutritt zu gewinnen«. Mit diesem Hintergrundwissen überredete er die Félix, ungeachtet des auf der Insel fehlenden Theaterapparates, nur von einem Windlicht beleuchtet, auf einem einfachen Rasenplatz zu spielen. »Sie spielte groß, gewaltig;... Der Genius, ungehindert durch Flitter und Dekorationen, wirkte ganz als er selbst. Dabei brachen die Schatten des Abends immer mehr herein; die Luft war lau, und aus der Ferne her klang das Plätschern der Fontainen. Alles war hingerissen. Zumeist der König. Kaum minder sein Gast, der Kaiser.« Er lud die Tragödin höchstpersönlich nach Petersburg ein. Sie hatte ihr Ziel erreicht.

Hofrat Schneider, ein alter »Tunnel«-Kollege Fontanes, hatte ihm von dieser Begegnung berichtet, und er griff sie mit Vergnügen auf, war es doch eins der wenigen Beispiele, wo Machthabende mit den Mitteln der Kunst besiegt oder eines Besseren belehrt worden waren.

Sehenswertes

Die Pfaueninsel ist noch immer ein zauberhaftes Eiland, und noch immer glaubt sich der Besucher in eine andere, bessere Welt versetzt. Fast alles ist noch oder wieder so, wie es Fontane beschrieb: Gleich neben dem Fährhaus das *Kastellanshaus* (1795) in »pittoreskem Geschmack«, das *Gärtnerhaus* (1830) in ländlichem Schweizerstil, der entzückende Biedermeiergarten und das *Schlößchen* selbst, das schneeweiß aus dunklem Grün wie eine Fata Morgana über dem Wasser der Havel zu schweben scheint. Es überstand alle Kriege unversehrt, und die ursprünglichen Dinge, Möbel, Bilder, Tapeten, Hammerklavier, Geschirr aus der Königlichen Porzellanmanufaktur, ja, selbst die Strohhüte der Königin Luise befinden sich noch darin. Ein unvergleichliches Ambiente. Alles, Schlößchen und Park, atmet Sehnsucht nach einem Land, das nicht ist, das – vielleicht – fern vom zivilisierten Europa existiert. Und diese veredelte, dennoch natürliche Umwelt erstreckt sich über die ganze Pfaueninsel, auf der man wirklich auf Schritt und Tritt den Pfauen begegnet, die gravitätisch einherstolzieren, vornehm ihr Rad schlagen und ordinär schreiend ihren Besitzanspruch auf dieses Eiland einzuklagen scheinen.

Auf dem nördlichen der Schlängelpfade, »die überall hinführen und nirgends«, stößt man auf Postamente des 1880 abgebrannten *Palmenhauses*. Karl Blechen malte es 1834, so ist es der Nachwelt erhalten. Fontane schrieb später des öfteren über den damals noch weithin unbekannten Maler und sein Werk.

Hält man sich nun ostwärts, so kommt man am *Jakobsbrunnen* und Resten eines *Sonnentempels* vorbei; an jeder Wegbiegung eine Überraschung: eine uralte Libanonzeder, ein Ginkgobaum, ein kleiner Brunnen; dann das *Kavaliershaus* (1823), einem spätgotischen Danziger Patrizierhaus nachgebildet; gotisch nachempfunden auch *Meierei und Rinderstall* (1802) auf dem nördlichen Teil der Insel.

Erhaben und geheimnisvoll steht vor dunkler Waldkulisse am östlichen Uferweg der *Gedächtnistempel für die Königin Luise* (1810). Die Marmorbüste schuf Christian Daniel Rauch.

Auf einer Lichtung endlich die Stelle, an der von 1685–89 Kunckel-Karfunkel laborierte. Fontane stocherte und fand tatsächlich noch Klumpen geschmolzenen Glases. Erst 1974 wurden die Fundamente der Hütte ausgegraben.

Über ein gotisches Eisenbrückchen erreicht man den Jagdschirm (1796), und über eine chinesisch anmutende Brücke die *Volière* mit farbenprächtigen Papageien und Kakadus, letzte Erinnerung an die Menagerie, die den Grundstock für den 1844 in Berlin eröffneten Zoologischen Garten bildete. Weiter südlich am Ufer das *Maschinenhaus,* von dem aus das Wasser auf die höchsten Erhebungen der Insel gepumpt wurde.

Nun teilt sich der Weg; der höher gelegene führt vorbei an den Resten der *russischen Rutschbahn* (1819) und der Gärtnerei zurück zur Fähre. Kurz zuvor entdeckt man im Grün verborgen, aber von der Wasserseite her weithin sichtbar, den mit chinesischen Ornamenten verzierten *Fährhafen,* in dem die englische Mini-Fregatte vor Anker lag.

Man kann die Pfaueninsel in einer Stunde bequem umrunden, man kann aber auch einen ganzen Tag darauf verbringen und immer neue Anregungen und Abwechslung genießen. Eine der reizvollsten ist zweifellos die halbstündige Führung durch das Schlößchen. Im Vestibül »erhebt sich jetzt, auf schlankem Postament, eine Statuette«. Es ist die Büste der Elisa Rachel Félix. Darunter das Datum: »15. Juli 1852«. Wir würden achtlos an ihr vorübergehen, hätte uns nicht Fontane von ihrem »Sieg über Kaiser und König« erzählt. Das tiefste Erlebnis aber bleibt die Natur: »Das Haveltreiben zieht beinah geräuschlos an uns vorüber; Dampfschiffe, unter glückverheißendem Namen: Fortuna und Viktoria, schießen auf und ab; Segelschiffe, schwer und langsam, dazwischen. Und nun Gondeln mit Musik, und drüben schweigend der Wald, aus dem die Hirsche treten.

Der Abend kommt, die Nebel steigen, die Kühle mahnt zur Rückfahrt... Hinter uns, die verschleierte Mondsichel über den Bäumen, versinkt das Eiland. Mehr eine Feen- als eine Pfaueninsel jetzt!«

(Alle Zitate aus »Wanderungen« III, Kapitel »Die Pfaueninsel«.)

Spandau

»Ein klarer Dezembertag; die Erde gefroren, die Dächer bereift... Schnee in der Luft... So seien denn die Stunden genutzt, die noch einen freien Blick in die Landschaft gestatten.«

Fontane hatte es eilig; im Jahr darauf, 1870, wollte er den dritten Band seiner »Wanderungen« herausbringen. Ein gut Teil lag bereits fertig in der Schublade. Ihm fehlte nur noch das Einstimmungskapitel. Es sollte auf dem Turm der Spandauer Nikolaikirche spielen, von wo aus man weit ins Havelländische Luch hinein sehen kann.

Der Aufstieg auf den 55 Meter hohen Turm erwies sich als nicht ganz ungefährlich: »Viele dieser Stiegen liegen im Dunkel... die Schlüssel versagen den Dienst in den rostigen Schlössern... keine Fenster und Blenden sind zu öffnen, frei bläst der Wind durch das gebrechliche Holzwerk«, – aber die Mühe lohnt sich: »Zu Füßen uns, in scharfer Zeichnung, als läge eine Karte vor uns ausgebreitet, die Zickzackwälle der Festung; ostwärts im grauen Dämmer die Türme von Berlin; nördlich, südlich, die bucht- und seenreiche Havel, inselbetupfelt... nach Westen hin aber... eine graubraune, heideartige Fläche, durch welche sich in breiten blanken Spiegeln, wie Seeflächen, die Grundwasser und übergetretenen Gräben dieser Niederungen ziehen.«

Er hatte bewußt nicht die blumenreiche, sondern diese Jahreszeit gewählt: »Ein grauer Himmel über grauem Land, nur ein Krähenvolk aufsteigend aus dem Weidenwege, der sich an den Wasserlachen entlangzieht, so war das Land von Anfang an: öde, still, Wasser, Weide, Wald.«

In dieser Szenerie konnte er sich in graue Vorzeit zurückträumen und den Wendenfürsten Jaczko mit Albrecht dem Bären zusammentreffen lassen. Es war die beste Einstimmung für »Die Wenden in der Mark«, jenem Grundsatzkapitel, mit dem der dritte Band recht eigentlich beginnen sollte. – Es vergingen jedoch drei Jahre, bis er erschien, denn 1870/71 schoben sich ganz anders geartete, zum Teil sehr unfreiwillige »Wanderungen« dazwischen, die zwei aktuelle Bücher nach sich zogen; erst dann konnte er sich wieder dem »Havelland« zuwenden. Mit welch seligem Aufatmen dies geschah, bezeugt das vorangestellte Gedicht:

»Grüß Gott dich, Heimat!... Nach langem Säumen
In deinem Schatten wieder zu träumen,
Erfüllt in dieser Maienlust
Eine tiefe Sehnsucht mir die Brust...
Es spiegeln sich in deinem Strome
Wahrzeichen, Burgen, Schlösser, Dome:
Der Julius-Turm, den Märchen und Sagen
Bis Römerzeiten rückwärts tragen,
Das Schildhorn, wo, bezwungen im Streite,
Fürst Jaczko dem Christengott sich weihte...
Die Pfaueninsel, in deren Dunkel
Rubinglas glühte Johannes Kunckel,
Schloß Babelsberg und »Schlößchen Tegel«,
Nymphäen, Schwäne, blinkende Segel –
Ob rote Ziegel, ob steinernes Grau,
Du verklärst es, Havel, in deinem Blau...«

Das ist der poetische Rahmen um eine historisch geprägte Landschaft. Die jüngste Geschichte kam darin bezeichnenderweise nicht vor; sie war, gerade was Spandau betraf, ziemlich heikel: Im streng abgeschirmten Juliusturm lagerte von 1873 an der »Reichskriegsschatz«, der auf den fünf Milliarden Goldfrancs basierte, die Frankreich nach dem verlorenen Kriege an Deutschland zu zahlen hatte. Die Festung, die Fontane nur in einem Nebensatz erwähnt, war ihm auch von innen bekannt. Im Herbst 1848 hatte er einen guten Bekannten aus dem Lenau-Verein besucht: Leutnant Techow. Er saß als Gefangener hier, weil er der Berliner Bürgerwehr das Zeughaus geöffnet hatte. Dafür war er zu fünfzehn Jahren Festungshaft verurteilt worden. Noch Jahrzehnte später erinnerte sich Fontane an seine »Techow-Expedition«: »Die Kasematte, drin er saß, glich einem in einen Eisenbahndamm eingeschnittenen Kellerraum... Techow war lebhaft, quick, elastisch... Über Techows weitres Leben zu berichten, über seine Flucht, seinen Aufenthalt erst in London und dann in Melbourne, wo er Droschkenkutscher war – und endlich über seine Rückkehr an die Heimattür, um an dieser abgewiesen zu werden, – dazu ist hier nicht der Ort« (»Von Zwanzig bis Dreißig«, Kapitel »Der Lenau-Verein«).

Es gab überhaupt keinen »Ort«, an dem Fontane sich über sein politisches Engagement in jungen Jahren ausgelassen hätte, in denen er »unausgesetzt Revolutionären und ähnlichen Leuten in die Arme gelaufen« war.

Sehenswert

ist der gesamte *Kern der Spandauer Altstadt,* die, wie auch die 1944 ausgebrannte *Kirche Sankt Nikolai,* behutsam wiederaufgebaut, beziehungsweise restauriert wurde. »Das Innere... bietet mehr als das Äußere verspricht. Emporen, wie Brückenbogen geschwungen, ziehen sich zwischen den grauweißen Pfeilern hin«. Die Wappenschilder der Quaste, Ribbeck und Nostitz mochten ihn ebenso zu näherer Betrachtung gereizt haben wie der berühmte »Steinaltar, den Rochus von Lynar der Kirche stiftete«, oder die Wappentafel des Adam Schwarzenberg mit dem Raben und dem Türkenkopf; die Versuchung, daran sich knüpfende Geschichten zu erzählen, mag groß gewesen sein, doch er mußte sich zügeln; das Kapitel sollte ja nichts weiter sein als Einstimmung ins Havelland, wie es vor Zeiten war. Seit neuester Zeit kann jedermann die 229 Stufen des Kirchturms von Sankt Nikolai emporsteigen und eine unvergleichliche Aussicht genießen. Assoziationen zu Jaczko und Albrecht dem Bären werden sich jedoch kaum einstellen, denn die – nicht nur geographisch – näherliegende Geschichte, die sich innerhalb der Festung Spandau abspielte, dürfte sich in den Vordergrund drängen. Dieses von 1560–1594 erbaute Meisterwerk italienischer Festungsbaukunst war über Jahrhunderte mit Angst und Grauen verbunden. Erst seit wenigen Jahren gilt es als Touristenattraktion. Fontane, der in Besançon die Ängste und Schrecken eines Gefangenen am eigenen Leibe erlebte, dürfte mit dieser Verwandlung der Festung Spandau in eine Stätte kultureller Begegnungen sehr zufrieden sein.

(Alle Zitate aus »Wanderungen« III, Kapitel »Sankt Nikolai zu Spandau«.)

Erwähnt sei noch das *Bronzedenkmal für Karl Klinke* auf dem Spandauer Klinke-Platz. Karl Klinke (1840–64) sprengte beim Sturm auf die Düppeler Schanzen unter Opferung seines Lebens den Palisadenpfahl von Schanze drei. Fontane würdigte diese Tat in dem Buch »Der Schleswig-Holsteinische Krieg von 1864« und in der Ballade »Der Tag von Düppel«.

Tegel

»Havelabwärts von Oranienburg, schon in Nähe Spandaus, liegt das Dorf Tegel, gleich bevorzugt durch seine reizende Lage wie durch seine historischen Erinnerungen. Jeder kennt es als das Besitztum der Familie Humboldt.«

Fontane war die Stätte wohlvertraut. Schon als Schüler streifte er, anstatt bei Philipp Wackernagel »unzählige Beiwörter auf ›ig‹ und ›ich‹« auswendig zu lernen, durch Grunewald und Jungfernheide, »und wenn ich es an dem einen Tage mit den Rehbergen oder mit Schlachtensee versucht hatte, so war ich tags darauf in Tegel und lugte nach dem Humboldtschen ›Schlößchen‹ hinüber, von dem ich wußte, daß es allerhand Schönes und Vornehmes beherberge« (»Von Zwanzig bis Dreißig«, Kapitel »Mein Onkel August«).

Als er fünfundzwanzig Jahre später mit den literarischen Wanderungen begann, war Tegel eins seiner ersten Ziele (21. 4. 1860). Zu Fuß durchquerte er die Oranienburger Vorstadt, die damals, wie ihm schien, nur »aus Bahnhöfen und Kasernen, aus Kirchhöfen und Eisengießereien« zusammengesetzt war; brachte auch den Wedding hinter sich, als dessen Charakteristikum er »die völlige Abwesenheit alles dessen, was wohltut«, nennt. Bilder prosaischster Dürftigkeit aber boten »die sogenannten Vergnügungsörter«. Befreit atmete er auf, als er nach kräftigem Ausschreiten durch eine ausgedehnte Tannenheide »das Dörfchen Tegel« erreichte; einen See, eine Wassermühle und am Ende einer Ahorn- und Ulmenallee das »Schlößchen«.

Er hatte sich gut präpariert für diesen Ausflug und neben dem Üblichen (Fidicin, Berghaus und Raumer) auch Gustav Friedrich Waagens soeben erschienene Arbeit über »Das Schloß Tegel und seine Kunstwerke« gelesen und aus dem Briefwechsel Alexander von Humboldts mit Karl Varnhagen von Ense Aufschlußreiches über die Abstammung seiner Familie und den Erwerb Tegels erfahren.

Mehr noch als »das Haus und seine bildgeschmückten Zimmerreihen« beeindruckte ihn jedoch ein feierlich-stiller Ort am Hügelabhang. »Kein Mausoleum, keine Kirchenkrypta nimmt hier die irdischen Überreste auf; ein Hain von Edeltannen friedigt die Begräbnisstätte ein, und in märkisch-tegelschem Sande ruhen die Mitglieder einer Familie, die, wie kaum eine zweite, diesen Sand zu Ruhm und Ansehen gebracht... Ein Geist der Liebe und der Humanität schwebt über dem Ganzen, aber nirgends eine Hindeutung auf das Kreuz... Ein Lächeln spricht aus allem und das resignierte Bekenntnis: Wir wissen nicht, was kommen wird, und müssen's erwarten... Von dem ionischen Kapitäl der Säule blickt die Marmorstatue der ›Hoffnung‹ auf die Gräber herab... Alle... sind mit Efeu dicht überwachsen; nur eines, der Gittertür und dem Beschauer zunächst, entbehrt noch des frischen, dunkelgrünen Kleides. Fahl gewordene Tannenreiser bedekken die Stätte, aber auf den Reisern liegen Lorbeer- und Eichenkränze und verraten leicht, wer unter ihnen schläft.«

Es ist Alexander von Humboldt. Der weltumspannende Gelehrte und königliche Kammerherr war, hochbetagt, elf Monate vor Fontanes Besuch in Tegel gestorben. Hier, in diesem märkisch-tegelschen Sande empfand der Wanderer die wertvollsten Wurzeln brandenburgisch-preußischer Gesinnung.

Sehenswert

ist das klassizistische *Schlößchen,* das Schinkel der Familie Humboldt auf den Leib geschneidert hatte, die Fundamente gingen allerdings auf ein kurfürstliches Jagdhaus zurück.

Im *Park* sind Lennés Vorstellungen von einer veredelten und verschönten Natur verwirklicht.

(Zitate aus »Wanderungen« III, Kapitel »Tegel«.)

Wannsee – Dreilinden

Fontane liebte die sowohl von der Natur als auch von der Kulturgeschichte bevorzugten »Berliner Environs«, er bekannte sich »zu dem begeisterten Glauben Lucaes, der jedem versichert daß das nach hundert Jahren innerhalb des Spree-Havel-Dreiecks Potsdam-Berlin-Spandau liegende, also südwestwärts gerückte Berlin durch eben diese Lage eine der schönsten Städte Europas sein werde. Es hat in der Tat etwas für sich. Denken Sie sich Wann- und Schlachtensee als Serpentine-Rivers, im Grunewald-Hydepark!« Dieses ungewohnt emphatisch klingende Zitat aus einem Brief an Julius Rodenberg (7. 9. 1876) stammt aus einer Zeit, als Rixdorf, Moabit, Schöneberg, Tempelhof oder Charlottenburg gerade erst begannen, ihre bäuerliche Haut abzustreifen. Eine gewisse Kühnheit des Gedankens ist ihm nicht abzusprechen.

»Jagdschloß Dreilinden war Lieblingsaufenthalt des Prinzen Friedrich Karl. Jeder, während der siebziger Jahre, kannte das Schloß, wenn nicht von Ansehen, so doch aus den Hofnachrichten, in denen es in bestimmten Abständen hieß: ›Seine Königliche Hoheit kam heute von Dreilinden herein in die Stadt und kehrte gegen Abend dorthin zurück.‹ Dreilinden war ein populärer Name geworden, fast so populär wie der des Prinzen selbst.«

Prinz Friedrich Karl hatte das Oberkommando, als 1864 die Düppeler Schanzen erstürmt wurden, er focht 1866 siegreich bei Königgrätz und 1870/71 gegen Frankreich. Fontane nannte ihn in den Gedichten, mit denen er die siegreich heimkehrenden Truppen in Berlin begrüßte. Im Frieden war der Prinz für seine gastliche Tafel bekannt, zu der er neben den obligaten Militärs weitgereiste Leute, Gelehrte und Künstler lud, um von ihnen Anregungen zu empfangen. Im Spätherbst 1881 war auch Fontane unter den Gästen. Wabernder Novembernebel gab dem Unternehmen etwas Unwirkliches, Geheimnisvolles. Man war, mit dem Dampfzug aus Berlin kommend, in Wannsee ausgestiegen, wo die prinzlichen Wagen bereits warteten, »eine Wonne für tapferes und abgehärtetes Kriegsvolk« – aber nichts für den zu Erkältungen neigenden Dichter. Durch Nebelbänke hindurch ging es »in raschem Trabe... unter einem Brückenüberbau weg, in eine breite chausseeartige Fahrstraße hinein, die, nach links hin, eine mit hohen Kiefern besetzte Waldlisière streifte. Hart zur Rechten aber lief der Bahndamm.« Hinein in einen Waldweg, eine scharfe Biegung – und man war da. Feenhaft beleuchtet lag das Jagdschloß in der Dämmerung, man schritt zur von Lichtern überstrahlten und von goldenem Gerät besetzten Tafel, kam beim Plaudern vom Hundertsten ins Tausendste, von Gambetta und Garibaldi über Hussiten und den Falschen Waldemar zu den Türken und Ägyptern. Der Gastgeber plante eine längere Orientreise, und es wurde erörtert, ob man muselmanische Truppen nach europäischem Muster ausrichten könne. »Die Fülle der Eindrücke nahm der Zeit ihr Maß, die Stunden wurden zu Minuten«, und man hatte Mühe, den Zug nach Berlin nicht zu verpassen. Eine Stunde später tauchten sie wieder ein in den »Lärm einer großen Stadt. Und Dreilinden lag hinter mir wie ein Traum.« Dieser Einladung folgten weitere in die Winterwohnung des Prinzen im Berliner Stadtschloß. Insgesamt nahm Fontane zehn oder zwölf mal an den stets nach demselben Zeremoniell gestalteten Festlichkeiten des Prinzen teil. Im Frühling und Sommer 1882 zeigte ihm der »sehr liebenswürdige Förster Rosemann« alles, was er zu sehen wünschte: Das mit Erinnerungsstücken vollgestopfte Jagdschloß (eigentlich nur eine Villa mit acht Zimmern) bot eine unglaubliche Mischung von Kunstgegenständen, Nippes und »Raritäten«, wie Aschenbecher aus den Hufen seiner Lieblingspferde. Fontane notierte alles, was zu des Prinzen Gunsten gesagt werden konnte: Daß er nicht nur Jäger war, sondern auch Waldverbesserer und daß er vielerlei Interessen hatte, vor allem für Ethnographisches. Aber zwischen den Zeilen schwang doch immer ein distanzierendes »Naja, aber...«

Der Aufsatz erschien in drei Fortsetzungen zur Jahreswende 1882/83 und fand große Resonanz, zumal der Prinz gerade nach Kairo und Jerusalem aufgebrochen war. Als Reiseberichterstatter seiner begleitenden Suite anzugehören, hatte Fontane nach reiflicher Erwägung dankend abgelehnt. Seiner Frau gestand er am 23. Juni 1883: »Ich träumte so was von einem Marquis Posa, habe mich nun aber überzeugt, daß all diesen Herrn nicht an Offenheit, Freiheit, Anregung, sondern nur an Lobposaunung und Liebedienerei liegt, und dazu bin ich nicht da... Übrigens laß ich die ganze Geschichte als eine interessante und lehrreiche Episode in meinem Leben gelten.«

Friedrich Karl starb unerwartet im Juni 1885. Im Frühsommer 1888, als Fontane »Dreilinden« für den Band »Fünf Schlösser« bearbeitete, bereicherte er das Kapitel durch eine Charakteristik des Prinzen aus der Feder Dr. Paul Güßfeldts und längere Passagen aus Brugsch-Paschas Reisetagebuch »Prinz Friedrich Karl im Morgenlande«; so konnte er aus berufenem Munde zitieren und sich selbst einer Wertung enthalten. Welchen Abstand er inzwischen gewonnen hatte, geht aus einem Brief an Georg Friedlaender vom 14. 8. 1896 hervor. Er stimmte darin mit dem Adressaten überein, daß alle diese Prinzlichkeiten eigentlich nur zur Tafelrunde einladen, um ihrer »entsetzlichen Langeweile nach Möglichkeit zu entfliehn; es sind Kinder, die sich nach einem Spielzeug sehnen und das Gefühl, als solch Hottepferd auch mit herangezogen zu werden, hat was Deprimirendes. Ich erinnere mich voller Dankbarkeit der in Dreilinden zugebrachten Stunden und hab auch wirklich was davon gehabt, aber doch eigentlich nur in meiner *Schriftsteller*eigenschaft;... von einem Gegenseitigen, von einem geistigen geben und nehmen war in Dreilinden keine Rede«.

Sehenswertes

Wenn auch das prinzliche Jagdschloß mit der Inschrift »Klein, aber mein« vom Zahn der Zeit zernagt nach dem Zweiten Weltkrieg abgerissen werden mußte, so lohnt sich ein Besuch der Umgebung auf jeden Fall, denn: »Dreilinden ist, nach allen Seiten hin, von landschaftlich und historisch anziehenden Plätzen, darunter Pfaueninsel, Kohlhasenbrück, Jagdschloß Stern, Kleinmachnow... umgeben. In engerem Kreise liegen: *Bensch'* Grab, *Kleists* Grab... und die Kirche von *Nikolskoë*.«

Das Forsthaus Dreilinden ist nicht zu verfehlen, wenn man der Wegbeschreibung Fontanes folgt: Vom Bahnhof Wannsee kommend »unter einem Brückenüberbau weg, in eine breite, chausseeartige Fahrstraße... Hart zur Rechten... der Bahndamm«, einbiegen in einen Waldweg, eine scharfe Biegung – man ist da.

Hinter dem Forsthaus, mitten im Walde, liegt *Bensch' Grab.*

Wer war Bensch? Ein bürgerlicher Aufsteiger, Salzschiffahrtsdirektor, der 1820 die Heinersdorfer Heide, 1826 für 6000 Taler das Bauerngut Alt-Zehlendorf und nach und nach alle dazwischenliegenden Acker- und Wiesenflächen kaufte, so daß sie ein zusammenhängendes Territorium bildeten, das, modern gesprochen, vom S-Bahnhof Zehlendorf bis zum S-Bahnhof Wannsee reichte und weiter über Dreilinden hinaus bis Kohlhasenbrück. »Seine mit ebensoviel Liebe wie Verständnis ins Leben gerufene Schöpfung« überließ er 1856 dem Berliner Kaufmann Gilka, der es drei Jahre später für 95000 (!) Taler an den Prinzen Friedrich Karl verkaufte. Was Bensch nie gelungen war: Alt- und Neu-Zehlendorf wurden nun zum Rittergutsbesitz erhoben und 1865 zu Ehren des »Siegers von Alsen und Düppel« umbenannt.

Bensch hatte sich lediglich ausbedungen, in dem Wald, der seiner nicht mehr war, zwischen Forsthaus und Jagdschloß begraben zu werden. Fontane liebte diese Art von Begräbnisplätzen, »die sich von aller Kunst fernhalten und sich stattdessen an die Natur möglichst eng anzuschließen wissen. Es hat das allertiefste Zusammenhängen mit dem ›Wieder-zur-Erde-Werden‹«.

So liegt Bensch' Grab noch heute.

Das *Kleist-Grab* am Kleinen Wannsee. Etwa tausend Schritt von Forsthaus Dreilinden und Bensch' Grab entfernt ist die Stelle, an der Heinrich von Kleist am 21. November 1811 aus dem Leben schied, »weil ihm auf Erden nicht zu helfen war«. Das Leben des Dichters, der zuerst seine unheilbar kranke Geliebte Henriette Vogel erschoß und dann sich selbst, berührte Fontane tief, mehrmals besuchte er das Grab, das damals noch einsam lag, aber zu Kleists Werken fand er nur schwer Zugang. Ihre Auffassungen von Romantik und Realismus waren zu verschieden. Ziemliche

Verlegenheit bereitete ihm 1872 die Besprechung einer Inszenierung des »Prinz von Homburg« am Schauspielhaus. Der Kleistsche Prinz war in seinen Augen »ein Haselant, aber kein Held und brandenburgischer Kriegsmann«. Bei einer erneuten Rezension 1876 wehrte sich Fontanes Sinn fürs Historische noch immer gegen die Verwandlung des gestandenen Feldherrn in einen »prätentiösen Waschlappen«, aber er ließ sich doch von dem »Gefühl absoluter künstlerischer Notwendigkeit entwaffnen«. Den Erzähler Kleist stellte er über den Dramatiker, vor allem »Die Marquise von O« fand er »sehr bedeutend«.

In dem Roman »Vor dem Sturm« läßt Fontane Lewin von Vitzewitz mit Freunden eine Schlittenfahrt von Berlin nach Lehnin unternehmen. Wie im Fluge gleiten sie auf den Wannsee zu, an der Stelle vorbei, »wo sich seit Jahresfrist der Grabhügel Heinrich von Kleists erhob«. Einer, der mit Kleist in derselben Garnison gestanden hatte, wußte wenigstens oberflächlich vom Schicksal seines Regimentskameraden, die andern kannten nur das »Käthchen von Heilbronn« und ereiferten sich über die »dramatische Berechtigung oder Nichtberechtigung des Somnambulen«. Und als »ihr Schlitten durch die defileeartige Schmalung hindurchglitt, die bei Kohlhasenbrück durch den dicht an die Straße herantretenden Fichtenwald und von der anderen Seite her durch das Röhricht des Griebnitzsee gebildet wird«, war der Dichter schon vergessen.

Das Gespräch zeigt nicht nur, wie lässig man über Tod und Leben hinwegplauderte, es offenbart auch, daß Kleist in Berlin noch ein weithin Unbekannter war, als Heinrich Heine bereits in Paris schrieb: »Vor kurzem habe ich den ›Michael Kohlhas‹ gelesen, bin voller Bewunderung für den Verfasser, kann nicht genug bedauern, daß er sich totgeschossen, kann aber sehr gut begreifen, warum er es getan.«

Als Fontane in seinem »Dreilinden«-Aufsatz über Kleists Grab schrieb, ließ er vier Zufallsspaziergänger von »ausgesprochenstem Vorstadts- und Bourgeoisecharakter« über den Dichter parlieren: »Er soll ja furchtbar arm gewesen sein«, sagte die Tochter. »Und er soll ihr ja so furchtbar geliebt haben«, die Mutter. »›I Gott bewahre‹, sagte der Mann in einem Ton, als ob es sich um das denkbar Unglaublichste gehandelt hätte.«

In einer kleinen Parkanlage neben dem Grundstück Bismarckstr. 3 ist der Grabstein für Heinrich von Kleist zu finden mit der anrührenden Inschrift: »Er lebte, sang und litt/in trüber, schwerer Zeit;/er suchte hier den Tod/und fand Unsterblichkeit.«

(Alle Zitate, wenn nicht anders vermerkt, aus »Fünf Schlösser«, Aufsatz »Dreilinden«.)

Ausflug nach Kleinmachnow

»Kleinmachenow ist ein reizend gelegenes Dorf, das sich an einem vom Telte-Fließ gebildeten See hinzieht. Die Häuser sind ärmlich, aber schöne Kastanienalleen ... geben dem Ganzen ein sehr malerisches Ansehn.«

Nicht die alten Kastanien lockten den Wanderer Fontane im Mai 1860 an, sondern die Geschichte der Familie von Hake. »Sie haben seit 500 Jahren immer als einfache Edelleute in der Mark gelebt und seit 300 Jahren das Erbschenkenamt der Kurmark Brandenburg bekleidet.« Doch von all ihren reichen Besitztümern waren »nur noch Kleinmachenow und das Patronat über das angrenzende Stahnsdorf« übriggeblieben. Ein Geschlecht, das jahrhundertelang blühte und plötzlich nur noch spärliche Reiser treibt oder gänzlich verwelkt, weckt stets die poetische Phantasie des Volkes; es sucht nach Ursachen und – findet sie. So war es auch hier. Die Phantasie der Bewohner beflügelte vor allem »ein altes Sandsteinportal, das nach außen hin einen Medusenkopf und *auf* diesem eine Minerva zeigt. Die Dorfleute betrachten den Medusenkopf als das Portrait eines hartherzigen Vorbesitzers, der schließlich von den Schlangen verzehrt worden sei.«

Auch Wilhelm Schwartz, Historiker und Sagensammler, horchte auf, als Fontane ihm von diesem Schlangenhaupt erzählte; beide Herren besuchten im Sommer und Herbst 1861 gemeinsam »Machenow auf dem Sande«.

Danach fügte Fontane seinem Text hinzu: »Nichts scheint das Volk in seinem poetischen Hange so schöpferisch zu stimmen als der Anblick von Kunstwerken, die es nicht versteht. Es ruht nicht eher, als bis es eine Deutung gefunden hat... Der Medusenkopf am Portal alter Schlösser hat gewiß schon oft als schlangenumwundnes Portrait hartherziger Schloßherrn gelten müssen, und der alte Herr von Hake hat unzweifelhaft Kameraden in allen Ländern.«

An Bemerkenswertem fand er sonst nur noch »das Herrenhaus, das alte Schloß, die Wassermühle und *die Kirche*«. – »Gegenüber der Einfahrt mit dem Medusenkopf liegt die Kirche. Eh wir sie erreichen, passieren wir ein Steinkreuz, hart an der Straße, zum Andenken eines Schlabrendorf errichtet, der hier in einem Duell mit einem von Hake auf offener Dorfstraße getötet wurde.« Ursache war Eifersucht. Während der alternde Hake am kurfürstlichen Hof sein Erbschenkenamt versah, hielt sich die junge Frau mit dem benachbarten Junker Lorenz von Schlabrendorf schadlos. Als dies ruchbar wurde, stach der gehörnte Ehemann seinen Rivalen nieder. Fontane verschwieg nicht, daß sich die Hakes oft und gern duellierten, manchmal nur um ein niedergetretenes Erbsenfeld. In Kriegszeiten brachte ihnen jedoch ihre Rauflust und Händelsucht Ruhm und Ehren ein. Und so ist der Vers, den Fontane dem Hake-Abschnitt voranstellte, doppelsinnig zu verstehen: »Bei Warschau, bei Wien,/Bei Fehrbellin,/Ob Friedrich Wilhelm, ob Alter Fritz,/Ob Leuthen, Lützen, Dennewitz,/Ein alter märkischer Edelmann/Ist immer dabei, ist immer voran.«

Gedächtnissteine in- und außerhalb der Kirche erinnern an Familienmitglieder, die fern der Heimat gefallen sind in Kriegen gegen Türken, Spanier, Österreicher und Franzosen.

Der Schluß des Kapitels zeugt von Fontanes Weitblick: »Machenow auf dem Sande ist nur eine gute halbe Stunde vom Wann- und Schlachten-See und all jenen andern im Grunewald gelegenen Wald- und Wasserpartien entfernt, die, wenn längst gehegte Wünsche sich erfüllen… über kurz oder lang vor die Tore Berlins gerückt sein werden.«

1881, als er das Kapitel in den vierten Band seiner »Wanderungen« aufnahm, setzte er in Klammern hinzu: »… erfüllten sich seitdem«. Er prophezeite zwischen Wannsee und »dem hübschen Dorf am Telte-Fließ« eine Fülle weinbelaubter Villen in einer heiteren Landschaft, die viele Besucher und Verehrer anziehen würde, und schloß: »Mögen diese dann an der alten, efeuversteckten Kirche und an dem Steinkreuz des gefallenen Schlabrendorf nicht vorübergehn.«

Wunsch und Voraussicht sollten sich erfüllen. Wenige Jahre nach Fontanes Tod begannen Dorf und Landschaft am Telte-Fließ sich grundlegend zu wandeln. Das Fließ, auch Bäke genannt, das auf dem Fichtelberg in Steglitz entsprang und sich durch ein versumpftes Tal bis zum Griebnitzsee erstreckte, wurde von 1901 bis 1906 dem ökonomisch notwendigen Teltow-Kanal geopfert. Etwa in Höhe der Alten Hakeburg erweitert sich der Kanal zum Machnower See. Von der Bäke blieb nur ein Appendix, der südlich und parallel zum Kanal das Landschaftsschutzgebiet Bäketal bildet. Am nördlichen, quaiartigen Ufer des Machnower Sees ließ Dietloff von Hake von 1906 bis 1908 die neue Hakeburg errichten. Professor Bodo Ebhardt verband dabei die Form einer alten Burg mit neuzeitlichen Ansprüchen an einen vornehmen Herrensitz. Heute ist die *Hakeburg* Hotel und für die inzwischen auf 12300 Seelen angewachsene Gemeinde Kleinmachnow ein gern besuchtes Restaurant.

Sehenswertes

Was Fontane als »Machenow auf dem Sande« beschrieb, ist heute Alt-Machnow. Es besteht eigentlich nur aus einer einzigen Straße, der Allee am Forsthaus, die sich parallel zum Teltow-Kanal durch das Landschaftsschutzgebiet Bäketal zieht. An dieser Allee liegen das alte Forsthaus, ein paar Backsteinhäuser, in denen die Gutsarbeiter wohnten, die Dorfkirche, die alte Schloßgärtnerei und die Wassermühle.

Die Alte Hakeburg wurde 1944/45 schwer beschädigt und die Ruine später abgetragen. Ihr Standort ist nur noch durch das *Parktor* zu erkennen, eben jenes sagenumwobene Portal mit dem Haupt der Medusa.

Die *Dorfkirche* ist »ein überraschend gefälliger, beinah feinstilisierter Backsteinbau aus dem sechzehnten Jahrhundert (vielleicht auch schon aus dem fünfzehnten), reizend zwischen Bäumen und Efeugräbern gelegen und von einer Steinmauer eingefaßt«. Den Innenraum überspannt ein sternförmiges Netzgewölbe. Der Schnitzaltar von Hans Zinckeisen gehört zu den bedeutendsten Bildwerken des 16. Jahrhunderts. Seine Restaurierung gilt als denkmalpflegerische Meisterleistung. Grabmäler und Gedenktafeln der Familie von Hake sind erhalten.

Das *Sühnekreuz* wurde umgesetzt und erhebt sich jetzt der Kirchentür gegenüber, etwa 1 Meter über dem Erdboden.

Die *Wassermühle*, die anno 1695 »ganz neue aus dem Grunde erbauet, weilen die alte ganz zerfallen«, war von den Gebrüdern Hake 1856 zum dritten Mal neu aufgeführt worden. Jüngst ist sie zum vierten Mal neu erstanden und dient als Gaststätte mit historischem Flair. Die von Fontane zitierte Inschriftentafel der alten Mühle hat man wieder eingefügt.

(Zitate aus »Wanderungen« IV, Kapitel »Machenow auf dem Sande«.)

Ausflug nach Stahnsdorf

Im Todesjahr Fontanes zählte die sich immer mehr ausweitende Stadt Berlin fast zwei Millionen Einwohner. Es mangelte an Platz für die Lebenden und die Toten. Darum kaufte die Berliner Stadtsynode von den Herren von Hake im Jahre 1902 für die südwestlichen Kirchgemeinden 150 Hektar dürftigen Kiefernwald und Heideland der Gemarkung Stahnsdorf. Der Gartenarchitekt Louis Meyer verwandelte es in sieben Jahren zu einem Waldfriedhof. 103 000 Tote sind inzwischen hier bestattet oder aus Berlin umgebettet worden.

Ein Gang über den *Südwestfriedhof* ist wie ein Gang durch fast hundert Jahre deutscher Kulturgeschichte. Allein von den Zeitgenossen Fontanes ruhen dort die Familien Siemens und Langenscheidt, der erste Lokalanästhesist Ludwig Schleich, der Maler Lovis Corinth, der Komponist Engelbert Humperdinck, der Pionier der drahtlosen Telegraphie Graf Arco und andere. Zwei Gräber wecken im Zusammenhang mit Fontane unsere Aufmerksamkeit:

Theodor Henry Fontane, Wirklicher Geheimer Kriegsrat, des Dichters zweitältester Sohn, ruht hier seit dem 16. 5. 1933 in der Abteilung 2, ganz in der Nähe der 1911 nach dem Vorbild norwegischer Stabkirchen erbauten Friedhofskapelle.

Elisabeth Baronin von Ardenne, geborene Edle von Plotho. Ihr Schicksal inspirierte Fontane zu »Effi Briest«. Das Vorbild wurde 1853 geboren, 1871 verlobt, 1873 verheiratet, 1887 geschieden. Nur starb Elisabeth nicht jung an der Schwindsucht wie Effi, sondern sie nahm ihr Leben beherzt in die Hände, wirkte als Pflegerin, später als Oberin in einer Berlin-Zehlendorfer Heilanstalt und starb 1952 – neunundneunzigjährig – in Lindau am Bodensee.

Ihr Grab ist nicht leicht zu finden, es liegt am westlichen Außenweg des Areals der Trinitatis-Gemeinde, gegenüber dem schwedischen Gustav-

Adolf-Friedhof (Block V, Erbbegräbnis 112a). Jeder Gärtner kann Auskunft geben, denn es vergeht kaum ein Tag, an dem nicht jemand nach – Effi Briest fragt.

Bad Freienwalde

»Freienwalde ist eine Bergstadt, aber nicht minder ist es ein Badeort, eine *Fremdenstadt.* Wir haben erst eine einzige Straße passiert, und schon haben wir fünf Hôtels und eine Hofapotheke gezählt; noch sind wir nicht ausgestiegen, und schon rasseln andere Postwagen von rechts und links heran; das Blasen der Postillone nimmt kein Ende... Hausknechte erheben ihre Stimme zu Ehren der ›Drei Kronen‹ oder der ›Stadt Berlin‹... Nur der fliegende Buchhändler fehlt noch, der die ›Schönheiten Freienwal des‹, besungen und lithographiert, mit beredter Zunge anzupreisen verstände.«

Der aufmerksame Leser spürt bald die liebevoll-ironische Distanz des Autors, der unwillkürlich Vergleiche mit englischen Bädern anstellt, und da bleibt Freienwalde eben doch ein Bad mit jener »Leichtbegnüglichkeit, die noch immer einen Grundzug unseres märkischen Wesens bildet... Die Schönheit der eigentlichen Stadt ist mäßig, ihr Reiz liegt draußen auf den Bergen. Diesen Bergen verdankt es alles, was es ist: von dort aus kommen seine Quellen und von dort aus gehen die Fernsichten ins Land hinein«.

Das Oderbruch war Fontane schon von den Zeiten her vertraut, als er in der väterlichen Apotheke zu Letschin praktizierte. Seine damaligen Streifzüge dehnten sich bis Freienwalde aus, das ihn in vielerlei Hinsicht anzog: Erstens wegen seiner reizvollen Lage am Rande der Bruchlandschaft, angeschmiegt an die schluchtenreichen, bewaldeten Steilhänge des Hohen Barnim, und zum anderen wegen seiner sagenumwobenen Geschichte.

Als Vierzigjähriger und kinderreicher Familienvater kehrte er – im Mai 1860 – an diesen Ort zurück; nicht um sich als Badegast zu vergnügen, sondern um den Vater zu besuchen, der im nahen Schiffmühle seinen Lebensabend verbrachte. Diese Besuche wiederholten sich im Mai 1861, im Juni 1862, im Frühjahr und Sommer 1863, Sommer 1866 und März

1867. Der Dichter, der für das tägliche Brot auf der kräftezehrenden Redaktionsgaleere der »Neuen Preußischen Zeitung« ruderte, versuchte, »nebenher« literarische Pläne zu verwirklichen. Dazu zerteilte er seinen Jahresurlaub in vier einzelne Wochen, in denen er sich »auf Wanderung« begab. Auch die Besuche bei seinem Vater nutzte er, um »Stoff einzuheimsen«. Von den Anstrengungen einer solchen »Urlaubswoche« zeugt ein Brief an Emilie vom 16. September 1862: »Es soll eine Erholung sein und ist eigentlich eine riesige Arbeit. Schlösser, Kirchen, Kirchhöfe, Inschriften, Grabschriften, Bilder, Statuen, Parks, Grafen, Kutscher, Haushälterinnen, Vater, poetische Drechslermeister – alles das und hundert andres dazu tanzt mir hurly burly im Kopf herum, dazu die Landschaftsbilder, die alle beschrieben werden müssen, dazu gestern die Strapaze des Marschierens und Bergekletterns und nun schließlich ein verdorbener Magen – das halte aus, wer kann. Ich habe in diesen drei Tagen so viel gesehn, daß das bloße Sehen eine Arbeit wäre, aber es sehen und dabei ständig ordnen, schreiben, arbeiten, einreihen in andres ist wirklich eine große Anstrengung …«

Fast alle Besuche beim Vater in Schiffmühle verband er mit Recherchen zu einem zweiten Band »Wanderungen«. Im Februar 1863 hielt Fontane im renommierten »Hôtel de Russie« zu Berlin einen Vortrag über den »Schloßberg bei Freienwalde und die Uchtenhagens«, im Sommer druckte das »Wochenblatt der Johanniter-Ballei Brandenburg« den Aufsatz über »Freienwalde«, ihm folgte das »Cotta'sche Morgenblatt für gebildete Leser«, und Ende 1863 erschienen beide Kapitel innerhalb der ersten Buchausgabe »Das Oderland«.

Als Ursache für das frühe Avancement Freienwaldes zum Badeort nennt Fontane die Quellen, denen mittelalterliche Alchimisten Wunderkräfte andichteten. Thurneysser entdeckte als erster, daß die armen Leute in der Nachbarschaft dieses Wasser bei hartnäckigem Fieber tranken, sogar Gelähmte sollen gesund geworden sein. 1684 drang die Kunde des heilkräftigen Brunnens bis Berlin ins kurfürstliche Schloß. Der Große Kurfürst war alt und litt an der Gicht. Er schöpfte bei der Nachricht neue Hoffnung, und noch im selben Jahr trafen er und seine Gemahlin als erste Brunnengäste ein. Glänzende Tage brachen an, und Freienwalde blieb in der Gunst der jeweiligen Landesherren; Baumeister wie Schlüter, Langhans und Schinkel hinterließen ihre Spuren; doch war von alledem schon zu Fontanes Zeiten nichts mehr übriggeblieben bis auf das 1790 von Langhans erbaute Logier- und Badehaus, das heute noch bewohnt wird.

Ebenso reichlich wie die mineralischen plätscherten auch die historischen Quellen, die oft in grauer Vorzeit ihren Ursprung hatten. So stieß Fontane allenthalben auf die Uchtenhagens, die drei oder vier Jahrhunderte lang das Land beherrschten. Mehrere Sagen berichteten »ohne historischen Skrupel«, wie sie zu dem Besitz gekommen waren. In der einen wird der erste Uchtenhagen als eine Art Robin Hood dargestellt, ein Geächteter, der mit seinen Mannen »uht dem Hagen« brach, um das Heer des Großen Kurfürsten vor vernichtender Niederlage zu retten. Als Dank habe ihn der Landesherr dann freigesprochen und ihm etliche Dörfer geschenkt. Fontane erzählt zwar die Anekdote mit Vergnügen, weist aber in einer Fußnote auf die bedenkliche Unbedenklichkeit hin, mit der das Volk Zeiten, Persönlichkeiten und Ereignisse durcheinanderwürfele.

Wo nur irgend möglich, schälte er, um solides Geschichtswissen zu verbreiten, aus den poetischen Sagen den rationalen Kern heraus. Im Falle der Uchtenhagens erwies sich das allerdings als schwierig. Obwohl er Riedels »Codex diplomaticus Brandenburgensis« durchforschte, blieb ihre Herkunft im dunkeln. Belegt ist nur, daß zwischen 1369 und 1374 ihnen der Markgraf als Entschädigung für militärische und finanzielle Dienste »Fryenwalde« mit den angrenzenden Fischerdörfern zu Lehen gab. Alle Rechte – wie die städtische Gerichtsbarkeit, das Eintreiben feudaler Steuern und Abgaben oder das Erheben von Zoll- und Fährgeldern – nahmen sie in Anspruch, und die Sagen von ihrem unglaublichen Reichtum mögen nicht aus der Luft gegriffen sein; ihre Pflichten als Feudalherren wälzten sie hingegen auf Stadtrat und Zünfte ab. Sicher waren sie nicht besser und nicht schlechter als die meisten ihres Standes, was aber Fontane »poetisch anrührte«, war das unentwegte Blühen dieses Stammes und sein jähes Ende. In der zweiten Hälfte des 16. Jahrhunderts trieb er noch »Sprossen in Fülle: acht Söhne und fünf Töchter wurden geboren... Aber... eh ein

Menschenalter um war, noch vor Schluß des Jahrhunderts, waren alle Söhne des Hauses tot bis auf einen, und der... schaukelte ein einzig Kind auf seinen Knien – ein zartes Kind... Kaspar von Uchtenhagen... Er starb, neun Jahr alt, und wurde in der Kirche zu Freienwalde beigesetzt. Es heißt im Volk, daß er vergiftet worden sei...«

Weil er selber den frühen Tod eigener Kinder zu beklagen hatte, mochte Fontane von dem tragischen Schicksal des kleinen Kaspar besonders beeindruckt gewesen sein. Im Roman »Vor dem Sturm«, der zu großen Teilen im Oderbruch spielt, kam er noch einmal darauf zurück. Bei der Überfülle des durchgearbeiteten Materials zum Band »Oderland« lag die Gefahr nahe, sich »im Vortragen des Historischen« zu verlieren. Darum setzte der Autor als Kontrapunkte bewußt emotional starke Sagen oder – bei seinem Besuch auf dem Schloßgartenberg – impressionistische Erinnerungsbilder ein:

Das Schloß in Freienwalde »hat mehr den Charakter eines stattlichen, geschmackvoll aufgeführten Privathauses... Unter Laub und Blumen gelegen... macht das Ganze einen durchaus heitern Eindruck, und doch heißt es auch von diesen Mauern: ›Sie haben Leides viel gesehn.‹ Stilles Leid, aber um so tiefer vielleicht, je stiller es getragen wurde«.

Bauherrin war die glanzlose Luise Friederike, Gemahlin Friedrich Wilhelms II. Ihre Lebensaufgabe bestand darin, Preußen einen standesgemäßen Thronfolger zu gebären; nichtstandesgemäße Kinder hatte er zur Genüge: mit der schönen Trompetertochter Wilhelmine Enke, nachmalige Gräfin Lichtenau, mit zwei »zur linken Hand« angetrauten adligen Damen, mit Wäscherinnen und Tänzerinnen. Die rechtmäßige Königin gab es auf, unsinnige Szenen zu machen, sie ließ sich einfach nach jedem folgenschweren Fehltritt ihres Gemahls als »Akt der Wiedergutmachung« das Nadelgeld erhöhen. So war sie finanziell beweglich und konnte sich in Freienwalde, das sie sehr liebte, »eine geschmackvolle Sommerwohnung bauen, die aus einem Saale, vier Cabinets und einer Küche bestand«. Nach dem Tode des Königs – 1797 – erhob sie Freienwalde zu ihrem Witwensitz und ließ sich von David Gilly in der Nähe des Pavillons besagtes Schlößchen errichten.

»1805 starb die Königinwitwe, und das Schloß... stand auf lange hin leer. Erst in den dreißiger Jahren hören wir wieder von bestimmten Besuchern. Prinzeß Luise [hier irrte Fontane, sie hieß Elisa] von Radziwill brachte hier die Sommermonate von 1836 zu; sie sehnte sich nach Stille, nach Ruhe, und sie fand sie hier.«

Der »bestimmte Besucher« war Prinz Wilhelm von Preußen, später als Kartätschenprinz schimpfiert, 1871 zum Deutschen Kaiser gekrönt. Elisa war seine große Liebe, die er zugunsten dynastischer Interessen aufgeben mußte.

Als Ausgleich für allzuviel Vergangenheit flocht Fontane gern Begegnungen mit originellen Zeitgenossen dazwischen. So widmete er dem dichtenden Drechslermeister Karl Weise, der von den halbgebildeten Freienwalder Spießern samt seiner Muse verspottet wurde, ein ganzes Kapitel. Nur durch Zufall war Weises erste Gedichtsammlung »Blumen der Wälder« in Fontanes Hände geraten. Weise besang darin die Gegend um Freienwalde und versuchte, »jeder Kuppe, jedem landschaftlichen Punkt einen poetischen Zettel umzuhängen«. Das gelang natürlich nicht, denn »eine solche Aufgabe ist unpoetisch in sich« und ebenso unlösbar wie »auf sämtliche Schiffe der englischen Flotte oder auf sämtliche Regimenter der preußischen Armee einen Sonettenzyklus zu machen«. Dennoch fand der Kritiker Fontane so viel Liebenswertes in diesen Liedern, daß er in jener arbeitsreichen Woche im September 1862 »von 8 bis 11 beim Biere mit ihm plauderte«. Es offenbarte sich ihm das tragische Schicksal eines ideal gesinnten, weltfremden Naturtalents, das durch Ungunst der Verhältnisse nie zu rechter Ausbildung gekommen war. Originell aber, und dem Schmidt von Werneuchen vergleichbar, war Weise immer dann, wenn er Szenen aus seinem kleinen Handwerkerleben besang: seinen Hochzeitstag zum Beispiel oder eine durchdichtete Nacht, die ein jähes Ende fand, weil die sparsame Hausfrau die Lampe auspustete, die zuviel Öl kostet... »Alles, was uns Menschenherz lieb und wert machen kann, klingt hier zusammen«.

Fontane brach eine Lanze für den poetischen Drechslermeister. Damals selbst nicht auf Rosen gebettet, rief er zu Spenden für den »märkischen Dichter« auf und erreichte sogar eine königliche Ehrengabe von fünfzig Talern. Es war dies nicht der einzige Fall, daß der Dichter, der jahrzehntelang sein Licht unter den Scheffel stellen mußte, andere Glücklose zu hellerem Leuchten brachte.

Sehenswürdigkeiten

Der *Aussichtsturm* auf dem Galgenberg wurde erst im Mai 1879 eingeweiht. Fontane mußte sich noch mit dem Ruinenberg als höchstem Aussichtspunkt begnügen. »Der Blick vom Ruinenberg aus hat nur in Front eine Bedeutung, wo man zunächst auf die malerisch in der Tiefe liegende Stadt, dann über Türme und Dächer hinweg in die duftige Frische der Bruchlandschaft herniederblickt. Wie ein Bottich liegt diese da, durchströmt von drei Wasserarmen: der Faulen, Alten und Neuen Oder, und eingedämmt von Bergen hüben und drüben... Meilenweit nur Wiesen; keine Fruchtfelder, keine Dörfer, nichts als Heuschober, dicht und zahllos, die, immer kleiner und grauer werdend, am Horizonte endlich zu einer weidenden Herde zusammenzuschrumpfen scheinen. Nur Wiesen, nur grüne Fläche... Der Anblick ist schön in seiner Art, und wessen Auge krank geworden in Licht und Staub und all dem Blendwerk großer Städte, der wird hier... dies Grün begrüßen, wie ein Durstiger einen Quell begrüßt.«

Heutzutage kann der Wanderer aus den vierzehn Fenstern des Aussichtsturms einen viel weiter reichenden Panorama-Blick genießen, über die Dächer und Türme der Stadt bis zur Insel Neuenhagen und weiter über die heckenbesäumten Felder und Wiesen des Oderbruchs, die Kirchturmspitzen alter Bruch- und Kolonistendörfer bis zu dem grünen Wall der hohen Bäume, hinter denen die Neue Oder fließt.

Das *Deichhaus* in der Goethestraße gehört, obwohl erst zu Beginn des 20. Jahrhunderts erbaut, gedanklich in Fontanes Oderbruch-Kapitel. Hier ist gewissermaßen der Sitz der Schutzgeister für dieses Land. 1947 geschah es zum letzten Mal, daß die Oder die Dämme durchbrach und das Oderbruch fast völlig überschwemmte; in wenigen Tagen fiel es wieder in den »vorsintflutlichen« Zustand zurück, den Fontane einst beschrieben hatte. Selbst einige Straßen Freienwaldes standen unter Wasser. Seitdem ist es dem Deichverband – dank jährlicher Zuschüsse in Millionenhöhe – gelungen, den mehrfach drohenden extremen Hochwassern zu wehren und das fruchtbare Land vor Schaden zu bewahren.

Es ist heute schwer vorstellbar, daß noch in der Mitte des 18. Jahrhunderts hinter den letzten Häusern der Stadt eine wilde Flußlandschaft begann; der Weg zur Insel Neuenhagen und weiter nordwärts konnte nur über eine Fährstrecke bewältigt werden; sie begann unterhalb des Freienwalder »Wassertores«, führte am Paddenberg (dem heutigen Feuerfestwerk) vorbei, bezwang den »Schnellen Stieg« und den Hechtsee und endete am Fährkrug in Schiffmühle. Schon unter den Uchtenhagens versuchte man, einen Damm zu bauen. Durch die Hochwasser wurde er immer wieder zerstört. Erst das große, von Friedrich II. in Auftrag gegebene, von dem Mathematiker Euler berechnete und von einem Triumvirat hervorragender Wasserbau-Ingenieure ausgeführte Projekt schuf grundlegenden Wandel. Die Aufgabe lautete: 1. der Oder durch Flußbettbegradigung einen schnelleren Abfluß zu schaffen, 2. die Oder mit tüchtigen Dämmen einzufassen und 3. das Binnenwasser aufzufangen und abzuführen.

Fontane schilderte in seinem Band »Oderland« die Zustände davor und danach, indem er einheimische Chronisten zitierte; er schrieb das Verdienst an diesem mit primitivsten technischen Mitteln bewältigten Werk nicht – wie damals üblich – dem preußischen König allein zu, sondern vor allem den Männern vor Ort, allen voran dem Deichoberinspektor Simon Leonhard von Haerlem, der mit den Verhältnissen des Oderbruchs am besten vertraut war. Neben dem Eingang zum »Deichhaus« wurde deshalb das Haerlemsche Familienwappen eingelassen und im Treppenhaus die aus Berlin überführte Grabplatte der Haerlemschen Familiengruft eingefügt. An der Vorderfront des Deichhauses prangt seit 1928 das Wappen des Deichverbandes: Ein gelber Querbalken (stilisierter Deich) teilt das Feld in zwei Teile. Drei Ähren im oberen Teil symbolisieren ein blühendes Kornfeld, eine Seerose im unteren Teil symbolisiert das Hochwasser. Darunter der Spruch: »Wahre und wehre!« Wahret die Deiche und wehret dem Hochwasser. Ähnlich allegorische Darstellungen hatte Fontane bereits im nahen Kunersdorf entdeckt. Dort entsprachen sie damals noch Wunschträumen, hier aber stehen sie als Ausdruck gebändigter Naturgewalten.

Denkmäler für Karl Weise (1813–1888)

Das Haus, in dem Fontane den »Hans Sachs von Freienwalde« besuchte, war in der Berliner Straße »das letzte Haus. Ein Berg und eine Kirche bilden den Hintergrund«. Fontane schilderte es damals schon als alten »Fachwerkbau, an dem ein erkerartig vorspringendes Fenster und zwei Rosenstöcke so ziemlich das Beste sind«. Dort wohnte und arbeitete Weise mit Frau und sieben Kindern. Das Haus war leicht zu erkennen an »zwei Aufhängebrettern… auf denen wir im Lapidarstil lesen: ›Schirme repariert; Drechslerarbeiten in Holz und Horn‹. Dazu eine große, in Holz geschnittene Tabakpfeife, die als Ornament deutungsreich über dem Ganzen schwebte«. Dieses Haus existiert aufgrund einer veränderten Straßenführung nicht mehr; doch an dem stattlichen Nebenhaus (Berliner Straße 36) wurde 1988 eine ovale Bronzeplakette angebracht, die an den »Volksdichter« erinnert. Die gleiche Plakette schmückt auch das Landhaus Gesundbrunnenstraße 13, in dem Karl Weise seinen Lebensabend beschloß. Zu einem Denkmal für Weise entschloß sich die Stadt erst 1892; und 60 Jahre später wurde auch eine Straße nach ihm benannt.

Der Freienwalder *Gesundbrunnen* »… liegt eine kleine Viertelmeile von der Stadt gen Süden hin, in einem von ziemlich hohen Bergen eingeschlossenen, anmutigen Tal«, dem Brunnental. Dort, wo die Brunnenpromenade beginnt, steht seit dem Sommer 1988 eine von Peter Fritzsche aus Freital geschaffene Bronze-Büste Theodor Fontanes; am schlanken Sockel sein Namenszug. Er steht hier an »exzeptionell schönem Platze« und scheint mit freundlicher Distanz den Vorübergehenden nachzublicken. Als er hier im herbstfrischen September 1862 Kaffee trank, war er der einzige Gast, und der einzige Kellner begrüßte ihn, »wie der Gefangene einen Schmetterling begrüßt, der an seinem Fenster vorüberfliegt… Ich hatte einen prächtigen Platz inne... dem sogenannten Kapellenberg, der das Tal abschließt, den Rücken zukehrend, überblickte ich die ganze Anlage des Brunnens: den Park, die Gartenpartien, die Baulichkeiten...« Wenn er schrieb, Freienwalde sei »kein Roulette- und Equipagenbad, am wenigsten ein Bad der fünfmal gewechselten Toiletten«, sondern ein Bad »für leicht begnügliche Gäste«, so gilt das auch für die Gegenwart. Die Quellen, deren Heilkraft in erster Linie auf der Wundergläubigkeit der Kurgäste beruhte, sind versiegt, verschüttet oder dienen nur noch dazu, das Oderbruchmoor für die Bäder mineralisch anzureichern und die für die Gesundheit nützlichen Kettenreaktionen auszulösen. Nur die Kurfürstenquelle plätschert noch, und mancher Spaziergänger trinkt ein paar Schlucke aus der hohlen Hand, ohne jedoch Wunder zu erwarten.

»Der Reiz aller dieser Werke der Skulptur und Architektur ist nicht groß, und wenn es doch einen Zauber hat, in dieses Brunnental einzukehren, so muß es ein anderes sein, was uns an dieser Stelle erquickt und labt... Es ist das Gefühl eines vollen Geschützt- und Geborgenseins, die Stille dieses Tales, vor allem seine *Herbstesstille.*«

Die *Kirche St. Nikolai* ist der Ort »wo die alte Zeit der Uchtenhagens... am vernehmlichsten zu uns spricht«. Im 13. Jahrhundert als Feldsteinbau begonnen, im 15./16. Jahrhundert in Backstein neu errichtet, ein imposanter Bau mit schwerem, rechteckigem Turm und schönem Maßwerkgiebel. Doch nicht dem spätromanischen Taufstein noch dem kunstvollen Altaraufsatz galt Fontanes Aufmerksamkeit, sondern einem Bild über der niedrigen Tür der Sakristei. Es stellt das einzige Kind des letzten Uchtenhagen dar: »... blaß, durchsichtig, mit schmalen Lippen und rotblondem Haar, ein feines Köpfchen, klug und durchgeistigt, aber wie vorausbestimmt zu Leid und frühem Tod. Seine Kleidung zeigt reicher Leute Kind... In der Rechten hält er eine schöne, große Birne, während ein Bologneser Hündchen bittend, liebkosend an ihm emporspringt. Die Umschrift aber lautete: ›Da ich, Kaspar von Uchtenhagen, bin gewest diesergestalt, war ich viertehalb Jahr alt, Anno 1597, den 18. November‹... Die Birne, das Hündchen, der Ausdruck von Wehmut in den Zügen, dazu der frühe Tod – es hätte... in den Herzen der Freienwalder... kein Fünkchen Poesie lebendig sein müssen, wenn sie sich die Gelegenheit hätten entgehen lassen wollen, aus so dankbarem und so naheliegendem Stoff eine Sage ins Leben zu rufen.« Und so erzählt man sich denn, »einer der Lehnsvettern, voll Verlangen nach dem Besitz der Uchtenhagens, wußte dem Knaben eine prächtige Goldbirne zu reichen, die mit einem langsam wirkenden Gifte vergiftet war. Ein Bologneser Hündchen, das den Knaben auf Schritt und Tritt zu begleiten pflegte, sprang, als dieser die Birne essen wollte, an ihm herauf, halb liebkosend, halb geängstigt, um dem Knaben mit der Vorderpfote die Birne aus der Hand zu reißen, aber Kaspar nannte ihn lachend ein ›neidisches Tier‹ und aß die Birne. Eine Traurigkeit... begann alsbald den Knaben zu beschleichen, seine Lebendigkeit verlor sich, und sein Auge wurde matt. So verging er wie eine Blume. ... Kaspar... muß also... besagte Birne, wenn er sie überhaupt aß, mit viertehalb Jahren gegessen haben.« Er starb aber erst sechs Jahre später, wie durch ein zweites Bild bezeugt wird, das ihn im weißen Sterbekleide darstellt. Der mit der Wirkungsweise von Giften wohlvertraute Apotheker Fontane schloß daher ironisch, man müsse demnach annehmen, »daß die durch Brauen von Gifttränken niemals berühmt gewesene Mark Brandenburg eine selbst Italien überbietende Meisterschaft in der Aqua-Tofana-Kunst besessen habe«. (Aqua Tofana: ein nach seiner 1709 hingerichteten sizilianischen Erfinderin benannter Gifttrank.) Die Sage konnte von der Wissenschaft mit Leichtigkeit widerlegt werden, dennoch blieb ihre poetische Leuchtkraft bis auf den heutigen Tag erhalten.

Die Konzerthalle, ursprünglich Georgenkirche, 1697 erbaut. Fontane sah sie in völlig verwahrlostem Zustand, als Futterspeicher für Soldatenpferde degradiert, und reagierte auf die ihm eigentümliche Weise: Um nicht kritisieren zu müssen, würdigte er sie keines Wortes. – Der noch im ruinösen Zustand schöne und eigenwillige Fachwerkbau wurde in jahrelanger Arbeit denkmalpflegerisch behutsam auf- und ausgebaut und 1986 als Konzerthalle eingeweiht.

Das *Museum* liegt der Nikolai-Kirche genau gegenüber. Das Haus wurde 1774 als Adliges Freihaus errichtet und 1952 restauriert. Seitdem hat das Oderlandmuseum darin sein Domizil. Der schönen, aber relativ geringen Räumlichkeiten wegen beschränkt es sich klugerweise in der Thematik. Es zeigt eindrucksvoll, wie die Menschen im Niederoderbruch vor der großen Melioration lebten und wovon; wie Friedrich II. hier »im Frieden eine Provinz gewann« und wie er alle diejenigen »mit zehn Jahren Karre in der Vestung oder gar am Leibe gestraffet«, die sich seinem Projekt widersetzten. Deutlich wird auch die Rolle des preußischen Reform-Adels, des Kreises um die verdienstvolle Frau von Friedland, der Fontane im Kapitel »Kunersdorf« höchste Bewunderung zollte.

Das *Schloß* erhebt sich auf dem früheren Apothekerberg. »Dieser Berg heißt jetzt der ›Schloßgartenberg‹ und ist nicht mit dem Schloßberg zu verwechseln, der, halben Weges zwischen Freienwalde und Falkenberg gelegen, die Ruinen der alten Uchtenhagen-Burg auf seiner Kuppe trägt.« Als Fontane 1862 den Schloßgartenberg bestieg, mufften und moderten Schloß und Pavillon. Erst 1909 erwarb Walther Rathenau das verwahrloste Anwesen, setzte es mit erheblichen Mitteln instand und hielt gastfreies Haus; Gerhart Hauptmann, Fritz von Unruh und viele andere Künstler und Wissenschaftler gingen hier ein und aus. Auch nach der Ermordung Rathenaus 1922 blieben Schloß und Park ein allen zugängliches Kulturkleinod. Das Schlößchen wurde 1945 ausgeplündert, später beherbergte es die Stadt- und Kreisbibliothek und eine Gaststätte. Im Teepavillon treffen sich Freunde der Kunst und der Natur.

Den *Schloßberg* »halben Weges zwischen Freienwalde und Falkenberg gelegen«, mit der Uchtenhagen-Burgruine, ist in seiner wildromantischen, sagenumwobenen Eigenart in wenigen Sätzen kaum zu beschreiben; man muß ihn erklimmen und erleben. Als Zöllners, langjährige »Rütli«- und »Ellora«-Freunde, im Sommer 1866 nach Bad Freienwalde zur Erholung fuhren und bei Fontane anfragten, was man denn unbedingt ansehen müsse, empfahl er ihnen, sein Kapitel »Der Schloßberg und die Uchtenhagens« zu lesen. »Hast Du das getan, so fahre an einem schönen Abend, in einem offenen Wagen, den Kutscher als Führer, nach dem Schloßberg hinaus, steige hinauf, sieh Dich um, höre das ›Klingende Fließ‹ und besuche dann am nächsten Vormittag die alte Kirche, deren Uchtenhagen-Bilder Dich dann interessieren werden. Ich zähle das leisklagend-poetische

Verklingen dieses Geschlechts zu dem rührendsten und anheimelndsten was wir in Sage und Dichtung haben, nicht blos in der Mark, sondern überhaupt. Dadurch, daß nun so vieles noch faßbar ist, was mit diesen Uchtenhagenschen Sagen zusammenhängt… gewinnen sie an Wirkung auf das Gemüth, – wenigstens mir ist es so gegangen…« (Brief an Karl Zöllner, 15. 7. 1866).

(Alle Zitate, soweit nicht anders gekennzeichnet, aus »Wanderungen« II, Kapitel »Freienwalde«.)

Ausflug zum Baa-See

Der Baa-See, »der Liebling und der Stolz der Freienwalder«, spielt mit dem Fremden Verstecken und entzieht sich ihm »nach Art vielumworbener Schönen«. Auch Fontane fand ihn nicht gleich, ruhte sich im weichen Moose aus und machte dabei überraschend die Bekanntschaft zweier entzückender, sehr junger Mädchen, die sich erboten, ihn zum See zu begleiten. »Zu beiden Seiten stand der Wald und schloß sich über dem Hohlweg, der tief und vom Regen ausgewaschen war. Die Wandungen rechts und links zeigten allerlei Wurzelgeflecht, das phantastisch aus der roten Erde hervorsah.« Der Wanderer versuchte, mit den beiden »in ein einfaches Gespräch zu kommen«, doch zu seinem Leidwesen fand er nicht den rechten Ton.

»Es ist immer schwer, mit jungen Dirnen in ein einfach Gespräch zu kommen und den klaren, sprudelnden Ton zu treffen, in dem ihrer Seele wohl wird, wie der Forelle im Quellwasser: aber es ist doppelt schwer mitten im Wald, über dem die Mittagsschwüle brütet und in dem nichts vernehmbar ist als der Specht im Tann und dann und wann das Rufen des Pfingstvogels. Zu der Scheu der Geister kommt eine Scheu der Natur.« Und so kam es wohl, daß ihn auch der See ein wenig enttäuschte:

»Was den Baa-See zu keiner tieferen Wirkung kommen läßt, ist wohl das, daß er jener Mischgattung von Seen angehört, die zu finster sind, um zu erheitern, und doch wieder zu heiter, um den vollen Eindruck des Schauerlichen zu machen.« Um die Szenerie aufzulockern, komponierte er die beiden kichernden Mädchen und hornblasende Jägerburschen hinein; es half ihm nicht: »Es war, als ob der Griesgram lachen sollte; aber es ging nicht, es kleidete ihn nicht ...«

Vielleicht hatte Fontane zuvor die tragische Sage von Liebe und Treubruch gelesen und war deshalb auf ›düster‹ eingestellt, vielleicht hing auch alles nur von der Jahreszeit und der Beleuchtung ab, die bei seinen Landschaftsschilderungen oft eine wesentliche Rolle spielten.

So vermutete er, wie »ungleich schöner es an dieser Stelle sein [muß], wenn das Laub hin ist und statt der grünen Kronen die grauverzweigten Buchen ihr Bild in den See werfen. Am schönsten aber in Sturm- und Winternächten, wenn der Mond grell-eisig am Himmel steht und statt des Jagdhorns des Jägerburschen, das eben verklingt, das Hallo des Wilden Jägers über Wald und See zieht«.

Dank der Bemühungen Freienwalder Naturfreunde kann man heutzutage bequem um den Baa-See herum wandern, sich an der vielfältigen kleinen Tierwelt im Röhricht, an den prächtigen Douglasien und Traubeneichen erfreuen. Alte Rotbuchen mit phantastischen Verwallungen, den sogenannten Chinesenbärten, ragen weit über den See, der – wie zu Fontanes Zeiten – nichts anderes widerspiegelt als die Stimmung des Betrachters.

(Zitate aus »Wanderungen« II, Kapitel »Freienwalde«.)

Ausflug nach Falkenberg

Den malerischen Weg von Freienwalde nach Falkenberg hat Fontane jedesmal genossen und mehrfach beschrieben. Von der Kutsche aus blickte er rechter Hand in die Weite, linker Hand aber ragten zum Greifen nahe »die steilen, tannen- und laubholzbesetzten Abhänge des Barnim-Plateaus, dessen Kuppen meilenweit in das grüne Bruchland herniedersehen... nur dem stillen Eindruck der Landschaft und der Herbstesfrische hingegeben, beenden wir unsern Weg und biegen jetzt, mit plötzlicher Schwenkung nach links, in die Falkenberger Dorfstraße ein. Bis dahin am *Rande* der Berge fahrend, sind wir mit Hülfe dieser Biegung nicht nur in das Dorf, sondern auch in die Berge selbst geraten. Die steile Wand, die eben noch frei ins Bruch blickte, blickt jetzt auf eine Hügelwand gegenüber; das Bild hat seinen Charakter geändert, und unser Weg ist ein Hohlweg, eine Schlucht geworden. *In dieser Schlucht liegt Falkenberg.*« Gleich am Dorfeingang lockt »der melodische Lärm einer Wassermühle... Dort sind wir willkommen. Wir nehmen Platz neben der Tür, und die Steinbrücke vor uns, unter der hinweg der Mühlbach schäumt, pickende Hühner um uns her und Sommerfäden in der Luft, so rasten wir und plaudern von Falkenberg und seinen Bewohnern.«

Dieses ländliche Idyll gibt es noch heute. Einen Steinwurf davon entfernt, in einer kleiner Parkanlage, ruht ein Riesenfindling, darin eingelassen das von Paul Matzdorf geschaffene Bronzerelief Fontanes, daneben dessen freundliche Aufforderung:

»An einem Sommermorgen/Da nimm den Wanderstab,/es fallen alle Sorgen/wie Nebel von dir ab.« Hier beginnt der Fontane-Wanderweg, der von Falkenberg nach Freienwalde führt, etwa parallel zur Fahrstraße, aber *auf* dem Höhenzug entlang, bergauf, bergab. Eine schöne, aber anstrengende Strecke, reich an landschaftlichen Überraschungen, auf die einheimische Naturfreunde den ungeübten Wanderer mit originellen Zeichen hinweisen. Fontane schrieb am 16. 9. 1862 seiner Frau, daß er von Freienwalde aus »sechs Stunden lang geklettert« sei. Man weiß nicht genau, ob er *diesen* Weg gegangen ist, aber das tut den Wanderfreuden keinen Abbruch.

Das Gespräch am schäumenden Mühlbach muß recht aufschlußreich gewesen sein, denn Fontane gibt anschließend eine »sozialpsychologische Studie des Falkenbergers«. Denn: »Falkenberg ist doppellebig. Seine Natur bringt das so mit sich, und während es die Wiesen zu einem Bruchdorfe machen, machen es die Berge mit ihren Quellen und schattigen Plätzen zu einem Brunnen- und Badedorf. Im Einklang mit dieser Doppellebigkeit« unterscheidet Fontane die hier lebenden Menschen in Winter- und Sommer-Falkenberger: »Solange sich ihr Auge nur auf Wasser und Wiese richtete, blieben [sie] wendisch-märkische Fischersleute von altem, etwas gröblichem Schrot und Korn; von dem Augenblick an aber, wo sie sich um die Sommerzeit ihren Bergen zuwandten, begann auch der Anblick des Schönen den Formensinn zu bilden, die Sitte zu modeln, und unter dem Einfluß einer so nah gelegenen und doch so spät erst entdeckten thüringischen Natur entstand etwas von thüringischer Sitte, von sächsischem Schliff.«

Dieser Formensinn ist heute noch allenthalben in Falkenberg anzutreffen, das sich bemüht, Freienwalde den Rang eines Erholungsortes abzulaufen.

Die Anregung für das Anlegen von Terrassengärten und Weinlauben schrieb Fontane dem damaligen Besitzer von Cöthen zu. Sein mit Grotten und Quellnymphen geschmückter Park erstreckte sich zwischen Falkenberg und Cöthen. Er hatte für Fontane eine ganz besondere Eigentümlichkeit, »weil das Stück Natur *eigentümlich* war, das zu seiner Anlage genommen wurde. Es ist eine reich mit Laubholz, namentlich mit schönen Buchen, besetzte Schlucht, durch die sich ein Fließ, ein Bach, zieht. Dieser Bach, der in seiner künstlich vielfachen Verzweigung dem Parke hier und dort den Charakter eines Elsbruches gibt, ist in Wahrheit der Quell seiner Schönheit überhaupt. Er begleitet uns von Schritt zu Schritt und ist unser Führer durch die labyrinthischen Gänge. Und nicht genug damit, alle Minuten hält er an, um noch ein übriges für uns zu tun: hier stürzt er sich vom Wehr, aber nur, um an nächster Stelle schon als Springbrunnen wieder aufzusteigen; hier treibt er ein Wasserrad, dort speist er eine überlaufende Vase, und aus der langsam sich drehenden Scheibe daneben spritzen seine dünnen Strahlen zugleich als Schmuck und als treibende Kraft.« Der empfehlenswerte Weg, den Fontane gegangen sein mag, führt durch schluchten- und kehlenreichen Mischwald; zwar hat die Natur sich den künstlich romantisierenden Park längst zurückerobert, doch Kenner entdecken in der Wildnis noch manche dendrologische Besonderheit, ein Gingko biloba zum Beispiel überschattet noch heute das am Wege liegende ehemalige Jagdhaus »Mon choix«.

Dorf *Cöthen* hielt Fontane merkwürdigerweise nicht für beschreibenswert. Das Dorf selbst macht einen sehr dauerhaften Eindruck, denn etliche Häuser, Scheunen und Speicher sind aus mächtigen dunklen Findlingsbrocken aufgeführt. Aus einem Urwald von Holunder und Brennesseln ragt der Zwiebelturm der Kirche (unverkennbar Schinkel-Schule), und ein Steinwurf daneben ruht im Schatten einer breit ausladenden Eiche das alte Schulmeisterhaus aus rotem Backstein. Eine Tafel berichtet: »Hier wirkte der Schöpfer der Jugend- und Volksbühne Paul Matzdorf als Lehrer und Kantor von 1890 bis 1925.« Matzdorf war ein Naturtalent von großer Vielfalt: Er dichtete, malte, schrieb Theaterstücke für seine Schulkinder, inszenierte selber, modellierte, studierte in den Ferien an Kunstschulen und Museen, schuf eine Reihe einfühlsamer Bronzerelief-Porträts, unter anderem das von Theodor Fontane.

Dorf Cöthen mit dem Matzdorf-Haus, dem versteckten Glockenturm und dem abgelegenen grünen Schattenreich des Friedhofs, wo auf efeuüberwucherten Hügeln verwitterte Kreuze mit ebenso verwitterten Adelsnamen und verwunschene Schildwachen stehn, ist wohl einen Abstecher wert. Doch die überwältigende Mehrheit der Falkenberg-Besucher beschränkt sich darauf, mitten im Ort den einladenden, serpentinenreichen Weg hoch zur *Karlsburg* einzuschlagen, die – beiläufig – nie eine Burg gewesen ist. Sie bietet sich heute noch so dar, daß man Fontanes Beschreibung beinahe wörtlich übernehmen könnte: »Die Karlsburg, ein heiteres, villenartiges Gebäude, blickt von dem sogenannten Paschenberg aus in die Oderbruchlandschaft hinein. Was ihr als Aussichtspunkt einen besondern Reiz verleiht, ist die aparte Schönheit des Vordergrundes, des Dorfes Falkenberg *selbst,* über dessen Schluchten, Dächer und Türme hinweg der Blick zu der weiten, grünen Fläche des Bruches hinüberschweift. Leicht vom Dorf aus zu erreichen, ist, zumal um die Mittagsstunde, die Karlsburg der bevorzugte Platz der Falkenberger Sommergäste, und hier in Front des Hauses, unter dem säulengetragenen, geißblattumrankten Vorbau, klingen bei festlichen Gelegenheiten (die sich ja immer finden) die Gläser zusammen, und die bereitstehenden Böller donnern dazwischen und wecken das Echo in den Bergen.«

Die Böller werden heute glücklicherweise als überflüssig empfunden und donnern nicht mehr, aber sonst ist alles wie beschrieben.

(Zitate aus »Wanderungen« II, Kapitel »Freienwalde«, »Falkenberg«.)

Wer, mit diesem Band der »Wanderungen« ausgerüstet, nun in unmittelbarer Nachbarschaft der Karlsburg auch *Idas Eiche* sucht, die Fontane als *den* idealen Aussichtspunkt fast schwärmerisch besang, der wird enttäuscht sein: Sie ist altersmorsch und wird mit Mühe zusammengehalten; auch sind ihr andere Bäume längst über den Kopf gewachsen. Sie lebt, wie so vieles, eigentlich nur noch von ihrem einstigen Ruf.

Ausflug nach Schiffmühle

Der Weg nach Schiffmühle »ist nicht weiter als eine gute halbe Stunde. Rapsfelder links und rechts, einzelne mit Storchennestern besetzte Gehöfte weit über die Niederung hin verstreut und als Abschluß des Bildes die jenseits der Alten Oder ansteigende Reihe von Sandbergen«.

Fontane ging oder fuhr diesen Weg zwischen 1860 und 1867 mindestens achtmal. Sein Vater Louis Henri Fontane hatte hier in der alten Schifferkolonie ein kleines, wohlfeiles Anwesen erworben, wo er in Gesellschaft einer überaus einfältigen Haushälterin seinen Lebensabend verbrachte. In den ersten Jahren mochte der Sohn vorwiegend wegen der Recherchen zum »Oderland« hergefahren sein und nicht so sehr aus familiärem Zusammengehörigkeitsgefühl. Das Verhältnis zum Vater war lange Zeit ein recht gespaltenes, vor allem seinen Leichtsinn hatte er ihm angelastet, seine Leidenschaft fürs Jeu, mit der er die Familie ruinierte. So stellte es sich jedenfalls dem Sohne dar, der mit dreißig endgültig die Hoffnung auf eine eigene Apotheke aufgab und mit dem Mut der Verzweiflung versuchte, von seiner Feder zu leben. Damals war es Freund Lepel, der ihm mit kleineren und größeren Beträgen über die Hungerklippen hinweghalf. An ihn schrieb er am 5. 10. 1849: »Sieh, das verbittert mich jetzt, zu Zeiten, bis ins tiefste Herz. Der Egoismus meines Vaters, der immer Geld hatte für Wein und Spiel, und nie für Erziehung und Zukunft seiner Kinder, hat schlimme Frucht getragen. Man ließ mich Apotheker werden, weil man das Geld verprassen wollte, was zur Ausbildung der Kinder hätte verwendet werden müssen, und jetzt, wo sich die Reue darüber leise im Herzen regt, ist es zu spät: die Noth ist da, der Bankrutt bricht herein – jetzt *kann* Niemand mehr helfen.« Der Vater hatte seine letzte Apotheke verkauft und war nach Schiffmühle, die Mutter mit Tochter Elise zurück nach Neuruppin gezogen. – Zorn und Verbitterung glätteten sich in all den Jahren, in denen Theodor Fontane versuchte, sich und seine junge Familie

»allen Gewalten zum Trotz zu erhalten«. Langsam verstand er, daß sein Vater bei allem Leichtsinn und Gascognertum auch ein Opfer der Zeitumstände gewesen war. Von Temperament und Anlagen her fühlte er sich überhaupt dem Vater näher als der Mutter, deren Konsequenz er so sehr bewunderte und die »in allen Dingen des praktischen Lebens recht hatte«.

Als er schließlich als »Mann der Wanderung und Preußenlieder« halbwegs bekannt war und Boden unter seinen Füßen zu spüren begann, besuchte er den Vater wenn irgend möglich in jedem Jahr; er begriff ihn mehr und mehr. In einem Brief an Karl Zöllner vom 15. 7. 1866 heißt es: »Mein Vater ist eigentlich ein schiefgewickelter oder ins Apothekerhafte übersetzter Weltweiser. Hinter allerhand tollem, einseitigem und übertriebenem Zeug verbirgt sich immer ein Stück wohlberechtigter Lebensanschauung.«

Und 1892, als Fontane während eines schweren Nervenleidens glaubte, an der Schwelle des Todes zu stehen und sich mit Kindheitserinnerungen ins Leben zurückschrieb, setzte er darin dem Vater ein liebevolles Denkmal, indem er von ihrer letzten, alles abrundenden Begegnung in Schiffmühle erzählte. *»Denn wie er ganz zuletzt war, so war er eigentlich«*, heißt es im Kapitel 16 seiner »Kinderjahre«; ein Satz, den die Nachwelt auf Theodor Fontane selbst übertragen darf.

Sehenswürdigkeiten

»Genau da, wo eine prächtige alte Holzbrücke den von Freienwalde her heranführenden Dammweg auf die Neu-Tornowsche Flußseite fortsetzte, stand das Haus meines Vaters.« Und da steht es noch heute. Hat man die – inzwischen neue – Brücke über den »träg vorüberschleichenden und von gelben und weißen Mummeln überwachsenen Fluß« passiert, so muß man sich rechts halten und erblickt alsbald ein Häuschen mit grünumranktem Laubenvorbau und im blumenreichen Vorgarten eine Tafel mit der Aufschrift: »Hier lebte von 1855 bis 1867 Louis Henri Fontane, der Vater des Dichters Theodor Fontane.« Das Anwesen wird von Fontane-Freunden erhalten. Schiffmühle – zu dem heute auch Neu-Tornow, Gabow, Fährkrug und Herrenwiese gehören – besteht aus einer langen Dorfstraße und zwei Häuserzeilen. Auf der linken Seite steigen gleich hinter den Gartenzäunen die Sandberge steil an, hinter den Häusern der rechten Seite schleicht die mummelübersäte Alte Oder, die früher oft zu einem reißenden Ungeheuer anschwoll und die armen Kolonisten um ihre paar Habseligkeiten brachte.

Die *Heimatstube* berichtet bildhaft davon. Hier kann man nicht nur das sehr seltene Modell einer Schiffmühle sehen, die – wie der Name sagt – nicht auf dem Festland stand, sondern auf dem Wasser schwamm und mit starken Tauen am Ufer befestigt war, hier hängt auch die Kopie einer Porträtskizze des Mannes, der für die armen Leute ein wahrer »Abgott an Bildung und Güte« war: Louis Henri Fontane. Durch seine Fürsprache war es zum Beispiel Hellmuth Raetzer, aus einer mittellosen Kolonistenfamilie stammend, gelungen, Malerei zu studieren. Das Porträt ist ein kleines Dankeschön. Es zeigt den »Herrn Apotheker« wie er leibte und lebte: buschige Augenbrauen, etwas erstaunter, etwas skeptischer Blick und das obligate grüne Käpsel auf dem Kopf. Das Original bekam der Dichter 1875 von Raetzer zur Silbernen Hochzeit geschenkt. Es befindet sich heute im Fontane-Archiv in Potsdam.

Ein paar hundert Meter weiter, auf der einzigen, langen Dorfstraße, weist ein Schild unübersehbar auf das *Grab Louis Henri Fontanes* hin. Ein schmaler Sandweg führt ziemlich steil auf die Anhöhe, wo die alte Kolonistenkirche wie ein vergessener Wachposten über all den Steinen und Kreuzen steht. Wer die steile Backsteintreppe emporklettert, kann weit ins Land hineinsehen und wird überrascht die Übereinstimmung des Ausblicks mit Fontanes Gedichtzeilen aus »Meine Gräber« entdecken:

»Und ein anderer Platz, dem ich verbunden bin:
Berglehnen, die Oder fließt dran hin,
Zieht vorüber in trägem Lauf,
Gelbe Mummeln schwimmen drauf;
Am Ufer Werft und Schilf und Rohr,
Und am Abhang schimmern Kreuze hervor,

Auf eines fällt heller Sonnenschein –
Da hat mein Vater seinen Stein.«

Er ruht – als einziger – auf dem Hügel hinter der Kirche. Das Grab eines Eigenbrötlers. Schwertlilien und Studentenblumen umrahmen eine Sandsteinplatte, darauf steht: »Louis Hanri Fontane.« Eine Akelei beugt sich darüber, als wollte sie den orthographischen Fehler des Dorfsteinmetzen verdecken.

(Zitate aus »Meine Kinderjahre«, Kapitel »Vierzig Jahre später. Ein Intermezzo«.)

Beeskow

»Beeskow ist nicht so schlimm, als es klingt«, bemerkte Fontane am 3. Mai 1862 in seinem Notizbuch. Merkwürdig, daß er es erst so spät besuchte, lebten doch Frau Emiliens leibliche Verwandte an diesem Ort. Ihr Großvater war einst auf persönliche Ordre Friedrichs II. hier als Stadtkämmerer eingesetzt worden. Jean Pierre Barthélemy Rouanet muß ein imponierender Mann gewesen sein. Seine Verdienste um Familie und Stadt würdigte Fontane in den Lebenserinnerungen »Von Zwanzig bis Dreißig«. Danach stammte Rouanet aus einer »in Toulouse sehr angesehenen Familie... In der Schweiz (Neufchâtel) war er preußischen Werbern in die Hände gefallen« und nach Potsdam gebracht worden. »Die Stattlichkeit seiner Erscheinung, seine feine Bildung ... und ... das ausgezeichnete Französisch, das er sprach, machten den König ihm zugeneigt«, und er übertrug ihm das Amt des Stadtkämmerers von Beeskow, das er fünfzig Jahre lang versah. »Anfänglich war man in einer gewissen versteckten Opposition gegen ihn, als dann aber die ›Franzosenzeit‹ kam, sah er sich in der Lage, dem ganzen Landesteile Beeskow-Storkow so große Dienste leisten zu können, daß er ein Gegenstand der Verehrung und Liebe wurde, worauf er, seinem ganzen Charakter nach, ohnehin allen Anspruch hatte.«

Ein Gedenkstein nahe dem dicken Luckauer Torturm hält noch heute das Andenken an ihn wach. Da steht in gotischen Lettern:

Ruhestätte
des Stadtkämmerers Jean Pierre Barthélemy
Rouanet
der sich in der Franzosenzeit 1806–1813 um die
Stadt Beeskow Verdienste erworben durch
Milderung der Besatzungslasten
geb. 1747 zu Septfaux im Languedoc gest. 1837 zu Beeskow
Seine Enkelin war die Gattin des märkischen Dichters Fontane.

Fontane behauptete verschiedentlich, Emilie habe »das Südfranzösische« von ihrem Großvater geerbt, vor allem den »angebornen guten Sinn für Kunstdinge... und ein natürliches Gefühl für das was schön ist«. Je nach Emiliens »Hoch- oder Niedrigflug« pflegte der Dichter zu sagen: »heut ist sie aus Toulouse« oder aber »heut ist sie aus Beeskow. Der Toulouser heirathete nämlich eine Beeskowerin« (an Georg Friedlaender, 12. 9. 1891).

In den »Wanderungen« erscheint Beeskow lediglich als Entree zu dem umfangreichen Kapitel »Kossenblatt« im »Oderland«; von privaten Beziehungen kein Wort. Es heißt nur, er sei erst gegen Mitternacht angekommen und habe in einem alten Hause geschlafen, »dessen Hinterwand von einem Stück Stadtmauer gebildet wurde«.

Diese Stadtbefestigungsanlage aus dem 14./15. Jahrhundert mit Türmen und Wiekhäusern ist noch zum großen Teil erhalten und verleiht der am Spree-Übergang gelegenen und daher im April 1945 schwer zerstörten Stadt ein gewisses mittelalterliches Flair.

Wenn Fontane 1862 schrieb: »Beeskow hat zwei Sehenswürdigkeiten: das *Amt* und die *Kirche*«, so gilt das heute noch. »Das *Amt*, auf einer Spree-Insel, unmittelbar vor der Stadt gelegen, war in alter Zeit ein Schloß, dann ein ›bischöfliches Haus‹... Viele der... alten Mauern reichen bis in das fünfzehnte Jahrhundert zurück«. Dieses Areal des Burg- oder Amtshofes wirkt wie verwunschen mit einer scheinbar wahllosen Ansammlung von Fachwerkhäuschen und Schuppen, die sich wie schutzsuchend um den uralten Bergfried und einen sechs Stockwerke hohen, klotzigen Donjon scharen. In dem Amtshaus befindet sich das *Heimatmuseum*, und darin hängen die vier Porträts, deretwegen Fontane im April 1881 nach Groß Rietz kutschierte: zwei (unerhebliche) Bildnisse der Damen von Itzenplitz und vor allem die beiden Wöllner-Bilder; das eine zeigt ihn als verheißungsvollen, verführerisch-schönen jungen Mann, das andere den einflußreichsten Minister in Preußen: auf der Höhe seiner Macht, wohl ausstaffiert, aber bei genauem Hinsehen verdorben an Leib und Seele. Eine Besichtigung lohnt sich.

Im Herzen der kleinen Stadt, deren Kriegsnarben nicht gänzlich verheilt sind, steht die *Liebfrauenkirche.* Sie »existierte schon drei Jahrhunderte lang, als die Lebuser Bischöfe von Lebus und Fürstenwalde herüberkamen, und hat dann die geistlichen Herren um ebenso lange Zeit überlebt«. Erst 1945 machten ihr Brandbomben und Granaten fast den Garaus. Nur das südliche Seitenschiff konnte noch mit Mühe als Not-Gotteshaus dienen. Fünfundvierzig Jahre lang wurde das selbst als Ruine noch erhaben wirkende spätgotische Bauwerk denkmalpflegerisch gesichert; 1990 endlich begann eine umfassende Restaurierung in der Hoffnung, einmal mit Fontane sagen zu können: »Es ist eine der schönsten Kirchen in der Mark, und der Efeu, der sich bis in die Spitzbogen emporrankt, scheint zu wissen, was er an ihr hat.«

(Alle Zitate, soweit nicht anders vermerkt, aus »Wanderungen« II, Kapitel »Kossenblatt«.)

Land Beeskow-Storkow

»Zwischen dem Spreewald und der *Wendischen* Spree (der Dahme) liegt das Land Beeskow-Storkow, ein wenig gekannter Winkel, der nichtsdestoweniger seine Schönheit und seine Geschichte hat. Beiden beschloß ich nachzugehen und wählte dazu die Woche vor Ostern, eine Zeit, in deren greller, oft schattenloser Beleuchtung ich die märkische Landschaft noch nicht gesehen hatte.«

Von dem gepriesenen Ländchen interessierten nur vier Punkte: die *Rauener Berge* wegen der *Markgrafensteine; Saarow-Pieskow* wegen der Löschebrands, einem alten Geschlecht von »Schwertmagen und Kriegsgurgeln«, denen über Jahrhunderte Wald und Wasser um den *Scharmützelsee* gehört hatte; *Groß Rietz* als Alterssitz des in Ungnade gefallenen Ministers Wöllner und *Blossin*, weil dort eine Fehde ihren Anfang nahm, die wohl mit der des Michael Kohlhaas verglichen werden konnte.

Die Fahrt war vom 7. bis 9. April 1881 geplant, das Pensum nur bei äußerster Ökonomie der Zeit zu bewältigen. Er übernachtete bei dem Fürstenwalder Apotheker Gustav Roggatz, der eine Nichte Fontanes geheiratet hatte; so konnte er am 8. April »in aller Morgenfrühe« zur Kutschfahrt um den Scharmützelsee aufbrechen.

Von *Fürstenwalde*, der »ehemaligen Bischofsstadt« erwähnte er später nur das holprige Pflaster und die sieben Brücken, »weil die Spree hier sieben Arme hat«. Der heutige Wanderer sollte sich in Fürstenwalde, der am Kriegsende 1945 noch schwer getroffenen Stadt, aber wenigstens drei der wiedererstandenen Gebäude ansehen: das Rathaus mit Sterngewölbe und schönem Maßwerk aus dem 16. Jahrhundert, die Marien-Domkirche aus dem 15. Jahrhundert, die Fontane beeindruckte, und in ihrer Nachbarschaft das Heimatmuseum in einem restaurierten Ackerbürgerhaus. Vom alten Bischofsschloß in der Kehrwiederstraße blieben nur die mächtigen Fundamente; das frühbarocke Jagdschloß des ersten preußischen Königs überstand die wirren Zeitläufte als – Getreidespeicher. Am trutzigen Bullenturm vorbei geht es zur Stadt hinaus in Richtung Rauener Berge, die bald als bescheidener, langgestreckter Höhenzug am Horizont auftauchen.

Die *Kirche* des *Dorfes Rauen* wirkt mit ihrem unbehauenen Feldsteincharakter und dem Turmklotz wie die Urmutter märkischer Wehrkirchen. Kunsthistorisch Wertvolles gab und gibt es nicht, doch deutete man Fontane gegenüber an, daß dort unter dem »alten Grabstein vor dem Altar« ein Bischof begraben sei.

Fontane bezweifelte das, denn die Bischöfe von Lebus pflegten in Lebus, Fürstenwalde oder Beeskow beigesetzt zu werden, immerhin hätten ja besondere Vorkommnisse einen von ihnen in die zinnenbewehrte Kirche von Rauen verschlagen haben können. Vielleicht verbarg sich hier ein Geheimnis? So etwas machte den märkischen Wanderer mobil. Auf dem abgetretenen Grabstein ließ sich aber nur noch »v. Wulffen, Tempelb...« entziffern. Er las in Wohlbrücks »Geschichte des ehemaligen Bisthums Lebus« nach und fand keinen Bischof dieses Namens. Es ist bezeichnend, mit welcher Akribie Fontane in solchen Fällen vorging, bis er – so oder so – Gewißheit erlangte.

Der Wunsch, die *Markgrafensteine in den Rauener Bergen* zu sehen, geht wohl bis ins Jahr 1834 zurück. Damals wurde vor dem Alten Museum zu Berlin die Riesengranitschale aufgestellt, die man aus dem größten aller märkischen Findlinge herausgeschnitten hatte. In der Klödenschen Gewerbeschule, die Fontane seinerzeit besuchte, würdigte man eingehend die Präzision, mit der Bauinspektor Cantian alle Arbeitsphasen berechnet hatte: die Spaltung des Granitfelsens, den Transport des 1500 Zentner schweren Rohlings zu Lande bis zur Spree und auf der Spree bis Berlin; dann die Feinbehandlung, das Schleifen und Polieren; alles in allem hatte sieben Jahre in Anspruch genommen. Es war ein Glanzstück unter den europaweit in Mode gekommenen monolithischen Monumentalwerken. »Ein Biedermeierwunder«, schrieben die Zeitungen, und die Berliner nannten sie – wenn auch nicht ohne Stolz – respektlos »die jrößte Suppenschüssel der Welt«.

Erst 47 Jahre später sollte Fontane ihren »Ausgangspunkt« in den Rauener Bergen besuchen. »Ich hatte mir diese Steine halb memnonssäulenartig oder doch wenigstens als ein paar von der Natur gebildete Riesenobelisken gedacht und sah nun etwas Zusammengekauertes daliegen, das genau den Eindruck eines toten Elefanten auf mich machte.« Fontanes Vergleich frappiert heute noch. Er betrifft den kleineren der beiden Steine. Was mit dem großen, dem »eigentlichen« geschehen war, beschrieb Fontane nicht selber, sondern legte es seinem Kutscher Moll in den Mund: »Und so um die zwanziger Jahre rum wurd er in drei Stücke gesprengt, gerad so, wie Sie 'ne Birn in drei Stücke schneiden: links 'ne Backe un rechts 'ne Backe und in der Mitte das Mittelstück. Un aus 's Mittelstück haben sie ja nu die große Schale gemacht, die jetzt auf'n Berliner Lustgarten steht...« Man fragt sich, warum Fontane, der zweifellos über die mathematisch-technische und logistische Leistung Cantians Bescheid wußte, sich auf diese simple Darstellung des Kutschers beschränkte. Vielleicht gehörte er zu denen, die die Ansicht vertraten, man hätte den Findling als Naturdenkmal dort lassen sollen, wo ihn die Gletscher der Eiszeit liegen ließen.

Die »linke Backe« diente – wie man heute noch erkennen kann – den Rauener Schützen als Kugelfang, »die rechte Backe« war auf sandiger Höhe zu einem sonderbaren »Granitmobiliar« angeordnet. Es erinnerte ihn nun doch »an Stonehenge... jenen alten Druidenplatz in der Nähe von Salisbury, den man in Kunstatlassen und illustrierten Architekturgeschichten abgebildet findet. Im Quadrat standen vier Steinbänke, dazwischen präsentierte sich ein großer, runder Steintisch, alles aus dem Granitstück gefertigt, das man von dem Stein unten abgesprengt hatte.«

»Schöne Aussicht« heißt der Platz noch heute, obwohl er ringsum zugewachsen ist. Man »hat nun mal die Pflicht, sich auf den Steintisch zu stellen, um von *ihm* aus... die Landschaft zu mustern«, meinte Fontane. Generationen von Wanderern taten es ihm nach. Von den Rauener Bergen kommend, erreichte Fontane den Nordrand des

Scharmützelsees, den er nach alter Schreibart Schermützelsee nannte. Auf der rechten Seite lag *Saarow,* auf der linken *Pieskow.* Um die Pferde auf den tief ausgefahrenen Sandwegen zu schonen, wanderte er allein

»auf einem am See hinlaufenden Wiesenpfade« nach Saarow, um nach den Spuren der Löschebrands zu suchen. »Einer aus der Familie war mit Feldmarschall Illo verschwägert, ein andrer fiel bei Fehrbellin, und ein dritter soll sich gegen die Türken ausgezeichnet und dem Köprülü die große Prophetenfahne mit eigner Hand entrissen haben.« Von dem phantasiebeflügelnden Namen verführt, stellte sich Fontane »alles, was Löschebrand hieß«, als eine Art Ritter Sankt Georg vor, »hoch zu Roß irgendeinen Brand mit geweihter Lanze löschend«.

Am stärksten jedoch faszinierte ihn die Geschichte von der Pieskower Glocke: »Solange *die* klingt, so lange dauert der Löschebranden Glück«, hieß es in einer alten Weissagung. Sieben Generationen hindurch verlachten die stattlichen, vermögenden Herren diese Warnung; am Pfingstsonntag 1793 fing die Glocke plötzlich an zu scheppern, und von da an ging's bergab. 1819 trug man den letzten Rittmeister zu Grabe, und der soll »en beeten schnaaksch un wunnerlich« gewesen sein. Was für ein Stoff für den Balladendichter!

Leider fand er weder Glocke noch Grabstein, weder Stulpstiefel noch rostige Degen. So ließ er die unglückverheißende Glocke der Löschebrands wenigstens in seinem Roman »Vor dem Sturm« erklingen.

In dem Kapitel der »Wanderungen« hingegen avancierte ein ganz anderer zur Hauptperson: Der Kutscher Moll, der eigentlich kein gewöhnlicher Kutscher war, »sondern ein Fuhrherr«, der »durch gute Haltung in jedem Augenblicke den Beweis führte, daß er bei den Potsdamer Ulanen gestanden«.

Moll verkörperte für den Autor so etwas wie die Stimme des Volkes, denn: »er gab was auf Bildung, Bücher und Zeitungen. Aber er hatte sich seinen guten Verstand und sein eigenes Urteil nicht weggelesen.« Moll war der Idealfall, der Fontane vorgeschwebt haben mochte, als er zu Beginn seiner »Wanderungen« schrieb: »Verschmähe nicht den Strohsack neben dem Kutscher, laß dir erzählen von ihm … Du wirst, wenn du heimkehrst, nichts Auswendiggelerntes gehört haben wie auf den großen Touren, wo alles seine Taxe hat; der Mensch selber aber wird sich vor dir erschlossen haben. Und das bleibt doch immer das Beste.« Eines allerdings vorausgesetzt: »daß du dich darauf verstehst, das rechte Wort für den ›gemeinen Mann‹ zu finden.« Fontane fand es, nicht nur für den Kutscher, auch für das Holzweiblein, die Krugwirtin, den Fährjungen. Seine »Ausfragetechnik« offenbart sich nirgends deutlicher als in diesem Kapitel, das zu den lebendigsten der »Wanderungen« zählt. Nie erscheint er als Besserwisser, immer als Neugieriger, Auskunft Heischender, und selbst die einfältigste Antwort läßt er wertfrei gelten, charakterisiert sie doch Ansichten und Bildungsstand des einfachen Menschen.

In dem Dorf Glienicke, an der Straße nach Beeskow wohnte noch bis vor wenigen Jahren Alice Wulff, geborene Moll, deren Vater einst Fontane um den See kutschiert hatte. Bis ins hohe Alter hielt er sich etwas darauf zugute, und das durfte er auch. Wenn Moll als Fürstenwalder Fuhrherr räsonierte: »Is *das* 'ne Gegend: In Saarow is nichts... und... in Pieskow is gar nichts« und damit die ganze Armseligkeit des Lebens in diesem Landstrich erfaßte, so sollte sich das bald ändern. Molls Tochter erlebte, wie die beiden Rittergüter an eine Berliner Aktiengesellschaft verkauft wurden.

Bei Schachtarbeiten wurden Raseneisenmoor und eine Quelle mit Chlorkalziumsole entdeckt. Wohlhabende Berliner verlegten ihre Sommerwohnungen hierher. Aus dem verlorenen Nest wurde »Bad Saarow-Pieskow«, aus dem halbverfallenen Herrenhaus der Löschebrands ein Sanatorium, in dem namhafte Künstler Heilung suchten. Auch Maxim Gorki war dort. An ihn erinnert im Ort ein Haus im Stil der Russischen Kolonie Alexandrowka zu Potsdam. Ein anderer, in die Kämpfe *seiner* Zeit verstrickter Dichter bewohnte von 1948 bis 1958 sein »Traumgehäuse« im Waldgarten: Johannes R. Becher.

Der erste aber, der Saarow-Pieskow aus der Namenlosigkeit gerissen hatte, war Fontane, darum trägt der Kurpark und auch der »wundervolle Weg« entlang dem Wasser seinen Namen. In den See hinein ragt eine Halbinsel, einst Rittersitz, dann Gutshaus, später Sanatorium: der »Eibenhof«, Treffpunkt vornehmlich von Künstlern und Kulturschaffenden; ein malerischer Ort. Nur ein paar Gewölbe und ein gutes Dutzend vielhundertjähriger Eichen und Eiben stammen aus der Hochzeit derer von Löschebrand.

Fontane fand, daß der Scharmützelsee allem »Flimmern und Schimmern zum Trotz, einen tiefen Ernst und nur Einsamkeit und Stille zeigte«. An sommerlichen Tagen ist heute kaum etwas davon zu spüren. Am Strand herrscht fröhliches Treiben, Schwäne blühen wie weiße Blumen auf blauem Grund und zahllose Segel blähen sich im Wind. Wer aber von der *Schwanenwiese* aus den *Fontaneweg* ein paar hundert Meter weiter wandert, der wird die Stille wiederfinden und nichts hören »als den Windzug in den Binsen und das leise Klatschen der Wellen«.

Groß Rietz

»Sie sollen sehen, hier gibt es was«, versuchte Fontane den von Pieskow enttäuschten, hungrigen Kutscher neu zu motivieren. »In Groß Rietz nämlich hat der Minister Wöllner gewohnt, freilich erst, als er in Ungnade gefallen war, und ist auch bald nachher gestorben. Wer in Ungnade fällt, heißt es, der lebt nicht mehr lange. Nu, *mir* könnt es nicht passieren; In-Ungnade-Fallen und Pensioniertwerden ist eigentlich immer mein Ideal gewesen. Aber der eine denkt so und der andre so.« (Zweifellos schwang hier Fontanes Erinnerung an sein mißglücktes »Gastspiel« in der Akademie der Künste mit.)

Wöllner, einst einflußreichster preußischer Minister, war für Moll kein Begriff, für den Durchschnittsleser der »Wanderungen« wahrscheinlich auch nicht mehr, nur Insider stritten sich noch vehement um Wöllners schwankendes Charakterbild. Fontane schilderte ihn deshalb allgemeinverständlich und nicht von der anfechtbaren politischen, sondern von der menschlichen Seite:

»Er war Minister bei Friedrich Wilhelm II. oder, wie die Leute sagen, beim dicken König. Und sie sagen auch, er hätt ihm immer Hokuspokus vorgemacht und Geister und Gespenster, und alles immer mit Weihrauch und Glasharmonika. Na, vielleicht war es nicht so schlimm. Und das können Sie glauben, Moll, er war gescheiter als manche, die jetzt über ihn lachen... Erst war er bloß Hauslehrer und soll auch ein paarmal gepredigt haben, und noch dazu ganz gut; aber zuletzt dacht er doch wohl, ›es käme nicht viel dabei heraus‹, und heiratete lieber ein junges Fräulein von Itzenplitz. Auch die Mutter, heißt es, war ihm nicht unhold. ›Nicht unhold‹ darf man am Ende sagen und ist ein statthafter Ausdruck. Und als er nun das junge Fräulein geheiratet hatte (die Mutter nahm es alles in die Hand), da wurd er Minister und regierte den preußischen Staat. Und das kann doch schließlich nicht all und jeder.«

Im Schloß, das seiner großen Renaissancetreppe nach aus der Zeit König Friedrichs I. zu stammen schien und das in den Besitz der Familie von der Marwitz übergegangen war, fand Fontane an Bemerkenswertem nur im Hochparterresaal »eine Porträtbüste Friedrich Wilhelms II. und jene vier Bilder«, deretwegen er überhaupt nach Groß Rietz gefahren war: je eins der Damen Itzenplitz (»nur Durchschnitt«) und zwei Wöllner-Porträts.

Das eine stellt ihn als Minister dar: »Er trägt... gepudertes Haar, einen roten Uniformrock und einen blauen, mit Silber gestickten Kragen. Ebensolche Rabatten und Aufschläge. Die Nase dicklich, die Lippen wulstig, die Augen groß und hervortretend. Alles in allem entschlossen und charaktervoll, aber ohne Wohlwollen.« Auf dem kleineren erscheint er als ein jugendlicher und »in der Tat schöner abbéhafter Mann, ... seinen damaligen Studien entsprechend, mit einem Mikroskop beschäftigt... Eine Verwandtschaft zwischen den beiden Bildern ist unverkennbar: derselbe sinnliche Mund, dazu dieselben großen Vollaugen. Und doch, welch ein Unterschied! Auf dem Ministerportrait alles abstoßend, hier alles anziehend bis zum Verführerischen... vortrefflich gemalt.« (Fontane vermutete Antoine-Pesne-Schule.) Waren es Amt und Macht, die ihn so verändert hatten? Fontane ließ diese Frage offen.

Alle vier Bilder hängen heute im Heimatmuseum zu Beeskow.

Das Schloß Groß Rietz wird nun, nachdem es 50 Jahre von der Substanz gezehrt hat, mit Hilfe der zurückgekehrten Herren von der Marwitz vor dem endgültigen Zerfall bewahrt.

Auf dem *Friedhof von Groß Rietz* lag, »von einer Gruppe von Ahornplatanen umstellt, ein großer Granit, ... auf dem einfach die Namen standen: ›J. C. von Wöllner und C. A. C. von Wöllner, geborne von Itzenplitz‹. Sonst nichts, weder Spruch noch Inschrift.« Von den mächtigen Ahornplatanen blieben nur noch die Stubben, der *Doppelgrabstein* jedoch ist noch vorhanden; ebenso das *Kantorhaus* auf einem Feldsteinsockel, das Fontane »ein paar Stufen hinauf« stieg, um sich Auskunft über die Wöllner-Bilder zu holen. Dem Kantorhaus gegenüber liegt der Gasthof »Zur Sonne«, in dem Fontane und Moll übernachteten. Da kann man heute noch »ein Bier kriegen und ein Rührei mit Schinken«.

Blossin

»In aller Frühe brachen wir auf... Gegen Mittag erreichten wir Storkow, eine der beiden Hauptstädte dieser Gegenden, und fuhren eine Stunde später um den großen Wolziger See herum, an dessen Westufer ich... unser eigentliches Reiseziel erkannte: Dorf Blossin.« Belegt ist diese Fahrt nach Blossin nicht, vermutlich nahm er den Ort nur in die »Wanderungen« auf, um die Geschichte von der Fehde des Nickel Minckwitz zu erzählen, die zur Zeit des Michael Kohlhaas noch größere Kreise zog, die aber kein Dichter bisher ins Gedächtnis der Nachwelt überbracht hatte. Ursprünglich ging es in diesem Streit, der in Blossin seinen Anfang nahm, um einen Schäfer, der mit energischen Mitteln bei seinem Gutsherrn auf sein vermeintliches Recht pochte. Herr von Queiß klagte gegen ihn bei seinem Lehnsherrn, dem Bischof von Lebus, und als dieser nicht reagierte, bei dem Landvogt der Lausitz. Nun fühlte sich der junge, hoffärtige Bischof übergangen; der aufmüpfige Schäfer war Nebensache, ihm ging es um das Prestige geistlicher und weltlicher Herren. Von 1528 bis 1534 tobte die Fehde. An der Tête der kurfürstlichen Partei fochten allein 7 Grafen, 8 Ritter und 25 Edelleute gegen den Bischof von Lebus, zeitweilig standen 6000 Reiter und 40000 Mann Fußvolk gegeneinander. Viele unschuldige Menschen verloren dabei Hab und Gut. Und alles wegen überspannter, ins Absurde verschobener Ehrbegriffe hoher Herren. Dies war ein Thema, das Fontane auch in seinen Romanen mehrfach aufnahm.

»Alles, was auch nur entfernt an Mittelalter und Rittertum und Auflehnung erinnern könnte, hat die Zeit getilgt«, stellte er mit Bedauern fest. Das im wesentlichen aus der Zeit des Soldatenkönigs stammende Herrenhaus zu Blossin ist heute ein Hotel.

(Alle Zitate, soweit nicht anders vermerkt, aus »Wanderungen« IV, Kapitel »Eine Osterfahrt ins Land Beeskow-Storkow«.)

Brandenburg – Plaue

»So viel ich mich mit Einzelpartien unserer Mark beschäftigt habe, zu einem auch nur leidlich gründlichen Studium der einst wichtigsten Stadt des Landes bin ich nie gekommen« (an den Brandenburger Verleger Hermann Wiesike, 15. 7. 1888). Lediglich im Band »Havelland« kommt die Chur- und Hauptstadt vor, da, wo Fontane die Geschichte der Wenden in der Mark vor dem Leser ausbreitet. »Brennabor, nachdem rund umher immer weiteres Terrain verlorengegangen war, war mehr und mehr der Punkt geworden, an dessen Besitz sich die Frage knüpfte, wer Herrscher sein sollte im Lande, Sachse oder Wende, Christentum oder Heidentum.« Neunmal wurde »die alte Wendenveste« erobert, siebenmal im Sturm und zweimal durch Verrat. Im Jahre 1157 erstürmte Albrecht der Bär Brennabor, von da an war die Frage ein für allemal entschieden. Da, wo die Geschichte Brandenburgs recht eigentlich anfängt, endete sie bei Fontane.

1888, als er von Wiesike den »Wegweiser durch Brandenburg und seine Altertümer« anforderte, war die Zeit der »Wanderungen« passé. Sechs Novellen und Romane waren bereits erschienen, doch ließ ihm der Gedanke keine Ruhe, eine »durch fünf Jahrhunderte hin fortlaufende Geschichte von Mark Brandenburg« zu schreiben. In essayistischer Form wollte er Geschichte und Geschichten von fünf Schlössern erzählen und dabei schlaglichtartig die Landesgeschichte erhellen, »die, mit dem Tode Kaiser Karls IV. beginnend... weder an der Joachimischen noch an der Friderizianischen Zeit, weder an den Tagen des Großen Kurfürsten noch des Soldatenkönigs, am wenigsten aber an den Kämpfen und Gestaltungen unserer eigenen Tage völlig achtlos vorübergeht«. Er begann mit den Quitzows und ihrer Fronde gegen den ersten Hohenzollern in der Mark. Von ihren sechzehn ererbten, erheirateten und eroberten Herrensitzen war Plaue die letzte Bastion, die im Februar 1414 unter den unwiderstehlichen Kugeln der »Faulen Grethe« fiel. »Johann von Quitzow – der schon seit seiner Fehde (1408) mit Köne von Wulffen auf Schloß Grabow einäugig war und… einen finsteren und furchtbaren Anblick gewährte«, versuchte, fliehend, sich im Havelröhricht zu verstecken, doch sein wieherndes Pferd verriet ihn, und so wurde er gefangengenommen.

Die Quitzows schwankten ›von der Parteien Gunst und Haß verwirrt‹ im Urteil der Historiker. Fontane arbeitete sich durch einen Wust zeitgenössischer Interpretationen, vor allem der beiden Koryphäen Georg Wilhelm von Raumer und Adolf Friedrich Riedel und kam zu dem Resultat: »Riedel hat recht, von Räubereien und Felonie [Treubruch gegen den Landesherrn] zu sprechen, aber Raumer hat, meinem Ermessen nach, noch ein viel größeres Recht, beides zu bestreiten. Riedel ist der gelehrtere, gründlichere Forscher… aber Raumer ist der weitaus bedeutendere Historiker. Er hat das Auge des Geschichtsschreibers… Raumer steht drüber, Riedel steckt drin.« Im Verständnis der Herren Akademiker mußte ein solches Urteil – noch dazu von einem Nicht-Akademiker – schlichtweg anmaßend wirken. Fontane wies nach, »daß die Kriegführung der Mecklenburger und Pommern-Herzöge, vor allem die des Magdeburger Erzbischofs, um kein Haarbreit anders war als die der Quitzows«, daß auch sie sich »des Räuberstils bedienten. Einer wie der andere«. Es war der zeitgemäße Stil der Mächtigen, wie Shakespeare auch aus der englischen Geschichte berichtet. Solches Urteil erregte offiziell Anstoß. Offiziell – also auch in Wildenbruchs Bühnenstück »Die Quitzows«, mit denen sich Fontane als Theaterkritiker ausgiebig auseinandersetzte, – wurde alles auf die Fragestellung reduziert: »was vorzuziehen sei, Quitzowtum oder Hohenzollerntum«. Fontane betrachtete die Situation dialektisch: »Es war das gute Recht des Adels, von einem neuen Verweser… nicht viel wissen zu wollen. Die voraufgegangenen Erfahrungen berechtigten dazu. Sollten in unserer und aller Geschichte nur immer *die* gelten, die zu jeder Anordnung… ja und amen sagen oder gesagt haben, so würden wir so ziemlich alle Namen streichen müssen, bei deren Nennung uns das Herz höher schlägt. Daß der Burggraf siegte, muß… als unendlicher Segen für Land und Volk angesehen werden, daß man ihm aber *damals* Opposition machte, war verzeihlich, vielleicht gerechtfertigt.«

Die Quitzows und die Fronde des alten märkischen Adels gegen Friedrich von Hohenzollern haben Fontane immer wieder beschäftigt; sie tauchen in »Vor dem Sturm« auf, in »Frau Jenny Treibel«, in »Cécile« und vor allem in den »Poggenpuhls«. In »Fünf Schlösser« nehmen sie hundert Seiten ein, die nachfolgenden Besitzer von Schloß Plaue hingegen nur sechsundzwanzig; darunter waren die Herren von Görne (1620–1765), unter denen Plaue zur Konkurrenz von Meißen gedieh und zu einem Mekka hochwohlgeborener Porzellansammler wie Zar Peter I. Unter dem Höfling und psychopathischen Karrieristen Wilhelm von Anhalt (1765–1793) schließlich wurde Plaue gedemütigt und in den Boden gestampft. Als Fontane zwischen 1874 und 1880 das Schloß besuchte, gehörte es dem Grafen von Königsmarck. Man empfing ihn freundlich, doch außer einer balladesken Mordgeschichte aus Liebe blieb die Familiengeschichte blaß. Im »Ruhmessaal«, den man ihm stolz präsentierte, notierte er die Ahnenporträts und schloß: »Der Unbefangene wird von diesen bildlichen Verherrlichungen der Familie keinen besonders befriedigenden Eindruck empfangen ... weil es dem hier Gebotenen an dem Kunstmaß gebricht.«

Dem Schloß gegenüber, auf der anderen Seite der Havel, wohnte Carl Ferdinand Wiesike, eine »merkwürdige Mischung... von Pfadfinder und Sokrates, von Diogenes und Lukull«. Mit ihm läßt Fontane das »feudale« Plaue-Kapitel liebenswert-heiter ausklingen. Wiesike war von Hause aus Kaufmann, Landwirt, Ziegeleibesitzer, Gründer, Wunderdoktor, der sich der Homöopathie verschrieben hatte, und Schopenhauer-Enthusiast. Ein gut Teil seines Vermögens hatte er darangesetzt, um nach dem Tode des Philosophen (1860) Porträt, Bücher, Briefe und Manuskripte zu erwerben, ehe sie unter den Hammer kamen. Über Schopenhauer lernte Fontane Wiesike kennen.

Das kam so: Im Winter 1873/74 traf sich in Berlin ein kleiner Kreis zu sogenannten »Schopenhauer-Abenden«, darunter der katholische Geheime Regierungsrat Karl Hermann von Wangenheim, der Charité-Geistliche und spätere Hofprediger in Potsdam Karl Friedrich Adam Windel und das Ehepaar Fontane. Der Dichter fand die Brillanz und stilistische Klarheit, mit der der Philosoph seine Gedanken darlegte, bestechend, ihn faszinierte das »Plaudern in Widersprüchen«, er teilte dessen Unbehagen an den sittlichen Zuständen, doch er fand die von ihm geforderte Alternative, »Rückkehr zu Sklaventum und Hörigkeit«, grotesk. Manches empfand er als eklatantes Vorurteil, so die Abklassifizierung weiblicher Wesen. Frauen hielt Schopenhauer für »kindisch, läppisch und kurzsichtig«. Für Fontane dagegen verband sich das Frauen-Thema mit dem Postulat von Freiheit, Menschenrecht und Menschenwürde. Alle Frauengestalten in seinen Romanen legen Zeugnis dafür ab.

Als man an einem dieser Abende von dem Schopenhauer-Verehrer in Plaue hörte, wurde beschlossen, im Frühling »in großer Kumpanei« hinauszufahren. Man fand eine so harmonische Übereinstimmung von Natur und Kultur, daß Fontane in den darauffolgenden Jahren immer wieder dort einkehrte, vor allem, wenn er nervlich »abattu« war, wie im Unglücksjahr 1876. »Ich werde... auf eine halbe Woche zu Wiesike gehn, die Wirkung von Apfelwein und Schopenhauer auf mich abwarten und dann an meinen Schreibtisch zurückkehren« (an Mete, 17. 6. 1876).

Als der Naturapostel im Herbst 1880 starb, schrieb Fontane einen langen, persönlich gehaltenen Nachruf in der »Vossischen Zeitung«, den er sieben Jahre später fast wörtlich aufnahm, um mit ihm das Kapitel »Plaue« in »Fünf Schlösser« menschlich abzurunden. Der Persönlichkeit dieses Schopenhauer-Enthusiasten verdankte er die Erkenntnis, »daß der Pessimismus nicht ruiniert, sondern unter Umständen auch eine fördernde, humanitäre Seite hat«. Der alte Wiesike »war nicht bloß ein genialer Praktiker... er hatte das ›eigene Denken‹ auf *jedem* Gebiete und verachtete nichts so sehr als den Glauben an das allein Seligmachende der Überlieferung. Er ließ die Tradition gelten, er respektierte sie sogar und war weitab davon, ein Reformer à tout prix sein zu wollen, aber ebenso gewiß er alles Neue kritisch ansah und es nicht eher annahm, als bis es die Probe bestanden, ebenso kritisch verhielt er sich gegen das Alte, dessen Anspruch auf Giltigkeit, bloß weil es alt, er mit jugendlichem Eifer bestritt.« Es klingt wie ein intimes Bekenntnis, das er im »Stechlin« noch einmal wiederholt.

Sehenswertes

Wenn man von der Stadt Brandenburg kommend über die für den modernen Verkehr viel zu schmale Havelbrücke in den Ortsteil Plaue hineinfährt, hält man es kaum für möglich, daß hier über Jahrhunderte der Hauptpaß zwischen Berlin und Magdeburg verlief. Ein dramatisches Schicksal, vor allem in Kriegszeiten, war damit vorgezeichnet. »Alle diese Jammernester haben irgendwo einen Charme, eine relative Bedeutung, in Plaue das Schloß sammt seinen historischen Erinnerungen« (an Emilie, 7. 7. 1887).

Das *Schloß*, eine stattliche Dreiflügelanlage, wurde mehrfach umgebaut und dient als Institut für Fremdsprachenausbildung. In dem romantisch verwilderten Landschaftspark stößt man noch auf Reste von Erbbegräbnissen aus dem 19. Jahrhundert.

Die *Adler-Apotheke* in der Kiezstraße aus dem Jahre 1692 dürfte mit elf Achsen und einem gemütlichen Walmdach zweifellos Fontanes Aufmerksamkeit gefunden haben.

Die *Pfarrkirche* mit Wandmalereien aus dem 15. Jahrhundert und zum Teil prächtig ausgeprägten Epitaphien der Schloßherren betrachtet mit noch größerem Gewinn, wer die Lebensgeschichten der in Sandstein oder Alabaster Dargestellten im Plaue-Kapitel nachliest. Ein ideales Plätzchen hierfür wäre das ehemalige Wiesikesche Anwesen

Margarethenhof: »Unmittelbar vor der Plauer Brücke links einbiegend« ist noch das »weinumrankte Haus« samt seinen Annexen zu erkennen. Alles ist verwildert und verwuchert, gewissermaßen in den Vor-Wiesikeschen Zustand zurückgefallen. Leicht zu finden ist jedoch der Ufervorsprung, von wo aus die »Faule Grethe« zum Schloß hinüberschoß und »wo, 1414, neben der ›großen Büchse‹ die zu schleudernden Steinkugeln gelegen hatten«. Da ist das Havelröhricht, in dem sich der fliehende Quitzow vergebens zu verbergen suchte. »Ein etwa 300 Schritt langer Fliedergang führte zu einem großen, von einer Fliederhecke kreisförmig umstellten Rondeel. Es ist die *Grabstätte von »Carl Ferdinand Wiesike* und *Julie Wiesike, geborene Tannhäuser«* und daneben die *Wilhelmine Rolles,*

»ihren langjährigen treuen Diensten zum Gedächtnis.« Die Porträtmedaillons sind verschwunden, nur die Granitpyramide und der Flieder haben sich behauptet. Ein neuer Wiesike täte not, der allem wieder Leben einhaucht und von dem man wie Fontane sagen könnte: »Nie bin ich von ihm fortgegangen, ohne mich an seiner Havel, an seinem Wein und, um das Beste nicht zu vergessen, *an ihm selber* erholt zu haben.«

(Alle Zitate, wenn nicht anders angegeben, aus »Fünf Schlösser«, Kapitel »Plaue a. H.«, »Schloß Plaue gegenüber«; Nachruf auf Carl Ferdinand Wiesike, »Vossische Zeitung«, Oktober 1880.)

Buckow

»Buckow hat einen guten Klang hierlands, ähnlich wie Freienwalde, und bei bloßer Nennung des Namens steigen freundliche Landschaftsbilder auf: Berg und See, Tannenabhänge und Laubholzschluchten, Quellen, die über Kiesel plätschern, und Birken, die, vom Winde halb entwurzelt, ihre langen Zweige bis in den Waldbach niedertauchen.

Ja, Buckow ist schön, aber doch mit Einschränkung. Es hängt alles davon ab, ob wir Buckow die *Gegend* oder Buckow die *Stadt* meinen – allen Respekt vor jener, aber Vorsorge gegen *diese*. Seine Häuser kleben wie Nester an Abhängen und Hügelkanten, und sein Straßenpflaster, um das Schlimmste vorwegzunehmen, ist lebensgefährlich. Es weckt mit seiner hals- und wagenbrechenden Passage die Vorstellung, als wohnten nur Schmiede und Chirurgen in dieser Stadt, die schließlich auch leben wollen«.

Fontane ist hier mehrfach durchgeschüttelt worden: Im Mai und September 1862 und im Frühsommer 1863, als er für den Band »Oderland« mehrere Kurzfahrten auf den Barnim unternahm.

Im Vorabdruck erschienen die Kapitel »Buckow« und »Der Große und der Kleine Tornow-See« im Herbst 1862 in Cottas »Morgenblatt für gebildete Leser« unter dem Titel »Die Märkische Schweiz«. Um dieses »Markenzeichen« bewarben sich damals Buckow und Freienwalde. Fontane trug wohl mit dazu bei, daß es Buckow zufiel.

»Die Buckower sind ordentliche, fleißige Leute, die sich's sauer werden lassen; aber sei es, daß ihre wendisch-deutsche Blutmischung nicht ganz die richtige ist, oder daß sie's nicht verwinden können, ... einmal reich gewesen zu sein, gleichviel, sie haben eine Vorliebe fürs Prozessieren und gelegentlich auch wohl für die Selbsthülfe.« Das war eine sehr diskrete Umschreibung für ein in Preußen außerordentliches Vorkommnis. Was war geschehen? Ausgang des 18. Jahrhunderts hatte der Mehltau den Hopfenanbau, Quelle des Buckower Wohlstandes, vernichtet; Not kroch unter die niedrigen Dächer; das Vieh hungerte. Die Grundherren von Pfuel sahen ein, daß von den verarmten Leuten kaum Abgaben zu erwarten waren, und gestatteten ihnen, im herrschaftlichen Walde zu hüten und Reisig zu sammeln. Unter den nachfolgenden Grafen von Flemming verschlechterte sich jedoch das Verhältnis; der letzte Graf beschnitt die altverbrieften Rechte der Buckower so rigoros, daß sie keinen anderen Ausweg wußten als den der Selbsthilfe: »die Bürger zogen zu Felde, schlugen die gräflichen Mannen in die Flucht, nahmen Posseß vom streitigen Terrain und pflanzten ihr Banner auf dem eroberten Grund und Boden auf. Kurzum, eine *mittelalterliche Fehde* in bester Form.«

Und das alles geschah 1862, kurz bevor Fontane die Gegend besuchte. Zwar hatten die Buckower in letzter Instanz den kürzeren gezogen, doch die Empörung schwelte noch, und Fontanes Sympathie für soziale Rebellion gebot ihm, unbedingt darüber zu schreiben. Nur wie? Als dokumentarischen Bericht hätte es weder Hertz noch Cotta gedruckt, darum erzählte er das Ganze im Stil einer Moritat und erwähnte nur beiläufig, daß sich dies alles »erst vor kurzem« zugetragen.

Wichtigstes Anliegen war ihm zweifellos, die Berliner auf die zum Aschenbrödeldasein verurteilte »ländliche Schönheit« aufmerksam zu machen und den Buckowern durch Fremdenverkehr eine neue Einnahmequelle zu verschaffen. Dank der 1857 fertiggestellten »Ostbahn« Berlin-Landsberg a.W. kamen mehr und mehr Besucher. Buckow trauerte nun nicht mehr dem verlorenen Hopfen nach, sondern verlegte sich auf Rosenzucht und die Bewirtung der Gäste.

Sehenswürdigkeiten

Das *Schloß* der Pfuels, die neben der Herrschaft Buckow einst auch die Dörfer Dahlem und Marzahn bei Berlin besaßen, wurde am 19. April 1945 von SS-Truppen teilweise gesprengt, der Rest 1952 dem Erdboden gleichgemacht; die ausgebrannte *Kirche* hingegen wurde wieder ausgebaut. Zwei Glocken datieren noch aus der Zeit, da die Pfuels an der Seite des alten Derfflinger für den Großen Kurfürsten kämpften und mit ihren Schwertern das Fundament schufen für das spätere Gedeihen der Mark Brandenburg. Die von Fontane beschriebene Familiengruft existiert nicht mehr.

Märkische Schweiz

Eigentliche Sehenswürdigkeit ist die Umgebung Buckows, die einer Miniatur-Ausgabe von Harz und Thüringen gleicht und durchsprenkelt ist von Bergfließen, Schluchten und sieben Seen. Junker Hansens Kehle, Poetensteig, Wolfsschlucht, Hölle und Silberkehle sind wirklich so wildromantisch wie ihre Namen, über deren Bedeutung man bei Fontane nachlesen kann.

Nachvollziehbar ist auch der von ihm so gepriesene Blick von der *Bollersdorfer Höhe* über den Schermützelsee; doch Vorsicht ist geboten bei der Geschichte des alten Fischers, wonach Alt-Buckow einst im Schermützelsee untergegangen sei. Man weiß heute, daß die Entstehung des Sees auf das Abtauen eines riesigen Eisblockes aus der Buckower Schmelzwasserrinne und das Nachsacken des Erdreiches zurückzuführen ist.

Auch Fontane glaubte nicht ohne weiteres an Alt-Buckow-Vineta und erkundigte sich bei geologischen Autoritäten nach möglichen Ursachen solcher »Erdfälle«, – und doch streckte er den Kopf weit über den Abgrund hinaus, wenigstens den Wunsch im Herzen, »unten ein Eichenskelett bis an den Wasserspiegel heraufragen und die Fische durch seine Zackenkrone hindurchhuschen zu sehn«. Denn: »Erzählt man die Sage von untergegangenen Dörfern und Städten, so ist es gut, dem Volksmund zu glauben und die Zweifel zu Haus zu lassen. Ob die Glocken dann abends in der Tiefe klingen oder nicht – der ist nicht beneidenswert, der sie schlechterdings nicht zu hören vermag.«

(Alle Zitate aus »Wanderungen« II, Kapitel »Buckow«.)

Ausflug nach Bollersdorf

»*Dorf* Bollersdorf, dessen kleine gotische Kirche dem kahlen Plateau einen malerischen Reiz verleiht«, geht bis ins 14. Jahrhundert zurück. »In der zweiten Hälfte des 17. Jahrhunderts war es Eigentum des Generallieutenant von Görtzke«, dessen Spuren Fontane noch einmal im Kapitel Friedersdorf aufnahm. Nach dem Siebenjährigen Krieg kam Bollersdorf zusammen mit den Dörfern Pritzhagen und Friedland in den Besitz Hans Sigismund von Lestwitz' – ein Geschenk Friedrichs II. an seinen »Obristlieutenant«, der ihm die entscheidende Schlacht von Torgau (1760) gewonnen hatte. Lestwitzens einziger Tochter Helene Charlotte, genannt Frau von Friedland, gelang es, nicht nur die Agrikultur mit modernen Methoden voranzutreiben, sondern auch die reizvolle Landschaft weiträumig zu gestalten. Fontane widmete dieser ungewöhnlichen Frau in seinen »Wanderungen« ein besonders umfangreiches Kapitel: »Kunersdorf«.

Im letzten Weltkrieg wurde die spätgotische *Kirche* zu Bollersdorf ein Raub der Flammen, die auch den kostbaren Schnitzaltar verschlangen. In bescheidener Ausstattung ist die Kirche in den Nachkriegsjahren wiederaufgebaut worden.

Südlich des Dorfes, auf einer Halbinsel des Schermützelsees, sind noch die *Ausgrabungsstätten* zu erkennen, bei denen man Reste einer Siedlung aus der Jungbronze-Früheisenzeit fand. Ein Hakenpflug wurde dabei geborgen, der als frühester Nachweis solchen Ackergerätes in dieser Region gilt und im Museum für Ur- und Frühgeschichte in Potsdam seinen Platz fand.

Archäologen lüfteten also das für Fontane noch undurchdringliche Geheimnis der Alt-Buckow-Vineta-Sage.

(Zitate aus »Wanderungen« II, Kapitel »Der Große und Kleine Tornow-See«.)

Ausflug nach Ihlow

»Schiller befand sich im Irrtum, wenn er meinte, Illo wäre Böhme oder Croate gewesen. Die Familie stammte mutmaßlich aus dem Dorfe Ihlow an der Grenze von Barnim und Lebus, zwischen Prötzel-Prädikow und Friedland-Cunersdorf«, behauptete Fontane 1872 in seinem Aufsatz »Die Mark und die märkischen Kriegsobersten während des Dreißigjährigen Krieges«. Er war selbst überrascht, daß unter den namhaftesten sechs Brandenburger waren, »Männer, deren Namen in den Jahrbüchern unserer Geschichte zum Teil viel glänzender dastehen würden, wenn wir damals überhaupt eine eigene, eine selbständige Geschichte gehabt hätten. Brandenburg war damals wie Triebsand, den die wechselnden Fluten auch an wechselnde Küsten warfen, und alles, was einen Drang hatte, fest zu stehen, das stellte sich nicht auf den Triebsand, sondern auf die Küste hüben und drüben.«

In seinen Wanderungen durchs Oderland und den Barnim spürte er diesen Männern nach: den Sparrs in Berlin, Heckelberg und Trampe; dem alten Derfflinger in Friedersdorf und Gusow; dem Görtzke mit dem Stelzfuß in Friedersdorf; den Pfuels in Buckow, Schulzendorf und Jahnsfelde, in Gielsdorf und Wilkendorf. Nur Dorf Ihlow besuchte er nicht und beschränkte sich auf ein Porträt des Kaiserlichen Feldmarschalls: »Das Interessanteste, was sich über diesen rücksichtslosen und allertreuesten Diener seines Herrn, des Friedländers, sagen läßt, ist das, daß er überhaupt ein Märker war. Für eine Charakteristik Illos hat Schiller ein für allemal gesorgt: ein derber Soldat, der alles rücksichtslos auf eine Karte setzte und sich durch eine Mischung von Rohheit und Treue emporarbeitete, eine Korporalsnatur, durch Zeitengunst zum Generalfeldmarschall geworden... Illo war treu und tapfer. Noch in der Mordnacht im Schlosse zu Eger (am 25. 2. 1634) war er der Einzige, der zu seinem Degen langte und sich wie ein Verzweifelter wehrte, bis er hinterrücks erstochen wurde.

Wir haben uns seiner nicht sonderlich zu rühmen, aber doch ist er immerhin bedeutend genug, um ihn aus Böhmen oder Croatien im Geiste zu reklamieren, sooft wir das wohlbekannte ›Spät kommt Ihr, doch Ihr kommt‹ von der Bühne her klingen hören« (Schiller, »Die Piccolomini«).

Fontane hatte eine Ballade über die Ermordung Wallensteins auf Schloß Eger verfaßt, die in viele Schullesebücher aufgenommen und daher recht populär wurde. Um so erstaunlicher ist es, daß er den vermutlichen Stammsitz der Illos-Ihlows nicht aufsuchte. Die beiden Rittersitze in dem bereits 1320 urkundlich nachgewiesenen Ihlow mußten recht armselig gewesen sein. 1450 werden die Ritterhufen als »wüst liegend« bezeichnet. Kein Wunder, wenn sich die Nachkommen »an fremde Küsten retteten«.

Die aus Feldsteinen kunstvoll gefügte spätromanische Kirche und ein romantischer Weiher bilden den Mittelpunkt des heute noch abgelegenen, winzigen Dorfes Ihlow. Ein Damm führt durch den Weiher zum Kirchhof, der wie ein Blumengarten gehegt wird. Wie vor 700 Jahren ruft die Glocke vom Kirchturm her die wenigen Gläubigen zum Gebet. Das Innere der Kirche, gegen Ende des letzten Krieges schwer beschädigt, wurde schlicht wiederhergerichtet. Dabei kam das Porträt eines Ernst Christian von Ihlow zum Vorschein, geboren 1648, als der Dreißigjährige Krieg ausgeblutet war. Möglicherweise ein Neffe des historischen Wallenstein-Illo…

(Zitate aus »Die Mark und Märkische Kriegsobersten zur Zeit des Dreißigjährigen Krieges«, »Vossische Zeitung«, 1872.)

Ausflug nach Pritzhagen und zu den Tornowseen

Pritzhagen war viele Jahrhunderte lang im Besitz derer von Rutze. »Der letzte, wie es scheint, war ›Junker Hans‹, ein Weidmann von altem Schrot und Korn, der seine Passion mit dem Leben bezahlte. Sein Name lebt fort in der Junker-Hansen-›Kehle‹, was in der Gebirgssprache der ›Märkischen Schweiz‹ soviel wie Schlucht bedeutet.«

In dem Roman »Vor dem Sturm« reiht Fontane einen Herrn von Rutze auf Protzhagen in den geselligen Kreis um Tante Amelie auf Schloß Guse ein: Ein »unbedeutender, langer, sehniger, ziemlich schweigsamer Mann, ehemaliger Hauptmann... und leidenschaftlicher Jäger... der stets von den andern mit dem Schluchtensturz und dem halsbrechenden Junker Hans geneckt wurde« (»Vor dem Sturm« II, Kapitel 3).

»Pritzhagen bedeutet wenig, seine Berge und Schluchten jedoch bedeuten viel, selbst seine ›Kehlen‹. Als einer seiner reizendsten Punkte gilt der *Dachsberg*, kaum eine Viertelstunde vom Dorf entfernt... Aber... in Wahrheit sind es doch seine beiden Seen, wie namentlich auch die Schlucht, die diese verbindet, was seine Schönheit ausmacht. Die beiden Seen heißen der kleine und der große Tornow-See, und die Schlucht heißt die *›Silberkehle‹*.« Am Fuß des terrassenförmig ansteigenden Dachsberges »breitet sich der *große* Tornow aus, auf dem mittleren Absatz aber liegt der *kleine* Tornow, dunkel und still und in verschwiegener Tiefe... einer von jenen Seen, an denen Sage und Märchen am liebsten verweilen und von Prinzessinnen erzählen, die in der Johannisnacht aus dem dunklen Wasser steigen und mit Silberrosen im Haar freundlich-traurig am Ufer sitzen«.

Der Weg zum großen Tornowsee führt durch die Silberkehle. Sie erhielt ihren poetischen Namen daher, »weil an beiden Abhängen, wo das von Moos und Humus entkleidete Erdreich sichtbar wird, eine Wand von *Glimmersand* zutage tritt. Dieser Glimmersand blitzt und glitzert wie Silber und liegt so fest auf, daß es möglich ist, Namen und Figuren wie in Sandstein zu schneiden«.

Fontane schildert die Schlucht als einen Schauplatz entfesselter Elemente, Wassermassen, die zu Tal stürzen, Baumriesen entwurzeln und eingerammte Steine wie Kiesel mit sich reißen – dabei hat er sie von der freundlichsten Seite erlebt:

»Wir sahen das Bild bei Herbstesstille; nur am Fuße des Berges plätscherten ein paar Quellen. So traten wir aus der Enge der Schlucht ins Freie und blickten auf die Fläche des großen Sees. Er ist dem kleinen unähnlich, liebt das Licht wie dieser den Schatten und gewährt ein Bild heiterer Ruhe.

Am Ufer... erhebt sich eine Villa, ein Schweizerhaus. Der Erbauer, in Huldigung gegen den Ort... hat ihm den Namen ›Haus Tornow‹ gegeben. Es ist ein Platz für Rast und Ruhe, und wer empfände nicht die Sehnsucht danach!«

Fontane wohnte im September 1862 für kurze Zeit in diesem Haus, als er, ein gehetzter und gestreßter Zeitungsmann, eine Woche seines Jahresurlaubs absparte, um das Oderland für den zweiten Band seiner »Wanderungen« zu bereisen.

Das Haus existiert noch; es wurde Anfang des 20. Jahrhunderts stark umgebaut und dient heute als Kinderheim.

(Zitate, soweit nicht anders angegeben, aus »Wanderungen« II, Kapitel »Der Große und Kleine Tornow-See«.)

Chorin

»Unter den Töchtern Lehnins war Chorin die bedeutendste, ja, eine Zeitlang schien es, als ob das Tochterkloster den Vorrang über die Mater gewinnen sollte. Das war unter den letzten Askaniern. Diese machten Chorin zum Gegenstand ihrer besonderen Gunst und Gnade und beschenkten es nicht nur reich, sondern wählten es auch zu ihrer Begräbnisstätte. Unter den sechs Markgrafen, die hier beigesetzt wurden, ist der letzte zugleich der hervorragendste: Markgraf Waldemar, gestorben 1319.«

Bevor Fontane nach Chorin aufbrach, hatte er sich wieder einmal durch Fidicins höchst präzise, aber auch höchst langweilige »Territorien der Mark Brandenburg« gequält und Riedels »Codex diplomaticus Brandenburgensis« zum Vergleich herangezogen, denn bei aller Genauigkeit Fidicins spürte Fontane, daß man »die Urkunden anders interpretieren« müsse. Wohl vorbereitet fuhr er also Anfang November 1863 mit seinen Freunden Lepel und Lucae mit der Bahn bis Neustadt-Eberswalde und von dort mit der Kutsche zum Parsteiner See. Dort ließen sie sich zum Pehlitzer Werder übersetzen, wo Zisterziensermönche 1258 mit dem Bau eines Klosters begonnen hatten, das sie 1272 verließen, um in Chorin neu zu beginnen. Die Insel, »einst Zufluchtsstätte für Verfolgte«, war »nichts mehr als Koppel- und Grasplatz für den Amtshof«. Die drei Herren mußten eine Weile über Ödland und verdorrtes Heidekraut stapfen, bis sie Überreste eines romanischen Baues entdeckten. Lucae, der als »Bauautorität« in das Kapitel der »Wanderungen« einging, versuchte anhand des anderthalb Fuß aus der Erde hervorragenden Mauerwerks die ursprünglich imponierende Anlage zu rekonstruieren. Es war damals eine wirkliche Entdeckung, nicht einmal Friedrich August Stüler, der in Berlin und Brandenburg Schinkels Werk weiterführte, wußte davon. Lucae berichtete Anna Witte am 7. 11. 1863 noch sehr angeregt, Fontane sei »zum todlachen komisch« gewesen. »Von jedem alten Stein wollte er womöglich einen Roman ablesen (u. that es meist auch), u. ich sollte ihm von jedem Schnörkel womöglich Tag und Stunde seiner Geburt bestimmen. Ich könnte über diesen kleinen Ausflug eine Novelle schreiben. Der Eifer, der unsern alten Nöhl für seine Arbeit beseelte, ist wirklich rührend u. ein Buch, das mit solcher Liebe und Ausdauer geschrieben wird, *muß* viel Gutes enthalten.« (Nöhl, abgeleitet von ›nöhlen‹, langsam sein, war Fontanes Neckname im engsten Freundeskreis der »Ellora«, dem auch Lepel, Lucae und Friedrich Witte, der Ehemann der Briefempfängerin, angehörten.) Der Eifer Fontanes bei den Ruinen auf dem Pehlitzer Werder sollte sich rächen. Er, der »tief in den dumpfen, bedrückenden Vorstadien eines Schnupfenfiebers« steckte (an Hertz, 29. 10.1863), war dem strapaziösen »Früh-aufstehen-Müssen, also Keine-Nachtruhe-Haben« nicht gewachsen und wohl zu sehr erschöpft, um Kloster Chorin auf sich wirken lassen zu können. Auch vermißte er »die stille Führerschaft von Sage und Geschichte. Alles läßt uns im Stich, und wir schreiten auf dem harten Schuttboden hin wie auf einer Tenne, über die der Wind fegte. Alles leer«.

Zwei Monate schrieb Fontane an dem Chorin-Kapitel: Vormittags absolvierte er sein Pensum in der Redaktion der »Kreuz-Zeitung«, nachmittags kurierte er seine Grippe und abends saß er am Schreibtisch. Er durchforschte noch einmal alle Urkunden und kam – im Gegensatz zu Fidicin – zu der Ansicht, daß Chorin nicht so sehr durch den Fleiß der Mönche, sondern durch das geschickte Lavieren der Äbte reich geworden war. Es war immer »bei der Macht« zu finden. »Hielt die Macht aus, so hielt Chorin auch aus, schwankte die Macht, so schwankte auch Chorin. In zweifelhaften Fällen hielt sich's zurück und wartete ab. Wenn dies ›Diplomatie‹ ist, so ist nichts billiger als die diplomatische Kunst.«

Auf diese Weise überstand das Kloster alle Stürme, bis Kurfürst Joachim II. zum reformierten Glauben überwechselte und allen klösterlichen Besitz einkassierte. Für Chorin bedeutete das – unter anderem – den Verlust von zwölf Dörfern, Seen, Weinbergen, Mühlen, Brauereien und drei Stadthäusern. Das Kloster selbst wurde zum Amtshof, später eine Domäne. Es diente mehr oder weniger als Steinbruch, bis Schinkel als Gutachter der Preußischen Oberbaudeputation 1818 ein energisches Halt aussprach.

Man scheint es aber nicht so genau genommen zu haben, denn fünfundvierzig Jahre später machte es auf Fontane noch immer den Eindruck einer Abrißstätte: Das Refektorium diente als Pferdestall, im Kreuzgang mit den wundervollen Kapitellornamenten lagerten Holz und Torf. Keine »Poesie des Verfalls« vermochte diesen Vandalismus zu verklären. Kloster Chorin, so schloß Fontane das Kapitel resigniert, »wirkt am besten, wenn es wie ein Schattenbild flüchtig an uns vorüberzieht. Wer hier in der Dämmerstunde des Weges kommt und plötzlich zwischen den Pappeln hindurch diesen still einsamen Prachtbau halb märchenhaft, halb gespenstisch auftauchen sieht, dem ist das Beste zuteil geworden, das diese Trümmer, die kaum Trümmer sind, ihm bieten können«.

Die staatliche Denkmalpflege begann 1957 zusammen mit dem Institut für Forstwissenschaften in Eberswalde eine durchgreifende Restaurierung des gesamten Klosterkomplexes, der nun zu allen Jahreszeiten wert ist, besucht zu werden. Der »Choriner Musiksommer« zieht Tausende aus nah und fern an. Achthundert Menschen faßt das hohe, nach Süden hin offene Kirchenschiff. Wer darin keinen Platz mehr bekommt, sitzt auf dem Mäuerchen des Kreuzganges oder lagert am Brunnen des Innenhofes. Wenn die untergehende Sonne letzte Strahlen durch die bleiverglasten Fenster der Apsis schickt, Händels »Feuerwerksmusik« oder Oberons Hörner ertönen und die Vögel des Waldes sich mit Bachschen Jubelchören vereinen, dann entsteht aus der Verschmelzung von Natur- und Kunsterlebnis jene Verzauberung, die Fontane und seinen beiden Freunden an jenem Novembertag 1863 versagt blieb.

(Zitate, soweit nicht anders vermerkt, aus »Wanderungen« III, Kapitel »Kloster Chorin«.)

Gransee

»Es ist das alte Lied: erst großes, allgemeines Dunkel, nur hier und da durch ein Streiflicht erhellt; dann Kirchen- und Klösterbau; dann Säkularisierung; dann Schweden und die Pest; dann ein Dutzend Feuersbrünste mit Hinrichtung dieses oder jenes Brandstifters; dann Beglückung der Stadt durch ein paar Garnison- oder Invalidencompagnien, und in der Regel damit zusammenfallend: Benutzung alter Klostermauern zu Schul-, Kasernen- und Gefängniszwecken. In dieser Aufzählung ist nicht nur die Geschichte der Stadt, sondern zugleich auch die Charakteristik der einzelnen Jahrhunderte gegeben«. Das klingt wahrlich nicht nach Schwärmerei. Fontane kannte Gransee über Jahrzehnte hin nur als Durchgangsstation auf der Strecke Neuruppin-Berlin. Die Postpferde wurden hier gewechselt. Als er beschloß, Gransee in die dritte Auflage der »Grafschaft Ruppin« einzuarbeiten, las er zuvor Friedrich Knuths 1840 erschienene Chronik, und nun begannen die Steine für ihn zu reden. Jedes Jahrhundert konnte seine Zeugen vorweisen: Die ältesten Teile der Stadtmauer und die Spitalkapelle Sankt Spiritus sprachen für das 13./14. Jahrhundert; Reste des Franziskanerklosters für das frühe, die Marienkirche für das späte 14. Jahrhundert, Altar und Glocken für das 18. und das Luisen-Denkmal für das 19. Jahrhundert.

Auf seiner Recherchier-Reise durchs Ruppinsche vom 16. bis 29.9. 1873 glaubte er, Gransee bereits »in der Tasche zu haben«, als er in Walchow Superintendent Kirchner kennenlernte, der Jahre zuvor sein Amt in Gransee versehen hatte; in den höchst anregenden Gesprächen wurde Fontane klar, was er alles *nicht* gesehen hatte, denn »man sieht nur, was man kennt«. Ernst Daniel Martin Kirchner verfaßte heimatkundliche Bücher und sammelte ›vaterländische Altertümer‹ wie der Landrat von Zieten auf Wustrau. Beide Sammlungen bildeten später den Grundstock für das Heimatmuseum in Neuruppin. Fontane war derart entzückt von der Persönlichkeit des gelehrten Geistlichen, daß er ihn in dem Roman »Vor dem Sturm« als Vorbild für den Pastor Seidentopf nahm; auch der lebenskluge Pastor Petersen in »Unwiederbringlich« trägt Kirchners Züge. Kurz bevor die dritte Auflage der »Grafschaft Ruppin« in Druck ging, unternahm Fontane noch einmal eine Reise in die Gegend und saß zwölf Stunden in Gransee fest: »Es ging... weder Post noch Omnibus, was mir eigentlich lieb war... Mein Gransee-Kapitel hat nämlich verschiedene Lücken, die auszufüllen immer mein Wunsch war« (an Emilie, 23. 4. 1874). Was Fontane damals beschreibenswert fand, ist heute noch interessant, aufgesucht und betrachtet zu werden.

Sehenswertes

»*Die ›Warte‹ bei Gransee*... steht auf dem höchsten Punkte der Umgegend, dem ›Warte-*Berg*‹... Es ist ein etwa 100 Fuß hoher Rundturm aus Feldstein«. In Willibald Alexis' damals vielgelesenem Roman »Der falsche Waldemar« ist dieser Turm Schauplatz einer listenreichen und blutigen Fehde zwischen dem wehrhaften Gransee und den märkischen Raubrittern, ausgetragen im Jahre 1348. Fontane wollte den Turm, nachdem er ihn in Augenschein genommen, »*frühestens* in den Anfang des fünfzehnten Jahrhunderts setzen.« Alexis' Geschichte war also »eine bloße Fiktion«. Der Historiker in ihm sträubte sich zunächst dagegen, andererseits: »auch die *dichterische* Tat belebt die Schauplätze der von *ihr*, der Dichtung gebornen Ereignisse und reiht sie mehr oder minder in die wirklichen ›historischen Stätten‹ ein«. Aufgrund dieser Ansicht sollte er zeitlebens mit etlichen »Nur-Wissenschaftlern« auf Kriegsfuß stehen. In den »Wanderungen« liebte er es, der wissenschaftlichen Ausdeutung eines Ereignisses die poetischere des Volksmundes gegenüberzustellen. So verfuhr er auch mit dem

Waldemar-Tor in Gransee. In der Chronik hieß es: »Alle Städte, die dem *Falschen Waldemar* ihre Tore geöffnet... hatten, wurden... dahin bestraft, daß sie die Tore zumauern mußten, durch die der falsche Waldemar eingezogen war.« Doch mußte der Verkehr ja weitergeführt werden, und so entstanden neben den zugemauerten ›Waldemar-Toren‹ »neue, reichgegliederte, mit Türmen und Zinnen geschmückte gotische Tore«. Fontane behauptete, sie seien nur gebaut worden, »um was Beßres, Schöneres, auch der *Befestigung* Dienenderes an die Stelle des Alten zu setzen.« Er führte ein Dutzend Beispiele an bis Königsberg und Landsberg an der Warthe, die nie etwas mit dem Falschen Waldemar zu tun hatten und dennoch solche Tore aufwiesen. In Gransee wurde das – heute noch gut erhaltene – ›Waldemar-Tor‹ 1818 geöffnet und so »dem Leben und Verkehr eine doppelte Straße« geschaffen. Das neue *Ruppiner Tor* mit Spitzbogenblenden und Ziergiebeln stammt aus dem frühen 15. Jahrhundert und ist Teil der fast vollständig erhaltenen *Stadtbefestigungsanlage.* »Eine 18 Fuß hohe Mauer, mit 35 Wachttürmen besetzt, umzirkte die Stadt... auch jetzt noch erschließt einem ein Rundgang um Gransee, besonders um seine Nordhälfte, die ganze landschaftliche Lieblichkeit einer kleinen märkischen Stadt.« Das gilt heute noch.

Ihr architektonischer Mittelpunkt ist noch immer die »*Marienkirche*, deren Pfeiler bis in den Anfang des 13. Jahrhunderts zurückdatieren... Was diese Kirche, die von keiner in der Grafschaft übertroffen wird, auch schon äußerlich auszeichnet, ist die reiche Verwendung des vierblättrigen Kleeblatts.« Überschwenglich »tritt es uns an Fries und Strebepfeilern entgegen«, verbreitert sich zu ganzen Flächen, »als ob es sich um eine Tapisseriearbeit handle«. Bei der großen Feuersbrunst 1711 brannten 300 Bürgerhäuser und auch die Kirche völlig aus. Fontane fand nur noch ein paar bemerkenswerte Epitaphien aus der Zeit vor der Katastrophe. Der Rokoko-Altar, den er diskret »eine wunderliche Stilvermählung« nennt, wurde 1965 bei neuerlicher Renovierung der Kirche durch einen gotischen Flügelaltar ersetzt.

Das *Luisen-Denkmal* erinnert an jene Julinacht des Jahres 1810, als der Leichnam der Königin Luise hier auf dem Platze aufgebahrt war. Sie war im väterlichen Schloß zu Hohenzieritz gestorben und sollte nach Berlin überführt werden. Schinkel entwarf auf Wunsch und Kosten des Kreises Gransee eine durchsichtige, neogotische Miniaturkathedrale aus schwarzem Eisenguß. Angesichts der tränenreich-sentimentalen Inschriften an beiden Seiten des Sockels reagierte Fontane nicht, wie man annehmen könnte, mit einem distanzierenden »Na, na«, er selbst war von der »leuchtend-liebenswürdigen Erscheinung« der Königin angetan; er kannte sie gut aus den Erzählungen seines Großvaters, der bis zum Einfall Napoleons Sekretär Ihrer Majestät gewesen war. »Die moderne Historie weist kein ähnliches Beispiel von Reinheit, Glanz und schuldlosem Dulden auf... *Mehr* als von der Verleumdung ihrer Feinde hat sie von der Phrasenhaftigkeit ihrer Verherrlicher zu leiden gehabt. Sie starb *nicht* ›am Unglück ihres Vaterlandes‹, das sie freilich bitter genug empfand. Übertreibungen, die dem einzelnen seine Gefühlswege vorschreiben wollen, reizen nur zum Widerspruch.

Das Luisen-Denkmal in Gransee hält das rechte Maß: es spricht nur für sich und die Stadt und ist rein persönlich in dem Ausdruck seiner Trauer. Und deshalb rührt es.«

Als Denkmal für eine Königin wäre es Mitte des 20. Jahrhunderts beinahe Opfer radikaler Bilderstürmerei geworden, nur der Umstand, daß es der hochgeschätzte Schinkel entworfen hatte, rettete es vor dem Abriß. Zu Schinkels 200. Geburtstag wurde es sorgfältig restauriert. Fontane hätte sicher seinen ironischen Vers darauf gemacht.

(Zitate, soweit nicht anders vermerkt, aus »Wanderungen« I, Kapitel »Gransee«.)

Ausflug nach Hoppenrade

»Es sind jetzt zwanzig Jahre, daß ich, gleich bei Beginn meiner Arbeiten über Ruppin und Rheinsberg, zum ersten Male nach *Hoppenrade* kam... und nicht ohne Neugier und Erregung war es, daß ich nach dem ›verwunschenen Schlosse‹ hin aussah... Niemand aber kam, uns zu begrüßen, freilich auch niemand, uns den Zutritt zu wehren, und so halfen wir uns denn schließlich selbst, öffneten die nur angelegte Tür und stiegen... die breite, flachstufige Treppe hinauf, deren schöngeschnitztes und noch wohlerhaltenes Geländer uns auf den Reichtum hinwies, der dies alles einst ins Leben gerufen. Auf den Reichtum und den guten Geschmack... Ich fragte, wer das alles gebaut und bewohnt habe? Der Freund aber zuckte nur mit den Achseln«. Auch die Schloßkapelle gab keinen Hinweis. Calvinistische, katholische und freimaurerische Elemente gaben nur noch mehr Rätsel auf. Einziger Anhaltspunkt war ein Bredowsches Wappen. Man verwies die Besucher an »die Oll Stägemannsch«, die mal eine Art Kammermädchen bei Fräulein Clara gewesen, »die ja nu wieder die Tochter von der Frau von Wülknitz war« und die Enkelin der Frau von Arnstedt, die man die »Krautentochter« nannte. Von drei Ehen plapperte sie, von Kindesraub, einem Duell und dem Rheinsberger Hof... Trotz aller Konfusion hörte der Balladendichter alle Glocken läuten.

»Eine Stunde später schied ich von Hoppenrade, fest entschlossen, das Dunkel nach Möglichkeit zu lichten.«

Die geschilderte erste Begegnung mit dem geheimnisumwitterten Schloß fand im Frühsommer 1861 statt, doch erst im Oktober 1888 erschien das Kapitel »Hoppenrade und die Krautentochter« in dem Band »Fünf Schlösser«; das heißt, Fontane hatte sich über zwei Jahrzehnte bemüht, das Knäuel rätselhafter Andeutungen zu entwirren, ja, überhaupt erst einmal das richtige Fadenende zu finden. Wie er dabei vorging, ist kennzeichnend für seine Arbeitsweise und sein beharrliches Am-Ball-

Bleiben, wenn ihn etwas wirklich interessierte: 1864 bat er Mathilde von Rohr, sich nach Herrn von Wülknitz umzuhorchen; doch der war mit unbekanntem Aufenthalt in die Schweiz gezogen. 1873 sollte Hoppenrade in die »totale Neugestaltung« des Ruppin-Bandes einbezogen werden, aber noch immer fehlte »der Schlüssel, der zu den Geheimnissen schließt«.

Vielleicht lag sein Zauber nur in seiner Unbewohntheit? Er korrespondierte mit Förstern und Dorfschulzen, schließlich animierte er Schwester Elise in Neuruppin, die ihm so oft bei Recherchen behilflich war, »wirklich historisch-romantisches Lüderlichkeitsmaterial« über das Leben der Arnstedts aufzutreiben (29. 1. 1873).

Im April 1874 fuhr er mit einem Herrn Berr, Rittergutsbesitzer aus Löwenberg, nach Hoppenrade und verkündete seiner Frau Emilie aufatmend: »Die Ausbeute, die sich ausschließlich auf Frau von Arnstedt und die Prinz-Heinrich-Zeit bezieht, ist glänzend« (23. 4. 1874). Immerhin wußte er nun, daß sie in erster Ehe mit dem britischen Gesandten Elliot, in zweiter mit dem ostfriesischen Freiherrn von Knyphausen und zuletzt mit dem Rittmeister von Arnstedt vermählt gewesen war. Elliot und Knyphausen hatten sich unter mysteriösen Umständen duelliert. Wer konnte etwas über die Hintergründe wissen?

1880 ergab es sich, daß Fontane im Zusammenhang mit seinen Arbeiten am »Liebenberg-Kapitel« in freundschaftliche Beziehungen zu der Familie des Fürsten Eulenburg trat. Ein Freund des Hauses war der Neffe des Grafen Edzard von Knyphausen auf Schloß Lütetsburg in Ostfriesland. Er vermittelte, und so durfte Fontane im Juli 1880 das Familienarchiv einsehen. Er stieß auf »wahre Schätze« und schwärmte seiner Frau gegenüber, dies müsse eines der »brillantesten« Kapitel werden.

Im August arbeitete er daran in der Wernigeroder Sommerfrische – und merkte, wie vieles im Leben der Krautentochter sich ihm noch verbarg. Er bat Ernst Dominik, in seiner Wochenschrift »Der Bär« nachforschen zu lassen, wer über die Familienverhältnisse des Karl Friedrich von Kraut, Hofmarschall des Prinzen Heinrich, Auskunft geben könne. Es meldete sich Amtsgerichtsrat Hermann Klingner aus Gransee, der detaillierte Angaben über den langjährigen Prozeß um das Krauten-Erbe machen konnte. Das Erbe umfaßte Löwenberg, Hoppenrade, Teschendorf und Grüneberg, und der Streit um dieses Besitztum zwischen den Familien Bredow und Kraut erwies sich als Dreh- und Angelpunkt der ganzen Geschichte, nicht, wie angenommen, Liebe und Intrige allein.

Fontane warf den fast fertigen Essay in den Papierkorb und begann von vorn. »Wenn ich damals in irgendeiner Löwenberger Kirchenbuchnotiz ein paar kurze Angaben über die Abstammung der Krautentochter hätte entnehmen können, so hätte mir das genügt, und die Welt hätte weiter nichts erfahren als eine freilich mit allen Schikanen ausstaffierte Liebesgeschichte. Daß ich eine solche Kirchenbuchnotiz *nicht* fand, daß ich monatelang nicht feststellen konnte, wer die Krautentochter eigentlich gewesen sei, diesem glücklich-unglücklichen Umstande verdank ich die ganze neue Gestalt meiner Arbeit. Das Suchen nach dem Genealogischen führte mich, an Ihrer Hand, in das Prozessualische, und die Akten gaben ungeahnte Schätze heraus... und aus einer bloßen Duell- und Liebesgeschichte wird ein *Zeitbild*, in dem zahlreiche Personen und Interessen mitspielen« (an Klingner, 9. und 12. 9. 1880).

Je mehr er über die Krautentochter erfuhr, desto tiefer spürte er, daß sie von der Familienfehde »fühlbarer getroffen wurde als von den paar Pistolenschüssen, die Gemahl und Liebhaber aufeinander abfeuerten«.

Von Mai bis Juni 1882 erschien die »Legende von der Krautentochter« in der »Vossischen Zeitung« und fand bei den Lesern großen Anklang. Sie enthielt alle Ingredienzen zu einem echten Reißer: höfischer Glanz, Raffgier, Eifersucht, Duell, Flucht, tödliche Krankheit; und die Hauptheldin schwankend zwischen jugendlich Naiver und gefallsüchtiger Lebedame. Alles ist in dem Hoppenrade-Kapitel enthalten, und doch trägt es keinerlei kolportagehafte Züge. Es erzählt von dem Lebensweg eines schönen Kindes, das 1762 als Tochter eines Hofmarschalls und einer Hofdame geboren, mit fünfzehn an den britischen Gesandten verheiratet wird, »weil ein Gesandter eine gewisse Garantie bot, über kurz oder lang abberufen und an einem vielleicht weit entfernten Hofe beglaubigt zu werden. Trat dieser Fall ein, so lag *ihr*, der Mutter, ob, in der Heimat nach dem Rechten zu sehen, *sie* war dann Herrin aller Güter«.

Elliot, amüsant, launisch und exzentrisch, liebte seine Kind-Frau mit der Zuneigung eines bösen Knaben, der »heute mit der Puppe spielt, morgen sie schlägt und piekt und übermorgen sie aufschneidet, um zu sehen, wie's drin aussieht und ob sie ein Herz hat. Es scheint indessen, daß die junge Frau diese Launen ertrug, bis das ridikül eifersüchtige, vor aller Welt sie bloßstellende Benehmen ihres Gatten ihr ein Zusammenleben mit ihm unerträglich machte.«

Eine Tochter wurde geboren, Elliot an den dänischen Hof versetzt, die Mutter drängte die junge Frau, ihm zu folgen, »um sich derweilen ihres Vermögens bemächtigen zu können«. Charlotte weigerte sich. Um sie zu zwingen, entführte man die vierjährige Tochter. Einziger Schutz war ihr in dieser Zeit der wesentlich ältere Baron von Knyphausen. Elliot ließ ihn verfolgen, überfallen und forderte ihn zum Duell. Die Ehe wurde geschieden. Ein Jahr später war die Zweiundzwanzigjährige offiziell Baronin Knyphausen.

Es folgten glückliche Jahre, in denen zwei Kinder geboren wurden. 1787, nach beträchtlicher Erbschaft, stand die Familie auf der Höhe ihres Lebens, da erkrankte Knyphausen an Knochenfraß und starb zwei Jahre lang einen qualvollen Tod. Wochenlang saß die Witwe wie betäubt in Hoppenrade, aber »sie war nicht geschaffen, einem Schmerz zu leben oder gar unglücklich zu sein«.

Ein Jahr später war sie »verheiratet mit dem dem Prinz Heinrichschen Hofe zugehörigen Rittmeister von Arnstedt«. Er war »hübsch und heiter... immer geneigt einen Scherz zu machen und sich über das Morgen nicht zu grämen... Das entsprach ihrer Natur... Sie lachte so gern. Und warum auch nicht? War sie doch noch jung. Ihr neunundzwanzigster Geburtstag fiel in die Flitterwochen ihrer dritten Ehe«. Drei Kinder kamen in drei ungetrübten Jahren, man pendelte zwischen Rheinsberg und Hoppenrade, arrangierte lebende Bilder und Maskeraden.

Doch 1802 starb der alte Prinz, und mit ihm verblaßte der Glanz von Rheinsberg. In Jahresfrist verwandelte sich Arnstedt von einem amüsanten Gesellschafter in einen wüsten Spieler und Trinker. Die Bredows fochten erneut das Erbe an, Napoleonische Truppen plünderten und brandschatzten, bei Arnstedt »zeigten sich Geistesstörungen«, die eine gesetzliche Scheidung unerläßlich machten. Charlotte, die nun mit allem allein fertigwerden mußte, gab ihn ins Pfarrhaus zu Hakenberg in Pension, wo er noch vierzig Jahre lang »zu Tode gefüttert« wurde.

Vom einstigen Besitz blieben nur noch 9000 Morgen Wald übrig, der nach und nach zu Geld gemacht wurde. Der bedenkenlose Förster half der Gnädigen Frau über die Misere nach dem Motto: »Après nous le déluge.« »Und wirklich, als die Sündflut kam, war es ›après‹, und die lebenslustige Dame, die nicht sparen und marchandieren... auch nicht entbehren oder gar entsagen gelernt hatte, war nicht mehr unter den Lebenden.« Sie starb, 57 Jahre alt, und hinterließ beträchtliche Schulden. Fontane enthielt sich einer moralischen Wertung: Sie war der »Typus einer ›vornehmen Dame‹ des vorigen Jahrhunderts«, man mußte sie »nicht bloß aus ihrer Epoche, sondern vor allem auch aus ihrem *Gesellschaftskreise* heraus beurteilen, ... darin der Charakter nicht viel und die Tugend noch weniger bedeutete und in dem, bei Beurteilung schöner Frauen über vieles hinweggesehen werden durfte, wenn sie nur über *drei* Dinge Verfügung hatten, über Schönheit, Esprit und Charme.«

(Bemerkt sei in diesem Zusammenhang, daß sich Fontane zu gleicher Zeit, als er dies niederschrieb, mit einem ähnlichen Typus beschäftigte, mit »Cécile«.)

Was erinnert noch an die Krautentochter?

Die *Schloßkapelle* mit dem »Ansehen eines Rokokosaales« aus dem Jahre 1724 mit den widerspruchsvollen Requisiten und dem Bredowschen Wappen. Sie wurde 1958 restauriert.

Das *Schloß*, das Fontane ein »Bild der Unordnung und Wirrnis« bot, befindet sich in einem erbarmungswürdigen Zustand. Wahrscheinlich ist der Streit um das Erbe erneut entbrannt. Man besucht es am besten im Novembernebel oder »in Schnee-Einsamkeit«. Dann kann man sich die schöne, junge Witwe vorstellen, wie sie trauernd aus dem Fenster blickt »in die Schneelandschaft hinaus, die lange Linie der Pappelweiden hinunter, aus deren Gipfeln einzelne Krähen in den dunkel geröteten Abendhimmel aufflogen«.

Ihre sterblichen Überreste ruhen neben denen des Freiherrn von Knyphausen in der Erbbegräbnisstätte der Krauts in der Nikolai-Kirche zu Berlin.

(Zitate, soweit nicht anders vermerkt, aus »Fünf Schlösser«, Kapitel »Hoppenrade«.)

Grossbeeren

»Zwei Meilen südlich von Berlin liegen die berühmten Felder von Großbeeren. Wer häufiger die Eisenbahn benutzt, die daran vorüber ins Anhaltische und Sächsische führt, wird es nicht selten erlebt haben, daß Fremde, die bis dahin lesend oder plaudernd in der Ecke saßen, plötzlich sich aufrichten und, mit dem Finger auf die weite Ebene deutend, halb zuversichtlich, halb frageweise die Worte sprechen: ›Ah, c'est le champ de bataille de Großbeeren!‹

Und wie die Fremden davon wissen, so natürlich vor allem auch die Berliner, die den ›Tag von Großbeeren‹ an jedem 23. August in pflichtschuldiger Dankbarkeit feiern.«

In der Klödenschen Gewerbeschule, die Theodor Fontane von 1833 bis 1836 besuchte, wurde dieses Siegestages natürlich auch gebührend gedacht, nur befremdete den frühzeitig mit einem ausgeprägten Sinn für das Historische ausgerüsteten Knaben, daß niemand so recht »von den Einzelheiten oder gar von dem Gesamtgange der Schlacht zu berichten« wußte. Er beschloß, selbst nach Großbeeren zu fahren, um sich ein Bild zu machen. »Ich trieb mühevoll einen Tagelöhner auf, der den Schlachttag noch miterlebt und aus seinem Versteck heraus ein paar Tschakos oder Bajonettspitzen gesehen hatte. Das war alles.« Er befragte auch zwei Invaliden. »Sie wußten absolut nichts von jenem Schlachtfelde, das jahraus, jahrein zu ihren Füßen lag und dessen bestellte Wächter sie waren, und nichts von jenem Kirchhof, um dessen Besitz einst so heiß gestritten ward.«

Er verfaßte einen Schulaufsatz über Großbeeren, erhielt dafür das Urteil »Recht gut« und ahnte nicht, daß er ein Vorspiel zu seinen späteren »Wanderungen« geliefert hatte.

Alles, was mit den Befreiungskriegen zusammenhing, war ihm von Kindheit an vertraut, nicht zuletzt aus den lebhaften und dramatisch ausgeschmückten Erzählungen seines Vaters, der selbst daran teilgenommen hatte. Im April 1813 war Louis Henri Fontane, noch nicht siebzehnjährig, mit fünfzig anderen Freiwilligen von Berlin aus gen Sachsen und gegen Napoleon gezogen. Am 2. Mai gerieten sie in die Schlacht bei Großgörschen. »Mein Vater erhielt eine Kugel in den Tornister, die, nach Durchbohrung eines kleinen Wäschevorrats, in den Pergamentblättern einer dicken Brieftasche steckenblieb. Diese Brieftasche mit der Kugel darin hab ich mir oft zeigen lassen« (»Meine Kinderjahre«, Kapitel »Meine Eltern«).

Obwohl der Vater bei Großbeeren nicht mitgekämpft hatte, behielt dieser Ort für Fontane doch eine besondere Anziehungskraft. Als Wanderer kehrte er 1860, 1861 und 1881 dorthin zurück. 1860 schrieb er – zunächst für die »Kreuz-Zeitung« – nur über den »Geist von Beeren«; es ist die Spinnstubengruselgeschichte eines Wüstlings, dem Groß- und Kleinbeeren gehörte, der mit allen Gutsnachbarn und Regierungsbeamten im Streit lag und Böses hervorbrachte noch über seinen Tod hinaus. Seine zahlreichen illegitimen Nachkommen starben, oft auf rätselhafte Weise, selbst »der nächste Besitzer verlor sein Vermögen ... Der Unsegen blieb.«

Der »nächste Besitzer« war, mütterlicherseits, Fontanes Großonkel Mumme. Er besaß das Gut von 1824 bis 1827 und lebte in scheinbar glänzenden Verhältnissen. Wenn die Neuruppiner Verwandten zu Besuch kamen, ließ er sie in einer Kutsche mit kirschroten Samtpolstern abholen; »und in diesem weithin leuchtenden Prachtstück, wenn wir in Berlin zu Besuch waren, nach Klein Beeren abgeholt zu werden, bedeutete uns allen ... ein hohes Fest, nicht viel anders, als wenn wir zu Hofe gefahren wären« (ebenda).

So sehr war der fünfjährige Knabe beeindruckt, daß er sich noch als memoirenschreibender alter Herr daran erinnert. Leider, so schloß er das Kapitel, »schlief das alles ein. Onkel Mummes Stern verblaßte«. In den »Wanderungen« wird sein Name nicht genannt und sein Ende mysteriös umschrieben. In Wahrheit hatte Onkel Mumme sich durch seine Großmannssucht ruiniert. – Im April und im Juli 1881 kam Fontane noch einmal nach Großbeeren. Diesmal, um für die »Vossische Zeitung« zum 68. Jahrestag der Schlacht eine Darstellung der Ereignisse zu geben, deren

Resultat alle feierten, deren Hergang aber kaum jemand kannte. Dem Autor kamen dabei die Erfahrungen zugute, die er bei seinen Kriegsbüchern hatte sammeln können. Hier wie dort ging er zunächst von der historischen Situation aus: Napoleon und seine schwer angeschlagene Grande Armée mußten am 4.6.1813 mit Rußland und Preußen einen Waffenstillstand vereinbaren; beide Seiten waren gezwungen, Reserven heranzuschaffen. Am 11.8. sollte die Atempause vorbei sein. Am gleichen Tag erklärte Österreich Frankreich den Krieg. Napoleon setzte nun alles auf eine Karte und befahl Marschall Oudinot, dessen Truppen bei Luckau lagerten, »den Feind rasch zurückzudrängen, Berlin einzunehmen, die Bewohner zu entwaffnen, die Landwehr aufzulösen und die Haufen schlechter Truppen zu zerstreuen«. Fontane versuchte, in Worten und vereinfachten Gefechtsskizzen darzustellen, wie Oudinot begann, den Befehl auszuführen, und wie General von Bülow darauf reagierte; die Schilderungen der Kommandeursebene bereicherte er mit Augenzeugenberichten aus Großbeeren und Berlin, wo der Kanonendonner schon zu hören war.

Die Schlacht selbst gab er präzise im Stil eines Kriegsberichterstatters wieder, enthielt sich dann aber doch nicht einer persönlichen Wertung. Entgegen den Weisungen des Oberkommandierenden, des schwedischen Kronprinzen Bernadotte, der sich hinter Berlin zurückziehen wollte, wagte General von Bülow trotz strömenden Regens den Angriff. Berlin sollte um jeden Preis verschont und gerettet werden. Während Bernadotte in seinem Ruhlsdorfer Biwak sich aus allem heraushielt, erfochten preußische Truppen – zum Teil unerfahrene Landwehrmänner – zusammen mit russischen Batterien und Kosaken den Sieg. Auf französischer Seite fielen in dieser Schlacht knapp 4000 Mann, darunter Württemberger, Badenser und Sachsen; auf preußischer Seite waren 1100 Tote zu beklagen, »alle vom Bülowschen Corps. Auf Seiten der Schweden war nur *ein* Offizier verwundet worden«. Am Tage danach ließ Graf Bernadotte verlauten, der Sieg sei einzig und allein seiner Befehlsführung zu verdanken. Fontane nannte diese vermessene Verdrehung der Tatsachen dezent »ein Bulletin, in welchem er mit nicht allzu großer historischer Treue die Begebenheiten der letzten Tage bekanntmachte«.

Die Schlacht von Großbeeren war für die Berliner – und nicht nur für sie – eine entscheidende: »Es bleiben ... solche vor den Toren einer Hauptstadt geschlagenen Schlachten immer ganz besonders im Gedächtnisse der Menschheit, einfach deshalb, weil die Zahl der durch solche Kämpfe zu *direkter* Dankbarkeit Verpflichteten um vieles größer ist als bei Provinzial- oder gar Auslandsschlachten. Und so kommt es denn auch, daß Großbeeren – beispielsweise weit über das im übrigen sehr verwandte Dennewitz hinaus – ein Lieblingstag in unserer berlinisch-brandenburgischen Geschichte geblieben ist, fast *so* beliebt und gefeiert wie Fehrbellin.«

Wie in den Kriegsbüchern von 1864, 1866 und 1870/71 schilderte er auch hier Tapferkeit und Leiden, menschliche Tugenden und Schwächen auf beiden Seiten. Diese zutiefst humanistische Betrachtungsweise widersprach dem obligatorischen Feindbildklischee und stieß bei dem Allerhöchsten Kriegsherrn auf völliges Unverständnis. Als der wirtschaftlich noch immer auf schwachen Füßen stehende Autor dieser Bücher um eine monatliche Zuwendung aus dem kaiserlichen Unterstützungsfonds für Schriftsteller bat, ließ ihn der Kaiser wissen, er sähe keinen Grund, ihm gegenüber wohlwollend oder gnädig zu sein ...

Sehenswürdigkeiten

Aus welcher Himmelsrichtung man sich auch immer Großbeeren nähern mag, man stößt unweigerlich auf den 32 Meter hohen *Gedenkturm*. An seiner nördlichen Stirnseite ist eine Inschrift eingemeißelt: »Hier wurde am 23. 8. 1813 die französische Armee von den preußischen Truppen unter General von Bülow geschlagen. Der Sieg bewahrte Berlin vor drohender französischer Besetzung.« Der Schlachtverlauf wird im Turm anschaulich dargestellt; ein Zinnfigurendiorama zeigt die Ausgangsstellung des Battements, und wer Fontanes Großbeeren-Kapitel in den »Wanderungen« gelesen hat, kann, nachdem er die obere Plattform des Turms betreten hat, die ganze Schlacht noch einmal vor seinem geistigen Auge Revue passieren lassen. Der Phantasie sind kaum Grenzen gesetzt. Auf dem ehemaligen Schlachtfeld dehnen sich nun Gemüse- und Rieselfelder.

Fontane hat diesen Turm nicht mehr gesehen. Er wurde erst 1906 errichtet.

Die *Kirche* wurde nicht, wie Fontane annahm, ein Opfer des erbitterten Ringens um den Friedhof, sie war schon 1760 im Siebenjährigen Kriege abgebrannt. In ihrer Ruine kämpften an jenem 23. August im Dienste Napoleons stehende sächsische Soldaten gegen preußische Landwehrmänner; als ihre Flinten im strömenden Regen versagten, gingen sie mit Bajonetten und Gewehrkolben aufeinander los.

Die von 1818 bis 1820 erbaute neogotische Kirche trägt unverkennbar die Handschrift Karl Friedrich Schinkels, ebenso das ganz in der Nähe befindliche »*gußeiserne Monument*«, das zur Erinnerung an den 23. August 1813 errichtet wurde. Es trägt die Inschrift: »Die gefallenen Helden ehrt dankbar König und Vaterland.« Dieses, einer durchsichtigen neogotischen Minikathedrale vergleichbare Monument hat Fontane beschrieben.

General von Bülow erhielt 1906 am Ostrand des Ortes, auf dem einst so heiß umkämpften Mühlenberg, eine zehn Meter hohe Pyramide aus behauenen Granitfindlingen. Eine Bronzetafel zeigt den General in markantem Profil, darunter einen Ausspruch, den er unmittelbar vor dem Angriff seinem Oberbefehlshaber übermittelt haben soll: »Unsere Knochen sollen vor Berlin bleichen. Nicht rückwärts!« Dieser Satz ist zwar nicht verbürgt, doch auch Fontane zitierte ihn; und in Stein gemeißelt wird er schließlich der Nachwelt als Wahrheit erscheinen.

(Zitate, soweit nicht anders vermerkt, aus »Wanderungen« IV, Kapitel »Großbeeren«.)

Der Grosse Stechlinsee

»Da lag er vor uns, der buchtenreiche See, geheimnisvoll, einem Stummen gleich, den es zu sprechen drängt. Aber die ungelöste Zunge weigert ihm den Dienst, und was er sagen will, bleibt ungesagt.« So wird der Stechlinsee in den »Wanderungen durch die Grafschaft Ruppin« eingeführt. Es ist eins der frischesten und lebendigsten Kapitel und fußt auf einer Kutschfahrt, die Fontane im September 1873 unternahm. Ihm zur Seite Alexander Gentz, ein Freund aus Ruppiner Kindheitstagen. Für beide war es eine Art Nostalgietour; in übermütiger Laune ging es »über Stubben und Wurzeln... holterdiepolter... Entzückendes Steeplechase; das Gefühl der Fährlichkeit geht in der Wonne des Hindernisnehmens unter«.

Hineingeboren in diese Landschaft, die noch zur Ruppiner Schweiz gehört, entdeckte er sie nun, als reifer Mann, aufs neue. Man berichtete ihm horrible Geschichten von blutigen Fehden zwischen Förstern und Wilderern, von Glasbläsern und waghalsigen Fischern, die den Roten Hahn herausforderten, »der unten auf dem Grunde des Stechlin sitzt«. Dann steigt er, rot und zornig, heraus »und schlägt den See mit seinen Flügeln, bis er schäumt und wogt, und greift das Boot an und kreischt und kräht, daß es die ganze Menzer Forst durchhallt«.

Unvergeßlich blieb dem Dichter die geheimnisumwobene Schönheit des märkischen Sees. In seinem letzten Roman kehrte er noch einmal dorthin zurück. Alle Weisheit und Erfahrung eines langen Lebens flossen hier zusammen: Die unglückliche Liebe zum märkischen Adel und die Einsicht, daß von ihm nichts mehr zu erwarten war und die Zukunft ganz anderen Kräften gehörte. Trotz zunehmender »Nervenpleiten« und seelischer Depressionen arbeitete er unermüdlich daran, den Adel so zu schildern »wie er bei uns sein *sollte*, und wie er *ist*« (an Carl Robert Lessing, 8. 6. 1896). Fontane selbst sprach mehrfach vom »Stechlin« als von einem »politischen Roman«. Um Mißverständnissen vorzubeugen, verwendete er diesen

Begriff allerdings nicht, als er 1897 das fertige Manuskript der Redaktion »Über Land und Meer« zum Vorabdruck anbot. Da bildete einzig und allein der Stechlinsee das Leitmotiv: »Dieser See, klein und unbedeutend, hat die Besonderheit, mit der weiten Welt draußen in einer halb rätselhaften Verbindung zu stehn, und wenn in der Welt draußen ›was los ist‹, wenn auf Island oder auf Java ein Berg Feuer speit und die Erde bebt, so macht der ›Stechlin‹, klein und unbedeutend wie er ist, die große Weltbewegung mit und sprudelt und wirft Strahlen und bildet Trichter. Um dies – so ungefähr fängt der Roman an – und um *das* Thema dreht sich die ganze Geschichte.«

Ende 1898 sollte »Der Stechlin« als Buch im Verlag Friedrich Fontanes erscheinen. Am 28. September legte der Autor den letzten Korrekturbogen aus der Hand – am Abend hörte sein Herz auf zu schlagen.

Fritz Mauthner, aus dem späten Freundeskreis um Schlenther und Brahm, veröffentlichte am 8. November 1898 im »Berliner Tageblatt« die wohl einfühlsamste Besprechung des Werkes, er nannte es »nicht mehr und nicht weniger als das Testament Theodor Fontanes. Fontanes letzte Gedanken über Gott und die Welt, über Bismarck und den Alten Fritz, über Preußen und die Mark Brandenburg, über die soziale Frage und über die Armee, über Mannesseelen und über Frauenherzen... Und am Ende haben wir gar etwas wie den Abschluß seiner Selbstbiographie vor uns...« Über das Stechlin-Motiv machte sich Mauthner eigene Gedanken:

»Dubslav weiß, daß dieser märkische See, der für gewöhnlich so wohldiszipliniert daliegt, im Grunde ein Revolutionär ist, der gleich mitrumort, wenn irgendwo was los ist. An wen sollen wir dabei denken? An die Mark Brandenburg? An den Junker Dubslav? An Theodor Fontane?«

Keine andere Rezension ging in ihrem Verständnis des Romans so weit, keine erreichte ihre Warmherzigkeit.

Der Tod des Dichters steigerte den Verkauf des Werkes. Viele Leihbibliotheksleser vermißten allerdings die Romanfabel. Der Autor hatte es weise lächelnd vorausgesehen: »Ein Alter stirbt und zwei Junge heiraten sich«, das werde manchen langweilen... Doch er wollte ja keine Liebesgeschichte erzählen, sondern zeitgenössische Genrebilder zu einem Gesellschaftspanorama zusammenfügen; das reichte von der Domina des Klosters Wutz mit ihren grotesk versteinerten Ansichten, über den Grafen Barby, der sich an der Themse zu einem Weltmann entwickelt hatte, bis zu dem Häuslerkind mit den roten Strümpfen, das dem sterbenden Dubslav letzter Lichtblick war. Und dazwischen eine Fülle einzigartiger, aber in ihrem Verhalten wiederum typische, liebenswürdige oder skurrile Naturen. Manchmal hört man den Dichter selbst heraus, aus dem Munde der geistreich-ahnungsvollen Melusine, des freisinnigen Pastors Lorenzen oder des alten Stechlin, der dem Autor in vielen Dingen ähnelte: »Dünkel und Überheblichkeit (während er sonst eine Neigung hatte, fünf gerade sein zu lassen) waren so ziemlich die einzigen Dinge, die ihn empörten.« Und fontanisch klingt auch, wenn er den Alten brummen läßt: »Unanfechtbare Wahrheiten gibt es überhaupt nicht, und wenn es welche gibt, so sind sie langweilig.«

So stimmig wie die Charaktere und ihre Anschauungen ist auch die Szenerie. Fast photographisch genau wird das Dorf beschrieben: »Etwa hundert Häuser und Hütten bilden hier eine lange, schmale Gasse, die sich nur da, wo eine von Kloster Wutz her heranführende Kastanienallee die Gasse durchschneidet, platzartig erweitert. An eben dieser Stelle findet sich denn auch die ganze Herrlichkeit von Dorf Stechlin zusammen: das Pfarrhaus, die Schule, das Schulzenamt, der Krug, dieser letztere zugleich ein Eck- und Kramladen mit einem kleinen Mohren... in seinem Schaufenster«, Kirchhof und Feldsteinkirche, dann das Herrenhaus »mit hohem Dach und zwei Blitzableitern... Es hatte denselben nüchternen Charakter wie fast alles, was unter dem Soldatenkönig entstand« (»Der Stechlin«, Kapitel 1).

Unzählige Roman-Leser fuhren – und fahren noch heut – zum Großen Stechlinsee, um dieses Dorf zu suchen. Sie landen vermutlich in Neuglobsow am »Fontane-Haus«, einem hübschen Fachwerkbau, in dem der Dichter übernachtet haben soll. Erwiesen ist es nicht.

Für das Kloster Wutz, so erfährt der Wanderer heute, habe Kloster Lindow Modell gestanden. Dorf Stechlin ist unauffindbar. In alten Kirchenbüchern wird es als Wüstung erwähnt. Und doch ist kein Grund, enttäuscht umzukehren, der See macht alles wieder gut: »Zwischen flachen, nur an einer einzigen Stelle steil und quaiartig ansteigenden Ufern liegt er da, rundum von alten Buchen eingefaßt, deren Zweige, von ihrer eignen Schwere nach unten gezogen, den See mit ihren Spitzen berühren... kein Kahn zieht seine Furchen, kein Vogel singt, und nur selten, daß ein Habicht drüber hinfliegt und seinen Schatten auf die Spiegelfläche wirft« (ebenda).

Hat der Stechlinsee wirklich »Verbindung mit der Welt da draußen«? Es kreuzten sich hier zwei Schmelzwasserströme der Eiszeit, das gab dem See die ungewöhnliche vierarmige Form und seine enorme Tiefe; außerdem ist er stark den Winden ausgesetzt: Jagt der Wind von Westen über die weite Wasserfläche und bricht sich am Steilufer, dann schäumt Gischt auf, Windwirbel entstehen und haushohe Fontänen tanzen in irren Kreisen übers Wasser. Wer dann mit dem Boot draußen ist, begreift angstvoll die Sage vom Roten Hahn, der auf dem tiefen Grund wohnen soll.

Selbst nüchterne Naturwissenschaftler läßt der Stechlin nicht unberührt; wieviel stärker aber wirkt seine Zauberkraft auf die Leser des Romans. Wer sich ihr hingibt, wird vielleicht über dem gleißenden Wasserspiegel wie eine Fata Morgana das gelbgetünchte Herrenhaus erblicken mit der Aloe im Kübel davor und dem wuchernden Wasserliesch; und auf dem lichtflirrenden Waldweg unter den alten Buchen wird er Melusines Stimme wispern hören: »Alles Alte, soweit es Anspruch darauf hat, sollen wir lieben, aber für das Neue sollen wir recht eigentlich leben. Und vor allem sollen wir, wie der Stechlin uns lehrt, den großen Zusammenhang der Dinge nie vergessen. Sich abschließen heißt sich einmauern, und sich einmauern ist Tod. Es kommt darauf an, daß wir *das* beständig gegenwärtig haben.« Und: »es ist nicht nötig, daß die Stechline weiterleben, aber es lebe

der Stechlin.«

(Zitate, soweit nicht anders vermerkt, aus »Wanderungen« I, Kapitel »Die Menzer Forst und der Große Stechlin«; »Der Stechlin«, Kapitel 29 und 46.)

Hankels Ablage

»Mein lieber Lepel... Mit mir geht es passabel, was ich einer vorläufigen Sommerfrische, die ich in ›Hankels Ablage‹ nahm, zuschreibe. Hankels Ablage liegt an der Görlitzer Bahn, halben Weges zwischen Schmökwitz und K. Wusterhausen. Ich war 14 Tage da und habe nie einen beßren Sommer-Aufenthalt gehabt: still, himmlische Luft, Wasser und Wald, ausreichende Verpflegung und freundliche Leute. Was will man mehr!« (an Bernhard von Lepel, 27. 5. 1884).

Zwei schwülwarme, regenreiche Wochen hatte Fontane an dieser idyllischen Bucht der Wendischen Spree verlebt und acht entscheidende Kapitel seiner Novelle »Irrungen, Wirrungen« zu Papier gebracht. In den Briefen an Frau Emilie heißt es: »Mein Zimmer ist reizend, und der Blick über den Vorgarten fort auf den bewegten Strom und die Heide dahinter erquickt mich. Die Luft ist ozonreicher als nötig und macht mich fiebrig... dennoch fühle ich, daß sich meine Nerven dabei erholen« (12. 5. 1884).

»Verpflegung ganz nach meinem Geschmack, und Herr und Frau Käppel sehr nette Leute, selbst *sie*, trotzdem sie Berlinerin ist... Herr Käppel unterhält mich dann und wann auf 10 Minuten... Über die Geschichte von Hankels Ablage bin ich bereits informiert... Heute Vormittag bei gelegentlich fallendem Regen, habe ich ›meine Rate‹ geschrieben, und mit Rücksicht darauf, daß es eine schwierige Situation war, kann ich leidlich zufrieden sein. Ich möchte nicht eher von hier fort, als bis ich mit dem Entwurf des Ganzen fertig bin« (13. 5. 1884).

In Anbetracht der guten Stimmung und der befriedigenden Arbeitsergebnisse lud er Frau und Tochter ein, ihn zu besuchen: »Ich freue mich, Euch am Freitag erwarten zu dürfen...« (14. 5. 1884, vormittags). »Ich halte, – was ich nicht mißzuverstehen bitte – die Nachmittagsfahrt 3 Uhr 10 für besser. In 8 Stunden langweilt Ihr Euch hier todt, aber 4 Stunden ist ein gutes Maß...« (14. 5. 1884, nachmittags). »Eigentlich ist es doch nur ein Platz für ›eine halbe Stunde‹ ... kann man nicht spazierengehen, so hat das Ganze nur den Reiz eines Kuckkastenbildes und eine halbe Stunde in ein und denselben Kuckkasten sehn, ist sehr lang« (15. 5. 1884).

Frau Emilie, in vielen Dingen überempfindlich, nahm ihrem Mann diese »Rückzugsgefechte« nicht übel, sie wußte, daß im Spannungsfeld zwischen Arbeit und Familie die Priorität stets der Arbeit zukam. Ärgerlicherweise mußte sich Fontane am Wochenende aus der kostbaren Schreibstimmung herausreißen, um seinen Kritikerplatz im Königlichen Schauspielhaus einzunehmen. Er wagte nicht, den Chefredakteur der »Vossischen Zeitung« um Urlaub zu bitten. »Mein Ansehen, das ich an maßgebendster Stelle habe, ist nicht groß genug, um mir solche Sprünge zu erlauben. Ja, wenn ich *Frenzel* wäre oder studiert hätte... So bleibt man ein kleiner Töffel und ist unterm Schlitten...« (an Emilie, 13. 5. 1884).

Sicher war diese Rücksichtnahme übertrieben von seiten eines Vierundsechzigjährigen, der bereits unvergessene Balladen, einen Roman, vier Novellen, zwei Bände »Wanderungen« und vier dicke Kriegsbücher veröffentlicht hatte; aber es entsprach seinem Charakter und wohl auch seinen Lebenserfahrungen, die er mit dem grimmigen Seufzer zu kommentieren pflegte: »In Preußen ist einer nichts – ohne Examen.« Kein Wunder also, wenn seine Liebe den »kleinen Töffeln« aller Schattierungen galt. So auch in »Irrungen, Wirrungen«.

Zwar schildert er den Gardeoffizier Botho von Rienäcker sympathisch, billigt ihm mehr Verständnis und Einfühlungsvermögen zu als dem Gros seiner Regimentskameraden – aber was hat er eigentlich gelernt: »Ich kann ein Pferd stallmeistern, einen Truthahn tranchieren und ein Jeu machen. Das ist alles«, läßt er ihn in bemerkenswerter Selbsterkenntnis sagen. Lene hingegen, die durch feine Handarbeiten sich und ihre altersschwache Pflegemutter erhält, schreibt er nicht nur Anmut und Tüchtigkeit zu, sie ist Botho auch an Taktgefühl und Lebensklugheit überlegen.

Beide wissen, daß ihr Herzensbund nicht dauern kann, dennoch möchte sich Botho – wenigstens an ihrem ersten ungestörten Wochenende – dieser schönen Illusion hingeben; Lene dagegen genießt tapferen

Herzens die Stunden des Glücks trotz der Gewißheit, daß alles ein von beiden nicht gewolltes Endes nehmen wird.

Das Schicksalsmotiv klingt mehrfach an, besonders eindringlich in den Kapiteln 11 bis 14, die aus dem märkisch-wendischen Ambiente von Hankels Ablage erwuchsen. Man erkennt deutlich die Szenerie: den Weg vom Haltepunkt der Görlitzer Bahn bis zu dem »Etablissement«; den Wirt, der beim Weine die Geschichte des Ortes erzählt; die Wiese, über die hinweg Fontane über den See blicken konnte. Liebesszenen waren nie seine Stärke, doch diese Wiese inspirierte ihn zu einer der ahnungsvollsten und verhaltensten. Die Charaktere der beiden ungleich Liebenden offenbaren sich im wahrsten Sinne des Wortes durch Blumen. (Eine Szene, in die auch der Apotheker und Botaniker Fontane sein Wissen einbrachte.)

Wer von der Novelle nicht mehr kennt als diese Szene, weiß, daß das Glück bei aller Liebe nicht dauern kann. Und in der Tat: Am nächsten Tag brechen Bothos Regimentskameraden mit ihren halbseidenen Damen ausgelassen lärmend in die Idylle ein, und Wochen später muß Botho von Rienäcker auf Familienbeschluß die reiche Cousine heiraten, um das väterliche Gut vor dem Ruin zu retten. Lene aber wird einem braven, weltverbessernden Werkmeister ihr Jawort geben. So ist das Leben.

Kein Happy-End, auch keine gebrochenen Herzen, wie es die Leser der »Gartenlaube« und ähnlicher Journale à la mode gewöhnt waren. Darum fanden Botho und Lene, als sie 1887 (!) vor das Lesepublikum traten, ein sehr unterschiedliches Echo. Es reichte von Empörung (»Was soll diese gräßliche Hurengeschichte!?«) bis zur Enttäuschung über das Fehlen entrüstungswürdiger Szenen. Nur »Die Zwanglosen«, ein literarischer Verein überwiegend junger Intellektueller, erhoben den achtundsechzigjährigen Autor auf ihren Schild. »Ein Ereignis, das zu erleben ich nicht mehr erwartet hatte« (an Theo jun., 9. 5. 1888). Paul Schlenther schrieb, »Irrungen, Wirrungen« würde noch in hundert Jahren verläßlich Auskunft geben, »wie sich's damals lebte. Sie entsagten, weil sie mußten, aber sie gingen nicht in den Brunnen, sondern sie lebten weiter ihrer Pflicht, und wenn von Zeit zu Zeit beim Gedanken an das verlorene große Glück ein Schwert durch die Herzen fuhr, so wußten sie doch mit ihrem kleinen Rest von Glück gut und treu hauszuhalten; und für die ganze Dauer des glückhaften Lebens nahmen sie mit ein paar seligen Stunden vorlieb« (»Vossische Zeitung«, 1.4. 1888).

Einige Kritiker meinten, dies sei das Märkisch-Preußische an der Geschichte. Fontane selbst gestand während des Schaffensprozesses im Mai 1884 seiner Frau: »Meine ganze Produktion ist Psychographie und Kritik, Dunkelschöpfung im Lichte zurechtgerückt.« – Sie dauerte zwei Wochen und endete mit einem »starken Abattusein«. Niemand merkt der sanft schwingenden, von leiser Wehmut überschatteten Novelle an, daß sie »mit halber und viertel Kraft geschrieben« war. – Insgesamt feilte Fontane drei Jahre daran.

Im Mai 1885 kehrte er noch einmal in Begleitung Metes für ein paar Tage am Zeuthener See ein. Danach nicht wieder. Doch in der Erinnerung bewahrte er das Bild von der verschwiegenen Bucht, wie er sie zum ersten Mal auf einer Segelpartie von Bord der »Sphinx« aus gesehen hatte, »wo nur ein einziges Haus mit einem hohen Schilfdach dicht am Ufer gestanden«. In der Novelle »Stine« beschwor er es noch einmal herauf als das eines verlorenen Paradieses.

Mitte der achtziger Jahre verkaufte August Hankel einen großen Teil des Uferstreifens an Berliner Makler; es wurde lebhaft parzelliert und gebaut. Immer mehr Segler, Ruderer, Dampferpassagiere strömten herbei, und die Eisenbahn brachte an Wochenenden stündlich Heerscharen natur- und vergnügungshungriger Großstädter in den einst so stillen Winkel. Auf besagter Wiese spielte man Blindekuh und Sackhüpfen, es gab Kegelbahnen und allerlei lautstarkes Amüsement, und überall dröhnte das Tschingerassassa der Regimentsmusik. Kein Arbeitsplatz mehr für Fontane.

Ungewollt hatte er diese Entwicklung mitbefördert, indem er – in der »Vossischen Zeitung« vom 28. 5. 1885 – von der Schönheit des Ortes schwärmte und für den Namen »Zeuthensee« plädierte. Bei »Hankels Ablage« vermute jeder »einen Müllhaufen mit etwas Nachtschatten oder Stechapfel darauf, und doch ist umgekehrt alles gestriegelt und gebügelt an dieser Stelle, gehackt und gejätet, und so frisch wie die Wald- und Seeluft, die hier weht...« Fontane plauderte aus der Geschichte, die ihm Herr

Käppel im Jahr zuvor erzählt hatte: Es war ein Hafen- und Stapelplatz, auf dem seit des Großen Königs Zeiten alles »abgelagert« wurde, was von den Dörfern der Herrschaft Königs Wusterhausen angeliefert und auf Spreekähnen weiterexpediert werden sollte. Schiffer, Fuhrknechte und Fischer trafen hier zusammen, alles trinkfreudige Männer; so lag es nahe, einem besonders Vertrauenswürdigen die Schankgerechtigkeit zu erteilen. Dieser Mann hieß Hankel und sein Wirtshaus »Hankels Ablage«. Es erbte sich vom Vater auf den Sohn fort, bis »eine Feuersbrunst das reizend unter alten Ulmen gelegene Haus mit seinem Schilfdach verzehrte... Krug und ›Ablage‹ sind hin, und auf demselben entzückenden Uferstreifen... steht jetzt eine reizende Straße, deren Villen... einerseits auf den Wald... andererseits auf den schönen Zeuthener See blicken. Alle Bewohner dieser Villen schwelgen in soviel Glück, wie das Leben in einem märkischen Idyll und vielleicht das Leben überhaupt nur irgendwie gewähren kann«, nur eines quält sie, so meinte Fontane: Der häßliche Name, der das Ansehen des Ortes schädige und wohlhabende Interessenten abschrecke...

In diesem Punkt irrte er. Der Name schreckte keinen; es blieb ein bevorzugter Wohn- und Erholungsort, obwohl noch 1958 im Ortslexikon der DDR stand: »Hankels Ablage, Wohnplatz zur Gemeinde Miersdorf im Kreise Königswusterhausen gehörig«. Inzwischen ist er mit Miersdorf in die Gemeinde Zeuthen eingegliedert, doch das Andenken an Hankels Ablage wird bewußt wachgehalten.

Fontane-Liebhaber gründeten 1985 einen Freundeskreis, nachdem sie mit Hilfe des Märkischen Museums, der Deutschen Staatsbibliothek und des Fontane-Archivs alles zusammengetragen hatten, was sich auf Leben und Werk des Dichters und diesen Ort bezieht. Nachfahren Hankels unterstützten dieses Unternehmen.

Sehenswertes

Die *Fontane-Ausstellung* ist im Saal des Instituts für Hochenergiephysik in *Zeuthen, Platanenallee 6* zu besichtigen, möglichst an einem Mittwoch und nach vorheriger Anmeldung. Auf besonderen Wunsch ist gewiß auch jemand aus dem Freundeskreis bereit, den Ortsunkundigen auf die Spuren Fontanes hinzuweisen:

Da ist der *Miersdorfer Friedhof* mit den Grabstätten der Fischer- und Gastwirtfamilie Hankel, der *Hankelweg* und der mit Gras und Goldrute überwucherte Bahnsteig des ehemaligen *Haltepunktes »Hankels Ablage«*, an dem Fontane ausstieg und auch »sein Liebespaar« ankommen ließ. Der spätere Bahnhof (S-Bahn-Strecke Berlin-Königs Wusterhausen) befindet sich einen Kilometer nördlich im Zentrum Zeuthens. Das Gasthaus mit dem hohen Schilfdach, das in »Irrungen, Wirrungen« eine so große Rolle spielt, wird man vergebens suchen; es brannte bereits 1883 ab. Fontane wohnte in der benachbarten Villa Käppel. Hankels und Käppels Familiengeschichten werden in der Novelle geschickt vermischt, in Wahrheit hatten sie nichts miteinander zu tun. Wo ihrer beider Häuser einst standen, dehnt sich heute das Gelände des Instituts für Hochenergiephysik.

Geblieben allein ist das noch immer entzückende »Kuckkastenbild« über das Wasser hin nach Rauchfangswerder und weiter bis zu den Müggelbergen. Der Zeuthener See, den Fontane in allen Beleuchtungen schilderte, ist die erweiterte Dahme, die zu seiner Zeit noch die Wendische Spree genannt wurde.

Wenn sich an Baulichkeiten auch nichts mehr findet, das an Fontanes Aufenthalt hier erinnert, so entschädigt der von der Lindenallee in Schmöckwitz bis zum Pulverberg vor Königs Wusterhausen führende, rotweiß-rot markierte Fontane-Wanderweg, der sich durch Zeuthen und Hankels Ablage schlängelt. Wer hier entlang spaziert und vorher noch einmal »Irrungen, Wirrungen« gelesen hat, dem werden die lebhaftesten Bilder vor das geistige Auge treten, seien es die Grabkreuze hinter der Friedhofsmauer, die die halbseidenen Damen so melancholisch stimmten, oder die Kamillenwiese, auf der Lene den beziehungsvollen Strauß für ihren Geliebten hätte binden können. Man weiß, »die Dinge sind nicht richtig, aber wir geben den Dingen ihren richtigen Platz«. Dies schrieb Fontane zwar an anderer Stelle (»Wanderungen« II, Kapitel »Der Blumenthal«), aber hier begreift man, was er damit meinte.

Königs Wusterhausen

»Ich reiste um 6 (Sonnabend) nach Königs Wusterhausen, wo ich's sehr reizend fand, besonders am Abend (Pfingstheiligabend). Die Einfahrt war entzückend und höchst poetisch. Am andren Morgen, wo die Sonne an die Stelle unsichrer Mondbeleuchtung trat, erwies sich vieles als kümmerlich, aber es war doch interessant« (an Emilie, 10. 6. 1862). Mit der erwartungsfrohen Ankunft und der Enttäuschung bei Tageslicht beginnt auch das Kapitel »Königs Wusterhausen« im vierten Band der »Wanderungen«

Fontane liebte es, vor dem Hintergrund einer bestimmten Örtlichkeit den Charakter einer historischen Persönlichkeit auszumalen. In diesem Falle war es der Soldatenkönig. Im Eilschritt ging er darum über die Geschichte der Vorbesitzer – der Schlieben, Quitzows und Schenken von Landsberg – hinweg, um sich desto ausführlicher Friedrich Wilhelm I. zu widmen, der als Zehnjähriger 1698 das »Schenkenlädchen«, die Herrschaft Teupitz mit Wusterhausen, von seinem Vater geschenkt bekam.

»Hier ließ er als Knabe seine ›Kadetten‹ und einige Jahre später seine ›Leibcompagnie‹ exerzieren. Hier übte und stählte er seinen Körper, um sich wehr- und mannhaft zu machen, und hier, nach erfolgtem Regierungsantritte, fanden jene weidmännischen Festlichkeiten statt, die Wusterhausen recht eigentlich zum Jagdschloß par excellence erhoben... Straßen und Parkanlagen entstanden, und mit Recht wechselte der Flecken seinen Namen und erhob sich aus einem Wendisch Wusterhausen zu einem *Königs* Wusterhausen.«

Wie drakonisch es dazumal hier zuging, hatte Fontane in den Memoiren der Prinzessin Wilhelmine, Lieblingsschwester Friedrichs II. und nachmalige Markgräfin von Bayreuth, und des Barons von Poellnitz nachgelesen; es mag ihm schwergefallen sein, nicht mehr von dem widersprüchlichen Wesen und Wirken des Soldatenkönigs auszuplaudern, zum Beispiel seine brutalen Späße, die er im Tabakskollegium mit dem Hofnarren

Gundling getrieben hatte. Er hielt sich an den Grundsatz: Was schließlich vor der Geschichte zählt, ist die Leistung, das Werk, das jemand hinterläßt. Und davon war Fontane sehr beeindruckt, was in einigen Romanen anklingt: »Schach von Wuthenow«, »Stine«, »Der Stechlin«.

Am hellen Pfingstmorgen umschritt also Fontane »das ›verzauberte Schloß‹, das damals (1862) noch keine Restaurierung erfahren hatte«. Immerhin fand er im Hochparterre im ehemaligen Schlafraum noch das große Waschbecken des Königs: »etwas höchst Primitives, eine Art festgemauertes *Waschfaß*... eine Öffnung zum Abfluß des Wassers, in der ein steinerner Stöpsel steckte, halb so lang wie ein Arm und halb so dick. Beim Anblick dieses Waschfasses glaubt man ohne weitere Zweifel... daß er einer der reinlichsten Menschen war und ›sich wohl zwanzigmal des Tages wusch‹.« Er sah auch noch den Saal, worin das Tabakskollegium getagt hatte, und das Zimmer der Königin mit dem Basrelief »Toilette der Venus«: »nackte Gestalten von ganz unglaublichen Formen umtanzen eine Venusstatue, während ein Satyr von hinten her eine Bacchantin umklammert und die Widerstrebende zum Tanze zwingt. An anderem Orte würde dieser lustige Heidenspuk wenig bedeuten, hier... aber nimmt er sich wunderlich genug aus und paßt seltsam zu dem Waschbecken drüben mit dem dicken steinernen Stöpsel.«

On y soit qui mal y pense. (Ein Schelm, wer Arges dabei denkt.)

Sehenswertes

Die Landschaft, in die das wirtschaftlich immer mehr expandierende Königs Wusterhausen eingebettet ist, bietet sich zu allen Tages- und Jahreszeiten gleich »entzückend und höchst poetisch«; das Zentrum des Ortes jedoch, um das burgartige Schloß herum, zeigt sich nach wie vor am reizvollsten in »unsichrer Mondbeleuchtung«.

Das *Schloß* wurde zu Beginn des 20. Jahrhunderts ein Jagdmuseum. Gegen Ende des Zweiten Weltkrieges ging's damit bergab: Es diente als Soldatenunterkunft und Luftschutzkeller, wurde im April 1945 schwer beschädigt und war danach für zwei Jahre Sitz der sowjetischen Kommandantur. Als diese auszog, übergab der Kommandant noch wertvolle Leuchter und Gemälde an die Verwaltung der Schlösser von Sanssouci. Die nächsten Nutzer – Verwaltungsschule und Rat des Kreises – ließen das Gebäude äußerlich in Anlehnung an das Original wiederaufbauen, doch im Inneren ging viel an Ursprünglichem verloren.

Vorhanden ist noch der Raum, in dem das Tabakskollegium tagte; hier wurden in Jahrzehnten unzählige Brautpaare getraut. Das ehemalige Königinnenzimmer wurde zum Ratszimmer; im alten Jagdsaal steht noch der Kamin, an dem sich der Soldatenkönig die gichtgekrümmten Glieder wärmte. Im Flur, am Fuße der Wendeltreppe, sind noch zwei Wappentafeln zu erkennen und die Nischen, in denen die Langen Kerls von der Leibwache ihre Gewehre abstellten.

Es wird angestrebt, das Schloß wieder als Museum einzurichten, es wäre das einzige weit und breit, das sich ganz auf Friedrich Wilhelm I. bezöge, dem die Mark Brandenburg – ungeachtet seiner Marotten und Widersprüche – unendlich viel zu verdanken hat. Alles in allem wirkt es auf den heutigen Betrachter noch so, wie es Fontane 1862 beschrieben hat: »Es ist gewiß ein ziemlich häßliches Gebäude, aber doch noch mehr originell als häßlich und in seiner Apartheit nicht ohne Interesse. Der ganze Bau, bis zu beträchtlicher Höhe, ist aus Feldstein aufgeführt, woraus ich den Schluß ziehe, daß der König die dem vierzehnten oder fünfzehnten Jahrhundert angehörige Grundform des Schlosses: ein Viereck mit vorspringendem Rundturm, einfach beibehielt und nur die Gliederung und Einrichtung völlig veränderte. Der Rundturm wurde Treppenturm. Von diesem aus zog er eine Mauerlinie mitten durch das Feldsteinviereck hindurch und teilte dadurch den Bau in zwei gleiche Hälften. *Jede* Hälfte erhielt ein Giebeldach, so daß wer sich dem Schlosse jetzt nähert, *zwei* Häuser zu sehen glaubt, die mit ihren Giebeln auf die Straße blicken. In Front beider Giebel und an *beide* sich lehnend steht der Turm.« So steht er noch heute.

Wer, wie Fontane, vor seiner Reise nach Königs Wusterhausen Gelegenheit hat, die »Denkwürdigkeiten« der Wilhelmine, Markgräfin von Bayreuth, zu lesen, vornehmlich die Passagen, die sich auf das von ihrem Vater so bevorzugte Jagdschloß Wusterhausen beziehen, wird dem märkischen Wanderer nach eigener Anschauung beipflichten, der sein Kapitel mit dem Satz schloß: Es ist »ein prächtiger Platz für … eine starke Natur, aber freilich ein schlimmer Platz für ästhetischen Sinn und einen weiblichen esprit fort«.

(Zitate, soweit nicht anders angegeben, aus »Wanderungen« IV, Kapitel, »Königs Wusterhausen«.)

Ausflug nach Mittenwalde

»Im allgemeinen darf man fragen: Wer reist nach Mittenwalde? Niemand. Und doch ist es ein sehenswerter Ort... Nicht als ob es eine schöne Stadt wäre, nein; aber schön oder nicht, es ist sehenswert, weil es alt genug ist, um eine Geschichte zu haben.«

Und darum fuhr Fontane auf seiner Pfingstfahrt 1862 von Königs Wusterhausen nach Mittenwalde. Seine privaten Erlebnisse dort waren wenig erbaulich: »...ich logirte im ›Hôtel York‹... In der Nacht Gewitter und Wanzen. Um 2 Uhr zu Bett, um 4 Uhr wieder auf; um 10 Uhr vormittags (2. Feiertag) wieder in Berlin, wo ich erst wieder was Ordentliches zu essen und zu trinken kriegte« (an Emilie, 10. 6. 1862). Es wirft ein bezeichnendes Bild auf die Abenteuer, mit denen ein Wanderer durch die Mark zu jener Zeit rechnen mußte. Im Buch-Kapitel tauchen solcherlei Unbilden nicht mehr auf. Es rankt sich – wenn wir von dem obligaten Exkurs in frühe und mittelalterliche Geschichte absehen – um zwei historische Persönlichkeiten: den Liederdichter Paul Gerhardt und den Major von Yorck.

Letzterer traf am Silvesterabend 1799 in der Garnisonstadt ein, als die Herren Offiziere gerade dem neuen Jahrhundert zuprosteten. »Das seit 1780 in Mittenwalde stehende Jägerregiment war verwahrlost; er gab ihm einen neuen Geist, und dieser Geist war es, der sich sieben Jahre später erfolgreich in jenen kleinen Kämpfen bewährte, die dem Tage von Jena folgten.« Mittenwalder Jäger waren es, »die den Elbübergang des Blücherschen Corps zu decken hatten. Sie taten es mit Ruhm und Geschick«, wahrhaft berühmt aber wurde Yorck von Wartenburg, weil er im frostklirrenden Dezember 1812 als Befehlshaber des Preußischen Hilfscorps in Napoleons Armee auf eigene Faust mit dem russischen General von Diebitsch die Konvention von Tauroggen schloß, die den Beginn der Befreiungskriege einleitete. »Die Mittenwalder... waren stolz auf ihren Yorck, und als... alles Volk in Preußenland zu Gewehr und Lanze griff und ›Landwehr‹ wurde, da griffen die Mittenwalder zur *Büchse* und wurden – *Jäger.*«

Mit großer Hochachtung schrieb Fontane über den Major von Yorck, über die zweite Persönlichkeit jedoch schrieb er mit Liebe und herzlicher Anteilnahme: »Paul Gerhardt ist unbestritten der Glanzpunkt in der Geschichte Mittenwaldes.« 1651 wurde er als Propst an die Sankt-Moritz-Kirche berufen. Zu der Zeit herrschte bittere Not, nur sechs Familien hatten den Dreißigjährigen Krieg mit Pest und Plünderungen überlebt. Zum Elend kam die menschliche Niedertracht: »der seit Jahren an der... Kirche predigende Diakonus Alborn hatte darauf gerechnet, Propst zu werden« und erschwerte dem »Neuen« Amt und Leben. Wenn »er dann abends an dem offenen Hinterfenster seiner Arbeitsstube saß und über die Stadtmauer hinweg in die dunkler werdenden Felder blickte, während... der Abend eingeläutet und eine alte Volksweise vom Turm geblasen wurde, dann ward ihm das Herz weit... Es war die Volksweise ›Innsbruck, ich muß dich lassen‹, die vom Turm herab allabendlich erklang, dieselbe alte Weise, von der Sebastian Bach später zu sagen pflegte: ›er gäb all seine Werke darum hin‹, und der fromme P. Gerhardt... trachtete jetzt danach, der schönen alten Melodie tiefere Textesworte zugrunde zu legen. So entstand das ›Abendlied‹: Nun ruhen alle Wälder...«

Sein irdisches Glück schien vollkommen, als er nach sechzehnjähriger Wartezeit endlich die geliebte Anna Maria Berthold als Ehefrau heimführen konnte. »Aber es war anders bestimmt... Ein Töchterlein, das ihm geboren wurde, starb bald, und die Kränkungen, die das Auftreten Alborns im Geleite hatte, zehrten immer mehr an Gesundheit und Leben seiner nur zart gearteten Frau.« Als Schwermut und Bitterkeit unerträglich schienen, schrieb er für sie jene schlichten Verse, die zum Tröstelied Unzähliger wurden: »Befiehl du deine Wege...«

Fontanes Anteilnahme am Schicksal Gerhardts ist begreiflich: Er fühlte sich ihm nahe; auch er hatte Not und Niedertracht kennengelernt, auch er hatte quälend lange warten müssen, bis er seine »zart geartete« Emilie heiraten konnte; auch er hatte drei Kinder verloren, noch ehe sie recht zu leben angefangen... Nicht von ungefähr erinnerte er sich Paul Gerhardts in großer Bedrängnis, 1870, als Kriegsgefangener auf der Zitadelle von Besançon.

Sehenswertes

Von den Stadtanlagen, die Fontane beschreibt, sind noch Reste des *Torturms* erhalten. »Der alte Torturm... liegt nach Norden hin, auf dem Wege nach Köpnick und Berlin, und führt deshalb den Namen: das Köpnicker oder Berliner Tor.« In alter Zeit war dieses Tor Teil der Stadtbefestigungsanlage; erhalten blieb nur dieses malerisch-gotische Außentor, »das in seiner Stattlichkeit und reichen Gliederung... an die berühmten Torbauten *altmärkischer* Städte (beispielsweise Salzwedels und Tangermündes)... erinnert«.

»Aus dem dreizehnten Jahrhundert stammt die... *Propstei-* oder *Sankt-Moritz-Kirche.* Die Kreuzgewölbe sind später.« Den jüngsten neugotischen Umbau kommentierte Fontane behutsam: Es sei dadurch zwar »etwas ziemlich Stilloses, aber nichtsdestoweniger etwas Anziehendes und Malerisches entstanden.« Im Kircheninneren, das reich ist an Bildern und Grabsteinen von Bürgermeistern und Räten und einem Schnitzalter »aus katholischer Zeit«, interessierte ihn die *Gedächtnistafel* für die in den Befreiungskriegen gefallenen Mittenwalder Freiwilligen Jäger, aber mehr noch das *Porträt Paul Gerhardts*; die Unterschrift besagt, er sei »in des Teufels Netz verstrickt und später devot« gewesen und 1676 in Lübben gestorben. Das heißt, er hatte in den widersinnigen Fehden zwischen Lutherischen und Reformierten einen eigenen Kopf bewahrt, war unbequem gewesen. Die Kirche verzeiht möglicherweise, aber sie vergißt nicht.

»Dicht unter seinem Bildnis... sehen wir eine Steintafel« zum Gedächtnis an sein »›erstgebornes, herzliebes Töchterlein, so zur Welt kommen den 19. Mai Anno 1656 und wieder abgeschieden den 14. Januar Anno 1657 – hat allhier ihr Ruhebettlein und dieses Täflein von ihren lieben Eltern.‹«

Paul Gerhardt selbst ist nicht hier begraben. Er wurde 1657 als Diakonus nach Berlin gerufen, hielt es aber dort nicht lange aus, wanderte spreeaufwärts bis Lübben, wo er noch einige Jahre predigte. Doch Lieder von solcher Kraft und Innigkeit wie in seiner Mittenwalder Zeit hat er nie wieder geschrieben. Übrigens bewohnte er hier nicht den schönen Barockbau, der »die alte Propstei« genannt wird, sondern ein unscheinbares Fachwerkhaus, das schon zu Fontanes Zeiten wegen Baufälligkeit abgerissen worden war.

»Das Haus, das Major von Yorck bewohnte, existiert noch. Es ist jetzt ein Gasthaus, in der Hauptstraße der Stadt gelegen, und führt, wie billig den Namen ›*Hotel Yorck*‹. Über der Haustür erblicken wir eine Nische und an derselben Stelle, wo sonst wohl ein ›Mohr‹ oder ein ›Engel‹ zu stehen pflegt, steht hier eine Büste des alten Yorck.« Da steht sie noch immer. Nur das Haus (Yorckstraße 45) ist nicht mehr Hotel, sondern ein Wohnhaus und befindet sich in einem beklagenswerten Zustand.

(Zitate, sofern nicht anders vermerkt, aus »Wanderungen« IV, Kapitel »Mittenwalde«.)

Teupitz

»Ich reiste am Freitag Abend 8 Uhr hier ab und war um 4 Uhr morgens in Teupitz, schlief 3 Stunden in einem Bett, in dem *wenigstens* schon einer geschlafen hatte, fuhr dann über den schönen See, besuchte Schloß und Kirche, zuletzt einen Berg, von dem aus man die ganze Herrschaft Teupitz mit ihren Bergen und Seen überblickt, fuhr um 2 1/2 wieder ab und war um 7 1/2 schon wieder in Berlin. Trifft sich's so, daß man die Posten benutzen kann, so spart man viel Zeit und Geld...« So lakonisch lautete der Bericht, den Fontane am 23. 6. 1862 seiner Frau Emilie gab. Demnach blieben ihm – übernächtigt und unausgeschlafen – knapp sieben Stunden Zeit zum Recherchieren. Liest man daraufhin das Teupitz-Kapitel im vierten Band der »Wanderungen«, muß man staunen über die Fülle an Informationen, Historie und Impressionen.

Allerdings hatte er bereits zwei Jahre zuvor begonnen, Material hierfür zu sammeln. Alle Schilderungen enthielten Beispiele unvorstellbarer Armut, aber auch von Treue und Leidensfähigkeit. Friedrich Wilhelm IV. soll einmal »halb in Scherz, halb in Teilnahme« gesagt haben: »Die Teupitzer sind doch meine Treusten; wären sie's *nicht*, so wären sie längst ausgewandert.« Im Juni 1862 machte sich Fontane auf, das »Ideal der Armut« mit eigenen Augen zu sehen. Der Weg war beschwerlich genug: Um Mitternacht verließ die Postkutsche Fürstenwalde, im Morgengrauen mahlten die Räder durch Teupitzer Heidesand, bei Sonnenaufgang rollte sie in das stille Städtchen ein. »Der Wagen hält vor dem ›Goldnen Stern‹, an dessen Laubenvorbau der Wirt sich lehnt, seines Zeichens ein Bäcker... ein Lager ist leicht gefunden und dem Müden noch leichter gebettet... Aber nicht auf lange. Das Picken des Nagelschmieds von der Ecke gegenüber weckt mich, und während die Frühstücksstunde kommt und die braunen Semmeln neben die noch braunere Kanne gestellt werden, setzt sich die ›Sternen‹-Wirtin zu mir und unterhält mich von Teupitz und dem Teupitzer

See.« Der Wirtin legt er nun vieles in den Mund, was er sich vorher angelesen hat, zum Beispiel Einzelheiten über den großen Zanderzug, der in jedem Winter einmal stattfindet und der »600, oft 1500 Taler« bringt, »mitunter freilich auch gar nichts«. Er läßt sie aus ihrem Blickwinkel heraus von Sorgen und Hoffnungen erzählen, die alle mit dem See zusammenhängen und mit dem Fischgroßhändler in Berlin, denn »die Teupitzer Fischer, die hier fischen und die Fische zu Markte bringen, sind nicht viel mehr als die Tagelöhner und Dienstleute des reichen Händlers«.

Fontane beschreibt präzise die Technik des großen Zanderzuges, bei dem die Netze »unterm Eis gespannt und gezogen« werden, und – ähnlich wie bei den Torfstechern im Wustrauer Luch oder bei den Ziegelbrennern in Glindow – ist sein Engagement für die sozial Schwachen unverkennbar. Von einem Fischermädchen ließ er sich über den buchten- und inselreichen See rudern, genoß den märchenhaften Fernblick auf waldige Hügel, Schloß- und Kirchtürme und ließ sich verzaubern vom Licht- und Schattenspiel des Wassers, das »hellgrün frisch und leichtflüssig« war, und an anderen Stellen wiederum dunkel und geheimnisvoll, als wohne noch immer die heidnische Göttin auf dem Grunde, die wahre Liebe belohnt und Untreue rächt.

Vermutlich ist Fontane öfter in Teupitz gewesen, denn es gibt eine Art Stammbuchvers von ihm, der lautet:

»Habe Dich ins Herz geschlossen,/Städtchen Teupitz, klein und sauber,/werde nimmermehr vergessen/Deiner milden Reize Zauber.« Und noch im hohen Alter gestand er seinem Sohn, daß er »von solchen Spritzfahrten in die Nähe viel, viel mehr Anregung, Vergnügen und Gesundheit gehabt habe als von den großen Reisen, die sehr anstrengend, sehr kostspielig und meist demütigend sind... In Teupitz und Wusterhausen aber ... bin ich immer glücklich gewesen« (an Theo jun., 4. 5. 1894).

Sehenswertes

Wer heutzutage von der Autobahn Berlin-Dresden bei Teupitz abfährt und auf schneller und bequemer Straße ins Städtchen kommt, wird »der milden Reize Zauber« bald selbst verspüren. Bevor die Hauptstraße scharf nach rechts abbiegt, stößt man auf ein empfehlenswertes Restaurant: »Zum Schenken von Landsberg«. Das gab es zu Fontanes Wanderzeiten zwar noch nicht, aber der Name erinnert an das von ihm ausführlich beschriebene gleichnamige Rittergeschlecht, das seit 1350 die Herrschaft Teupitz besaß, bis es – hochverschuldet – 1717 an den Soldatenkönig verkaufen mußte, der die weiten, wildreichen Wälder als Jagdgründe schätzte.

An dem kleinen, von alten Eichen und Linden beschatteten *Marktplatz* steht noch das Wirtshaus »Zum Goldenen Stern« mit einer *Gedenktafel* für Theodor Fontane.

Gleich daneben führt ein schmaler Gang zum See hinunter, an der bescheidenen *Kirche* vorbei, die von 1855 bis 1859 gründlich restauriert worden war. Und nun war »alles hin, oder doch so gut wie alles«. So klagte Fontane. Es ist ein häufig wiederkehrendes Bedauern über die gedanken- und seelenlosen »Säuberungsaktionen«, bei denen unwiederbringliche Zeugnisse unserer Kulturgeschichte verlorengingen. Die ursprünglich gotische Backsteinkirche gibt auch heute nichts her, der umgebende Kirchhof wurde zum Wiesenstück, auf dem eine einsame Sandsteinsäule an den letzten Königlichen Oberamtmann von Teupitz erinnert. Er starb 1803.

Von dem Schloß der Schenken von Landsberg war 1862 »außer Turm und Fundamenten ... nichts mehr vorhanden«. Auf den mächtigen Kellergewölben erhob sich nüchtern der königliche Amtshof. Der *Backsteinturm* jedoch bestach Fontane dadurch, daß er sich mit der Natur vermählt zu haben schien. Birken sprossen aus dem Gemäuer, »ein Ebereschenbaum stand in der Mitte desselben«, und zwischen Wildrosen »wuchs ›Unserer Lieben Frauen Bettstroh‹ in großen gelben Büscheln über die Mauerkrone fort«.

Nur wenig blieb an dieser Stelle von der einstigen »pittoresken Romantik des Verfalls«, eigentlich nur der gestutzte Turm. Auf den Fundamenten des Amtshofes wurde um 1965 eine Nobelherberge errichtet, die sich fast über die ganze Halbinsel erstreckt und an der die einfachen Teupitzer, wie eh und je, keinen Anteil hatten. Seit 1990 ist sie jedermann zugänglich.

In Fontanes Zeiten zurückversetzt aber fühlt sich, wer den Schlängelweg vom »Goldenen Stern« an Kirche und Pfarrhaus vorbei weitergeht bis zum Wasser. »Rechts und links... Hof- und Gartenzäune, sämtlich in jenen seltsamen Biegungen und Wellenlinien, die bemoostes Zaunwerk im Laufe der Jahre zu zeigen pflegt. Über die Zäune hinweg wuchsen die Kronen der Bäume von hüben und drüben zusammen, was sich namentlich in der Nähe des Wassers überaus malerisch ausnahm, wo zugleich der See bis zwischen das Plankenwerk vordrang und mal höher, mal tiefer mit seinem gelblichen Schaum eine Grenzmarke zog.« Hier, an der *Bootsanlegestelle*, nagelten Heimatfreunde eine *Tafel* an den Stamm einer alten Weide, darauf steht geschrieben: »Ich habe Sehnsucht, den Teupitzsee wiederzusehen. Ist es seine Schönheit allein, oder zieht mich der Zauber, den das Schweigen hat? *Jenes* Schweigen, das etwas verschweigt.« Es ist die Liebeserklärung, mit der Fontane 1862 das Teupitz-Kapitel seiner »Wanderungen« abschloß.

(Zitate, soweit nicht anders angegeben, aus »Wanderungen« IV, Kapitel »Teupitz«.)

Lehnin

»Lehnin war nicht nur das älteste Kloster in der Mark, es war auch ... das reichste, das begütertste, und demgemäß war seine Erscheinung ... Der stattliche Mittelpunkt des Ganzen, die zahlreichen Giebel überragend, war und blieb die hohe Klosterkirche ... Elf Askanier lagen hier und einträchtig neben ihnen *drei* aus dem Hause der Hohenzollern, Friedrich mit dem Eisenzahn, Johann Cicero und Joachim I.« 1536 wurden diese drei Särge in den Dom zu Cölln an der Spree überführt, »der Klosterhof war ein Amtshof geworden. Der Krieg kam und begann sein Werk der Zerstörung, aber schlimmer als die Hand der Schweden und Kaiserlichen ... griffen in Zeiten tiefsten Friedens die Hände derer ein, die am ehsten die Pflicht gehabt hätten, diese alte Stätte zu schützen und zu wahren: die Um- und Anwohner selbst ... Kloster Lehnin wurde nun ein Steinbruch für Büdner und Kossäten ... Die Regierungen selbst, namentlich unter Friedrich Wilhelm I., nahmen an diesem Vandalismus teil ... aber das alte Mauerwerk erwies sich als fester und ausdauernder als alle Zerstörungslust, und so hat sich ein Teil des Baues, durch seine eigene Macht und Widerstandskraft, bis in unsere Tage hinein gerettet«.

Als Fontane 1863 Lehnin besuchte, war nur noch der älteste, der romanische Teil erhalten, der spätgotische lag in Trümmern. Die fast zerstörte Kirche fand er öd und freudlos, aber draußen entzückte ihn »die Poesie des Verfalls«, der alte Zauber, »der überall da waltet, wo die ewig junge Natur das zerbröckelnde Menschenwerk liebevoll in ihren Arm nimmt ... Auf den hohen Pfeilertrümmern wachsen Ebereschen und Berberitzensträucher, jeder Zweig steht in Frucht, und die Schuljugend ... lacht mit roten Gesichtern aus den roten Beeren heraus«.

Fontane schildert hier die Eindrücke, die er bei seinem ersten Besuch im Oktober gewann. Im November kehrte er mit seinen Freunden Bernhard von Lepel und Richard Lucae an diesen Ort zurück und – fand nur noch Tristesse. Im kalten Abendrot, das sich in blinden Kirchenfenstern brach, glaubte er, das sagenhafte »Weiße Fräulein« zu sehen, das um den verlorenen Geliebten weint... Stimmung und Empfindungen des Autors, das Einflechten von Mordgeschichten und Spinnstubengrusel lockerten die Kapitel über die frühe Geschichte des Havellandes auf, an denen er den ganzen Winter 1863/64 arbeitete. 1864 wollte er diesen Band abschließen. Doch Reisen zu den Kriegsschauplätzen nach Schleswig-Holstein und Böhmen und die kräftezehrende Beschäftigung mit den Kriegsbüchern hielten ihn davon ab, und als er erneut Anlauf nahm, brach der Krieg gegen Frankreich aus. So kam es, daß der dritte Band der »Wanderungen« erst im Herbst 1872 erschien.

In den umfangreichen Einführungskapiteln offenbart Fontane seine eigene, der herrschenden Geschichtsauffassung durchaus nicht angepaßte Meinung über »Die Wenden und die Kolonisation der Mark durch die Zisterzienser«. Er mischte sich auch in den Gelehrtenstreit um die »Lehninsche Weissagung«. Ein Mönch namens Hermann hatte angeblich im Jahre 1300 in lateinischen Hexametern den Untergang der Hohenzollern in der elften Generation prophezeit. Echtheit oder Fälschung, das war die Frage. In den »Wanderungen« versuchte Fontane rational die Positionen der streitenden Parteien und ihre weltanschaulich bedingten Beweggründe deutlich zu machen.

In dem Roman »Vor dem Sturm« kam er noch einmal darauf zurück. Er wollte in diesem Werk das Denken und Fühlen am Vorabend der Befreiungskriege nachvollziehen. In diesem historischen Zusammenhang erhielt die mönchische Weissagung neue Bedeutung, war sie doch in dem unter Napoleonischen Stiefeln stöhnenden Preußen bestürzend aktuell ins Bewußtsein gerückt. Fontane ließ also seinen Romanhelden Lewin von Vitzewitz mit Freunden des Dichterklubs »Kastalia« eine Schlittenfahrt zum Kloster Lehnin unternehmen. Der »Reisemarschall« hatte zwei Bedienstete als Mönche verkleidet, die in dem halbverfallenen, vom Kaminfeuer notdürftig erhellten Refektorium ein opulentes Mahl auftrugen. Durch die heiteren Tischgespräche spukten der ermordete Abt und das Weiße Fräulein, und als Höhepunkt zitierte der regieführende Jürgass aus den Weissagungen des Hermanus, aber nicht die Untergang verheißenden, sondern die optimistischen Schlußverse, in denen der Tag vorausgesagt wird, da »die Mark vergißt all ihrer Leiden« und kein Fremdling mehr über sie frohlocken wird. Diesen Tag erklärte er für gekommen, und unter Vivat-Rufen ließ er aus der Tiefe des Kellergewölbes eine Napoleon-Puppe aufsteigen und mit Qualm und Donner wieder in der Versenkung verschwinden. »Pereat Bonaparte!« rief man, halb ernst, halb belustigt. »Nur Hirschfeldt schwieg; er hatte sich draußen in der Welt im Kampfe gegen den ›großen Feind der Menschheit‹ einen Respekt vor eben diesem Feinde erworben, der ihn an Szenen, in denen der renommistische Ton des Regiments Gensdarmes nachklang, wenig Gefallen finden ließ« (»Vor dem Sturm« III, Kapitel 15).

Der Kriegsberichterstatter Fontane mit seinen eigenen Erfahrungen in Sachen Hurra-Patriotismus sprach aus Hirschfeldts Haltung.

Sehenswert

ist die gesamte *Klosteranlage*, die um 1180 gegründet wurde. Fontane sah sie noch halb zerfallen und verwahrlost; erst ab 1871 wurde sie restauriert, die Kirche zum Teil rekonstruiert. Heute steht das weitläufige Areal unter Denkmalschutz und dient dem Luise-Henrietten-Stift als Kranken- und Diakonissenhaus. »Der Anblick ist gefällig und die dichten Kronen einer Baumgruppe scheinen Turm und Dach auf ihrem Zweigwerk zu tragen.«

Die fast schmucklose dreischiffige *Pfeilerbasilika* wirkt allein durch ihre schlichte, erhabene Architektur. Erhalten blieben aus alter Zeit die Grabsteine des Markgrafen Otto und eines Abtes. Der aus dem Jahre 1518 stammende, in allen Kunstführern hervorgehobene Lehniner Hochaltar fand seit langem einen angemessenen Platz im Dom zu Brandenburg. Lehnin erhielt dafür einen wertvollen hochgotischen Schnitzaltar mit einer mit Malereien geschmückten Predella. Mehr Aufmerksamkeit als alle sakralen Kunstwerke aber erhalten meist zwei Gegenstände: 1. ein Bild, das die Ermordung des Abtes Sibold im Jahre 1190 darstellt. Es entspricht im Stil etwa den Neuruppiner Bilderbogen. »Zu dem Grauen über die Tat gesellt sich ein Unbehagen über die Häßlichkeit der Darstellung«, meinte Fontane. 2. vor der Altarmensa, in den Fußboden eingelassen, ein fast versteinerter Baumstumpf. Die einen sagen, er stamme von der Eiche, »unter der Markgraf Otto... seinen Traum gehabt hatte«, der ihn zur Gründung des Klosters veranlaßte; andere behaupten, es sei ein Teil der Eiche, unter der Abt Sibold von slawischen Fischern erschlagen wurde. Der Phantasie sind keine Grenzen gesetzt.

(Zitate, soweit nicht anders vermerkt, aus »Wanderungen« III, Kapitel »Kloster Lehnin«.)

Letschin

»Letschin im Oderbruch, Kirchdorf mit 3500 (?) Seelen und Residenz zweier dort stationierter Gensdarmes, hängt durch Vermittlung eines sogenannten Rippenbrechers von Postwagen nur lose mit der zivilisierten Welt zusammen. Es ist ein zweites Klein-Sibirien...« (an Wilhelm Wolfsohn, 10. 11. 1847).

An diesem trostlosen Ort hatte Vater Louis Henri Fontane 1838 die Apotheke übernommen. Theodor befand sich zu der Zeit in der Ausbildung bei Apotheker Rose in Berlin, die er im Januar 1840 mit gutem Erfolg vorzeitig abschloß. Sein Debüt als Apothekengehilfe in Burg dauerte nur drei Monate. An seinem 21. Geburtstag eilte er, wahrscheinlich schon den Typhus im Leibe, zu seinen Eltern und blieb, bis er sich erholt hatte und zum 1. 4. 1841 die neue Stelle in Leipzig antreten konnte. Als der Versuch, dort auch literarisch Fuß zu fassen, fehlschlug, kehrte er im Frühling 1843 nach Letschin zurück, um sich auf das Studium vorzubereiten. Doch die Militärzeit kam dazwischen. In den Jahren 1845 bis 1848 arbeitete er wiederholt für Monate als Rezeptar beim Vater. Um für das Staatsexamen zugelassen zu werden, mußte er die vorgeschriebene Gehilfenzeit nachweisen. Der Vater rechnete natürlich die Monate der Krankheit mit an. Louis Henri nahm es mit allem nicht so genau. So zapfte er zum Beispiel von einer schwach mineralischen Quelle Wasser ab, füllte es in Flaschen und brachte es als »Aqua Fontana Schönheitswässerchen« unter die Leute. Theodor fuhr damit – contre cœur – über Land, lernte Landschaft und Menschenschlag kennen und sammelte unbewußt Erfahrungen, die ihm auf den kommenden »Wanderungen« und in seinem späteren Erzählwerk zugute kommen sollten.

Möglicherweise hoffte er in dieser Zeit, daß der Vater ihm die Apotheke als Existenzgrundlage für den zu gründenden Hausstand vererben werde, doch Louis Henri verkaufte 1849 die Apotheke, um sorglos, wenn auch bescheiden, sein Leben in Schiffmühle als Pensionär beschließen zu können. Die Apotheke übernahm Hermann Sommerfeldt, nachdem er Louis Henris Tochter Jenny geheiratet hatte; durch seinen regen Unternehmergeist brachte er es bald zu Wohlstand. Manchmal wurde die Familie des »armen Theo« zur Erholung eingeladen. Frau Emilie hatte in den ersten fünf Ehejahren (1850–1855) vier Kinder geboren; nur das älteste war am Leben geblieben. Als das dritte an Zahnkrämpfen gestorben war, flüchteten die verzweifelten Eltern nach Letschin, wo Emilie wieder zu Kräften kommen sollte. Mit aller Gewalt versuchte Fontane, seiner Niedergeschlagenheit Herr zu werden. In einem Brief an Storm vom 17. 4. 1854 heißt es: »Seit fünf Tagen bin ich nun mit Frau und Kind hier: riesige Napfkuchen und blaue Veilchen, Sonnenschein und Glockenklang laben abwechselnd alle Sinne, und ich fühle ordentlich, wie ruckweise der Alp von Leib und Seele rutscht. Erst unter natürlichen, wohlhabenden, sorglosen und freien Menschen fühlt man so recht, welch ein stellenweis erbärmliches Leben man in unsern großen Städten und unter unsern kleinen, dürftigen Sechserverhältnissen führt. Allerdings möcht' ich nicht tauschen. Unser geistiges Leben hat eine Süße, von dem ich unfähig wäre, mich zu entwöhnen.«

Sommerfeldts konnten sich 1863 in Berlin eine Apotheke kaufen.

Als Fontane für den zweiten Band seiner »Wanderungen« das Oderbruch bereiste – von 1860 bis 1863 –, sammelte er von Dorf zu Dorf Sagen und Märchen, Historie und Histörchen und dekorierte sie sparsam mit eigenen Impressionen; zugleich begann er, Material für einen großen Roman zusammenzutragen, in dem er sich zum ersten Male frei und souverän im geographischen Raum zwischen Berlin und Frankfurt/Oder bewegte.

»Vor dem Sturm«, an dem er fast zwei Jahrzehnte gearbeitet hatte, erschien 1878 in erster Auflage bei Wilhelm Hertz in 1500 Exemplaren. Der Erfolg war sehr mäßig. Erst Heinrich Mann erkannte die historische Tragweite des Romans: »Wenn man Fontanes ›Vor dem Sturm‹ gelesen hat, dann hat man die Befreiungskriege gesehen; von innen gesehen hat man sie nur dann.« (»Der wahre Romancier«. Zum 50. Todestag Fontanes. In: Roland von Berlin, Wochenschrift für Kultur, Politik, Wirtschaft und Berliner Leben. H. 44, 1948.)

Die Ereignisse werden mit einem hohen Maß an Realismus geschildert. So ruft Berndt von Vitzewitz, nachdem er vergeblich auf ein Zeichen des Königs gewartet, Dorf bei Dorf die Landwehr zusammen. »Ich habe das Bangen vor dem Volke nicht, ich wage es mit ihm« (Band II, Kapitel 1). Die Marschroute kann man anhand der Landkarte verfolgen: über Podelzig, Klessin, Kliestow nach Frankfurt hinein.

Alles ist nachgewiesen: die Atmosphäre der Stadt, die Opferbereitschaft ihrer Bewohner, – nur das Battement ist erfunden. Auch alle Dörfer, aus denen die Freiwilligen zur Landwehr eilen, sind, wenn auch in leicht abgewandelter Form, auf der Karte wiederzuerkennen: Da flattert das Fähnlein der Johanniter-Komturei Lietzen; Hohenjesar kommt vor, Manschnow, Treplin, Brodowin, Libbenichen, Diedersdorf, Sieversdorf und vor allem Gusow, im Roman Guse genannt.

Nur Hohen-Vietz, Zentrum der Romanhandlung, ist nicht zu finden. Laut Beschreibung müßte es auf der Höhe von Reitwein liegen, doch da liegt es nicht. Es ist eine Komposition aus tatsächlich existierenden Dörfern: das Herrenhaus von Friedersdorf, das Pfarrhaus von Walchow im Ruppinschen, die Mühle von Manschnow, das Lehnschulzengut von Zechin, der Forstacker mit seinen Lehmkaten aus Letschin.

Auch die Mittel- und Hintergrundfiguren des Romans sind fast ausschließlich ins Historische projizierte Porträts von Letschiner Nachbarn und Freunden. Oft gerieten sie lebendiger als die Hauptfiguren.

Ihre Namen kommen heute noch in der Letschiner Gegend vor: Scharwenka, Kümmeritz, Pachaly, Pehlemann und Mickley. Authentisch ist auch der Zechiner Schulze Kniehase, der sich während der Franzosenzeit als »couragierter Mann von vaterländischer Gesinnung« erwies. Sogar die wunderlichste Figur des Romans, Hoppenmarieken, hat ihr historisches Vorbild. Man hielt sie für eine Mischung von Zwerg und Hexe. Tochter eines Büdners, trieb sie einen kleinen Handel mit Küken und Eiern und schlief am Herd bei einem Halbbauern am nördlichen Ausgang des Dorfes. Sie trug einen Korb mit kreuzweis über Rücken und Brust gebundenem Band und einen Hakenstock, den sie unterhalb der Krücke anfaßte, weil er größer war als sie selbst.

Im Roman vermischt sich Hoppenmarieken mit der ebenso sonderbaren Gestalt der Küstriner Bücherfrau, die Fontane bereits in seinem Brief an Wolfsohn vom 10. 11. 1847 (!) eindrucksvoll geschildert hatte, als ein altes Weib, »das nicht unähnlich der Norne im Scottschen ›Piraten‹ allsonnabendlich ein Felleisen in die Apotheke wirft und in Nacht und Grauen gespensterhaft verschwindet. Das alte Weib trägt einen geflickten Rock und Schmierstiefel, ihr ›guten Abend‹ klingt wie das Donnerwetter eines Bootsknechts – ihre Reise geht auch nicht durch die Lüfte, sondern knietief durch den dicksten Dreck; dennoch erscheint sie allen Hausbewohnern stets wie ein Engel vom Himmel«, wenn sie, »allwöchentlich im Dienst ergraute Journale wie altbackene Kuchen aus ihrem Füllhorn auszuschütten pflegt«. Dem literarischen Hoppenmarieken überträgt Fontane nun die Aufgabe eines Deus ex machina: Dank ihrer Ortskenntnis und ihrer Überlebensschläue spinnt sie die Fäden zur Festung Küstrin und rettet Lewin von Vitzewitz; nicht weil er »der junge Herr« ist, sondern weil er sie immer wie ein Mensch behandelt hat. Am Ende heißt es von ihr: »De Dummen, de sin ümmer de Klöksten.«

1883 kam Fontane noch einmal auf Letschin zurück. Der Herausgeber der »Gartenlaube«, Adolf Kröner, bat ihn um etwas Geeignetes für seine Familienzeitschrift; da der Honorarvorschlag überraschend günstig lautete, griff der Autor flugs in seinen Ideen-Zettelkasten. Er entschied sich für den Mordfall, der 1842 in Letschin viel Staub aufgewirbelt hatte: Bei der Anlage eines Bürgersteiges war man im Garten des Gasthofs »Zum Alten Fritz« auf ein Skelett gestoßen. Sofort erinnerten sich die Leute, daß vor sechs Jahren ein durchreisender Getreidehändler spurlos verschwunden war. Der Fall blieb unaufgeklärt. Der Verdacht fiel auf den Gastwirt, und die Letschiner sorgten mit Gerede und Geraune dafür, daß er samt Familie an den Bettelstab kam.

Theodor Fontane an Marie Walger, Berlin, 16. 2. 1886:

»Es ist so, wie Sie vermuthen: Letschin, Eccius; die Villa mit dem Glaskasten soll die Kümmeritzsche sein, und der ›Birnbaum‹ stand wirklich in dem zu meiner Zeit Hirschlaffschen Gasthofe... Ein Vorbesitzer, der, als meine Eltern Anno 38 nach Letschin kamen, den später Hirschlaffschen

Gasthof noch besaß und dann Gott weiß wohin zog, wurde, als man, ein paar Jahre darauf, ein Gerippe unter dem Birnbaum fand, beredet und als Mörder eines Reisenden ganz gemüthlich verdächtigt! Ich glaube aber nicht, daß man ein Recht dazu hatte...«

Fontane kannte die Örtlichkeiten, fertigte Skizzen an und rekonstruierte den Fall; doch es kam ihm nicht so sehr darauf an, den Raubmord zu schildern, er wollte vielmehr die Atmosphäre glaubhaft darstellen, die das Verbrechen begünstigte und seine Aufklärung erschwerte.

Im Sommer 1885 erschien die Erzählung mit dem Titel »Unterm Birnbaum« in der »Gartenlaube«, im November gleichen Jahres als Buch in der Groteschen Sammlung von Werken zeitgenössischer Schriftsteller.

Ort und Zeit der Handlung hatte Fontane etwas verschoben, doch die Letschiner erkannten den ermordeten Händler, den Pfarrer Eccius und die Kümmeritzsche Villa mit dem Glaskasten wieder und – waren irritiert: Sie hatten wohl einen ausgeschmückten Polizeibericht erwartet, was sie aber vorgehalten bekamen, war ein wenig schmeichelhaftes Charakterbild eines preußischen Provinznestes mit Oderbruchfärbung, das heißt mit Spökenkiekerei, Klatschsucht und Gier nach Geld und Sensationsnachrichten.

Da die Erzählung nicht der Erwartungshaltung gewöhnlicher Krimileser entsprach, wurden nur wenige hundert Exemplare verkauft. Ludwig Pietsch pries zwar am Tag vor Weihnachten 1885 in der »Vossischen Zeitung« Fontanes Kunst des Erzählens, verglich die Lebenskraft seiner märkisch-bäuerlichen Figuren mit Zeichnungen von Menzel, mit Schilderungen von Turgenjew – aber das Lob steigerte den Absatz des Buches nicht.

Die kürzeste und treffendste Kritik brachte Paul Schlenther im Festartikel zu Fontanes 70. Geburtstag in der »Vossin«: »›Unterm Birnbaum‹ ist eine Kriminalnovelle wie sie sein soll und darf, denn auch hier umspielt und begründet der verbrecherische Fall ein soziales Zeitbild und der gemeine Raubmord wird dadurch zu einem tiefsinnigen Symptom allgemeiner Zustände.«

Sehenswertes

Auf seinen »Wanderungen« ließ Fontane Letschin, das er so gut kannte, aus. 1336 erstmalig in Urkunden erwähnt, gehörte es jahrhundertelang zum Amte Wollup. Früher als in anderen Dörfern befreiten sich Bauern, Büdner und Kossäten aus feudalen Abhängigkeiten. Fontane wußte um ihr Selbstvertrauen, ihre Denkweise, die meist auf das Nächstliegende beschränkt war; darum gerieten die bäuerlichen Gestalten in »Vor dem Sturm« so überzeugend.

Der Forstacker, in dem Roman Elendsquartier von Hohen-Vietz, in dem Hoppenmarieken hauste, lag am nördlichen Ende von Letschin in Richtung Kienitz. Das alte Bebauungsschema kann man heute noch erkennen.

Der Gasthof, in dessen Garten der gruselumwitterte Birnbaum stand, nennt sich noch immer »Zum Alten Fritz«.

Die Kirche mit dem backsteingotischen Turm stammt aus dem Entwurfskatalog für Dorfkirchen von Schinkel. 1818/19 vollendet, war sie noch zu neu, um Fontanes Interesse zu wecken. Im Zweiten Weltkrieg wurde sie zerstört, die Ruine 1974 abgetragen, nur der eigenwillige Turm mit dem viergeschossigen, blendengeschmückten Oktogon restauriert.

Die Apotheke des Louis Henri Fontane brannte 1866 ab. Ein paar hundert Schritte ortseinwärts wurde an der Hauptstraße eine neue errichtet. Sie trotzte im April 1945 den Maschinengewehrgarben und stand lange häßlich und blatternarbig; erst zu Beginn der achtziger Jahre wurde sie rekonstruiert. Sie heißt natürlich »Fontane-Apotheke«.

Die inzwischen wohlhabend gewordenen Letschiner wurmte das Fehlen jeglicher kulturhistorischer Sehenswürdigkeiten, darum legten sie einen kleinen Park an und stellten darin eine *Fontane-Büste* auf; eine etwas rührend anmutende Bemühung, die der Geehrte sicher lächelnd mit dem von ihm oft und gern zitierten Satz quittieren würde: »Nunja, wo nichts is, is auch 'ne Kussel was.«

Von Letschin nach Friedersdorf

»Das Friedersdorfer Herrenhaus ist so recht das, was unsere Phantasie sich auszumalen liebt, wenn wir von ›alten Schlössern‹ hören. Die Frage nach dem Maß der Schönheit wird gar nicht laut; alles ist charaktervoll und pittoresk, und das genügt«. Schwärmerisch schrieb Fontane unmittelbar nach dem Besuch am 28.5. 1860 an seine Mutter: »Die... Kirche ist geradezu der Sanspareil [die Unvergleichliche] unter allen Dorfkirchen die ich bis jetzt gesehen habe, nicht an Schönheit aber an historischem Interesse... Zehn Generationen von 500 Schultze's und Lehmann's sind noch lange nicht so interessant wie 3 Generationen eines einzigen Marwitz-Zweiges.«

Was ihn so entzückte, war die Kontinuität der Geschichte über zwei Jahrhunderte. 1652 hatte Generallieutenant von Görtzke, der »Paladin des Großen Kurfürsten«, den Besitz erworben. »Wie derselbe lebenslang neben Derfflinger gestanden und den Ruhm des alten Feldmarschalls geteilt hatte, so befand er sich schließlich wieder auf nachbarlicher Scholle mit ihm zusammen.« (Derfflinger saß auf Schloß Gusow.) Durch den Dreißigjährigen Krieg in halb Europa umhergetrieben, immer an der Seite des Kurfürsten, heiratete er spät. Die älteste Tochter vermählte er mit dem anhalt-zerbstischen Hofmarschall von der Marwitz. Seitdem hieß es: »Den Marwitzen gehört das Feld.« (Es gehörte ihnen bis 1945.)

Der zweite Marwitz auf Friedersdorf, August Gebhard, »lebte noch völlig als Patriarch. Die Bauern fürchteten sein grimmiges Ansehen... Er war etwa der ›Soldatenkönig im kleinen‹, und das bekannte ›Lieben sollt ihr mich‹ ward auch hier mit dem spanischen Rohr auf die Rücken geschrieben.« Zwei seiner Söhne dienten unter Friedrich II. Der jüngere wurde nur der Hochkirch-Marwitz genannt. »Er... focht bei Hochkirch mit solcher Auszeichnung, daß er, unmittelbar nach der Schlacht,... den Pour le mérite erhielt.« Der ältere genoß ebenfalls des Königs Wertschätzung,

»besonders auch, weil er das Regiment Gensdarmes fast den ganzen Siebenjährigen Krieg... mit dem größten Sukzeß geführt hatte.« Als er jedoch den königlichen Befehl, das sächsische Schloß Hubertsburg zu plündern, nicht befolgte, fiel er trotz aller früheren Verdienste in Ungnade. Die Inschrift auf seinem Grabstein »Wählte Ungnade, wo Gehorsam nicht Ehre brachte« beeindruckte Fontane sehr.

In der kaum überschaubaren Anzahl der miteinander versippten und verschwägerten Marwitze ragte ein weiterer heraus: Friedrich August Ludwig von der Marwitz (1777–1837). Befreundet mit dem kunstsinnigen Kreis um die Frau von Friedland in Kunersdorf und mit Daniel Albrecht Thaer in Möglin, brachte er seine Güter durch moderne landwirtschaftliche Anbaumethoden in guten Zustand, reduzierte von sich aus Hand- und Spanndienste seiner Bauern, glaubte, auf vernünftige Weise die traditionelle Herrschaft der Stände aufrechterhalten zu können; geriet in erbitterten Gegensatz zur Agrarreform Hardenbergs; kam dafür im Sommer 1811 auf die Festung Spandau. Allerdings nur für kurze Zeit. Der Winter 1812/13 sah ihn bereits wieder frei. In tiefgefühlter Liebe zu seinem Vaterland beschwor er unmittelbar nach der Konvention von Tauroggen den König, zur Volkserhebung gegen Napoleon aufzurufen. Vergebens. Da begann er auf eigene Verantwortung, in seiner Umgebung die Landwehr aufzubauen. Sein jüngerer Bruder Alexander bestärkte ihn darin. Dieser enthusiastische, künstlerisch begabte, mit Rahel Levin und dem Prinzen Louis Ferdinand befreundete Jüngling hatte bereits unter Schill gekämpft.

Fontane hatte die Memoiren der beiden Brüder sorgfältig studiert, weil ihm ein Roman vorschwebte, dessen Held Ferdinand von Schill sein sollte. Über vage Vorstellungen noch nicht hinausgekommen, schienen ihm in Friedersdorf Schloß, Kirche und Grabsteine zuzuraunen: »Hier ist es, was du suchst!« Schill rückte in den Hintergrund, und die Ereignisse des Winters 1812 auf 13 traten um so deutlicher vor sein geistiges Auge. Sie wurden der Zündfunke zu dem Roman »Vor dem Sturm«. Nicht um die Darstellung von Konflikten ging es ihm, »sondern um Schilderung davon, wie das große Fühlen, das damals geboren wurde, die verschiedenartigsten Menschen vorfand und wie es auf sie wirkte. Es ist das Eintreten... eines großen Moments in an und für sich sehr einfache Lebenskreise« (an Wilhelm Hertz, 17. 6. 1866). Sein Held, Berndt von Vitzewitz auf Hohen-Vietz, ähnelt im Charakter August Ludwig von der Marwitz; auch Details aus der Marwitz-Biographie kehren in dem Roman wieder: der frühe Tod der geliebten Frau (Marwitz hatte auf ihren Grabstein setzen lassen »Hier liegt mein Glück«), der Schloßbrand (der in Hohen-Vietz von Hoppenmarieken, in Friedersdorf von einem Mann mit einem wundertätigen Stock eingedämmt wurde), die Jugenderinnerungen an den aus dem Kriege heimkehrenden Alten Fritz und manches andere mehr. Der Sohn des Roman-Helden, Lewin von Vitzewitz, wiederum zeigt gewisse Ähnlichkeit mit Alexander von der Marwitz, der auch von den Franzosen auf die Festung Küstrin gebracht wurde, wo er mit Müh und Not der Erschießung entging.

Von alledem, was Fontane in Friedersdorf so folgenreich inspiriert hatte, ist wenig geblieben. Außer einer knorrigen Nußbaum-Allee erinnert kaum noch etwas an die in den »Wanderungen« beschriebenen Jahrhunderte. Im April 1945 sollten auf allerhöchsten Befehl die Kirchtürme des leicht hügeligen Oderlandes gesprengt werden, »um der feindlichen Artillerie keine Orientierungspunkte zu bieten«. In Friedersdorf verhinderte ein beherzter Wehrmachtsoffizier diese Wahnsinnstat. Doch als der Sturm von den Seelower Höhen in Richtung Berlin losbrach und SS-Einheiten verbissenen Widerstand leisteten, geriet auch das stille Friedersdorf in das Inferno.

Schloß und Kirche wurden beschädigt; das Schloß danach noch angezündet und später vollends abgetragen. Von der Kirche blieb nur der Turm aus Feldsteinen. Der Altarraum stand lange unter freiem Himmel, bis er ein notdürftiges Dach bekam. Erhalten sind nur die Brüstung der Patronatsloge, Reste von Orgelprospekt und Kanzelkorb und zwei reichdrapierte barocke Epitaphien derer von der Marwitz. Etliche Grabplatten der Familie, die in einhundertfünfzig Jahren mehrere hundert Offiziere, darunter acht Generäle hervorgebracht hatte, wurden von einstürzenden Mauern des Kirchenschiffs verschüttet. Was den Besucher heute besonders berührt, ist die halb zugemauerte Grabinschrift für den »Hubertusburger«-Marwitz, die Fontane seinerzeit so tief beeindruckte:

»Er sah Friedrichs Heldenzeit
und kämpfte mit ihm
in allen seinen Kriegen
Wählte Ungnade
wo Gehorsam nicht Ehre brachte.«

Das ausdrucksstarke Sandsteinrelief des kurfürstlichen »Paladins« von Görtzke (unverkennbar durch den Stelzfuß) konnte gerettet und in die Komtureikirche Lietzen überführt werden.

Außen, an der Nordwand der Kirche, befindet sich das Erbbegräbnis der vielköpfigen Marwitz-Familie; unter bemoosten, verwitterten Grabtafeln die eine, die Fontane in seinen Roman hinübernahm und auf der nichts weiter steht als: »Hier liegt mein Glück«.

(Zitate, wenn nicht anders vermerkt, aus »Wanderungen« II, Kapitel »Schloß Friedersdorf«.)

Ausflug nach Gusow

»Eine Nachtfahrt hat uns an Rüdersdorf und Müncheberg vorbei bis in das Städtchen Seelow geführt. Wir gönnen uns eine Stunde Rast und fahren nun, in nördlicher Richtung, bei Morgenlicht und Lerchenjubel in das tief vor uns gelegene Bruch hinein... Die Pappelallee geleitet uns bergab und macht erst am Fuße des Hügels einem breiten Kastanienwege Platz, der uns bis an den Eingang des Dorfes führt. Dieses Dorf ist Gusow, eins der größten und vornehmsten jener alten Wendendörfer, die, lange vor der Urbarmachung, die sumpfige Niederung des Bruches in weitem Zirkel umspannten.«

Der Kastanienweg geht in eine Eichenallee über, die endet unmittelbar vor dem *Schloß*, das sich heute noch so darbietet, wie es Fontane 1860 beschrieb: »Das Schloß, architektonisch weder schön noch eigentümlich, besteht aus einem corps de logis und zwei langen, rechtwinklig vorspringenden Flügeln, die nun einen Schloßhof bilden. Ein breiter Graben umgibt den Bau nach allen vier Seiten hin, der, mit Hülfe dieser Wassereinfassung, wie auf einer künstlichen Insel liegt.«

Dorf und Schloß Gusow kamen 1646 durch Heirat in den Besitz des Freiherrn Georg von Derfflinger, im Volksmund nur »der alte Derfflinger« genannt. Von Kindheitstagen an hatte Fontane diesen Mann bewundert, der in den Wechselbädern seines Schicksals immer er selbst geblieben war. 1606 wurde er zu Neuhofen in Oberösterreich geboren, doch seine Eltern wanderten um ihres protestantischen Glaubens willen nach Böhmen aus, das bald darauf mit Krieg überzogen wurde, der dreißig Jahre dauern sollte. Der Schneidergeselle Georg ging zu den Soldaten, wo er durch Mut und Tapferkeit auffiel. In den unübersichtlichen, wechselvollen Zeitläuften focht er vom Rhein bis zur Ostsee, erst unter schwedischen, später unter brandenburgischen Fahnen, eroberte durch tollkühnen Handstreich die von Schweden besetzte Stadt Rathenow, kämpfte an der Seite des Großen Kurfürsten bei Fehrbellin, avancierte schließlich bis zum Feldmarschall und verleugnete doch nie seine Herkunft.

Diese stolze Geradlinigkeit imponierte dem jungen Fontane. 1846 widmete er ihm eins seiner ersten Preußen-Lieder, in dem es heißt: »Er stieg zu hohen Ehren,/Feldmarschall ward er gar;/Es mocht ihn wenig kehren,/Daß einst er Schneider war;/Nur fand er einen Spötter,/Verstand er keinen Spaß/Und brummte: ›Für Hundsfötter/Ist hier mein Ellenmaß‹.«

In der Erstausgabe der »Wanderungen« (1861) bekam Gusow im Verbund mit Friedersdorf nur ein relativ kurzes Kapitel; in der dritten Auflage (1879) erweiterte es der Autor um eine ausführliche Derfflinger-Biographie. Er hatte nie aufgehört, sich mit ihm zu beschäftigen. In den dazwischen liegenden Jahren war der Roman »Vor dem Sturm« entstanden, in dem Gusow eine wichtige Rolle spielt. Der wackere Kämpe spukt auch hier hinter der Szene. Nur läßt Fontane nicht die historisch uninteressanten Nachfahren des Feldmarschalls auftreten, sondern er formt sich seine eigene Schloßherrin auf Gusow (im Roman Guse genannt); sie ähnelt im Charakter der schönen und geistreichen Dame, die bis zum Tode des Prinzen Heinrich 1802 letzter Stern am Rheinsberger Hof gewesen war. Karoline Amalie Gräfin de la Roche-Aymon gab das Modell für Tante Amély, Schwester des Hauptheldén von Vitzewitz.

Im Rheinsberg-Kapitel der »Wanderungen« hatte Fontane nicht gewagt, das Leben am Hofe zu persiflieren, – im Roman durfte er es ungestraft; er etablierte in seinem fiktiven Guse einen Cercle, der sich aus den gleichen abgelebten Gestalten zusammensetzte. Der aufmerksame Leser wird in ihnen Persönlichkeiten wiedererkennen, die ihm schon aus den »Wanderungen« bekannt sind. An keiner Stelle treten die gegenseitige Befruchtung und der innige Zusammenhang von »Wanderungen« und Roman so deutlich zutage wie hier.

Sehenswürdigkeiten

Nach seinem Besuch im Mai 1860 konstatierte Fontane, von dem gegenwärtigen Anblick etwas enttäuscht: »Alles in Gusow, oder doch alles Beste, was es hat, erinnert an den alten Derfflinger: Schloß, Park, Kirche.«

Das *Schloß*, in der Mitte des 19. Jahrhunderts neuerbaut, bot damals schon in seinem Innern »nichts, was in die Derfflinger-Zeit zurückreichte«. 1945 wurde es stark beschädigt, später diente es als Speicher, dann, notdürftig hergerichtet, als Kindergarten und Schulhort. Nun ist es ohne Fingerspitzengefühl renoviert und bietet Raum für Geselligkeiten aller Art.

»Der *Park* ist ungewöhnlich groß und neben den schönsten Baumpartien auch reich an jenen gepflegten Rasenplätzen, die die Engländer ›Lawn‹ nennen. Der alte Derfflinger... war besonders darauf aus, südliche Bäume, Zedern und Zypressen, großzuziehen.« Davon hat kaum eine überlebt; doch auf dem neu geschaffenen »Lawn« finden allsommerlich Parkkonzerte und volkstümliche Lustbarkeiten statt.

In der *Kirche*, 1666 erweitert und renoviert, befanden sich auch die Grabmonumente und Grabgewölbe der Derfflinger-Familie. Doch sollte der alte Haudegen keine ewige Ruhe darin finden. Zu Beginn des 19. Jahrhunderts »kamen Reisende von nah und fern... Eine Mischung von Frivolität und Kuriositätenkrämerei fing an ihr Spiel zu treiben, und eh ein Dutzend Jahre um war, lag der alte Feldmarschall, wie von Kroaten geplündert, in seinem halb erbrochenen Sarge, nur noch mit zwei großen Reiterstiefeln angetan, die man ihm wohl oder übel gelassen hatte.« Der Tote wurde aus seiner zerbrochenen Kiste in einen schweren Eichensarg umgebettet und die Falltür zum Grabgewölbe für immer verschlossen; was Fontane, der im Mai 1860 davor stand, sehr bedauerte, aber wohl verstand.

1945 wurde die Kirche beschädigt und alles, was nicht niet- und nagelfest war, weggetragen; in den Wirren entwendeten unbekannte Täter den mumifizierten Leichnam und brachten ihn vermutlich an Derfflingers Geburtsort in Oberösterreich. Das »trophäenartig aufgebaute Epitaphium«

wurde »durch Friedrich von Derfflinger dem Andenken seines Vaters errichtet. Es hebt sich von einer gemalten Wappendecke ab und muß ehedem sehr prächtig gewesen sein. Den Mittelpunkt bildet ein Steinsarkophag, in dessen flacher Vertiefung der Derfflingersche Feldmarschallsstab liegt«. Das Monument wurde gerettet und in die Kirche St. Sebastian der Komturei Lietzen überführt.

(Zitate aus »Wanderungen« II, Kapitel »Gusow«.)

Abstecher von Gusow zur Derfflinger Eiche

»Halben Weges, ebenda, wo das Plateau abzufallen beginnt und eine Pappelallee ihre Vorposten hoch hinaufschickt, halten wir, um uns an dem Landschaftsbilde zu erfreuen ...«

Etwa an dieser Stelle, auf der Straße 167 von Seelow nach Gusow, kreuzt heute die Bahnlinie. Unmittelbar davor biegt ein von Eichen flankierter Feldweg ab zu dem Dorfe Werbig. Linker Hand schweift der Blick über weite Wiesen, auf denen vereinzelte Kopfweiden wie getarnte Schildwachen stehen. Nach ungefähr tausend Schritten ragt, von der Naturschutz-Eule bewacht, ein Baumriese auf; Zementplomben geben ihm den inneren Halt, Blitze zerspellten ihn, wechselvolle Zeitläufte versetzten ihm Narben und Schrunden, aber er steht noch immer auf seinem Posten. »Der alte Derfflinger« heißt diese *Eiche* im Volksmund.

Sie erinnert an den greisen Feldmarschall, der, »wie er es selber ausdrückte, bei Hofe ›viel Saures und Süßes‹ gekostet hatte, ›aber des Sauren mehr‹«; und sich nach Gusow zurückzog; »ein guter Wirt und Haushalter, wie fast alle diejenigen, die das Schwert mit der Pflugschar vertauschen«. Achtzigjährig hatte Derfflinger seinem Freund ins Stammbuch geschrieben: »Wind und Regen/Sind mir oft entgegen;/*Ich ducke mich*, laß es vorübergahn,/Das Wetter will seinen Willen han.« Diesen Spruch übernahm Fontane in seinem Roman »Vor dem Sturm« (Band II, Kapitel 1) und ins Gusow-Kapitel seiner »Wanderungen« (Band II).

Abstecher von Friedersdorf und Gusow zur Komturei Lietzen

Gegen Ende des Romans »Vor dem Sturm«, wo sich, im 17. Kapitel, die Freiwilligen aus den Oderbruchdörfern formieren, um unter dem Befehl des Generals von Bamme nach Frankfurt zu marschieren, bringt Fontane den Namen Lietzen ins Spiel. Ein friderizianischer Kriegsveteran – »Bei Kunersdorf Schuß durch die Hüfte« – trägt die Kompanie-Fahne: »Rot und weiß... Das ist die Komtureifahne mit dem achtspitzigen Johanniterkreuz. Lietzen ist Ordensgut«, erklärt Berndt von Vitzewitz dem General, der zum erstenmal seine »Truppen« besichtigt.

Dies ist verwunderlicherweise die einzige Erwähnung des Ortes, der allein schon durch seine Geschichte für Fontane hätte interessant sein müssen: Seit Mitte des 13. Jahrhunderts gehörte die Komturei samt umliegenden Dörfern dem Templerorden, der allzu geschäftstüchtig mit seinem Pfunde wucherte, so daß der Besitz 1312 den bescheideneren Johanniter-Ordensrittern übereignet wurde, die ihn bis zur Säkularisierung bewirtschafteten. 1814 übernahm Staatskanzler von Hardenberg neben Quilitz auch die Komturei Lietzen mit allen Dörfern und Ländereien.

Fontane hatte vielerlei Kontakte zu Vertretern des Johanniter-Ordens. Das Wochenblatt der Johanniter-Ordens-Ballei Brandenburg brachte zahlreiche Artikel von ihm, auch Vorabdrucke verschiedener Kapitel der »Wanderungen«; und schließlich wohnte er jahrzehntelang in Berlin, Potsdamer Straße 134c, in einem Mietshaus, das der Ballei gehörte.

Wie dem auch sei, in Lietzen ist er nachweislich nicht gewesen. Es lag wohl daran, daß er bei seinen Recherchen in dieser Gegend vornehmlich auf die Feldherrn des 17. Jahrhunderts aus war, und die hatten mit Lietzen nichts zu tun. Inzwischen hat sich das geändert. *Dorf, Vorwerk* und *Komturei Lietzen* wurden 1945 in ein volkseigenes Gut verwandelt, und die Mitarbeiter begannen, aus Achtung vor der Geschichte, die ihnen überantworteten Wohn- und Wirtschaftsgebäude zu erhalten; sie restaurierten systematisch und behutsam das ehemalige Herrenhaus mit der reichen italienischen Innenausschmückung aus dem 17. Jahrhundert, und in der renovierten *Kirche St. Sebastian*, deren Feldsteinmauerwerk bis ins 13. Jahrhundert zurückreicht, nahmen sie die wertvollsten Grabsteine aus den zerstörten Kirchen von Gusow und Friedersdorf auf.

Unter den sehr realistischen Flügeln eines barocken Taufengels sind nun – unter anderem – die Epitaphien der beiden Männer zu besichtigen, die sich im Leben nur mit Zähneknirschen akzeptierten: Georg von Derfflinger und Joachim Ernst von Goertzke. Sie gehörten zu den Männern, die Fontane in seinem Aufsatz »Märkische Kriegsobersten während des Dreißigjährigen Krieges« folgendermaßen charakterisierte: »nicht Strategen und Schlachtenlenker, sondern teils einfache, aber energische Martialgestalten«.

Das im Gusow-Kapitel beschriebene, beachtenswerte Sandstein-Epitaph für Derfflinger stammt aus der Schule von Andreas Schlüter. Die dazu gehörige, schönfärbende Alabaster-Büste ist seit 1945 verschollen. Einmalig und einprägsam ist der Figurengrabstein für Goertzke (1611 bis 1682) und seine Frau. Goertzke war Page im Dienst des Schwedenkönigs und an dessen Seite bei Lützen am Schenkel schwer verwundet worden, so daß er »seitdem einen zu kurzen Fuß hatte und eine dicke Holzsohle tragen mußte«. Er trat später in brandenburgische Dienste, wurde reich und heiratete reich, ließ eine Anzahl kriegszerstörter Dörfer wiederaufbauen und befahl am Lebensende einem Maler, ihn überlebensgroß in Öl zu porträtieren.

»Der Maler, mutmaßlich ein strenger Realist, blickte mit Vergnügen auf den charakteristisch verkürzten Fuß des alten Generallieutenants und malte ihn derart, daß, neben dem langen Haar und dem weißen Spitzenkragen, die dicke, fünf Zoll hohe Sohle des kurzen Fußes vorzugsweise in die Augen fallen mußte. Was Kunstrichtung war, nahm aber der alte Görtzke für persönliche Beleidigung, für groben Hinweis auf sein Gebrechen, und jagte den Maler zum Hause hinaus. Noch empfindlicher vielleicht bestrafte er ihn dadurch, daß er das Bild behielt, aber die Bezahlung verweigerte.« (»Wanderungen« VI, Kapitel »Märkische Kriegsobersten während des Dreißigjährigen Krieges«.)

Das Gemälde, das Fontane in seinem Friedersdorf-Kapitel schildert, ging verloren, doch das ebenso charakteristische Sandstein-Relief wurde gerettet. In der Komturei, in der sich Historie und lebendige Gegenwart in glücklichster Übereinstimmung befinden, haben die beiden »Martialgestalten« einen angemessenen Platz.

(Zitate, soweit nicht anders vermerkt, aus »Wanderungen« II, Kapitel »Gusow«.)

Lindow

»Unser Weg führt uns von Alt Ruppin auf Lindow zu. Die nur durch ihre *Lage* reizende Stadt kann uns durch ihre Straßen und Plätze nicht fesseln, aber jenseits derselben, wo sich die Schmalung zwischen dem Gudelack- und dem Wutz-See wieder zu weiten beginnt, werden wir, nach rechts hin, eines Konglomerates von Häusern und Ruinen ansichtig, um welches sich eine niedrige Steinumwallung: die Einfriedung von *Kloster* Lindow, zieht.« So schrieb Fontane 1874 in dem gleichnamigen Kapitel, das er in die dritte, neu gestaltete Auflage der »Grafschaft Ruppin« einfügte.

Das Kloster wurde »gegen... Anfang des dreizehnten Jahrhunderts... als ein Prämonstratenser-Nonnenkloster gegründet«, und es ist sehr wahrscheinlich, »daß das Kloster eher da war als die Stadt«. 1530 besaß es außer der Stadt Lindow noch achtzehn Dörfer, neun Wassermühlen und im Umkreis von vier Quadratmeilen alle Felder, Wälder und Seen, darunter den Großen Stechlin. Doch als 1542 die Klostergüter in kurfürstliche Domänen umgewandelt wurden, schmolz der Reichtum dahin auf tausend Taler und hundert Morgen Land, »und an die Stelle der Äbtissin und ihrer fünfunddreißig Nonnen trat eine Domina mit vier Fräuleins«.

Den adligen Damen blieb nichts weiter übrig, als verlorenen Reichtum durch Contenance zu ersetzen. Ihre durch die Jahrhunderte kaum geänderte Lebensart hatte Fontane in Dobbertin studieren können, wenn er bei Mathilde von Rohr zu Gast war. Als er an seinem Roman »Der Stechlin« arbeitete, übertrug er seine Dobbertiner Erfahrungen auf das Kloster Wutz, das, was geographische Lage, Geschichte und Lokalkolorit betraf, dem am Wutz-See gelegenen Kloster Lindow ähnelte.

Heute ist Lindow ein beliebter Einkaufs- und im Sommer ein Ferienort; doch nur wenige Schritte von dem bunten Treiben entfernt weht der kühle Hauch der Vergangenheit. Efeuüberwuchert steht verwunschen und seit dem Dreißigjährigen Kriege vor sich hinbröckelnd die Ruine des Refektoriums, so wie sie Fontane in den »Wanderungen« erwähnte. Und auf der »von prächtigen alten Bäumen überragten Parkwiese« ruhen in strenger Rangordnung die früheren Bewohner des Klosters: »die *Dienstleute* samt den Beamten an einer, die *Gäste* des Klosters an einer andern Stelle«; die Stiftsdamen haben ihr eigenes Terrain. Mit Mühe sind auf verrosteten Kreuzen und bemoosten Steinen die altbekannten Namen des märkischen Adels zu entziffern: von Zieten, von Gühlen, von Quast, von Rochow, von Bredow... Nur den Namen der Adelheid von Stechlin wird man vergebens suchen.

Fontane hatte im September 1874 noch fünf lebende Stiftsdamen in Lindow angetroffen. Heute wohnen in dem Haus mit der freundlich-einladenden Treppe, das der Domina vorbehalten war, emeritierte Pastoren. Sie finden in dem ehemaligen Kloster-Areal Ruhe und Besinnung im harmonischen Nebeneinander von grün eingesponnenen, gespenstischen Mauern und roten Backsteinhäuschen mit weißen Fenstern, von Epitaphen und Blumen.

Und wer vorher den »Stechlin« gelesen hat, dem kann es wohl passieren, daß er im Geflirr von Licht und Schatten in der Nische eines geborstenen Gemäuers das flüchtige Bild der Tante Adelheid zu erkennen glaubt.

(Zitate aus »Wanderungen« I, Kapitel »Lindow«.)

Luckenwalde

»Als der alte Kirchturm, der jetzt am Marktplatz steht, noch ein Rochowscher Wartturm war, da war Luckenwalde noch Luch im Wald. Es war auch noch Luch im Wald, als die Mönche von Kloster Zinna kamen und eine christliche Kirche neben dem heidnischen Wartturm bauten; aber Luch im Walde wurde Luckenwalde in demselben Augenblick, wo König Friedrich Wilhelm I. sich ins Mittel legte und der erste Webstuhl voigtländischer Weber in Luckenwalde zu klappern begann. Das Mittelalter war hin und die Neuzeit fing an.«

Fontane kam vermutlich 1854 zum erstenmal nach Luckenwalde, nicht aus Wanderungs-Neugier, sondern aus persönlichen Gründen. Emilie Fontane war mit Laura, der Frau des Luckenwalder Fabrikbesitzers Knochenhauer, befreundet. Beide Ehepaare hatten sich im Dezember 1850 kennengelernt, als Emiliens Halbbruder, Stabsarzt Müller, in Schwedt Fräulein Mathilde Görsch, eine Schwester Lauras, heiratete. Seitdem bestand ein reger Gedankenaustausch zwischen den jungen Frauen (die Ehegatten fügten lediglich »beste Grüße« bei). In den für Emilie besonders schweren Jahren, als Fontane überwiegend in London tätig war, verbrachte sie mit dem kleinen George oft Wochen unter der fürsorglichen Obhut der wohlhabenden Freundin, die wiederum Emiliens geistige Anregung schätzte.

Zu Pfingsten 1855 trafen die Eheleute Fontane zusammen in Luckenwalde ein. Geplant war nur ein kurzer Besuch, doch Emilie wurde von Wehen überrascht und brachte ein Siebenmonatskind zur Welt, dessen Lebenslicht nach zwei Wochen erlosch. Bereits 1852 und 1853 hatte Emilie Söhne geboren, die zu schwach waren, um leben zu können. Dieses Kind »sah noch ›unterirdischer‹ aus als der Kleine, den Sie im vorigen Jahr unter die ›Unterirdischen‹ rangierten«, schrieb der unglückliche Vater an Theodor Storm in Potsdam, der lebhaften Anteil an dem Schicksal der Familie nahm.

Um in diesen schrecklichen Wochen nicht ganz der Verzweiflung anheimzufallen, beschäftigte sich Fontane mit dem eigenartigen, nur dort verbreiteten märkischen Platt und mit der Luckenwalder Chronik, vor allem aber mit der dominierenden Tuchmacherei, wobei ihm sein Gastgeber Carl August Knochenhauer alle Einzelheiten zu berichten wußte, denn er besaß eine Färberei, die sich bis an die von der Indigoküpe tiefblau gefärbte Nuthe erstreckte.

»Nicht mehr die Kirche bildet den Mittelpunkt des geistigen Lebens, städtischer Interessen, sondern der Schornstein, der ›Stylit des Gewerbefleißes‹... Man ruft keine Heiligen mehr an, man schwört nicht mehr bei Peter und Paul; die Namen, die laut werden, die längst Haushaltsworte geworden sind, heißen Emisch und Steinberg, oder Pariser und Compagnie. Luckenwalde ist Fabrikstadt geworden; man zupft, man walkt, man färbt, man webt...« Alle intimen Kenntnisse Luckenwalder Kultur- und Sittengeschichte faßte Fontane nach einem erneuten Besuch (30. 9. 1862) in einem Aufsatz »Luch im Walde« zusammen. Ironisch setzte er sich darin auch mit der aus sagenhafter Vorzeit datierenden Fehde zwischen Luckenwalde und Jüterbog auseinander: »Nur bei den Wahlschlachten steigt der alte Groll noch aus dem Grabe und scheidet Jüterbog-Luckenwalde in rechts und links. Luckenwalde steht links. Schade! Luch im Walde hätte rechts gestanden.« Der letzte Satz scheint im Hinblick auf den Herrn Chefredakteur der äußerst konservativen »Neuen Preußischen Zeitung« angefügt worden zu sein, in der dieser Aufsatz am 17. 4. 1864 erschien.

Die zweifellos auch vorhandenen Erscheinungen der Armut in Luckenwalde wurden durch eine gewisse »Poesie des Dampfes« verklärt. Diese beschönigende Haltung sollte sich jedoch bald ändern. In den 1869 geschriebenen Schwielowsee-Kapiteln zum Beispiel fand er für das Verhältnis der Ziegel-Lords und Ziegelstreicher sozialkritische Töne, die aufhorchen lassen.

Sehenswertes

Noch immer kann man wie Fontane konstatieren: »Das beste Teil Luckenwaldes sind... seine zwei Erbstücke aus den Zeiten von ›Luch im Walde‹ her – sein alter Turm, den irgend ein alter Rochow als Wartturm errichtete, und seine alte Kirche, die die Mönche von Zinna gebaut.« (Das nah gelegene *Kloster Zinna*, heute beachtenswertes Museum, hat Fontane merkwürdigerweise nicht besucht.)

Die *Pfarrkirche Sankt Johannes* mit dem schönen Maßwerkgiebel wurde im 15. Jahrhundert erbaut, ruht jedoch auf den Fundamenten ihrer Vorgängerin aus dem 13. Jahrhundert.

Ebenso alt, wenn nicht älter, ist der benachbarte *Feldsteinturm*, der wahrscheinlich ein Bergfried gewesen ist. Im 18. Jahrhundert bekam er ein Mansarddach mit Laterne aufgesetzt. »Turm und Kirche stellen sich einfach hin und sagen: ›Da sind wir, wird sind alt‹... Sie erzählen nichts. Selbst die Lapidarchronik der Grabsteine fehlt.«

Wer sich aber im *Heimatmuseum* um die Ecke mit der Sage von den neidischen Jüterbogern vertraut macht, die vergeblich versuchten, den Turm zu stehlen, dem werden die Steine vielleicht doch zu erzählen beginnen.

Das stattliche *Rathaus* dahinter, im Rundbogenstil der Schinkel-Nachfolge, war 1855 noch keine zehn Jahre alt, zu jung, um von Fontane als bemerkenswert empfunden zu werden.

»*Die Nuthe selbst*, die alte Lebensader Luckenwaldes, die den Ort mehr umspannt, als durchläuft, ist ihm geblieben.« Nur ist sie heute nicht mehr so giftigblau.

Am Hause der Familie Knochenhauer, am Platz vor dem Marktturm, ließen Fontane-Freunde 1982 eine *Relieftafel* anbringen zur Erinnerung an den Aufenthalt des Dichters. Von Frau Emilie kein Wort.

(Zitate aus »Luch im Walde«, »Neue Preußische Zeitung«, 17. 4. 1864.)

Meseberg

»Gestern um $10^1/_2$ fuhr ich, in großer Kumpanei, nach Meseberg, eine Stunde von Gransee… Es war sehr nett… Das Deckengemälde mit der witzig unanständigen Inschrift (Anspielung auf den Prinzen Heinrich und seinen Mignon Major Kaphengst) wurde wieder bewundert und ein Diner genommen, das sich lediglich aus Produkten des Gutes zusammensetzte, glücklicherweise mit Ausnahme des Weins. Vor Tisch anderthalbstündiger Spaziergang um den schönen See, nach Tisch anderthalb Stunden Kegel gespielt.« So berichtete Fontane am 13. Mai 1889 seiner Tochter Mete.

Was hatte es mit Kaphengst und diesem Deckengemälde auf sich, daß acht honorige Herren, fast alle Mitglieder des Berliner Geschichtsvereins »Der Bär« sich aufmachten, um nach Meseberg zu fahren? Man kann es in den »Wanderungen«, Grafschaft Ruppin, Kapitel »Der Rheinsberger Hof von 1786 bis 1802« nachlesen:

»Christian Ludwig von Kaphengst ward ohngefähr im Jahre 1740 auf seinem väterlichen Gute Gühlitz in der Prignitz geboren. …sehr wahrscheinlich lernte der Prinz ihn während des Siebenjährigen Krieges kennen… fand Gefallen an seiner Jugend und Schönheit und nahm ihn nach erfolgtem Friedensschlusse mit nach Rheinsberg. Als Adjutant des Prinzen, eine Stellung, zu der ihn seine geistigen Gaben keineswegs befähigten, stieg er zum Capitain und bald danach zum Major auf und beherrschte nun den Hof und den Prinzen selbst, dessen Gunstbezeugungen ihn übermütig machten.« König Friedrich II. sah sich dieses moralisch wie finanziell verschleißende »Verhältnis« zehn Jahre lang mißbilligend an, dann übersandte er Heinrich 10000 Stück Friedrichdor mit der Maßgabe, den Kaphengst unverzüglich zu entlassen. »Der Prinz… gehorchte dem Befehle sofort und tat es um so lieber, als die Entfernung Kaphengsts dem bestehenden Verhältnis nur die Last und Peinlichkeit eines *unausgesetzten* Verkehrs nahm, ohne das Verhältnis selbst absolut zu lösen.«

Am stillen Huwenow-See, drei Meilen von Rheinsberg entfernt, hatte Graf von Wartensleben 1739 mit dem Bau eines kostbaren Schlosses begonnen, eine Tonne Gold war bereits investiert, als er einsah, daß er sich ruinierte.

Er mußte verkaufen und Prinz Heinrich griff zu, erwarb 1774 unter Anzahlung von 100 000 Talern den ganzen hochherrschaftlichen Besitz und schenkte ihn seinem »armen Entlassenen«. Dem maßlosen Kaphengst war es noch nicht nobel genug: »Ein vollständiger Marstall ward eingerichtet, *zwanzig Luxuspferde* wurden gehalten, und auf den Atlaskissen der Sofas streckten sich die Windspiele, während eine Meute von Jagdhunden um die Mittagszeit ihr Geheul über den Hof schickte. Spiel, Streit und Aventüren füllten die Zeit ...«

Endlos waren die Geldverlegenheiten des Majors und endlos die Großmut des Prinzen. Schließlich verheiratete er seinen Liebling mit einer französischen Schauspielerin, – mit dem Erfolg, daß nun zwei das Geld zum Fenster hinauswarfen. Madame ließ im Schloß eine Bühne einbauen und »unter dem Vollklang französischer Alexandriner vergaß der Prinz gern, wie hohen Eintrittspreis er für all diese Aufführungen zu zahlen hatte«.

Mehrmals versuchte er, sich für längere Zeit zu absentieren, doch er wurde mit immer neuen Huldigungen betört. Er war »leicht zu fangen ... sobald die Schmeichelei nicht platt-prosaisch, sondern wohlstilisiert und im Gewande der Kunst an ihn herantrat«. 1790 hatten sich die beiden etwas Besonderes ausgedacht: »Am Plafond der großen Speisehalle ... hatte die raschfertige, aber immerhin geniale Hand Bernhard Rodes ein großes Deckengemälde ausgeführt, das, im Geschmack jener Zeit, die Apotheose des Prinzen Heinrich darstellte. Zur Rechten ein Ruhmestempel, dem Genien das Bild des Prinzen entgegentragen; daneben der bekannte Götterapparat ... und an einem der Opferaltäre die Inschrift: ›Vota grati animi‹, ›Nimm dies als die Darbringung eines dankbaren Herzens.‹« Aus Zufall oder Malice hatte Rode die letzte Silbe weggelassen, und Kaphengst hatte lachend auch das i noch übermalen lassen, »so daß die Inschrift jetzt lautete: ›Vota grati an‹ «.

Auch diese Anspielung verzieh der Prinz; erst 1798 stellte er seine Zahlungen ein, und Kaphengst mußte schleunigst zwei von den vier Gütern verkaufen. Er starb im Winter 1800 auf Schloß Meseberg. Die Bewohner der Umgebung schlugen drei Kreuze.

Sehenswürdigkeiten

Der *Huwenow-See* hinter dem Schloß ist in einer Talschlucht gelegen. »Unbedingte Stille herrscht, die Bäume stehen windgeschützt und rauschen leiser als anderswo, das Geläute der weidenden Herde dringt nicht bis in die Tiefe hinab, und nichts vernehmen wir als den Schnitt der Sense, die neben uns das Gras mäht, oder den Ruck, womit der Angler die Schnur aus dem Wasser zieht.«

Die *Dorfkirche* ist noch immer »in ihrer Art nicht minder interessant als das Schloß. Grabsteine der Gröbens liegen im Kirchenschiff, und Denkmäler der verschiedensten Art, aber alle der eben genannten Familie zugehörig, zieren die Wände hinter und neben dem Altar. Rechts hängt ein großes, auch um seines künstlerischen Gehaltes willen sehr bemerkenswertes Familienbild aus dem Jahre 1588, von dem ich vermuten möchte, daß es von einem Schüler des Lucas Cranach herrühre ... Das Bild ... stellt Ludwig von der Gröben und seine Gemahlin ... samt ihren siebzehn Kindern dar, dreizehn Knaben links und vier Mädchen rechts.«

Fontane studierte die Familiengeschichte und fand heraus, daß die Erbtochter der Gröbens, denen Meseberg ursprünglich gehörte, einen Grafen von Wartensleben heiratete, die – zusammen mit den von Winterfeld und von Wartenberg zu den ›drei großen W's‹ zählten, die unter Friedrich I. das Land auf eigene Rechnung ausgeplündert hatten. So kann man erahnen, woher die Tonne Gold stammte, die Graf Wartensleben in Schloß und Park investiert hatte.

Schloß Meseberg. »Die die Façade bildenden Sandsteinsäulen wurden aus den sächsischen Steinbrüchen, die Marmorkamine aus Schlesien her herbeigeschafft; breite, mächtige Steintreppen stiegen bis in das obere

Stockwerk, eichene Paneele umliefen die Zimmer, während andere bis an den Plafond hinauf boisiert waren. Kostbare Blumenstücke... füllten den Raum über den Türen...«

Das Schloß diente nach dem Zweiten Weltkrieg jahrzehntelang als Schule. Zu Beginn der achtziger Jahre erwarb es die Akademie der Wissenschaften und stellt nun mit kleinen, aber systematischen Schritten die alte Herrlichkeit wieder her. Auch das Deckengemälde mit der degoutanten Inschrift wird restauriert und den wissenden Betrachter zu einem maliziösen Lächeln verleiten.

(Zitate, soweit nicht anders vermerkt, aus »Wanderungen« I, Kapitel »Zwischen Boberow-Wald und Huwenow-See oder Der Rheinsberger Hof von 1786 bis 1802«.)

Neu-Hardenberg

»Ich schreibe diese Zeilen im Neu-Hardenberger Schloß, wo ich mich seit gestern früh aufhalte und sehr freundlich aufgenommen worden bin. Es ist sehr reich an Kunstschätzen und hat mir viel Ausbeute gegeben.« Das vermerkte Fontane – nicht ohne Stolz – am 20. 9. 1862 in dem Geburtstagsbrief an seine Mutter.

Adolf Christian Graf von Hardenberg, Nachkomme des Fürsten-Staatskanzlers, war sich wohl bewußt, daß ins Gedächtnis der Nachwelt nur Einlaß findet, was von einer geschliffenen Feder überliefert wurde; und so öffnete er dem »Wanderer« Fontane 1860 und 1862, jeweils im September, sein gastliches Haus.

Die Aufzählung und Beschreibung der Kunstwerke nimmt in dem zwanzig Seiten umfassenden Kapitel des »Oderland«-Bandes einen unverhältnismäßig großen Raum ein, es scheint, als habe sich der Autor damit einer kritischen Wertung der Persönlichkeit des Staatskanzlers entziehen wollen. Fontane schätzte das Wirken Hardenbergs in der außergewöhnlich komplizierten Zeit der Napoleonischen Bedrängnis und der Befreiungskriege hoch ein, aber die Haltung des Privatmannes Hardenberg, der in drei Ehen und zahlreichen Liebschaften wenig Contenance gezeigt hatte, betrachtete er aus kühler Distanz.

Ganz andere Töne schlägt er an, wenn er aus der Vorgeschichte des Ortes erzählt, der ursprünglich Quilitz hieß und dem König gehörte, der es 1763 dem Husarenoffizier von Prittwitz aus Dankbarbeit schenkte, weil dieser ihm die Schlacht von Kunersdorf und gar das Leben gerettet hatte. »Als gegen Abend die preußischen Truppen nach übermenschlicher Anstrengung und Tapferkeit endlich zurückgeworfen waren und fast aufgelöst das Schlachtfeld verließen, war der große König in Verzweiflung... Zwei Pferde waren ihm unter dem Leibe erschossen worden, und eine dritte Kugel hatte ihm ein goldenes Etui in seiner Westentasche zerdrückt.

...Und dann ritt er weiter und kam spätabends nach dem Dorfe Ötscher. Auf dem Rücken Joachim Bernhards schrieb er hier mit Bleistift an den Minister Finkenstein in Berlin...: ›Alles ist verloren, retten Sie die königliche Familie, Adieu für immer.‹ Während in Ötscher der unglückliche König, nur von wenigen Getreuen umgeben, sich aufs Stroh warf, sammelte Joachim Bernhard die aufgelösten Trümmer der Armee, etwa 3000 bis 4000 Mann, so daß ihm nicht nur der Ruhm gebührt, den König, sondern auch den Rest der Armee gerettet zu haben.«

Dafür war ihm nach Kriegsende das Dorf Quilitz zuteil geworden. Da er kurz zuvor reich geheiratet hatte, ging er daran, »ein Haus aufzuführen, das den Ansprüchen seiner... begüterten Gemahlin entsprach. Der Bau ward unverzüglich begonnen und war schon bis zu den ersten Steinen des ersten Stocks gediehn, als König Friedrich des Weges kam... eigens zu dem Zwecke, das Oderbruch und die Melioration desselben zu inspizieren. ›Prittwitz, Er baut ja ein *Schloß*; Er will ja hoch hinaus‹, waren die nicht allzu gnädigen Worte«, woraufhin Prittwitz »nichts Eiligeres zu tun hatte, als... unter Fortlassung einer Beletage sofort das Dach auf das Erdgeschoß setzen zu lassen.«

Und dabei blieb es, solange das Haus im Besitz der Familie von Prittwitz war.

1801 brannte das Dorf ab, und David Gilly bekam den Auftrag, eine neue, großzügigere *Dorfanlage* zu entwerfen. Er überließ diese Aufgabe dem zwanzigjährigen Karl Friedrich Schinkel, der sich hier – in der Zeit zwischen 1801 und 1803 – zum ersten Mal beweisen konnte. Fontane bemerkt zu dieser Anlage in seinem Notizbuch (nicht im Buch-Kapitel!): »Die überaus breite Dorfstraße ist eben zu breit, so daß kein richtiges Verhältnis zwischen der Höhe der Häuser und der Breite der Straße existiert. Die Häuser haben meist Strohdächer und stehen mit dem Giebel nach vorn.« Schinkel hatte, um die Brandgefahr zu verringern, die Häuserzeilen des Straßendorfes durch einen zwei Kilometer langen, avenueartigen Anger getrennt und die Scheunen ans Ende des Ortes verlegt. Da er praktisch und billig bauen mußte, verwendete er Raseneisenstein von den umliegenden Feldern; dieses Baumaterial gab dem Dorf den spezifischen

Charakter. Waren ihm bei der Anlage durch gewisse Vorgaben die Hände gebunden, so ließ er, wo es nur irgend ging, seine Phantasie spielen, zum Beispiel beim Bau des Molkenhauses auf dem Vorwerk Bärwinkel: »Das Ganze hat die Form einer Basilika: ein Hochschiff und zwei niedrige Seitenschiffe.« Nur hatte er die Apsis nach vorn genommen, die nun als Eingang diente. »Wenn... etwas zu tadeln ist, so ist es das, daß... der Zug nach idealeren Formen sich hier an der unrechten Stelle zeigt.« 1814 ging Quilitz in den Besitz des Staatsministers Hardenberg über, ihm zu Ehren wurde es in Neu-Hardenberg umbenannt. In den acht Jahren bis zu seinem Tode (1822 in Genua) gab es mancherlei Veränderungen: 1816 bis 17 hatte Schinkel die Kirche neuerbaut und 1820 begonnen, Schloß und angrenzende Wirtschaftsgebäude umzugestalten. Auch der Park wurde von Hardenbergs Schwiegersohn, dem Fürsten Pückler-Muskau als »zu altfränkisch-steif« empfunden und in Windeseile von einem barocken in einen englischen Landschaftspark umgewandelt. Es soll dies, so berichtet Fontane, in wenigen Stunden geschehen sein, als der Staatsminister mit Freunden an einer festlichen Tafel feierte: »Eine Allee war verschwunden, und wo ein Elsbruch war, war eine Parkwiese entstanden, an deren Ausgang das Wasser des Kanals blitzte. Der Fürst, im ersten Augenblicke sichtlich unangenehm berührt, war doch artiger Wirt und guter Schwiegervater genug, um gute Miene zum bösen Spiele zu machen«. Dies ist die einzige lebendige Episode aus der Zeit Karl August von Hardenbergs.

Der Name Neu-Hardenberg blieb bis 1949 bestehen, dann wurde der Ort in Marxwalde umbenannt; im Herbst 1990 erhielt er den rechten Namen zurück. Da das ganze Dorf auf Schinkels Ideen beruht – von Dorfanger, Schloß und Kirche bis zur Molkenhaus-Basilika –, wurde es als geschlossenes Ensemble unter Denkmalschutz gestellt.

Sehenswürdigkeiten

Von der 1801 ebenfalls abgebrannten *Kirche* ließ Schinkel beim Neuaufbau »wohl nur die Umfassungsmauern stehen – der Turmaufsatz, das Mausoleum und das Innere der Kirche selbst sind sein Werk. Der Turm ist ein Kuriosum... Das Ganze sieht ... aus ... wie wenn man ein *ovales* Serviettenband auf eine oblong geformte Teebüchse stellt. Wie Schinkel zu dieser Sonderbarkeit gekommen ist, ist schwer zu sagen. Er hielt viel vom *Ausprobieren*. ...

Das Innere der Kirche – an den Berliner Dom erinnernd und... um dieselbe Zeit aufgeführt (1817), in der Schinkel die Restaurierung des Domes leitete – ist hell, geräumig, lichtvoll, ein wenig nüchtern... Eigentümlich ist der Altar. Hinter demselben... erhebt sich eine hohe Nischenwand, deren halbkreisförmige Fläche durch gemalte Säulen in fünf Felder geteilt wird. Aus dem Mittelfelde springt die Kanzel hervor... rechts und links... befinden sich die Kolossalfiguren der vier Evangelisten... Matthäus, Johannes und Lukas lassen viel zu wünschen übrig; der Markus aber ist im ganzen genommen vorzüglich. Sie rühren von einem gewissen Bertini her, den der Staatskanzler – bekanntlich ein Mäzen der schönen Künste – nach Italien schickte, um diese Bilder nach den Vorbildern großer Meister zu fertigen. Trotz ihrer Mängel bilden alle vier einen Bilderschmuck, wie er *derart* in märkischen Dorfkirchen schwerlich zum zweiten Male gefunden wird.«

Die Kristallglocke, die das mumifizierte Herz Hardenbergs barg, wurde 1945 zerbrochen, das Herz blieb unversehrt. Es ruht in einem gläsernen Kasten, in dessen Metalldeckel ein Keilerkopf eingraviert ist.

Abgesehen von der gußeisernen Grabplatte mit den Inschriften für Joachim Bernhard von Prittwitz und seine Frau ist alles dem Andenken Hardenbergs gewidmet: die Büste aus Biskuitporzellan (vermutlich von Rauch) und an der Ostseite das *Mausoleum* in Form einer Vorhalle mit dorischen Säulen.

Das *Molkenhaus* im Basilika-Stil, von dem Fontane schrieb, es mache »den Eindruck, wie wenn ein junger Poet einen wohlstilisierten... Brief an seine Wirtsfrau oder deren Tochter schreibt. Der Stil, die Sprache sind an und für sich tadellos, nur die Gelegenheit für den poetischen Ausdruck ist schlecht gewählt«, soll restauriert werden.

Der *Park*, der von dem Fürsten Pückler-Muskau, weit über den Entwurf Lennés hinausgehend, einer radikalen Umwandlungskur unterzogen worden war, erweckt – nach Jahren der Verwahrlosung – heute wieder den Eindruck künstlerisch gebändigter und arrangierter Natur. In direkter Sichtachse zum Gartensalon des Schlosses steht das *Denkmal für Friedrich II.*, das Prittwitz im Jahre 1792 errichten ließ. »Die Komposition ist etwas steif... und in vielen Stücken angreifbar, aber dennoch eine gute Durchschnittsarbeit. Ein Säulenstumpf trägt das Reliefbild des großen Königs; ein trauernder Mars, kniend, umklammert von der einen Seite her die abgebrochene Säule, während sich eine aufrecht stehende Minerva von der andern Seite her an den Säulenstumpf lehnt... die Quilitzer... sagen, ›es sei Prittwitz und seine Frau, die um den Alten Fritz trauern‹.«

Dem *Schloß*, ursprünglich eine eingeschossige Dreiflügelanlage mit steilem Mansarddach, setzte Schinkel 1820/22 unter Beibehaltung des Grundrisses eine Beletage auf. Durch dreiachsige Mittelrisalite an der Hof- und Gartenseite bekam es klassizistische Akzente. Die gesamte, wohlausgewogene Schloßanlage diente bis 1975 als Schule, die Orangerie als Sporthalle. Danach wurde das Gebäude-Ensemble restauriert. Von den Kunstwerken, die Fontane beschrieben hatte, blieben die Wanddekorationen, die von Carl Gotthard Langhans herrühren, zwei Rundöfen und mehrere Büsten, im Vestibül Supraporten und im Gartensaal Stuckreliefs und Deckenmalereien erhalten. In diesem lichtdurchfluteten Refugium befand sich Carl-Hans Graf von Hardenberg, als ihn die Gestapo verhaftete. Er gehörte zum Kreis der Verschwörer des 20. Juli 1944, zu den Männern, die Ungnade wählten, »wo Gehorsam nicht Ehre brachte«.

Das Schloß, im Besitz des Landes Brandenburg, ist heute eine Stätte der Bildung und gepflegter Gastlichkeit. Es kann – wie auch die Kirche – nach vorheriger Anmeldung besichtigt werden.

(Zitate, soweit nicht anders vermerkt, aus »Wanderungen« II, Kapitel »Quilitz oder Neu-Hardenberg«.)

Ausflug nach Altfriedland

Bevor Fontane nach Altfriedland fuhr, hatte er die Geschichte des Zisterzienser-Nonnenklosters gründlich erforscht: Im 13. Jahrhundert gegründet, war es im Laufe der Zeit immer reicher geworden; sieben Dörfer gehörten ihm, acht Seen, drei Mühlen und ein Weinberg. Fontane fand dokumentarische Belege dafür, wie die Lebensweise der Nonnen immer üppiger wurde bis zum Jahre 1546, als die Säkularisierung erfolgte. Aus dem Kloster wurde Amt Friedland, das mehrfach den Besitzer wechselte, bis es an den Markgrafen von Schwedt und nach dessen Tod, 1759, an den König zurückfiel, der es im Jahr darauf an den »Sieger von Torgau« Hans Sigismund von Lestwitz verschenkte.

Sehenswertes

»Die Lage Klosters Friedlands – auf einem schmalen Landstreifen zwischen zwei Seen, dem Kloster- und dem Kietzer See – muß von nicht gewöhnlicher Schönheit gewesen sein«; das ist heute noch nachzuempfinden, obwohl die Gebäude seit dem 17. Jahrhundert verfielen. Zu Fontanes Zeit war nur noch das *Refektorium* intakt. Es diente als Lagerraum. Erst seit wenigen Jahren bemühen sich die Denkmalpfleger des Kreises, das architektonisch ausgewogene, sterngewölbte Refektorium instand zu setzen und als Raum für kulturelle Anlässe zu nutzen. Die Feldsteinkirche des Klosters wurde im frühen 18. Jahrhundert als barocke *Dorfkirche* umgebaut. 1863 bekam sie einen neugotischen Dachturm aus Backstein aufgesetzt. Von 1936 bis 1938 wurde sie restauriert. Sie ist heute noch gut erhalten. Das einschiffige Kircheninnere wirkt heiter und sinnenfroh, wie ein Himmelsbogen wölbt sich die Decke, aus den Wolken schauen jubilierende Engel und treuherzige Evangelisten hernieder.

Die *Glocke*, 1735 von Christian Heintze in Berlin gegossen, stammt noch vom Markgrafen Karl von Brandenburg-Schwedt (1705–1762). »Sooft sie am Sonntagmorgen erklingt, heißt es im Dorfe: *Markgraf Karl* ruft.«

(Zitate aus »Wanderungen« II, Kapitel »Friedland«.)

Ausflug nach Kunersdorf

Dreimal mußte Fontane Anlauf nehmen, bis es ihm – durch Vermittlung des Chefredakteurs der »Neuen Preußischen Zeitung« – im September 1862 gelang, von dem damaligen Standesherrn, dem Grafen Heinrich von Itzenplitz, die Besuchserlaubnis für Kunersdorf und Friedland zu erwirken. Der Graf, gerade zum Landwirtschaftsminister ernannt, war damit beschäftigt, sich in Berlin zu etablieren, und gab seinem Verwalter Willenbücker Order, dem Gast alles Sehenswerte zu zeigen. Drei Tage hielt sich Fontane hier auf, nutzte die gräfliche Kutsche zu Recherchen nach Möglin, Pritzhagen und Tornow – in Bad Freienwalde hatte er alles auf Schusters Rappen zurücklegen müssen – und war froh, nach den voraufgegangenen Anstrengungen einer Konversation mit dem Hausherrn enthoben zu sein. »Wenn ich auch noch gesellschaftlich mich abstrapazieren müßte... könnt' ich es gradzu nicht leisten«, schrieb er am 16. September an seine Frau Emilie.

Itzenplitz gehörte zu den Ultrakonservativen, die 1851 mit List und Tücke das Gesetz zu Fall gebracht hatten, das die Vorrechte des Adels abschaffen sollte. Überdies saß er im Aufsichtsrat des Berlin-Stettiner-Eisenbahn-Komitees und stellte dort die Weichen für seine Standesgenossen. Hinter dem Schild der Frömmigkeit und Königstreue verstand er es, seine Schäfchen ins Trockene zu bringen. Fontane, der solche Lebensart verabscheute, nahm zwar Kutsche und Quartier dankend an, doch widmete er dem Grafen Heinrich in dem breit angelegten Kapitel nur einen einzigen lapidaren Satz.

Kunersdorf, »nicht zu verwechseln mit dem berühmteren *Schlachten-Kunersdorf*, ... das, weiter östlich, eine halbe Meile jenseits Frankfurt gelegen ist«, war für ihn bedeutungsvoll durch vier Persönlichkeiten: den friderizianischen Major von Lestwitz, dessen Tochter Helene Charlotte, genannt Frau von Friedland, deren Tochter, die den »Kreis des Reform-adels« um sich scharte, und den Dichter Adelbert von Chamisso. Major von Lestwitz hatte in allen drei Schlesischen Kriegen gefochten und bei Torgau (1760), als das Schicksal Preußens auf dem Spiel stand, durch besondere Umsicht und Tapferkeit die Schlacht und damit den Staat gerettet. Unmittelbar nach dem Kriege erhielt er als Belohnung das königliche Amt Friedland. Er wagte jedoch nicht zu fragen, ob erblich oder nur auf Lebenszeit, und kaufte vorsichtshalber das benachbarte Rittergut Kunersdorf, um dort zu bauen.

Lestwitz hatte nur eine einzige Tochter, die, mit siebzehn an einen selbstherrlichen Höfling vermählt, sich gleich nach der Geburt ihres ersten Kindes scheiden ließ, um unter dem Namen Frau von Friedland das Kind selbst aufzuziehen. Als der Vater 1788 starb, verkaufte sie Schmuck und Juwelen, um Startkapital für die grundlegende Erneuerung der ererbten Güter zu haben. Dieser Frau gehörte Fontanes uneingeschränkte Bewunderung. Keiner der alten Schlachtengewinner bekam so ein umfangreiches Kapitel wie Frau von Friedland. Insbesondere preist er ihre Weitsicht in Sachen Landeskultur:

»Die meisten und besten Grundstücke der Herrschaft Kunersdorf-Friedland gehörten jenem Teile des Oderbruchs an, der erst durch die von Friedrich dem Großen ausgeführte Oder-Melioration dem Wasser und Sumpf abgerungen wurde. Diese Grundstücke waren nicht sofort fruchtbar, mehrere Dezennien vergingen, ehe, bei dem damaligen mangelhaften Zustande des Ackerbaus... auf diesem eroberten Grund und Boden auch nur mäßige Ernten erzielt werden konnten. Hier treten uns nun die ganz besonderen Verdienste der Frau von Friedland entgegen. Aber auch... ihre Baumschulen, ihre Pflanzungen erregten Erstaunen... und die reizenden Partien zwischen Buckow und Pritzhagen, die ›Springe‹, die ›Silberkehle‹ und andere Glanzpunkte der Märkischen Schweiz, sind, ihrer ersten Anlage nach, ihr Werk... Was sie tat, wurde Beispiel, weckte Nacheiferung und wurde, wie ihr zum Nutzen, so dem ganzen Landesteile zum Segen.«

Und er fügte hinzu: Sie besaß die Gabe, »Leute aus dem Bauernstande zu treuen und tüchtigen Verwaltern, Förstern und Jägern heranzubilden.

Sie zeigte dabei ebensoviel Menschenkenntnis, wie sie zugleich ihrerseits Gelegenheit fand, sich von der Bildungsfähigkeit der hier lebenden deutsch-wendischen Mischrace zu überzeugen.«

Hier distanziert sich Fontane deutlich von der offiziellen preußischen Germanisierungspolitik, die mit zunehmend drastischeren Maßnahmen betrieben wurde.

»Frau von Friedland hatte... eine einzige Tochter: Henriette Charlotte, die nun das reiche Erbe antrat.« Sie war ihrer Mutter durchaus ebenbürtig. Gleich nach der Hochzeit mit dem Domainenrat Peter Alexander von Itzenplitz fuhren sie nach England, um die Fortschritte in der Agrikultur zu studieren. Heimgekehrt gehörte nicht nur Thaer zu ihrem vertrauten Kreise, sondern auch Reformpolitiker wie Hardenberg, Naturwissenschaftler wie Alexander von Humboldt, Verleger wie Nicolai und bildende Künstler wie Rauch und Tieck. Herkunft allein bedeutete nichts in diesem Hause, was zählte, waren Talent und Leistung.

Von Mai bis Oktober 1813 weilte auch Adelbert von Chamisso in Kunersdorf. Von Beruf Botaniker, legte er hier ein Herbarium der Oderbruch-Flora an, und in seinen Mußestunden schrieb er »seine bedeutendste und originellste Arbeit«, den »Peter Schlemihl« nieder. Fast ein halbes Jahrhundert später saß nun Fontane am gleichen Platz und vertiefte sich in den Briefwechsel Chamissos mit Varnhagen; der Atem der Geschichte wehte ihn an, als er las: »Ich helfe hier übrigens auch, den *Landsturm exerzieren*... – pro aris et focis. – *Mit euch unterzugehen, will ich nicht verneinen.*« Wo war der Enthusiasmus von 1812/13 geblieben? Mit einem Blick durchs offene Fenster in den herbstlichen Park beschloß Fontane das Kapitel. Gelbe Blätter fallen. Alles hat seine Zeit...

In der Tat: 1873 mußte Heinrich von Itzenplitz als Handelsminister abdanken. Der national-liberale Abgeordnete Lasker wies ihm nach, daß der Herr Graf mit Eisenbahnkonzessionen geschoben hatte. – Fontane bemerkte dazu in einem Brief an Mathilde von Rohr: »Was ist Itzenplitz in der großen Ordnung Gottes! Nicht mehr als ein Sandkorn« (2. 1. 1884).

Sehenswürdigkeiten

Das Schloß, das Fontane vom 16. bis 18. September 1862 beherbergte, existiert nicht mehr. Es wurde ein Opfer der Nachkriegswirren; ebenso die barocke Kirche. An ihrer Stelle steht seit 1955 ein schöner Kirchenneubau mit Turm und schiefergedecktem Kuppeldach.

Der von Lenné entworfene *Landschaftspark* verwilderte; Stürme wüteten in dem wertvollen Baumbestand, vieles wurde sinnlos abgeholzt; Robinien und Weißpappeln überwucherten alles. 1983 begannen engagierte Denkmalpfleger, den Park Lennéschen Intentionen entsprechend wiederherzustellen. Der »Lawn« wurde neu angelegt, Rosenbosquett und Sonnenuhr kamen hinzu, und 1988 wurde im nun wieder ansehenswerten Park ein Gedenkstein zum 150. Todestag von Chamisso gesetzt.

Auch die restaurierte *Begräbnisstätte* für die Familie Lestwitz-Itzenplitz bietet wieder ein eindrucksvolles Bild. Fontane nannte sie damals schon die vielleicht »größte Sehenswürdigkeit von Schloß Kunersdorf... An der Einfassung entlang... zieht sich, wie ein solider Wandschirm, ein Stück Mauerwerk entlang, dessen Rückseite glatt ist, während die Front ... eine Anzahl von Nischen zeigt. Einfache Säulen fassen... diese Nischen ein und tragen einen wenig vorspringenden Sims. Zu Füßen jeder Nische liegt ein Grabstein, während in der Nische selbst die Aschenkrüge mit den Reliefbildnissen der Verstorbenen oder sonstige Mementos stehen.« Von Schadow stammen die Reliefporträts des Generalmajors von Lestwitz (1718–1788) und seiner Gemahlin; ein italienischer Meister schuf auf Anregung Wilhelm von Humboldts das Denkmal für die Frau von Friedland (1754–1803). »Diese Urne zeigt... reliefartig die Attribute der Landwirtschaft: Pflug, Egge, Sense, Sichel, Harke. Darunter ein Genius, mit dem Schmetterling... im Hintergrunde zwei weibliche Figuren, von denen die eine einen Blütenzweig ... in der Hand hält, während die andere sich, durch eine Schere in ihrer Rechten, als eine der Parzen kennzeichnet«.

Für Peter Alexander von Itzenplitz (1769–1834) versuchte Christian Daniel Rauch eine allegorische Darstellung des Oderbruchs vor und nach seiner Urbarmachung: »Wasser entströmt der Urne der Najade, und Eiche, Storch und Reiher, die im Sumpf ihre Heimat haben, bezeichnen das *alte* Oderbruch ... ein pflügendes Stiergespann, Apfelbaum und Garbe versinnbildlichen das Oderbruch, wie es jetzt ist.« Ebenfalls von Rauch das Denkmal für Henriette Charlotte von Itzenplitz (1772–1848). »Die Gräfin ... sitzt, mit dem Ausdruck heiterer Ruhe, auf einer Bank. Neben ihr ein Fruchtkorb ... in der Rechten hält sie ein aufgeschlagenes Pflanzenbuch, zum Hinweis auf ihre Vorliebe für Garten- und Pflanzenkunde.«

Für eine früh verstorbene Gräfin Itzenplitz schuf Friedrich Tieck eine vortreffliche Arbeit: »Der Engel des Todes entführt die Mutter ihren Kindern; aber noch im Scheiden sucht sie schützend ihren Schleier um alle die zu breiten, die sie zurückläßt. ...

Der Platz der neunten Nische ist noch frei. Graf Heinrich von Itzenplitz, der gegenwärtige Besitzer der Herrschaft, hat ihn für sich reserviert, um hier an der Seite der Seinen zu ruhen.« Kein Wort mehr über ihn. Damit überantwortete Fontane ihn dem Vergessen.

Mehr über den Kunersdorfer Musenhof und den preußischen Reformadel, dem Frau von Friedland und ihre Tochter angehörten, erfährt der Besucher im Oderland-Museum zu Bad Freienwalde.

(Zitate, soweit nicht anders vermerkt, aus »Wanderungen« II, Kapitel »Kunersdorf«.)

Ausflug nach Möglin

»Möglin, auch äußerlich genommen, ist, wenn man den Ausdruck gestatten will, *›nur Thaer‹*, und in diesem Umstand liegt sein Reiz und seine Eigentümlichkeit. Im übrigen wirkt das ganze Dorf fast wie eine *Überraschung*. Etwas in der Tiefe gelegen und durch keinen Kirchturm in die Weite verraten, tritt man plötzlich, unter alten Bäumen hindurch, wie in ein Kamp, eine Niederlassung ein und hat hier, malerisch gruppiert, alles zusammen, was zur Bedeutung und zur Poesie des Ortes gehört.«

Diesen Eindruck, den Fontane von dem Dörfchen vermittelt, erhält man heute noch: »Den Mittelpunkt des Ganzen bildet ein Teich, den... nach links hin hohe Erlenbäume umfassen. Diesseits des Teichs... steht die alte Feldsteinkirche, von einer Linde, die nicht viel jünger sein mag als die Kirche selbst, überschattet. Jenseits des Teichs, freundlich blinkend im Schmuck eines angebauten Glashauses, steht das Wohngebäude; dahinter ein Haus von ähnlicher Größe – die ehemalige Akademie. Die Wirtschaftsgebäude, darunter die berühmte Stammschäferei, verstecken sich zum Teil hinter hohen Bäumen...«

Als Fontane im Sommer 1860 von Kunersdorf aus einen Abstecher nach Möglin unternahm, war er mit dem Wirken Albrecht Daniel Thaers wohl vertraut. In Berlin war kurz zuvor ein von Christian Daniel Rauch geschaffenes Denkmal für Thaer enthüllt worden, und Fontane hatte den Auftrag erhalten, einen Lebensbericht des Geehrten zu verfassen und das Monument eingehend zu beschreiben. Gewissenhaft exzerpierte er für diesen Aufsatz Thaers dreibändiges Werk über die englische Landwirtschaft, »geschrieben für denkende Landwirthe und Cameralisten«, und die in Möglin entstandenen »Grundzüge der rationellen Landwirtschaft« nebst etlichen Schriften über Schafzucht und Wollproduktion.

Mehr noch als das Werk faszinierte Fontane Thaers Persönlichkeit: Von Hause aus Chirurg, avancierte er zum Leibarzt des Königs von Hannover, begann in der Mitte des Lebens in Celle Blumen zu züchten, Gartenbau und Landwirtschaft zu betreiben. »Er stellte sich bei seiner kleinen Wirtschaft einen doppelten Zweck: den zum Teil widerstrebenden Boden in eine möglichst hohe Kulturstufe zu heben und vor allem eine *Experimentalwirtschaft* zu seiner eignen Belehrung und Förderung zur Hand zu haben. Selbstdenkend, aber auch Rat nicht verschmähend... ging er ans Werk... Er überzeugte sich alsbald, daß der Acker nicht dadurch ausgesogen wird, daß man ihn *alljährlich* tragen läßt, sondern dadurch, daß man ihn nicht *das* tragen läßt, was er zur Wiederherstellung seiner Kräfte bedarf.« Thaer verglich den Acker mit dem Menschen, der sich ja auch nicht durchs Nichtstun, sondern durch passende Tätigkeit am besten erhole.

Auf seinen Reisen in die Mark hatte Thaer bereits 1799 Frau von Friedland sowie deren Tochter und den Grafen von Itzenplitz kennengelernt. »Der Aufenthalt in Kunersdorf... war ihm genuß- und lehrreich gewesen, und vielfach erstarkt und ermutigt, war er nach seinem Landgütchen an der Aller zurückgekehrt.«

Als das Königreich Hannover von Napoleon besetzt wurde, entschloß sich Thaer, nach Preußen überzusiedeln. Schon im Februar 1804 ließ ihn Minister Hardenberg wissen: »Für mich würde nichts erwünschter sein als die Möglichkeit, mich recht oft Ihres angenehmen und lehrreichen Umgangs erfreuen zu können, aber noch weit größer würde meine Zufriedenheit sein, wenn ich Sie dem preußischen Staate erwerben könnte.«

Innerhalb kurzer Frist errichtete Thaer in Möglin ein Mustergut. Um seine Erfahrungen auf dem Gebiet der Fruchtfolge, des Fruchtwechsels, des Zwischenfruchtanbaus, der natürlichen wie der künstlichen Düngung gezielt weitergeben zu können, plante er im Herbst 1806 eine landwirtschaftliche Lehranstalt. Der Staat ermunterte ihn, gab aber keinen Taler dazu; so mußte er sich private Geldgeber suchen. »Und wirklich, das Wohnhaus mit vierundzwanzig Zimmern, außer dem Souterrain, stand fertig da; einundzwanzig junge Leute hatten sich zum Eintritt gemeldet; alles versprach einen glänzenden Anfang.« Doch dann wurde Preußen von Napoleons Truppen besetzt, und die Befreiungskriege brachten neue, wenn auch freiwillig aufgenommene Lasten, so daß Thaer manchmal schier verzweifelte: »Wollte Gott, daß ich das Institut nicht angelegt hätte, denn es ist die Quelle aller Verlegenheiten und Sorgen geworden. Aber es ist für unser Land wichtig, und nun es einmal da ist, muß es bleiben.« Mit seiner Feder, das heißt mit den Lehrbüchern für rationelle Landwirtschaft, die sich als epochemachend erweisen sollten, hielt er sich über Wasser. »Mit dem Frieden kamen gesegnetere Zeiten, und wie Thaer... seinen Ruhm wachsen und die verschiedenen Zweige seiner Landwirtschaft prosperieren sah, so wuchs auch das ›Institut‹ (seit 1819 ›*königliche akademische Lehranstalt des Landbaus*‹) von Jahr zu Jahr an Ausdehnung und Ansehn.«

Im vierten Band der »Wanderungen«, »Spreeland«, kam Fontane noch einmal auf Thaer zurück. Da berichtet er amüsiert von der Kontroverse zwischen Thaer und dem Rittergutsbesitzer von Großbeeren, genannt Geist von Beeren. Letzterer hatte sich zu einem gehässigen Pamphlet gegen ihn verstiegen mit der Überschrift »Die preußische Landwirtschaft ohne Teer«. Thaer konterte mit einem satirischen Essay »Die preußische Landwirtschaft – ohne Geist« und hatte die Lacher auf seiner Seite.

Für Fontane war Albrecht Daniel Thaer der »Vertreter eines neuen Adels«, auf den er große Hoffnungen setzte: »Ich freue mich immer, wenn ich Namen lese wie Lucae, Gropius, Persius, Hensel, Thaer... Virchow, Siemens, weil ich mir dabei bewußt werde, daß in diesen, nun in zweiter oder dritter Generation blühenden Familien, ein neuer Adel, wenn auch ohne ›von‹ heranwächst, von dem die Welt wirklich was hat; neuzeitliche Vorbilder (denn dies ist die eigentliche Adelsaufgabe), die, moralisch und intellektuell die Welt fördern und ihre Lebensaufgabe nicht in egoistischer Einpökelung abgestorbener Dinge suchen« (an Friedlaender, 8. 7. 1895).

Sehenswert

ist das ganze – 150 Seelen zählende – Dörfchen mit seinem poetischen Kreis von Teich, Kirche, Linde und Park. Wohnhaus und angrenzende Gebäude werden noch landwirtschaftlich genutzt. Das *Wohnhaus* mit dem gläsernen Anbau existiert noch, außerdem im Park eine Thaer-Büste (1978) und im Vorgarten eine *Gedenktafel*, die ihm dankbare Schüler widmeten.

Das Oderland-Museum in Bad Freienwalde bewahrt noch eine Thaersche Erfindung, einen Original-Häufelpflug auf, einen Brief und mehrere Bücher von seiner Hand.

Die *Grabstätte* Thaers, des »unvergessenen und dankbar verehrten Vaters des landwirtschaftlichen Fortschritts«, befindet sich im Schatten der uralten Linde unweit des Kirchleins. Ein gußeisernes Gitter umzäunt den flachen Grabhügel, auf dem es fast das ganze Jahr hindurch grünt und blüht.

(Zitate, falls nicht anders vermerkt, aus »Wanderungen« II, Kapitel »Möglin«.)

Ausflug nach Jahnsfelde

»Wie um Neustadt-Eberswalde herum ein ›Sparren-Land‹, so gab es um Buckow herum, an der Grenze von Barnim und Lebus, ein *Pfulen*-Land.« Die Sparrs und die Pfuls oder Pfuels, auch Phulls genannt, gehörten zu den Kriegsobersten, die im Dreißigjährigen Krieg »ein gutes Fundament für den preußisch-brandenburgischen Kriegsruhm und für das Gedeihen des Landes überhaupt« legten. Fontane beschäftigte sich im Laufe der »Wanderungen« immer wieder mit ihnen. Sie spuken auch in seinem Roman »Vor dem Sturm«; und schließlich faßte er die Fülle des über sie gesammelten Materials in dem Aufsatz »Die märkischen Kriegsobersten im Dreißigjährigen Krieg« zusammen, den er 1888 dem Band »Fünf Schlösser« anfügte.

Kriegsglück und Kriegsbeute standen bei diesen Familien an der Wiege späteren Reichtums. Auch dem der Pfuels. Wahrscheinlich schon unter den Askaniern eingewandert, wurden sie über Jahrhunderte so reich und stolz, daß sie »wegen einer rückgängig gemachten Verlobung eine zehnjährige Fehde mit den Mecklenburger Herzögen« führten. 1603 wurden sie bereits in einer Leichenpredigt »ein uraltes Geschlecht« genannt, aus welchem »tapfere Kriegsschilde und wohlgelahrte, verständige… Männer« hervorgegangen seien. Von diesem reichen Besitzstande waren den Pfuels nur noch Jahnsfelde bei Müncheberg und Gielsdorf-Wilkendorf bei Strausberg geblieben.

Diese letzten Säulen verlorener Pracht wollte Fontane unbedingt im Band »Oderland« beschreiben. Das Manuskript war bereits im Druck, darum mußte er den Verleger Hertz am 17. 8. 1863 um Aufschub bitten: »Es fehlen noch zwei Aufsätze, einer über die Pfuels«. Vom preußischen Ritterschaftsdirektor Alexander von Pfuel mit detailliertem Wissen über die Familiengeschichte ausgerüstet, konnte er im Eiltempo die noch ausstehenden Pfuelschen Besitzungen »abmachen«.

Seine Absicht war es jedoch nicht, eine Genealogie der Familie zu verfassen, ihn interessierte nur die Rolle, die sie in den Anfangszeiten brandenburgisch-preußischer Geschichte gespielt hatte. Am Beispiel der Brüder Adam und Kurt Bertram von Pfuel demonstrierte er den Rang, den sie im 17. Jahrhundert innehatten.

Adam folgte 1620 seiner Schwester nach Schweden; sie war dort Hofdame der Gemahlin Gustav Adolfs und heiratete später den berühmten Banér. Sechzehnjährig trat Adam als Page in die Dienste des Königs, focht später unter Banér, brannte auf dessen Befehl achthundert böhmische Dörfer nieder und bekam schließlich ein eigenes Regiment, in dem Derfflinger sich seine ersten Sporen verdiente.

Adam von Pfuel starb als schwedischer Generallieutenant 1659 im Mansfeldischen, hat aber »in der Jahnsfelder Kirche Schild und Spruch«. Sein Bruder Kurt Bertram wurde als kurbrandenburgischer General-Kriegs-Kommissar mehrmals in undankbaren diplomatischen Missionen zu Wallenstein gesandt. Von der Parteien Haß und Gunst verwirrt, schwankte nicht nur sein Charakterbild in der Geschichte: Als Pfuels Verhandlungen erfolglos blieben, wurden ihm Ämter und Güter aberkannt. Erst unter dem neuen Landesherrn, dem Großen Kurfürsten, erhielt er sie zurück. – Mit dem Wissen um solche Schicksale zitierte Fontane »die hübsche Inschrift über der Tür des Herrenhauses«, die da lautet:

Glück herein, Unglück heraus,
Dies ist der Pfuel ritterlich Haus
Seit vierhundert Jahren –
Gott wolle bewahren
Geschlecht und Haus.

Sehenswürdigkeiten

Das *Herrenhaus* der Pfuels mit sieben Achsen und trutzigen Türmen stammt im Kern aus dem 17. Jahrhundert; es wurde 1800 umgebaut, so daß es Fontane neu erschien; 1871 kamen an beiden Seiten Anbauten mit quergestellten Satteldächern und reich gestalteten Giebeln hinzu, alles im neogotischen Stil, der auf das ehrwürdige Alter der Familie hinweisen sollte.

Das Haus ist bewohnt, die »hübsche Inschrift über der Tür« noch deutlich sichtbar.

Die *Dorfkirche* mit dem imponierenden Feldsteinquerturm aus dem 14./15. Jahrhundert wurde zwar eingreifend im spätklassizistischen Stil erneuert, doch im Innern dominieren die mittelalterlichen Schilde und Sandstein-Epitaphe der Pfuels.

Herrenhaus, Kirche und der in den Park einbezogene *Friedhof* bilden einen stimmungsvollen, poetischen Zirkel. Neben der Friedhofskapelle sind weitere Grabplatten der Pfuels erhalten. Es fällt auf, daß fast alle den Vornamen Ernst tragen. Ein Ernst von Pfuel brachte es unter Friedrich Wilhelm IV. bis zum Kriegsminister. In Fontanes Briefen an Bernhard von Lepel aus den Jahren 1848/49 wird dieser Name oft mit Zorn und Bitterkeit genannt. Er war einer der Prototypen der ultrareaktionären Richtung und ist nicht identisch mit dem Ernst von Pfuel auf Jahnsfelde, der sich, als Fontane ihm das Pfulen-Land-Kapitel zur Genehmigung vorlegte, anerkennend äußerte. Allerdings wünschte er einige Ergänzungen, die der Autor höflich, aber bestimmt abschlug: »Worauf es mir ankam: nicht Verherrlichung des Einzelnen, sondern Liebeserweckung für das Ganze. Danach müssen die drunterlaufenden Fehler milde beurteilt werden. – Ich darf sagen, ich befleißige mich der Gewissenhaftigkeit, aber ich muß auf meiner Hut sein, daß ich nicht in Penibilität verfalle. Penibilität tötet zuletzt Sinn und Auge für das Allgemeine« (18. 1. 1864).

(Zitate, soweit nicht anders vermerkt, aus »Wanderungen« II, Kapitel »Pfulen-Land«.)

Ausflug nach Schulzendorf

Auf der Suche nach Zeugen des alten Pfuelen-Geschlechts hatte Fontane bei seinen Oderland-Recherchen auch Schulzendorf besucht. »Schulzendorf, eine halbe Meile von Wriezen, kam bald nach 1450 in Pfuelschen Besitz. Es blieb lange bei der Familie. Erst 1837 ist es in andere Hände übergegangen.«

In der Kirche stieß Fontane auf ungewöhnliche Schätze: »Die alte Feldsteinkirche enthält außer einem weißgetünchten Schnitzaltar, der das Würfeln der Kriegsknechte um Christi Mantel darstellt, ein großes, sehr interessantes Bild, das, zu Ehren eines *Quilitzer* Pfuel gemalt, ursprünglich auch der Quilitzer Kirche zugehörte.«

Neun Zehntel der ausgedehnten Pfuelschen Besitzungen waren im 18. und 19. Jahrhundert der Familie verlorengegangen. Auch Quilitz. So kam das Bildnis in die Kirche von Schulzendorf. Fontane, der sich gerade zu Beginn seiner »Wanderungen« für die Auffindung und Inventarisierung vorreformatorischer Schnitzaltäre einsetzte, um ihre Zerstörung durch Unkenntnis oder blinden Glaubenseifer zu verhindern, vermerkte hier positiv, daß man sich – wenn auch nur durch unzulängliches Übertünchen – doch bemüht hatte, ein mittelalterliches Kunstwerk zu konservieren.

Das Kreuzigungsbild fand er einmalig: »Es ist sehr groß, wenigstens sechs Fuß zu vier... Zu Füßen des Kreuzes kniet in *blanker Rüstung* der alte Pfuel, dem zu Ehren das Bild gestiftet wurde, und blickt betend zu dem Gekreuzigten auf... Wodurch sich aber das Bild von ähnlichen unterscheidet, ist das, daß die Gestalten des Heilands und des in blanker Rüstung knienden Pfuel nicht gemalt, *sondern basreliefartig in Holz geschnitten* und nun erst an der ihnen zukommenden Stelle auf dem Bilde befestigt sind. Es ist dies das erste und einzige Vorkommnis der Art, dem ich begegnet bin. Mehr eigentümlich als schön. Man könnt es praktisch nennen, indem es die Aufmerksamkeit des Beschauers auf beide Gestalten *hinzwingt*, auf die es ankommt: auf den Gekreuzigten und den betenden Pfuel. Die blanke Rüstung des letzteren ist... nicht durch Auftragen von Farbe, sondern durch *Belegen mit Silberschaum* hergestellt.«

Die *Dorfkirche*, ein spätgotischer rechteckiger Feldsteinbau mit massivem Westturm aus dem 13. Jahrhundert, befindet sich in gepflegtem Zustand. Aus der Pfuelen-Zeit sind der Schnitzaltar, Patronatsloge, Kanzel und Sakramentsnische erhalten, zwei Glocken, das Epitaph der Familie Pfuel nach 1571 und das von Pilastern und Inschriften gerahmte große Tafelbild mit Stifterfamilie vor landwirtschaftlichem Hintergrund. Vor allem sehenswert aber ist das restaurierte Kreuzigungsbild mit dem versilberten Pfuel.

(Zitate aus »Wanderungen« II, »Das Pfulen-Land«.)

Neuruppin

»Ruppin hat eine schöne Lage – See, Gärten und der sogenannte ›Wall‹ schließen es ein. Nach dem großen Feuer, das nur zwei Stückchen am Ost- und Westrande übrigließ (als wären von einem runden Brote die beiden Kanten übriggeblieben), wurde die Stadt in einer Art Residenzstil wieder aufgebaut. Lange, breite Straßen durchschneiden sie, nur unterbrochen durch stattliche Plätze, auf deren Areal unsere Vorvordern selbst wieder kleine Städte gebaut haben würden... Sie gleicht einem auf Auswuchs gemachten großen Staatsrock, in den sich der Betreffende, weil er von Natur klein ist, nie hineinwachsen kann. Dadurch entsteht eine Öde und Leere, die zuletzt den Eindruck der Langenweile macht.«

Wenig schmeichelhaft beschrieb Fontane den Ort, der für ihn nächst Berlin und vielleicht London zu den bedeutungsvollsten gehören sollte.

Hier erblickte er das Licht der Welt, von hier aus begann er seine »Wanderungen durch die Mark«, und nicht weit von hier, am Stechlinsee, spielt sein letzter, bekenntnishafter Roman. Aufbruch und Vollendung schließen sich hier zu einem symbolhaften Kreis.

Geboren wurde Theodor Fontane am 30. Dezember 1819 in der Löwen-Apotheke, die Louis Henri Fontane und seine junge Frau Emilie gerade von ihrem gemeinschaftlichen Vermögen erworben hatten. Beide kamen aus recht begüterten Familien: Louis Henris Vater war Kabinettssekretär der Königin Luise und hatte die Prinzen von Preußen im Zeichnen unterrichtet; der Vater Emilies war der angesehene Seidenkaufmann Labry. Beider Vorfahren stammten von der Rhonemündung.

Louis Henri war »ein großer, stattlicher Gascogner voll Bonhomie, dabei Phantast und Humorist, Plauderer und Geschichtenerzähler...« Emilie war »ein Kind der südlichen Cevennen, eine schlanke, zierliche Frau von schwarzem Haar, mit Augen wie Kohlen, energisch, selbstsuchtlos und ganz Charakter... Gascogne und Cevennen lagen... schon um mehr als hundert Jahre zurück, aber die Beziehungen zu Frankreich hatten beide, wenn nicht in ihrem Herzen, so doch in ihrer Phantasie, nie ganz aufgegeben. Sie repräsentierten noch den unverfälschten Kolonistenstolz« (»Meine Kinderjahre«, Kapitel »Meine Eltern«).

Ihr Erstgeborener, Theodor, hatte beider hervorragendste Gaben und Charaktereigentümlichkeiten mitbekommen, glücklicherweise in einer gesunden Mischung, die ihn später davor bewahrte, die Fehler des Vaters, »die in seiner gänzlich ungeschäftlichen Natur und in seinem Hang zu noblen Passionen lagen«, zu wiederholen.

Louis Henri verpielte im Whist en trois mit den Rittergutsbesitzern der Umgebung ein Vermögen und konnte sich nach sieben Jahren nur retten, indem er die Apotheke günstig verkaufte, um woanders eine wohlfeilere zu erwerben. In der Interimszeit zog die Familie – der ständigen Bredouille für eine Weile enthoben – in die Beletage eines Mietshauses unweit des Rheinsberger Tores. Theodor machte die ersten Fortschritte in der Klippschule. Lesen lernte er mit sichtlichem Vergnügen von seiner Mutter, die inzwischen drei weiteren Kindern das Leben geschenkt hatte.

Nach einem Dreivierteljahr des Reisens und Suchens fand der Vater endlich in Swinemünde eine Apotheke, die seinen Vorstellungen entsprach. In seiner Art, Glücksfälle als Tatsachen zu nehmen, schrieb er überschwenglich: »Pommern ist eigentlich eine Prachtprovinz und viel reicher als die Mark. Und wo die Leute reicher sind, lebt es sich auch besser« (ebenda).

Die Swinemünder Kindheit, in der Theo in freier Wildbahn aufwuchs, »nur vom Vater oder vom Hauslehrer befreundeter Familien unterrichtet«, erschien ihm später als eine Kette aus lauter phantastischen und abenteuerlichen Erlebnissen: »Das Leben auf Strom und See, der Sturm und die Überschwemmungen, englische Matrosen und russische Dampfschiffe, die den Zaren Nikolaus brachten …« (an Georg Friedlaender, 1890). All das verdichtete sich zu einem wunderbunten Bilderbogen. Und dann – mit zwölf Jahren – kam der Absturz auf den harten Boden der Realität.

Die Mutter gab den Jungen, um eine ordentliche Schulbildung zu gewährleisten, nach Neuruppin, wo er als Pensionär ins Haus des Herrn

Superintendenten kam und auf dem Gymnasium in die Quarta aufgenommen wurde. Das einzig Unregelmäßige in dieser abgezirkelten Garnisonstadt seien die unregelmäßigen Verben gewesen, die er bei Thormeyer habe pauken müssen, seufzte Fontane noch lange danach.

Im Herbst 1833 verließ der noch nicht einmal Vierzehnjährige Neuruppin, um in Berlin die Gewerbeschule zu besuchen. Die nachfolgenden Jahrzehnte waren geprägt von dem Kampf um das tägliche Brot. Erst 1850 rückte Neuruppin erneut in seinen Gesichtskreis. Seine Eltern hatten sich getrennt, und die Mutter war mit der jüngsten Tochter Elise ins hiesige Predigerwitwenhaus gezogen.

In den fünfziger Jahren, während Fontane versuchte, sich als Korrespondent in England durchzuschlagen, kam seine Frau Emilie mit den kleinen Kindern mehrmals zu Besuch in dieses Haus. Und im Juli 1859 startete er von hier aus mit Bernhard von Lepel zu seiner ersten märkischen Wanderung.

»Die Grafschaft Ruppin« schien ihm, was preußische Traditionen und »vaterländisches Leben« betraf, überhaus ergiebig: Da war die Schlacht bei Fehrbellin 1675, die Legenden um den Prinzen von Homburg, da war der Musenhof von Rheinsberg, an dem Friedrich als Kronprinz den »Fürstenspiegel« verfaßte, Regeln, wie ein Staat zu regieren sei – an die er sich später allerdings keineswegs hielt; Rheinsberg unter seinem Bruder, dem Prinzen Heinrich, als illustrer Sammelpunkt der »Fronde gegen Berlin und Sanssouci...«, in Wustrau der »Zieten aus dem Busch«, in Karwe der schon zu Lebzeiten sagenumwobene Knesebeck, Gegenspieler Napoleons... »Jeder Fußbreit Erde belebte sich und gab Gestalten heraus... ein Reichtum ist mir entgegengetreten, dem gegenüber ich das bestimmte Gefühl habe, seiner niemals auch nur annähernd Herr werden zu können« (Vorwort zur ersten Auflage der »Wanderungen« I, 1861).

Mehr ahnend noch als wissend begab er sich auf den Weg zu den Quellen, aus denen er noch im hohen Alter schöpfen sollte. Zu Beginn seiner Wanderungen schrieb er an seine Mutter: »Wer den Adel abschaffen wollte, schaffte den letzten Rest von Poesie aus der Welt« (28. 5. 1860). Jahrzehnte später – nachdem er die märkischen Adelsfamilien gründlich kennengelernt hatte – urteilte er ganz anders: »Eine abgelebte Kaste mit entzückenden Einzelexemplaren.« »Man kann sich viertelstundenlang an diesen merkwürdigen Gewächsen erfreuen, aber man kann es zu keiner Freundschaft… mit ihnen bringen« und »…das naive Überzeugtsein von ihrer Herrscherfähigkeit und ihrer Herrscherberechtigung… macht ein herzliches Zusammenleben auf die Dauer unmöglich. Sie wollen nur sich und das, was ihnen dient« (aus Briefen an Georg Friedlaender, Herbst 1890).

Seine späten Novellen und Romane sind sensible Soziogramme dieser untergehenden Kaste. Nicht selten verpflanzte er seine Romanfiguren in die Landschaft, die ihm vertraut war: Das Herrenhaus des Schach von Wuthenow verlegt er an den Ruppiner See; in dem Roman »Vor dem Sturm« steigt die »Fronde von Rheinsberg« wieder auf; und im »Stechlin« schließlich trägt er mit Dubslav und der Domina von Kloster Wutz, dem nachgestalteten Kloster Lindow, die Vertreter des alten Preußen poetisch zu Grabe und setzt alle Hoffnung auf das Häuslerkind mit den roten Strümpfen…

Er wollte mit seinen »Wanderungen« nicht mehr und nicht weniger erreichen als »die Landschaft wie mit einer Wünschelrute zum Leben erwecken«. Er wollte sie »wie die Prinzessin im Märchen erlösen aus Bann und Zauberschlaf«. Dabei stieg er in die Vergangenheit, um das »Schön-Menschliche« aufzuspüren, das Schön-Menschliche in seiner Zeitbezogenheit (an Wilhelm Hertz, 31. 10. 1861).

Aus dem Mittelalter rückte er die gebildeten, aber ungeliebten Grafen von Ruppin ins Licht, aus dem 17. Jahrhundert wählte er den Gelehrten Andreas Fromm, der den Geist der Toleranz unter den sich befehdenden Lutherischen und Calvinisten predigte, »und der scheitern mußte auf seinem Wege, in seiner Kirche und in seinem Lande, weil über alle Klugheit und alle Berechnung hinaus sein Herz immer bei den Unterdrückten war.«

Die Jahre von 1730 bis 1740 nehmen einen besonderen Raum ein. In dieser Zeit putzte sich Ruppin als Garnison des Kronprinzen-Regiments. Fontane verfolgte die Geschichte dieser Regimenter, die bis zum Ende des 18. Jahrhunderts das gesellschaftliche Leben in der kleinen Stadt prägten. Die Kapitel wurden in der »Neuen Preußischen Zeitung« abgedruckt, fanden jedoch bei den Herren von Kreuz und Krone wenig Sympathie, sie waren ihnen zu wenig kriegerisch, sprich nationalistisch.

Je mehr sich Fontane in der Welt umsah, je mehr er an Weitblick gewann – wozu auch seine »unfreiwilligen Erfahrungen« auf dem französischen Kriegsschauplatz 1870 gehörten –, desto tiefere Einsichten in gesellschaftliche Zusammenhänge eröffneten sich ihm: Die anfangs überwiegende Schilderung der Adelsfamilien und ihrer Historie tritt in den späteren Auflagen zugunsten der Darstellung bürgerlicher Lebensbilder zurück. So widmete er in der ersten Ausgabe zum Beispiel Karl Friedrich Schinkel, der achtundreißig Jahre vor Fontane in Ruppin geboren und im Predigerwitwenhaus aufgewachsen war, ganze elf Seiten. Später waren es weit mehr. Und in der Zeit, da der Zieten-aus-dem-Busch-Kult auf dem Höhepunkt stand, schrieb Fontane: »Der ›alte Zieten‹ übertrifft Schinkel freilich an Popularität, aber die Popularität eines Mannes ist nicht immer ein Kriterium für seine Bedeutung. Diese resultiert vielmehr… aus dem Einfluß, den sein Leben für die Gesamtheit gewonnen hat, und diesen Maßstab angelegt, kann der ›Vater unsrer Husaren‹ neben dem ›Schöpfer unsrer Baukunst‹ nicht bestehen… Er war es, der die Kasernenstadt Berlin zu einer Stadt der Schönheit umwandelte…«

Schinkels Wirken reichte weit über die Architektur von Schlössern, Kirchen und Museen, über Grabmäler und Theaterdekorationen hinaus bis in die intimsten Gegenstände der Wohnkultur. Auch im Fontaneschen Haushalt befanden sich etliche Möbel und Gebrauchsgegenstände nach Schinkelschen Entwürfen.

Ein neuer, anderer Ton wird in dem Kapitel über den Neuruppiner Bilderbogen angeschlagen. Man spürt lebendige Nähe, und das ist kein Wunder: Der Sohn Gustav Kühns, des berühmten Druckers, war Theos Spielkamerad in Kindertagen. Augenzwinkernd heißt es über die knallbunten Blättchen: »Kaum daß die Tranchéen vor Antwerpen eröffnet waren, so flogen in den Druck- und Kolorierstuben zu Neuruppin die Bomben und Granaten durch die Luft; kaum war Paskewitsch in Warschau eingezogen, so breitete sich das Schlachtfeld von Ostrolenka mit grünen Uniformen und polnischen Pelzmützen vor dem erstaunten Blick der Menge aus…

Dinge, die keines Menschen Auge gesehen, Zeichner und Koloristen zu Neuruppin haben Einblick in sie gehabt...« Andere, ähnliche Unternehmungen sind von Leipzig, München, Stuttgart, Berlin und Halle ausgegangen, aber keines hat so ein feines Gespür dafür gehabt, was im Interesse des Publikums »obenauf schwimmt«. »Was ist der Ruhm der ›Times‹ gegen die zivilisatorische Aufgabe des Ruppiner Bilderbogens?« Bei aller charmant-ironischer Übertreibung darf man sagen: Diese schaurig-schönen Drei-Pfennig-Bogen waren für die kleinen Leute so ziemlich die einzige »Weiterbildungsmöglichkeit«; und es ist anzunehmen, daß sie in ihrem Leben keine unbedeutende Rolle gespielt haben. Fontane läßt sie in »Frau Jenny Treibel« und im »Stechlin« noch einmal auftauchen.

Mehr als zwanzig Jahre nach der ersten Buchausgabe beschloß Fontane, der Neuauflage ein Kapitel über Michael Protzen hinzuzufügen, einen weithin bekannten Neuruppiner Gastwirt, dessen Mundwerk genau so grob und schlagfertig war wie seine Hände. Schwester Elise, die noch immer in Neuruppin wohnte und die – nicht zum erstenmal – für ihren Bruder recherchieren sollte, wehrte ab: So etwas könne man nicht wagen, Protzen sei zwar tot, aber es lebten noch seinesgleichen... Doch Fontane, der nun wesentlich fester auftrat als zu Beginn seiner Wanderungen, antwortete ihr: »Wie jeder Landesteil in einer bestimmten Figur kulminiert, die nun typisch wird, so die Grafschaft Ruppin in Michel Protzen... Michel hieß er und er war der deutsche Michel in reinster Ausprägung; Protz hieß er und protzig war er... Durchaus von herrischer Natur, wurzelte dieses trotzige Stück Bürgertum, das er vertrat... in dem Eigensinn und Eigennutz eines festen, sich selbst zum Mittelpunkt habenden Egoisten« (20. 1. 1873). Protzen stand ihm stellvertretend für viele, die sich schnell hinaufgerackert hatten und die nun meinten, sie wären was, nur weil sie in ihrem Umkreis Macht ausüben konnten. Das Kapitel wurde eines seiner besten. Und die Ruppiner Honoratioren reagierten, wie Elise befürchtet hatte: mit eisigem Schweigen. Sicher war Protzen ein unangenehmer Mann gewesen, aber immerhin einer der ihren und – erfolgreich. Da war es einem »Berliner Skriblifax« nicht erlaubt, ihn als Karikatur darzustellen. Das ging ihnen zu weit.

Einen anderen Prototyp charakterisierte er in dem Schulmonarchen Thormeyer, unter dessen geblähten Nüstern er einst zitternd den Cornelius Nepos übersetzen mußte: »...von gesundem Sinn, von Schönheit und... jener hohen Freiheit, die doch bei allem Lernen und Wissen immer die Hauptsache bleibt und ohne die die ganze Bekanntschaft mit Plato keine Viertelmetze Kirschen wert ist«, konnte in Thormeyers Schule keine Rede sein. »Bombast oder ein hochgestelzter Galimathias« überall... »Entsprechend dem allen war der Grad sittlicher Freiheit und stolzer Unabhängigkeit an dem Manne selbst. Ein Donnerer in den Klassen, erwies er sich als ›devotest ersterbend‹ jeder vorgesetzten Behörde gegenüber, diese mochte sein, was und wie sie wollte.«

Thormeyer verkörperte für Fontane das Autoritative, das damals nicht nur das schulische Leben in Preußen bestimmte. In zahllosen Amtsstuben und ministeriellen Bureaus hatte Fontane ähnliche Typen getroffen. Er fertigte gewissermaßen einen Längsschnitt von ihrer scheinbar kolossalen Figur an und legte dabei deren Hohlheit bloß. Er demontierte ihren sorgsam gepflegten Nimbus und indem er sie der Lächerlichkeit preisgab, nahm er denen, die vor ihnen zitterten, die Furcht.

Seit der Schülerzeit war Theodor Fontane mit Wilhelm und Alexander Gentz verbunden. Um deren Vater rankte sich eine Art Rockefeller-Story (wenn auch im ruppinschen Format). Schräg gegenüber der Kühnschen Druckerei betrieb Johann Christian Gentz eine Eisenwarenhandlung. Er fegte selbst den Laden aus und verstand es, mit allerlei psychologisch raffinierten Werbetricks den wohlhabenden Kunden das Geld aus der Tasche zu locken.

Nach und nach kaufte er weite Teile des Wustrauer Luchs und gründete seinen Reichtum auf den Abbau des Torfs, der fast ausnahmslos durch Berliner Kachelöfen ging. Eigens für den Torftransport wurden Wasserwege geschaffen, für die Gentz wiederum Gebühren kassierte, kurz, er war der erste kaufmännische und landwirtschaftliche Unternehmer großen Stils in dieser Gegend. Fontane hatte zeitlebens eine Schwäche für solche Gründernaturen, ließ jedoch bei aller Bewunderung die Kirche im Dorf. Natürlich war das Motiv zur Urbarmachung von Sumpf und Sand ein egoistisches, doch, »wo Segen geboren wird, forsche man nicht allzu kritisch nach dem Motiv, das ihn ins Dasein rief.« Mit den Söhnen dieses alten Gentz hatte Theodor auf den Wallanlagen gespielt. Alexander führte später das Werk seines Vaters fort. Fontane nannte ihn »einen klassischen Vertreter des intelligenten, dem Fortschrittlichen zugewandten Bürgertums«; doch Fortschritt ist relativ. Als Kohle und Brikett den Torf als Brennstoff verdrängten, war dies zweifellos ein Fortschritt, für Gentz aber bedeutete es den Ruin. Als er seinen Tod nahen fühlte, erbat er sich von seinem Freund, dem Dichter, eine Inschrift für die Familien-Begräbnisstätte. Und Fontane schrieb:

»Ungunst und Wechsel der Zeiten
Zerstörten, was wir geschaffen.
Die wir im Leben gekämpft,
Ruhen im Tode hier aus.«

Der ältere Bruder Wilhelm wurde Maler, zog in die Welt, verkehrte in höchsten Kreisen, was ihm aber nicht den Kopf verdrehte, verlor auf seinen langen Reisen den Jugendfreund Fontane aus den Augen, aber nicht aus dem Sinn. Als ›alte Herren‹ trafen sie wieder zusammen. Wilhelm Gentz übergab Fontane autobiographische Skizzen, die dieser für eine ›wohlfeile Ausgabe‹ seiner »Wanderungen« bearbeitete; er schenkte ihm auch eine Mappe mit Photographien seiner wichtigsten Bilder: Sklaventransport durch die Wüste, Beduinenlager, Karawanen, Märchenerzähler in Kairo... Fontane genoß den exotischen Reiz, und bei der Fülle von malerischem und poetischem Orient regte sich wohl auch einen Augenblick lang der Wunsch, dergleichen doch auch mal zu sehen, aber, so gestand er seiner Tochter Mete: »Wenn ich mir dann aber vergegenwärtige, daß es ohne Ratten, Mäuse, Skorpione, vor allem aber ohne Ungeziefer aller Arten und Grade schlechterdings nicht zu haben ist, und daß unter Umständen ein Schluck Wasser, drin man ›die Schrecken der Tiefe‹ auch ohne Mikroskop im Kampfe miteinander sehen kann, als Labsal gilt, so bin ich von aller Sehnsucht geheilt« (13. 3. 1888).

Das war übrigens Fontanes ehrliche, in Jahrzehnten immer mehr gefestigte Meinung, die er 1894 seinem Sohn Theo gegenüber bekräftigte.

Fontane hatte die Siebzig schon weit überschritten, als er einmal Georg Friedlaender gegenüber bekannte:

»Ohne Vermögen, ohne Familienanhang, ohne Schulung und Wissen, ohne robuste Gesundheit bin ich ins Leben getreten, mit nichts ausgerüstet als einem poetischen Talent und einer schlecht sitzenden Hose. (Auf dem Knie immer Beutel.) Und nun malen Sie sich aus, wie mir's dabei mit einer gewissen Naturnotwendigkeit ergangen sein muß. Ich könnte hinzusetzen mit einer gewissen preußischen Notwendigkeit, die viel schlimmer ist als die Naturnotwendigkeit. Es gab natürlich auch gute Momente. Momente des Trostes, der Hoffnung und eines sich immer stärker regenden Selbstbewußtseins, aber im Ganzen genommen darf ich sagen, daß ich nur Zurücksetzungen, Zweifel, Achselzucken und Lächeln ausgesetzt gewesen bin... Daß ich das alles gleichgültig hingenommen hätte, kann ich nicht sagen, ich habe darunter gelitten, aber andererseits darf ich doch hinzusetzen: ich habe nicht sehr darunter gelitten. Und das hing, und hängt noch, damit zusammen, daß ich immer einen ganz ausgebildeten Sinn für Tatsächlichkeiten gehabt habe. Ich habe das Leben immer genommen, wie ich's fand... Selbst als ich in Besançon gefangen saß und sehr unliebsame Sachen durchzumachen hatte, sagte ich mir lächelnd, ›ja, so ist es, wenn man gefangen ist‹, und keine Klage, sicherlich keine Anklage kam über meine Lippen... Hat man sich durchgerungen, so fällt zwar nicht der momentane Ärger fort, aber man verheiratet sich nicht mit ihm. Eins der schönsten Lutherworte ist das folgende: ›Ja, die bösen Gedanken! Wir können nicht hindern, daß die Vögel über uns hin fliegen, aber wir können hindern, daß sie auf unsern Köpfen Nester baun.‹ Dies ist ein gutes Bild. Dafür ist es aber auch von Luther...« (3. 10. 1893). Als Fontane siebzig wurde, kamen unzählige Glückwünsche aus ehrlichem Herzen, zum Beispiel die halb ernsthafte, halb spöttische »Weissagung« seines alten »Tunnel«-Freundes Paul Heyse:

»Nimmt Dir einst den Wanderstab
Der Wirt ›Zur Stillen Einkehr‹ ab,
Gib acht, nicht bleibt's bei müßigem Trauern:
Nicht viele Jahre fürwahr wird's dauern,

Da werden die Enkel in Neu-Ruppin –
Nicht doch! – gleich mitten im alten Berlin
Ein schmuckes Standbild Dir errichten,
Reliefs am Sockel aus Deinen Gedichten.
Treffliche Reden werden erschallen
Und dicht umschart die Hüllen fallen
Unter Musik und Vivatgeschrei.
Unsichtbar bist auch Du dabei
Und blickst hernieder aus Sternenhöh'n.
Ich höre Dich sprechen: Wunderschön!
Ein herrliches Kunstwerk! Doch verzeiht –
Mir fehlt der Sinn für Feierlichkeit!«

Es schien durchaus nicht so, als sollte Heyse mit seiner »Weissagung« recht behalten: Zwei Jahre nach Fontanes Tod hielt Laurence-Berlin in Neuruppin einen Vortrag zugunsten eines Fontane-Denkmal-Fonds vor fast leerem Saal. Sechs Jahre später kam der Bildhauer-Professor Max Wiese zu Besuch in die Stadt, in der er einst zur Schule gegangen war und für die er 1883 bereits das Schinkel-Denkmal geschaffen hatte. Nun setzte er sich mit Nachdruck dafür ein, daß auch dem zweiten berühmten Sohne Neuruppins die gebührende Ehre zuteil werden sollte. Die Honoratioren schwiegen sich aus. Sie hatten ihm den Michel Protzen wohl noch nicht verziehen. Professor Wiese fertigte von sich aus – kostenlos – einen Entwurf an: Nicht das Übliche mit liegendem Löwen und palmwedelnden Engeln, sondern schlicht und einfach Fontane, der Wanderer, der auf einer Bank ausruht, Hut und Stock neben sich, das Notizbuch nicht weit, und der neugierig forschend und, wie's scheint, auch ein wenig ironisch auf seine Umwelt schaut.

Zur Einweihung des Denkmals 1907 kamen hohe Abgesandte aus Berlin. Die Ruppiner Hautevolée in Frack und Zylinder hörte erstaunt, was der Berliner Bürgermeister Dr. Reicke über Fontane gedichtet hatte:

»Der entsprossen dieser Erden, treuestem Sohn der alten Mark,/Soll am Ort ein Denkmal werden, der einst seine Wiege barg./Zwar, er braucht nicht Stein und Eisen, daß sein Name bleibe kund./Sich als lebend zu erweisen, sorgt er selbst von Mund zu Mund.« Es gab ein Spektakel mit Festbanquett, Ehrenjungfrauen und Liedertafel – dann wurde es still um ihn in Neuruppin.

Es gab preußische Schulmeister vom Schlage eines Thormeyer, die Theodor Fontane für sich zurechtbogen und ihn als Preußen-Sänger und Hohenzollern-Verherrlicher auf einen Denkmalsockel stellten. (Fontane hatte schon zu Lebzeiten abgewunken: »*So* dumm war ich nicht!«) Nach 1933 wurde der Dichter den Offiziellen gänzlich suspekt. Man rügte seine ›Anglomanie‹ und ›Frankophilie‹, sein ›nicht rassereines Blut‹ und was noch alles. Er paßte nicht in ihre Richtung. Erst Jahre nach dem Zweiten Weltkrieg erfuhr Fontane – und zwar der ganze Fontane! – die Ehrung, die er verdient, auch oder besonders in Neuruppin.

Sehenswürdigkeiten

Die Stadt trägt ganz und gar den Stempel des spätbarocken Klassizismus, da sie nach dem großen Brand von 1787 nach Plänen von Bernhard Matthias Brasch unter Oberaufsicht des Berliner Baudepartements innerhalb weniger Jahre (1788–1796) neu aufgebaut wurde. Auf dem Reißbrett entwarf Brasch eine Stadt, die nicht wie herkömmlich auf Schloß oder Kirche ausgerichtet, sondern auf die Bedürfnisse der Handwerker, Ackerbürger und Soldaten zugeschnitten war. In übersichtliche Karrees aufgeteilt, fügte er Reihen von Bürgerhäusern in bestem norddeutschen Zopfstil aneinander, die Berson mit bescheidenen, aber wirkungsvollen Schmuckelementen versah. Die Denkmalpflege sorgte dafür, daß dieser einheitliche Gesamteindruck erhalten blieb. Der von Fontane bemängelte Eindruck der »Öde und Langenweile«, der vor allem durch drei große »Paradeplätze« hervorgerufen wird, hat sich heutzutage insofern gemildert, als es tagsüber in den Hauptstraßen von Menschen und Autos wimmelt; doch außerhalb der Sommersaison und nach Ladenschluß liegt das Städtchen still und beschaulich, und wer darin umherspaziert, kann sich an manchen Ecken recht gut in die Fontane-Zeit zurückversetzen.

Das *Geburtshaus Theodor Fontanes* in der Friedrich-Wilhelm-Straße 84 ist durch eine Gedenktafel ausgewiesen. Das Gebäude der (seit 1698 privilegierten) Löwen-Apotheke war 1788, unmittelbar nach der Brand-Katastrophe, als zweigeschossiges Zopfstilhaus errichtet worden. 1867 wurde es um ein Geschoß erhöht. So ist es heute noch erhalten. Louis Henri Fontane erwarb die Apotheke 1818/19 für 14750 Reichsthaler Courant Silbergeld, wobei der Vater ein Darlehen von 8200 Reichsthalern beisteuerte. Sieben Jahre später erzielte Louis Henri beim Verkauf eine Summe von 23000 Thalern. Da die neue Apotheke in Swinemünde nur 6000 Thaler plus 6000 Thaler Hypotheken kostete, blieb ein erklecklicher Rest übrig, und die Familie »war endlich aus der Bredouille«.

Heute ist die Löwen-Apotheke modern eingerichtet; Teile des alten Inventariums befinden sich im Heimatmuseum. Die ehemalige Privatwohnung der Familie Fontane ist öffentlich nicht zugänglich. In einem Zimmer der Beletage sind noch künstlerisch wertvolle Supraporten im ursprünglichen Stil erhalten.

Fontane-Denkmal. In einer kleinen Parkanlage, unübersehbar an der Hauptdurchgangsstraße, befindet sich das von Max Wiese geschaffene und 1907 eingeweihte Bronze-Sitzbild Theodor Fontanes. Es zeigt ihn als »Wanderer durch die Mark«, also als Endvierziger, sensibel, verletzbar und doch souverän und von gesundem Selbstvertrauen. Man spürt die Affinität des Bildhauers zu dem Dargestellten.

Grab der Mutter Fontanes. Am 13. Dezember 1869 starb Emilie Fontane geborene Labry, von den Ruppinern respektvoll »Madame Fontane« genannt. Theodor Fontane schrieb in seinem Gedicht »Meine Gräber«:

»Verfallene Hügel, und die Schwalben ziehn,
Vorüber schlängelt sich der Rhin,
Über weiße Steine, zerbröckelt all,
Blickt der alte Ruppiner Wall.
Die Buchen stehn, die Eichen rauschen,
Die Gräberbüsche Zwiesprach tauschen,
Und Haferfelder weit auf und ab –
Da ist meiner Mutter Grab.«

Sie ruhte neben der Familie Gentz, den Bilderbogen-Kühns und der Schwester Schinkels. Auch Michel Protzen war hier begraben und seit 1925 auch Professor Max Wiese. In den siebziger Jahren unseres Jahrhunderts verdoppelte sich die Bevölkerungszahl Neuruppins, die Stadt wuchs »in den großen Staatsrock hinein«, von dem Fontane meinte, sie würde ihn niemals ausfüllen können. Die Lebenden verdrängten die Toten in ihrem poetischen Winkel. Zwar rauschen die alten Buchen und Eichen entlang der mittelalterlichen Wallanlagen noch, doch nur ein Grab blieb aus Pietät erhalten: das Grab der Mutter des Dichters.

Gymnasium. »Es wurde nach dem großen Brande auf einem Platze errichtet, auf dem wenigstens drei Kölner Dome hätten stehen können«, bemerkt Fontane. Mit 25 Fensterachsen, strukturiert durch Haupt- und Endrisalite, einem gediegenen Rundbogenportal und reliefgeschmücktem Giebeldreieck darüber, gekrönt von einem laternenartigen Türmchen, macht es eher den Eindruck eines vornehm-schlichten Palais als einer Schule. (Fontane dürfte es als Knabe mit anderen Augen betrachtet haben. Er besuchte das Gymnasium von Ostern 1832 bis Herbst 1833.)

1949 wurde das Gymnasium in »Fontane-Schule« umbenannt. Es war damals schon stark reparaturbedürftig, die Deckenbalken mußten mit Baumpfählen gestützt werden, weshalb die Schule im Volksmund auch »Baum-Schule« hieß. In den siebziger Jahren wurde sie bis auf die Außenhaut abgetragen und innen völlig neu aufgerichtet. Dieses palaisartige Gebäude ist – nicht nur geographisch – kultureller Mittelpunkt der Stadt. An der Stirnseite steht noch immer die verpflichtende Inschrift: »Civibus aevi futuri«, »Den Bürgern kommender Zeiten«.

Pfarrhaus. In der Zeit seines Schulbesuchs fand der zwölfjährige Theodor in der Familie des Superintendenten Johann Lebrecht Bientz ein zweites Zuhause. Als Geistlicher der Reformierten Kirche, der auch die Fontanes angehörten, hatte er alle in Neuruppin geborenen Fontane-Kinder getauft. Die freundschaftliche Verbindung von Haus zu Haus blieb bestehen. Bientz war nicht nur ein guter Prediger, sondern auch ein guter Methodiker und Pädagoge. Seinem privaten »Nachhilfeunterricht« hatte Theodor viel zu verdanken.

Das Haus (Virchowstr. 13) dient heute noch als Pfarrhaus, Küsterei und kirchliches Rentamt. Es ist fast unverändert erhalten und ein typisches Beispiel für den frühklassizistischen Baustil, den Berson und Brasch vertraten.

Pfarrkirche. Nach dem Toleranz-Edikt von Potsdam (1685) wanderten viele um ihres Glaubens willen in Frankreich verfolgte Hugenotten in die Mark Brandenburg ein. Aus wirtschaftlichen Gründen kamen etwa zur gleichen Zeit auch einige hundert Schweizer Familien, die in der Grafschaft Ruppin Kolonien gründeten. So entstand in Neuruppin eine reformierte Gemeinde. Auf der Ruine der ehemaligen Nikolaikirche errichtete sie ihr Gotteshaus, das jedoch 1787 verbrannte ebenso wie die lutherische Marienkirche. Nur die Klosterkirche blieb verschont. Sie wurde – lange vor der offiziellen Union – von beiden Konfessionen genutzt. 1806 bekam die Gemeinde eine eigene Pfarrkirche nach Plänen des Oberbaurates Berson vom Berliner Baudepartement und unter tatkräftiger Mitwirkung Carl Ludwig Engels, dem späteren Generalintendanten aller öffentlichen Bauten Finnlands. Die Kirche steht auf dem nördlichen der drei Plätze, streng klassizistisch, mit oval vorspringendem Kuppelbau und Giebelportikus. Fontane und seine Geschwister wurden hier getauft (Theodor 1820, Rudolf 1821, Jenny 1823 und Max 1826). Sehenswert ist in dieser Kirche das von Wilhelm Gentz 1835 in Paris geschaffene Gemälde »Christi Fußwaschung«, auch bekannt unter der Bezeichnung »Das Gastmahl im Hause des Pharisäers Simon«.

Wohnungen der Fontanes. Nach dem Verkauf der Löwen-Apotheke bewohnte die Familie vom 1.4.1826 bis Johanni 1827 – also bis zu ihrer Übersiedlung nach Swinemünde – eine Interimswohnung unweit des *Rheinsberger Tores* (Friedrich-Wilhelm-Str. 94). Das Haus gehörte seinerzeit dem Fleischermeister Dannenberg; heute ist es in Privatbesitz.

Predigerwitwenhaus. 1850 trennte sich Emilie Fontane, die Mutter des Dichters, von ihrem Mann und kehrte mit der jüngsten Tochter, Elise, dorthin zurück, »wo sie jung und kurze Zeit lang auch glücklich gewesen war«. Sie wohnte Fischbänkenstr. 8. In demselben alten Fachwerkhaus hatte auch die Mutter Schinkels mit ihren drei Kindern gelebt, nachdem sie bei dem großen Brand 1787 ihren Mann und Hab und Gut verlor. Theodor Fontane besuchte oft allein oder mit seiner Familie das damals schon »rumplig« genannte Haus. Inzwischen ist es renoviert und leicht erkennbar an der Gedenktafel für Karl Friedrich Schinkel.

Sterbehaus der Mutter Fontanes. In den letzten Lebensjahren wohnte Emilie Fontane geborene Labry in einem Haus Friedrich-Wilhelm-Str. 7. Ende 1869 vermerkte Theodor in seinem Tagebuch: »Am 13. Dezember starb meine liebe, alte Mama; den dritten Tag begruben wir sie bei stürmischem Wetter auf dem schönen alten Friedhofe an der Stelle, wo sie zu ruhen gewünscht hatte. Die ganze Stadt nahm an dem Tode der alten Frau teil, und die schönsten Kränze und Girlanden wurden ihr mit ins Grab gegeben. Wie sie friedensvoll, erlöst im Sarge lag – dies Bild von ihr wird mir bleiben.«

Wohnung Friedrich Fontanes. Nördlich des Tempelgartens gehörte dem Kaufmann Alexander Gentz eine große Baumschule. Er opferte einen Teil davon, um Platz für schöne Anlagen am Tempelgarten zu gewinnen. Als er 1880 Konkurs machte, fiel das Gelände an den Kreis, der es 1903 zur Bebauung freigab. Eine der stillen Straßen, rechtwinklig abzweigend von der Heinrich-Heine-Straße (in der Fontanes Enkel Peter wohnte), trägt seit dem Jahre 1904 den Namen »Fontane-Straße«. In dem stattlichen Haus Nummer 1 wohnte Fontanes jüngster Sohn, der Verleger Friedrich Fontane.

Sehenswürdigkeiten, die mit einigen Kapiteln aus den »Wanderungen« in Beziehung stehen:
Bilderbogen-Offizin von Gustav Kühn

Die Familie Kühn war nachweisbar seit 1740 in der Mark ansässig. Allein sechs Generationen wirkten in Neuruppin, aber erst in der dritten vollzog sich der Übergang vom Buchbinder zum Bücher- und Bilderdrucker. Zweimal wurde ihr Anwesen durch Stadtbrände vernichtet. 1789 bezog Johann Bernhard Kühn das neue Haus schräg gegenüber der Löwen-Apotheke. Er begann mit den Bilderbogen, die er zunächst nur für den eigenen Laden produzierte, weil ihm die marktbeherrschenden »Nürnberger« zu teuer waren. Sein Sohn Gustav – künstlerisch begabt und geschäftstüchtig – sorgte dafür, daß die Neuruppiner Bilderbogen in alle Welt hinaus kamen. Der älteste Sohn Bernhard, ein Schulkamerad Theodor Fontanes, ging von der handwerklichen zur industriellen Herstellung über. Weil sich die väterliche Hinterhof-Offizin dafür als zu klein erwies, baute Bernhard ein neues Fabrikgebäude in der Ludwigstraße (August-Bebel-Str.). Dort befindet sich heute noch eine Druckerei.

Alles Wissenswerte über die Ruppiner Bilderbogen-Fabrikation ist im Heimatmuseum aufbewahrt.

An das Kapitel über *Andreas Fromm* erinnert die alte *Klosterkirche St. Trinitatis* aus dem 13. Jahrhundert. Schinkel machte bereits 1834/36 Pläne zu umfassenden Restaurierungsarbeiten, die erst einhundertfünfzig Jahre später abgeschlossen werden konnten, so daß sich St. Trinitatis, eine der ältesten Backsteinhallenkirchen in der Mark, nun in gutem Zustand darbietet. Besondere Beachtung findet die von Fontane beschriebene, in das Deckengewölbe gemalte »Maus, die eine Ratte jagt«.

Im Museum ist eine ausführliche Dokumentation über die *Familie Gentz* zusammengetragen: Johann Christian Gentz (1794–1867) begründete den Reichtum, Sohn Alexander (1825–1888) vermehrte und verlor ihn wieder, Sohn Wilhelm (1822–1890) wurde einer der bedeutendsten Orientmaler des 19. Jahrhunderts. Wilhelm Gentz bewohnte das Haus rechts neben der Löwen-Apotheke. Es wurde um die Jahrhundertwende abgerissen; zuvor jedoch wurden die Wandgemälde abgenommen, die heute das Vestibül des Landratsamtes am Kirchplatz schmücken. Weitere Bilder von ihm hängen in der Nationalgalerie Berlin, im Museum für Bildende Künste in Leipzig, in der Dresdner Neuen Galerie, im Louvre und in New York.

Alexander Gentz gehörte die *Maurische Villa* am Rande des Tempelgartens. Dieser statuengeschmückte Park erhielt seinen Namen nach dem Apollo-Tempel, den Wenzeslaus von Knobelsdorff 1735 im Auftrag des Kronprinzen Friedrich errichtete. Er gilt als das früheste Bauwerk des

Architekten. Die Brüder Gentz ließen den Tempelgarten auf ihre Kosten erweitern. Die Decke des Tempels – 1791 zu einem Monopteros mit Kuppeldach über der Grotte umgestaltet – verschönte Wilhelm Gentz 1830 mit einem Gemälde, »Die Geburt der Aphrodite« darstellend.

Die Maurische Villa wurde zu einem Café umgebaut.

An *die Grafen von Ruppin* erinnern noch Reste der mittelalterlichen Backsteinmauer mit dreifachen Wällen und Gräben, die Klosterkirche und im Heimatmuseum eine Miniaturnachbildung ihrer einst prächtigen Burg.

Das im *Kronprinzen-Kapitel* erwähnte »Mollius'sche Haus« besteht noch (August-Bebel-Str. 1). Nach den düsteren Monaten der Küstriner Festungshaft genoß der junge Friedrich hier und später in Rheinsberg die relative Unbeschwertheit in vollen Zügen. Auch der Tempelgarten, den er 1732–36 anlegen ließ, zeugt davon. Von den 22 barocken Statuen und Putten sind noch 13 erhalten und restauriert.

Das *Museum* (August-Bebel-Str. 14/15) birgt eine Fülle von Schätzen, die mittelbar oder unmittelbar mit Fontane verbunden sind: Grundstock des Museums bildete die Sammlung des Grafen von Zieten-Wustrau, die er, da er ohne leibliche Erben starb, testamentarisch dem Gymnasium von Neuruppin übereignete. Der damalige Rektor Wilhelm Schwartz richtete 1865 anläßlich der 500-Jahr-Feier der Schule in der Aula ein Zieten-Museum ein. Schwartz galt weithin als Kapazität auf dem Gebiet märkischer Geschichte und Sagenforschung. Er begleitete Fontane mehrmals auf dessen Reisen und gab ihm mancherlei Auskünfte in spezialhistorischen Fragen.

Später zog das Zieten-Museum in den Tempelgarten um. 1954 richtete die Stadt auf den Fundamenten dieser Sammlung ein den wachsenden Ansprüchen angemessenes Heimatmuseum ein, und zwar in einem der schönsten frühklassizistischen Gebäude, das nach dem Brand von 1787 für den Bürgermeister Noeldechen erbaut worden war. Aus den von Fontane im zwölften Kapitel beschriebenen Stücken der Zieten-Sammlung sind die sogenannten vaterländischen – d. h. auf heimischer Flur gefundenen – Altertümer vollzählig erhalten; u. a. ein Stabdolch aus der frühen Bronzezeit, der Dabergotzer Hakenpflug (733 n. Chr.), eine Eiserne Hand, wie sie Götz von Berlichingen trug (um 1450) und ein Kultwagen (1000–700 v. Chr.), der beim Straßenbau in der Nähe von Frankfurt an der Oder gefunden wurde und um dessen Herkunft und Sinngehalt seinerzeit ein erbitterter Streit entbrannte. »Verstaubt und verspinnwebt« entdeckte Fontane damals einen Kupferstich, mit dem Daniel Chodowiecki für den Wiederaufbau Neuruppins geworben hatte. Titel: »Ruppina, am Boden liegend, empfängt das Füllhorn von der Berolina«, Allegorie zum Großen Stadtbrand 1787. Fontane fand das Blatt »technisch perfekt, sinnreich und amüsant, kühn und naiv zugleich, mehr Karikatur als Kunst«, und doch erfüllte es seinen Zweck: Jeder wollte die mehr aus- als angezogenen allegorischen Damen besitzen und griff dafür in den Geldbeutel – zum Wohle Ruppins.

»Verstaubt und verspinnwebt« ist heute nichts mehr in diesem Museum.

Mehrere Zimmer sind Fontane und seinen Beziehungen zu Neuruppin gewidmet. Hier finden wir auch den strittigen Kultwagen wieder, dazu eine Zeichnung, die Fontane von ihm anfertigte, und, aufgeschlagen, das dreizehnte Kapitel seines Romans »Vor dem Sturm«, wo er sich – auf seine Weise – in den Streit um »Odins Wagen« einmischte.

Der dingliche Nachlaß des Dichters war nach dem Tode des Sohnes Friedrich Fontane von dem Enkel Peter 1941 an Stadt und Kreis Neuruppin verkauft worden und ist während des Krieges verlorengegangen. Neben Familienbildern und Handschriften gibt es nur noch einen alten Apothekenschrank mit Gefäßen aus der Löwen-Apotheke und die große Standuhr aus Fontanes Arbeitszimmer. (»Großvater und Vater sind bei ihrem Schlage gestorben und ich will dasselbe tun ...«)

Alle anderen Möbel sind nicht aus dem Besitz der Fontanes, sondern diesen nur ähnlich. Dennoch gelang es der Museumsleitung, die Atmosphäre um Fontane nacherlebbar werden zu lassen.

Ähnliches kann man auch vom Schinkel-Zimmer sagen, in dem sich mancherlei Beziehungspunkte zwischen Schinkel und Fontane finden.

Von den Porträts, die im zwölften Kapitel beschrieben sind, blieben drei erhalten: Hans Joachim von Zieten, Husaren-General Friedrichs II., General von Günther, von dem die Fama wisperte, er sei ein Fehltritt der Predigersfrau mit dem jungen Kronprinzen, und Oberst von dem Knesebeck, Herr auf Karwe und Gegenspieler Napoelons.

Am schönsten und reichhaltigsten bebildert ist zweifellos das Kapitel über Gustav Kühn. Das Museum bietet eine einzigartige Sammlung Neuruppiner Bilderbogen der Firmen Gustav Kühn und Oehmigke & Riemschneider von 1792 bis 1916.

Der Gasthof *»Zur Goldenen Krone«*, der einst Michel Protzen gehörte, ist trotz Umbau noch zu erkennen (Friedrich-Wilhelm-Straße/Ecke Paradeplatz).

Das *Denkmal für Karl Friedrich Schinkel*, der 1781 in Neuruppin geboren wurde, schuf Professor Max Wiese. Es steht etwas abseits vom Hauptstraßentrubel in der Tiefe des Kirchplatzes. Wiese bemühte sich offensichtlich, in diesem Bronzestandbild die Erhabenheit Schinkels auszudrücken, mit der er den Unbilden seiner Zeit widerstand; eine Charaktereigenschaft, die auch Fontane rühmte. In seinem Schinkel-Kapitel schrieb er: »Nie habe ich eine so entschiedene, ja fast grausame Herrschaft des Geistes über den Körper beobachtet... Nirgends sprach sich seine Selbstverleugnung schöner aus, als wenn Lieblingspläne von ihm, welche er in allen Teilen mit voller Hingebung streng durchgebildet hatte, *entweder gar nicht zur Ausführung kamen oder doch mannigfach verändert und beschnitten wurden.* Wie lebhaft auch der Schmerz war, den er bei solchen Gelegenheiten empfand, so erzeugte er doch nicht jene so leicht begreifliche Verdrossenheit... er nahm vielmehr von neuem seine ganze Kraft zusammen, um alles zu retten, was unter den beschränkenden Umständen zu retten war. Ja, er entwickelte öfter daraus wieder eigentümliche Schönheiten.«

Diese Unverdrossenheit, dieses »Nun denn, es muß auch so gehen« haben wohl beide, Schinkel und Fontane, meisterhaft beherrscht.

(Alle Zitate, wenn nicht anders vermerkt, aus »Wanderungen« I, Kapitel »Neuruppin«.)

Ausflug nach Fehrbellin

Das Schlachtfeld von Fehrbellin, auf dem die Kavallerie des Großen Kurfürsten 1675 das zahlenmäßig viel stärkere Heer des Schwedenkönigs schlug, um es für immer aus dem Land zu vertreiben, lag zwei Wegstunden von Neuruppin entfernt und hatte Fontanes Phantasie schon in Kindheitstagen beschäftigt. Alljährlich am 18. Juni zogen zur Gedächtnisfeier tausend Mann und sechshundert Schulkinder vom Hakenberger Friedhof zum Ausgang des Dorfes, wo Müller Conrad das im Jahre 1800 errichtete Siegesdenkmal mit den sechsunddreißig Kanonenkugeln dekorierte, die er auf seinem Acker gefunden hatte. (Die Schlacht fand nämlich, genau genommen, auf Hakenberger Flur statt; nach Fehrbellin wurde sie wohl aus psychologischen Gründen genannt, der Name klingt eher nach Trommeln und Trompetenschall.)

Hatte sich der Schüler Fontane für die mutige Reiterei des Großen Kurfürsten begeistert, allen voran für Froben, Derfflinger und den Prinzen von Homburg, so setzte sich der Theaterkritiker Fontane später mit dem historischen und dem Bühnen-Prinzen kritisch auseinander. Ihm mißfiel, daß unter Wilhelm von Preußen das Gedenken an die Schlacht immer mehr zu einem glorifizierenden Hohenzollern-Spektakel hochstilisiert wurde. Dieser erste große Sieg eines Hohenzollern – hieß es in der offiziellen Geschichtsschreibung – könne als die Geburtsstunde des preußischen Staates angesehen werden. Fontane leugnete die Bedeutung nicht, setzte ihr jedoch ein für ihn gleichrangiges friedliches Ereignis entgegen: Die Einwanderung von 20 000 französischen Refugiés, die das 1675 mit dem Schwert Errungene erst mit geistigem Leben erfüllten, »als habe das dunkle alte Tannenland über Nacht sein Kleid gewechselt« (»Die Mark und märkische Kriegsobersten zur Zeit des Dreißigjährigen Krieges«).

Gleich zu Beginn seiner Wanderungen (August 1860) besuchte Fontane das Schlachtfeld, doch hielt sich sein Bericht auffallend privat: »Eine liebenswürdige Dame, die als Prinzessin Clotilde im Kleist'schen Drama ihren ersten Bühnentriumph gefeiert, hatte mir den Auftrag gegeben, ihr Blumen vom Fehrbelliner Schlachtfeld mitzubringen. Lebhaft und phantasievoll, wie sie war, hatte sie sich die Umgebung von Hakenberg wie einen Rosengarten gedacht. Da stand ich nun und suchte umher; Schafgarbe, Winde, Glockenblume war alles, wozu sich die Natur hier zusammenraffte. Ich gab es auf, einen Strauß an dieser Stelle zu pflücken und borgte von einem Nachbarfeld drei Haferhalme, die ich später mit folgenden Zeilen überreichte:

Auf der Fehrbelliner Flur
Gab es Blumen am Schlachttag nur...
Märkische Rosse gewannen die Schlacht,
Haben das Feld berühmt gemacht.
Und das Feld, es zahlt mit Glück
Alte Schulden in Hafer zurück«

(»Wanderungen durch die Mark«, 1. Ausgabe, 1862).

Als sich der Tag der Schlacht zum zweihundertsten Male jährte, wurde auf der Hakenberger Flur ein stattlicher Turm errichtet, bekrönt von einer Rauchschen Viktoria, die ihren Siegeskranz mit großer Geste weithin über Kartoffel- und Haferfelder schwingt. So steht sie noch heute. Eine prächtige Lindenallee führt von dem ursprünglichen, bescheidenen Denkmal am Ausgang des Dorfes Hakenberg schnurgerade zu ihr hin. Ein Besuch lohnt sich. Die Aussicht ist wundervoll. Fontane hat sie allerdings nie genossen.

Ausflug von Fehrbellin nach Walchow

»Walchow ist Mittelpunkt des Rhinluches. In den Zeiten, die der Reformation vorausgingen und ihr unmittelbar folgten, war es ein adliges Gut, das den Wuthenows und Zietens gehörte.« 1638 wurde es von den Kaiserlichen Truppen in einen Aschehaufen verwandelt. Danach waren beide Familien ruiniert. 1680 siedelten sich holländische, 1699 pfälzische Kolonisten an; ihrer umsichtigen Tatkraft verdankte der Ort – nach Ansicht Fontanes – sein langsames, aber stetiges Aufblühen. »Jetzt ist Walchow reich oder doch wohlhabend.« Jedenfalls schlußfolgerte er das aus den auffallend luxuriösen Grabdenkmälern: »Die Menschen müssen *sehr* pietätvoll, *sehr* eitel oder aber *sehr* wohlhabend sein, wenn sie mit dem geliebten Toten einen Teil ihres Besitzes teilen sollen. In Walchow hat der Dorfschulze seinem fünfzehnjährigen Sohne ein Monument errichtet, wie 's dem Begräbnisplatz eines adeligen Hauses zur Zierde gereichen würde. In Front einer Tempelfaçade (der Giebel von dorischen Säulen getragen) steht auf hohem Postament ein Engel des Friedens... An der Wand des Tempels... eine Bronzetafel mit folgender Inschrift:

Hier ruhet in Gott
Erdmann Friedrich Hölsche
das letzte Kind seiner tiefgebeugten Eltern.«

Betritt man den Friedhof von der Straße aus, so findet man das Monument auf der linken Seite.

Wegen seines gut restaurierten Zustandes fällt auch ein altes, gußeisernes Grabkreuz auf, das den Namen des Mannes trägt, um dessentwillen Fontane überhaupt nach Walchow gefahren war: Superintendent Kirchner. »...nicht bloß ein Sammler nach Art so vieler seiner Amtsbrüder, die nur im Vorhofe der Wissenschaft, speziell der Altertumskunde, wohnen; er gelangt vielmehr zu *Schlüssen* aus dem Gesammelten. ... Die Mappen, die Schubfächer, die Glaskästen sind ihm nicht Zweck, sondern nur Mittel zum Zweck, und der historische Sinn (samt jenem Bedürfnis, zu *Resultaten* zu kommen) erwies sich siegreich in ihm über die bloße Kuriositätenkrämerei. ... Ein Studierzimmer von mäßiger Ausdehnung... ist, wie Bibliothek, so auch Naturaliencabinet und Museum für nordische Altertümer. Es wurde mir vergönnt, in den Schätzen dieser nicht zahlreichen, aber sehr ausgezeichneten Kollektion eine Stunde lang schwelgen zu können«.

Kirchner, »ein Sechziger, rüstig im Leben, im Amt und in der Wissenschaft«, mußte ihn sehr beeindruckt haben, denn Jahre später nahm er ihn als Modell für den Pfarrer Seidentopf in dem Roman »Vor dem Sturm«. Wenn sich Fontane in den »Wanderungen« gewisse Beschränkungen in der Schilderung des Pfarrhauses auferlegte, um dem Ansehen des Hausherrn in kirchlichen Kreisen nicht zu schaden, so konnte er im Roman ungeniert die zwei Seelen in der Brust des Pfarrers und Sammlers hervorkehren. Zweifellos sah Kirchners Studierstube der des Pfarrers Seidentopf zum Verwechseln ähnlich: Auch sie war in zwei große, kabinettartige Fensternischen aufgeteilt; »auf dem Arbeitstisch in der Camera theologica [lag] ›Dr. Martin Luthers Bibelübersetzung, Augsburg 1613‹« aufgeschlagen... auf dem Arbeitstische in der Camera archaeologica ›Bekmanns historische Beschreibung der Kurmark Brandenburg, Berlin 1751 bis 53‹«. (Übrigens ein Werk, das auch Fontane bei seinen »Wanderungen« oft benutzte.) Zu welchem Gebiet sich Seidentopf stärker hingezogen fühlte, war leicht zu erkennen: »der in der archäologischen Abteilung stehende Lehnstuhl [war] viel tiefer eingesessen... auch der ganze... Rest des Zimmers [bildete] ein heidnisches Museum« (»Vor dem Sturm« I, Kapitel 11). Wie Kirchner so war auch Seidentopf felsenfest davon überzeugt, daß die Mark Brandenburg urgermanisch gewesen war; das Slawische sei nur wie eine Welle darüber hinweggeschwappt und habe kaum Spuren hinterlassen, wenigstens keine kulturgeschichtlich bemerkenswerten.

Diese Theorie wurde in der Ära, als Bismarck sich anschickte, das slawische Element von deutschem Boden zu verdrängen, zur Staatsdoktrin. Fontane nutzte jede Gelegenheit, um dagegenzuhalten. Als beim Straßenbau jenseits der Oder ein rätselvoller, handtellergroßer Bronzewagen gefunden wurde, auf dessen Deichsel sechs bronzene Vögel saßen, erhielt der Streit zwischen »Germanophilen« und »Slawophilen« neue Nahrung, wobei es oft nicht um wissenschaftliche Klärung, sondern mehr um parteipolitische Rechthaberei ging.

Fontane mischte sich auf seine Weise ein, indem er den umstrittenen Fund in Seidentopfs Studierstube auftauchen läßt; sofort werden alle Argumente für und gegen ihn ins Feld geführt und derart auf die Spitze getrieben, daß schließlich die Kampfhähne beider Seiten mehr oder weniger lächerlich dastehen.

Besagter Bronzewagen befand sich zwar nicht in der Sammlung des Walchower Pfarrhauses, wohl aber in der Zieten-Sammlung in Wustrau, die den Grundstock bildete für das Ruppiner Museum. Dort hatte ihn Fontane gesehen und in seinem Skizzenbuch festgehalten. Als Superintendent Kirchner starb, wurden seine Schätze in alle Winde verstreut, ein Teil jedoch gelangte ins Ruppiner Museum; und so festigte sich für den Romancier Fontane vielleicht der gedankliche Zusammenhang zwischen Kirchner und Seidentopf.

Das Pfarrhaus in Walchow wird noch bewohnt, wenn auch nicht mehr von einem Pastor. Im Nebenraum der Kirche erinnert eine alte Photographie mit einigen biographischen Notizen an den predigenden Archäologen, von dem die Nachwelt nur noch weiß, daß er das Modell für Pastor Seidentopf in Fontanes »Vor dem Sturm« gewesen ist.

(Zitate, soweit nicht anders vermerkt, aus »Wanderungen« I, Kapitel »Walchow«.)

Ausflug nach Kränzlin

»Altes, eine halbe Meile von Neuruppin gelegenes Rittergut, jetzt im Besitze der Familien Scherz und Zieten. ... Die Kirche, ein alter, gotischer Bau... hat in den letzten Jahren eine Renovation erfahren, die von den früheren Monumenten das meiste entfernte, dagegen in die Lage kam, neue Gedenktafeln einfügen zu müssen.«

So beschreibt Fontane in den »Wanderungen« den Kränzliner Herrensitz der befreundeten Gutsbesitzerfamilie Scherz. Besonders in den schlimmen Jahren wirtschaftlicher Unsicherheit war das Rittergut für das junge Ehepaar mehrmals zur rettenden Zuflucht geworden. Es erschien ihnen als »Asyl, in dem Milch und Honig fließen«; und doch mußte es demütigend gewesen sein, es immer wieder in Anspruch nehmen zu müssen.

Die Freundschaft mit Hermann Scherz reichte bis in die Kindertage zurück; später hatten beide von 1833 bis 1836 in Berlin die Friedrich-Werdersche Gewerbeschule besucht und zeitweilig sogar zusammen bei Onkel August Fontane gewohnt.

Als der wohlhabende Scherz im Frühjahr 1844 von seinen Eltern eine Bildungsreise nach England geschenkt bekam, nahm er seinen Freund als Begleiter und Dolmetscher mit, denn Theodor hatte sich bereits ausgiebig mit englischer Literatur und Sprache befaßt und nicht nur Shakespeare und Percy, sondern auch den Arbeiterdichter John Prince übersetzt.

Nur zwei Wochen dauerte diese Reise, der später längere Aufenthalte folgten. Aber bereits die erste Bekanntschaft mit dem gesellschaftlich fortschrittlichen England hinterließ bei Fontane nachhaltige Eindrücke. Die Fremde »lehrt uns nicht bloß sehen, sie lehrt uns auch richtig zu sehen. Sie gibt uns das Maß für die Dinge. Und dies ist künstlerisch genommen fast noch wichtiger als daß sie uns die Dinge überhaupt erschließt. Sie gibt uns die Fähigkeit, groß und klein zu unterscheiden«, schreibt er 1872 in einem Essay über Willibald Alexis.

Nicht zuletzt seine englischen und französischen Erfahrungen bewahrten ihn später auf seinen Wanderungen davor, im Sande des Provinzialismus steckenzubleiben.

Die Freundschaft zu Hermann Scherz und die Beziehung zu Kränzlin währte Jahrzehnte. 1853 warf eine Lungenentzündung den nervlich und physisch erschöpften Dichter und Herausgeber der »Argo« – der das Brot für die Familie als Revisionsredakteur der »Preußischen (Adler-)Zeitung« verdienen mußte – völlig darnieder. Er glaubte sich am Ende. Am 7. Juli traf er in Kränzlin ein. Wenige Tage später schrieb er an Wilhelm Wolfsohn: »Ich soll die Schwindsucht haben und einem nun ein halbjährigen Husten nach muß ich's selber glauben... Nehm ich diesen Husten mit in den nächsten Winter hinüber, so kann ich einpacken. Eine Reise nach Italien wäre ein Rettungsmittel, stattdessen werd' ich binnen weniger Wochen wieder in der alten Tretmühle gehn und solange Zeitungsartikel schreiben, bis ich eines schönen Tages auf der Hinterseite der Zeitung unter den Annoncen zum letzten Mal und ohne *mein* Dazuthun die Aufmerksamkeit eines verehrlichen Publikums für mich in Anspruch nehmen werde...« Nachdem er zwei Wochen lang kräftiges Essen und kräftige Landluft nebst etlichen Litern Molke genossen, regten sich seine Lebensgeister wieder. In langen Briefen an den »Tunnel«-Freund Friedrich Eggers setzte er sich mit dessen literarischen Produktionen auseinander. In Gedanken wohnte er bereits wieder der Sitzung des 1852 gegründeten »Rütli«-Kreises bei. Dem »Tunnel«, dessen Sekretär er von 1850 bis 1852 gewesen war, fühlte er sich geistig entwachsen. Er tut ihn als »Allerweltsverein« ab.

Trotz geschwächter Konstitution entstanden in der Kränzliner Zeit und den folgenden Monaten »Ein Sommer in London«, Balladen und Rezensionen für das »Deutsche Kunstblatt«. Im Herbst erschien der zusammen mit Franz Kugler herausgegebene erste »Argo«-Band, der mehrere Balladen und Prosa-Beiträge Fontanes enthielt.

Aber auf dem Wege zum freien Schriftsteller schien er im Jahr darauf noch keinen Schritt weiter. Am 20. Juni 1854 schrieb er – wieder aus Kränzlin – an Theodor Storm: »Ich ginge am liebsten nach Mexiko oder würde Pfeifenträger bei Omar Pascha, denn es behagt mir die Pfennigwirtschaft eines deutschen Zeitungs- und Balladenschreibers ganz und gar nicht. Der Bibelspruch, sehet die Lilien auf dem Felde an usw. bewahrheitet sich zwar an mir jeden Tag, denn der himmlische Vater ernähret mich wirklich, aber ›fragt mich nur nicht wie‹ schließt Heine sein Lied und ich meinen Brief.«

Im Oktober 1854 gebar Frau Emilie ihr drittes Kind. Es war zu schwach und starb, wie auch das zweite gestorben war. Frau Scherz lud sie ein, den Sommer in Kränzlin zu verbringen, um in der freien Natur das seelische und körperliche Gleichgewicht wiederzugewinnen. Der kleine George fand in dem drei Jahre älteren Ernst Hermann Scherz einen geliebten Spielgefährten. Und in vielen Ferien-Sommern wurde ihre Freundschaft erneuert.

Das Gutshaus der Familie Scherz ist noch erhalten.

»Das idyllisch gelegene ... *Predigerhaus* zu Kränzlin ..., von Jugend an ein Lieblingsaufenthalt Schinkels«, wurde um die Jahrhundertwende neu aufgeführt, die altgotische Kirche bis zur Unkenntlichkeit umgebaut; geblieben sind nur der Ostflügel und die Gedenktafeln. Eine Tafel trägt den Namen Ernst Hermann Scherz', des einstigen Spielkameraden des kleinen George. Er fiel am 26. Dezember 1870, einundzwanzigjährig, als Freiwilliger in der Nähe von Orléans.

Typisch für Fontane, den liebevollen Schilderer des Details, ist es, daß er über Ereignisse, die ihn zutiefst erschütterten, nur im Lapidarstil berichtete.

(Zitate, wenn nicht anders vermerkt, aus »Wanderungen« I, Kapitel »Kränzlin«.)

Ausflug nach Protzen

In der ersten Ausgabe der »Wanderungen durch die Mark Brandenburg« (1862) waren die Beschreibungen der Luch- und Torfdörfer Protzen und Walchow noch nicht enthalten; da dominierten Könige, Prinzen, Regimenter und Schlachten. Erst in späteren Auflagen finden sich in zunehmendem Maß Lebensbilder einfacher Menschen. Nicht selten war es Fontanes Schwester Elise, die ihn auf interessante Persönlichkeiten aufmerksam machte, zum Beispiel auf den Superintendenten und Altertumsforscher Kirchner in Walchow und auf zwei »bedeutende Streithähne« in Protzen.

Als Fontane im September 1873, vor der dritten Auflage der »Grafschaft Ruppin«, noch einmal gezielt recherchierend das Ruppinsche durchstreifte, besuchte er auch diese beiden Dörfer, und sie enttäuschten ihn nicht.

»Protzen... war immer, soweit die Nachrichten reichen, ein adliges Gut. Im vierzehnten und fünfzehnten und auch noch zu Beginn des sechzehnten Jahrhunderts saß hier eine Familie, die sich einfach nach ihrem Wohnorte nannte, also eine Familie von Protzen. Eine der drei Kirchenglocken (die größte) geht bis in jene Zeit zurück. Sie rührt noch aus der Zeit Albrecht Achills her und trägt die Inschrift: ›Jhesu Criste rex gloriae veni cum pace‹, samt der Jahreszahl 1476. Hat also schon zur katholischen Zeit die Gemeinde zur Kirche gerufen.« Die *Glocke* überdauerte alle Kriege und ruft noch heute die Gläubigen zum Gebet.

»Den Protzens folgten um 1522 die Gadows, die das Dorf 130 Jahre lang, von den ersten Tagen der Reformation an bis zum Schluß des Dreißigjährigen Krieges, in ihrem Besitz hatten.«

Aus dieser Zeit, 1584, stammt ein schöner, vergoldeter *Abendmahlskelch*, verziert mit den drei Fischen aus dem Gadowschen Wappen; er wird heute noch an hohen Festtagen benutzt.

Nach den Gadows kamen die Gutsnachbarn von Quast und von Kleist – fast alle werden von Fontane in anekdotischer Kürze charakterisiert, was aufwendige Materialstudien voraussetzte. Der vorletzte, Rittmeister Louis von Kleist war es, der mit seinem ebenso starrköpfigen Pfarrer Friedrich Arnold Dietrich Sachse auf Biegen und Brechen stritt. »Sachse... stand im allgemeinen... auf gutem Fuß mit der Gemeinde, war ihr Orakel, ihr Rater und Helfer, und vereinigte neben einzelnen Schwächen, alle Tugenden des alten Rationalisten in sich.« (Das war es wohl, was den Gutsherrn gegen ihn aufbrachte.) »...so entstand ein Prozeß, der im Herrenhause *so* böses Blut machte, daß Kleist, als um ebendiese Zeit ein Spritzenhaus errichtet werden mußte, dasselbe so aufführen ließ, daß der Bau wie ein Schirm zwischen ihm und der Pfarre stand. Er wollte die Pfarre nicht mehr sehen.«

Man kann die Sache leicht überprüfen: Steht man mit dem Rücken zum ehemaligen Herrenhaus, das mit einigen baulichen Veränderungen nun als Schule dient, so blickt man rechter Hand an der Feldsteinkirche vorbei auf das Spritzenhaus; das Pfarrhaus dahinter bleibt unsichtbar. Es ist noch das nämliche, in dem Pfarrer Sachse das von ihm geschaffene Kirchensiegel mit der bemerkenswerten Inschrift »Natur und Vernunft« aufbewahrte. Nachfolgende Amtsbrüder hüteten über Generationen Kirche, Glocke und Abendmahlskelch – nur das außergewöhnliche Siegel ist spurlos verschwunden.

(Zitate aus »Wanderungen« I, Kapitel »Protzen«.)

Ausflug nach Radensleben

»Nicht unmittelbar am Ruppiner See, vielmehr eine halbe Meile landeinwärts, liegt Radensleben, seit über zweihundert Jahren ein Quastsches Gut... eines der schönsten Güter der Grafschaft... Aber was *unser* Interesse weckt,... ist die poetische, beinah absolute Stille, die ihren Zauberkreis um dies Stück Erde zieht.«

Nicht nur der Zauber der Landschaft zog den Wanderer Fontane in seinen Bann: Ausgerechnet an der »stillsten Stelle des stillen Landes« sollte er auf die erstaunlichsten Kunstwerke treffen. Es taten sich »die goldenen Tore des Südens« vor ihm auf. »Alle Namen, die vor Perugino und Raffael geglänzt, die Schöpfer moderner Malerei, ... sie sind hier um uns versammelt. Die Welt der Madonnen erschließt sich uns, und aus ihren Rahmen auf uns niederblickend, tuen sie, was sie immer taten, und lächeln Freudigkeit und Hoffnung in unser Herz. Da ist eine ›Muttergottes, anbetend vor dem Kinde‹, ein Terrakotta-Relief von Luca della Robbia, und da ist eine zweite... in der lieblich naiven Art Filippino Lippis. ... Bilder aus den Tagen der Kindheit und Keuschheit aller modernen Kunst«. Als leidenschaftlichen Sammler und kunstsinnigen Sachwalter all dieser Kostbarkeiten lernte Fontane den Erbherrn auf Radensleben kennen: Ferdinand von Quast; in der großen Familie der Quaste zweifellos der bemerkenswerteste. Er widmete sich ganz der Architektur und Kunstgeschichte. Schinkel – damals preußischer Oberbaudirektor – ernannte ihn, seinen ehemaligen Schüler, zum ersten Konservator der Kunstdenkmäler in Preußen. Und so verwundert es nicht, daß Fontane in Radensleben eine hervorragende Kollektion Schinkelscher Jugendarbeiten vorfand. Sie befindet sich heute in der Nationalgalerie zu Berlin.

Quast oblag es, alle verstreuten Kunstdenkmäler, vor allem die in Sakristeien und Rumpelkammern modernden Stücke aus der vorreformatorischen Zeit, zunächst einmal aufzufinden und zu inventarisieren. Diese

Aufgabe war nicht von einem einzelnen zu lösen. Darum gewann er namhafte Kunstwissenschaftler wie Franz Kugler und Friedrich Eggers zur Mitarbeit. Da beide zum engen Freundeskreis Fontanes gehörten, wurde auch er miteinbezogen.

Das Herrenhaus von Radensleben dient heute als Altersheim des Kreises Neuruppin. Das herrliche *Deckengemälde im Festsaal* ist noch zu sehen; weitere Bilder und Majolika-Reliefs aus der italienischen Renaissance – wie die Madonna aus der Werkstatt della Robbias – kann man noch in der *Dorfkirche* bewundern.

Den Familienfriedhof der Quaste erreicht man über die noch immer »breite, mit prächtigen Bäumen besetzte Dorfstraße«. Die *Grabanlage* ist von einem Mäuerchen umschlossen. Dort ruht auch Ferdinand von Quast, Pionier der heutigen Denkmalpflege. Er machte Fontane zu seinem Mitstreiter und wies ihn auf wertvolle Schätze in märkischen Kirchen und Gutshäusern hin, denn: Einmal in die »Wanderungen« aufgenommen, sind sie vor dem endgültigen Vergessenwerden bewahrt.

(Zitate aus »Wanderungen« I, Kapitel »Radensleben«.)

Ausflug nach Wustrau

Eine der ersten Wanderungen Fontanes führte 1859 nach Wustrau, dem Wohnsitz des fast legendären Hans Joachim von Zieten. Mit dem »Ahnherrn aller Husaren« war Fontane von Kindesbeinen an vertraut. Über dem väterlichen Sofa hing ein Kupferstich: »Friedrich der Große von den Potsdamer Manövern nach Sanssouci zurückkehrend, begleitet von seinen Generälen«. »Wie oft habe ich vor diesem Bilde gestanden und dem *alten* Zieten unter seiner Husarenmütze ins Auge gesehen, vielleicht meinen Lieblingshelden in ihm vorausahnend« (»Meine Kinderjahre«, Kapitel 5).

In den frühen Preußen-Liedern »Männer und Helden« (1850) hatte er ihn besungen. »Zieten aus dem Busch« wurde er im Volksmund genannt, weil er in den Schlesischen Kriegen mehrmals durch Überraschungsangriffe seiner Reiterei Teile der friderizianischen Armee vor vernichtender Niederlage rettete.

In den »Wanderungen« schilderte Fontane das solide Wustrauer Herrenhaus mit der Porträtsammlung martialischer Husarenoffiziere, den reizvollen Park, die schlichte Dorfkirche und die Grabstätten derer von Zieten. Voll ungeteilter Hochachtung sprach er von dem Haudegen, der ein ebenso guter Landwirt gewesen war; erst fünf Jahre später, als der offizielle Zieten-Kult einen Höhepunkt erreichte, ging Fontane auf kritischere Distanz zu seinem einstigen Lieblingshelden und schrieb in dem Schinkel-Kapitel seiner »Wanderungen«: »... die Popularität eines Mannes ist nicht immer ein Kriterium für seine Bedeutung. Diese resultiert vielmehr ... aus dem Einfluß, den sein Leben für die Gesamtheit gewonnen hat, und *diesen* Maßstab angelegt, kann der ›Vater unsrer Husaren‹ neben dem ›Schöpfer unsrer Baukunst‹ nicht bestehn.«

Der Sohn des Reitergenerals, mit dem die Zietensche Linie auf Wustrau ausstarb, wird von Fontane mit bemerkenswerter Geringschätzung charakterisiert; er nannte ihn »kleinlich, geizig, unschön in fast jeder Beziehung« und: »Selber eine Kuriosität, bracht er es über die Kuriositätenkrämerei nie hinaus.« Noch im Tode wollte er aus der Reihe tanzen. Er ließ sich abseits von den Familiengräbern unter einer »schönen alten Linde, die zwischen der Kirche und dem leis ansteigenden Kirchhofe steht«, beizeiten ein Hünengrab errichten. Als der preußische König Friedrich Wilhelm IV. 1844 Wustrau besuchte, »führte ihn der Graf auch an die Linde, um ihm daselbst das eben fertig gewordene Grab zu zeigen. Der König wies auf eine Stelle des Riesenfeldsteins und sagte: ›Zieten, der Stein hat einen Fehler!‹, worauf der alte Herr erwiderte: ›Der drunter liegen wird, hat noch mehr.‹«

Die Freude am Anekdotischen verführte Fontane dazu, dieses Bonmot aufzuschreiben, doch sarkastisch fügte er hinzu, es sei »so ziemlich das Beste, was vom letzten Wustrauer Zieten auf die Nachwelt gekommen ist«, er war »unfähig, zu dem Ruhme seines Hauses auch nur ein Kleinstes hinzuzufügen«. – Herbe Kritik an einem Mann, der immerhin einen berühmten Namen trug und der viele Jahre Landrat im Ruppinschen gewesen war.

Wir Heutigen halten dem skurrilen Sonderling wenigstens zugute, daß er mit seinem Faible für Frühgeschichtliches und seiner »Sammlung vaterländischer Altertümer« den Grundstock legte für das spätere Neuruppiner Heimatmuseum.

Am 4.12.1859 wurde das Wustrau-Kapitel in der »Kreuz-Zeitung« abgedruckt, und postwendend kam eine Beschwerde des Grafen Zieten-Schwerin, der sich als zweiter Erbfolger des Genannten in der Pietät vor seinen Familienmitgliedern verletzt fühlte und Genugtuung forderte.

Und dieser Fall sollte nicht der einzige der »Wanderungen« bleiben, der einzige allerdings, in dem mit einer gewissen Berechtigung protestiert wurde, denn so zutreffend das Urteil des Autors gewesen sein mochte, taktvoll war es keineswegs.

Wustrau, am halbmondförmigen Ruppiner See gelegen, könnte man heute noch mit den Worten Fontanes beschreiben: »Das eigentliche Dorf, saubere, von Wohlstand zeugende Bauernhäuser, liegt etwas zurückgezogen vom See; zwischen Dorf und See aber breitet sich der Park aus, dessen Baumgruppen von dem Dache des etwas hoch gelegenen Herrenhauses überragt werden. Dieses letztere gleicht auf ein Haar den adligen Wohnhäusern, wie sie während der zweiten Hälfte des vorigen Jahrhunderts in märkischen Städten und Dörfern gebaut wurden… Erdgeschoß und Beletage, ein hohes Dach, ein Blitzableiter, zehn Fenster Front, eine Rampe, das ganze gelb getüncht und ein Wappen oder Namenszug als einziges Ornament. So ist auch das alte *Herrenhaus* der Zieten«.

Es hat in den mehr als zweihundert Jahren ein wechselvolles Schicksal erlitten. Erst in jüngster Zeit wurde es rekonstruiert. Auch der *Park* wird nach dem Lennéschen Entwurf wiederhergestellt.

Kurios mutet der Zietensche *Eiskeller* an, ein Feldsteinbau aus dem Jahr 1750, der mit einem reichen Sandsteinportal und zwei Hermen im Stil Glumes geschmückt ist.

Der *Friedhof* übt noch immer den eigentümlichen Reiz aus, von dem sich Fontane so gern inspirieren ließ. Nicht zu verfehlen das Hünengrab unter der schönen alten Linde. Unauffällig in einem beschaulichen Winkel neben der Dorfkirche die vier Familiengräber der Zieten.

Die äußerlich schlichte *Kirche* überrascht in ihrem Inneren mit einem puppenhaft schönen, mittelalterlichen Schnitzaltar und einem Epitaph für den »Ahnherrn der Husaren«; übrigens eine Arbeit des damaligen Mode-Bildhauers Bernhard Rode, über dessen hyperproduktive Einfallslosigkeit sich Fontane lustig machte: »Ein Sarkophag und ein Reliefportrait, eine Minerva rechts und eine Urania links, das paßt so ziemlich immer… Der Zieten aus dem Busch, der Mann der hundert Anekdoten, die samt und sonders im Volksmund leben, was soll er mit zwei Göttinnen… die ihn bei Lebzeiten in die sicherste Verlegenheit gebracht hätten…

Alles in allem, das Marmordenkmal des alten Helden reicht an ihn selber nicht heran; es entspricht ihm nicht. Da lob ich mir im Gegensatze dazu das schlichte Grab, unter dem er *draußen* in unmittelbarer Nähe der Kirche schläft«.

(Zitate aus »Wanderungen« I, Kapitel »Wustrau«.)

Ausflug ins Wustrauer Luch

Um es von seiner charakteristischen Seite kennenzulernen, wählte Fontane im Juli 1859 den Wasserweg. Ein graukitteliger, hochgestiefelter Torfstecher trabte, das Riemenzeug um den Leib gebunden, den grasbewachsenen Damm entlang und zog den Kahn. Mitten im Torfgebiet brach ein Gewitter los. Es goß in Strömen, der Boden wurde immer glitschiger, und immer öfter sank der Mann in die Knie. Im Boot stieg das Wasser von Minute zu Minute. Endlich hatten sie am Nordrand das Dorf Langen erreicht. Im Wirtshaus bestellten sie in fast beschwörendem Ton »den allerbesten Kaffee« und baten, die Garderobe stückweis trocknen zu dürfen.

Kähne durchs Labyrinth der Gräben zu ziehen gehört der Vergangenheit an; heute führen Straßen und Betonpisten selbst zu den entlegensten Horsten. Vorbei ist es mit der unvorstellbaren Armut der Torfstecher, denen Fontane damals ein ungewöhnlich sozialkritisches Kapitel widmete. »Der Mensch geht ins Luch, um es auszubeuten, nicht, um darin zu leben«, schrieb er.

Und dennoch »lebten« Menschen in den Luchsiedlungen. Drei Viertel des Jahres gingen sie in Gummistifeln und der ewige Kampf mit Schlamm und Morast und schwarzem Staub machte sie gleichgültig und stumpf. Das alles änderte sich – dank Milliarden-Investitionen für Be- und Entwässerung – erst in den letzten Jahrzehnten. Die Jungen lesen bei Fontane ungläubig, daß ein Glas Trinkwasser im Luch damals eine Kostbarkeit war.

Es läßt sich heute leben in den Luchdörfern; aber es gibt auch noch Gegenden, die so sind, wie sie Fontane erlebte: »Einsamkeit ist der Charakter des Luchs. Nur vom Horizont her, fast wie Wolkengebilde, blicken die Höhendörfer in die grüne Öde hinein; Gräben, Gras und Torf dehnen sich endlos, und nichts Lebendes wird hörbar als die Pelotons der von rechts und links her ins Wasser springenden Frösche oder das Kreischen der wilden Gänse, die über das Luch hinziehen.«

(Zitate aus »Wanderungen« I, Kapitel »Das Wustrauer Luch«.)

Ausflug nach Wuthenow

In der Novelle »Schach von Wuthenow« flüchtet der Titelheld aus den Berliner Salons an die fast vergessene Stätte seiner Kindheit, an den Ruppiner See. Fontane beschreibt die Szenerie mit großer Genauigkeit: »Das Schloß... war nichts als ein alter, weißgetünchter und von einer schwarzgeteerten Balkenlage durchzogener Fachwerkbau, dem erst Schachs Mutter, die ›verstorbene Gnädige‹, durch ein Doppeldach, einen Blitzableiter und eine prächtige, nach dem Muster von Sanssouci hergerichtete Terrasse das Ansehen allernüchternster Tagtäglichkeit genommen hatte.« Er schildert weiter den Walnußbaum vorm Gesindehaus, das Rondell mit der Sonnenuhr, den toten Arm des Sees mit dem Boot, in dem er sich nach qualvoller Selbstbefragung zu einer Entscheidung durchringt: Er wird, den Ehrbegriffen seines Standes folgend, die liebenswerte, aber häßliche Victoire heiraten und dem zu erwartenden Kind seinen Namen geben, und er wird sich nach vollzogener Trauung erschießen; nur auf diese Weise glaubt er, dem Gespött seiner Regimentskameraden zu entgehen.

»Alles Produkt der Zeit, ihrer Anschauungen, Eitelkeiten und Vorurteile. Übrigens alles Tatsache«, bemerkte Fontane, als er die Novelle im Januar 1882 der Zeitschrift »Nord und Süd« anbot. Er selbst hatte noch Fräulein von C. als betagte Dame im Salon der Mathilde von Rohr kennengelernt. Es kam ihm nicht darauf an, einen Gesellschaftsskandal nachzuerzählen, sondern an ihm den moralischen Verfall einer Offizierskaste bloßzulegen, die »statt der Ehre nur noch den Dünkel und statt der Seele nur noch ein Uhrwerk hat«.

Die Szenerie ist frei erfunden (›frei *ge*funden‹ würde Fontane einwenden!); aber so echt, daß viele Leser nach Wuthenow fuhren, um das Schloß mit eigenen Augen zu sehen. Vergeblich. Sie fanden – und finden – nur eine einfache Kirche im Rundbogenstil der Schinkel-Schule, darin die älteste Stadtansicht von Neuruppin aus dem Jahre 1694. Doch das

Dörfchen auf der Wuthenower Lanke gegenüber der Stadt Neuruppin am Ufer des Ruppiner Sees ist so reizend gelegen, daß niemand den Ausflug bereute.

(Zitate, soweit nicht anders vermerkt, aus »Schach von Wuthenow«, Kapitel 14.)

Ausflug in die Ruppiner Schweiz

»Die Schweize werden immer kleiner, und so gibt es nicht bloß mehr eine *Märkische*, sondern bereits auch eine *Ruppiner* Schweiz, der es übrigens, wenn man ein freundlich-aufmerksames Auge mitbringt, weder an Schönheit noch an unterscheidenden Zügen fehlt. ... Fluß und See [sind] das eigentliche Lebenselement der Ruppiner Schweiz. Der Fluß ist der Rhin. Er kommt von Rheinsberg (Rhinsberg) her, bildet zunächst eine ganze Reihe von Wasserbecken und gibt erst an der Südspitze des Molchow-Sees seine Hügelheimat auf, um in das ›Schwäbische Meer‹ dieser Gegenden, in den Ruppiner See, einzutreten. Hier streift er, wie sein berühmter hochdeutscher Namensvetter, der Rhein, den Rest seiner schäumenden Jugend ab, und ruhig geworden bis zum Stillstand... fällt ihm zu guter Letzt das Los zu, den *Torfkahn* auf seinem Rücken zu tragen.«

Das Kapitel über die Ruppiner Schweiz (1864), über Molchow-, Tornow- und Zermützelsee (1873) gehören zu den frischesten und lebendigsten der »Wanderungen«. Fontane selbst erinnerte sich noch Jahre später gern an die Fahrten, die er mit Freunden unternommen hatte. In einem Brief an Alexander Gentz vom 20.3.1887 heißt es: »Wie wundervoll der Regentag im Luch mit Ihrem Bruder und Lepel... wie wundervoll die Fahrt nach Fretzdorf, wo die Ruppigkeit des autochthonen Altadels uns hungern ließ, endlich wie unvergeßlich schön die Fahrt nach Molchow- und Zermützel-See hin.«

Selten hat er Landschaft so überschwenglich geschildert wie hier: »Wer will sagen, wenn er die Ruppiner Schweiz durchwandert, wo ihr Zauber am mächtigsten wirkt.

Und fragst du *doch*: ›Den *vollsten* Reiz,
Wo birgt ihn die Ruppiner Schweiz?
Ist's norderwärts in Rheinsberg Näh?
Ist's süderwärts am Molchow-See?

Ist's Rottstiel tief im Grunde kühl?
Ist's Kunsterspring, ist's Boltenmühl?
Ist's Boltenmühl, ist's Kunsterspring?
Birgt Pfefferteich den Zauberring?
Ist's Binenwalde? – Nein, o nein,
Wohin du kommst, da wird es sein,
An jeder Stelle gleichen Reiz
Erschließt dir die Ruppiner Schweiz.

Und wie sie selber auf alles klug verzichten, was zur Quelle lästiger Vergleiche nach außen hin werden könnte, so verzichten *wir* darauf, ihren Preis und Wert untereinander festzustellen. Denn wie unter schönen Schwestern die Streitfrage nie gelöst wird, ›wer eigentlich die schönere oder die schönste sei‹, weil es heute diese ist und morgen jene, je nach der Kleidfarbe, die sie tragen, oder nach dem Bande, das zufällig an ihrem Hute flattert, so ist auch hier die Frage nach der größeren Schönheit eine bloße Frage der Beleuchtung, der Stimmung, des zufälligen Schmuckes. Wenn heute Boltenmühle in Malven siegt, so siegt morgen Kunsterspring in roten Ebereschen, und ein helleres oder dunkleres Abendrot, ein schmaleres oder breiteres Band, das der Regenbogen über die Landschaft spannt, entscheidet darüber, ob Rottstiel über Pfefferteich oder Pfefferteich über Rottstiel triumphiert.«

»Landschaft an sich« hatte für Fontane nur »den Reiz eines Kuckkastenbildes«, lebendig wurde sie für ihn erst durch die Spuren menschlicher Arbeit und menschlicher Schicksale.

So beschreibt er in *Molchow*, einem idyllischen slawischen Rundlingsdorf, den hölzernen Turm als »unheimlich und grotesk«. Er sehe aus, »als hab ihn ein Schilderhaus mit einer alten Windmühle gezeugt. Von beiden etwas.« Und er knüpft sogleich die Sage von einer versunkenen Glocke daran, die aus einem verwüsteten Nachbarort stammen soll. Sage und die Lapidarchronik verlassener Begräbnisplätze auf dem Wege nach Zermützel lassen ihn auf das armselige Leben der früheren Kolonisten schließen:

»Die Kärglichkeit unserer märkischen Scholle kann nicht leicht irgendwo besser studiert werden als an dieser Stelle. Hundert Jahr Arbeit sind gewesen wie ein Tag, und eine Ziege, ein Kirschbaum und ein Streifen Roggenland, über das der alte Beherrscher dieser Gegenden, der Strandhafer, immer wieder Lust zeigt als Sieger herzufallen, diese drei sind nach wie vor der einzige Reichtum dieser Ansiedlung.«

(Zitate aus »Wanderungen« I, Kapitel »Die Ruppiner Schweiz«, »Am Molchow- und Zermützel-See«.)

Neustadt an der Dosse

»Wer kennte nicht Neustadt? Aber wenn es einerseits zu den Städten gehört, von denen die Welt nur den *Bahnhof* kennt, so gehört es andererseits zu denen, die beständig *verwechselt* werden.«

Fontane kannte das Städtchen zwar seit Beginn seiner Wanderungen, doch rückte es erst Anfang der siebziger Jahre in den Blickpunkt seines gezielten Interesses. Das mag mit seiner Tätigkeit als Theaterkritiker der »Vossischen Zeitung« in Zusammenhang gestanden haben. Heinrich von Kleist wurde damals – immerhin 60 Jahre nach seinem freiwilligen Tod – als Dramatiker »entdeckt«, und Fontane mußte sich mit ihm auseinandersetzen. Die Darstellung des Prinzen von Homburg entsprach nicht seiner Auffassung. Darf man aus einer historischen Figur – zu welchem moralischen Zweck auch immer – einen »eitlen, krankhaften und prätensiösen Waschlappen« machen? Diese Problematik beschäftigte Fontane so sehr, daß er im Herbst 1873 nach Neustadt fuhr in der Absicht, den Ort in die dritte Auflage der »Grafschaft Ruppin« einzufügen. Das Amt Neustadt gehörte von 1662 bis 1694 dem Prinzen von Hessen-Homburg, und diese Tatsache bot Gelegenheit, die historische Gestalt unabhänging von Kleist ins Auge zu fassen und vorzustellen.

»Prinz Friedrich von Hessen-Homburg... war... nicht *der*, als der er uns in dem H. von Kleistschen Schauspiel entgegentritt. Der H. von Kleistsche und der historische Prinz von Homburg verhalten sich zueinander wie der Goethesche und der historische Egmont. Sie waren in der Zeit, wo sie hervortraten, keine Liebhaber und keine Leichtfüße mehr, vielmehr ernste Leute von mittleren Jahren und reichem Kindersegen, überhaupt ebenso gute Ehemänner wie Patrioten.

Unser Prinz Friedrich ward am 30. Mai 1633 geboren. Er war der zweite Sohn des Landgrafen Friedrich von Hessen, des Stifters der homburgischen Linie. Er trat jung in schwedischen Dienst, war 1658 mit vor Kopenhagen und verlor bei dieser Belagerung ein Bein. Dasselbe wurde künstlich ersetzt, weshalb er seitdem der *›Prinz mit dem silbernen Bein‹* hieß. Neben Götz von Berlichingen wohl der einzige Fall einer derartigen Namensgebung.« Wer sich ein Bild von dem »echten« Prinzen machen möchte, muß ins Museum nach Wusterhausen/Dosse gehen, dort hängt sein lange Zeit verloren geglaubtes, ausdrucksstarkes Porträt.

1660 kam er an den Berliner Hof, erhielt ein Regiment in der Armee des Großen Kurfürsten und wurde 1670 zum General der Kavallerie erhoben. In dieser Eigenschaft nahm er auch an der berühmten Schlacht bei Fehrbellin teil.

Als er 1662 Neustadt übernahm, bestand es »aus sieben Bauernhöfen, einer Schmiede und einer Mühle, war also kleiner als das kleinste Dorf.« Er ließ als erstes die in viele Arme zerfließende Dosse regulieren, gewann dadurch Weideland, begann mit der Pferdezucht, ließ Raseneisenstein abbauen und eine Eisenhütte errichten, siedelte Papier-, Glas- und Spiegelmacher an und entwickelte das Amt Neustadt innerhalb weniger Jahre zu einem »Muster unter den Musterstücken.«

Dann fielen die Schweden ins Land ein, und es kam Juni 1675 zur Schlacht am Fehrbelliner Damm, wo der Prinz »auf vierundzwanzig Stunden in die vorderste Linie tritt. Am folgenden Tage... führte er die Avantgarde, hing sich mit dieser an die Schweden, brachte sie zum Stehen und wurde so die vorzüglichste Ursache zum Siege über dieselben.«

»Dem redlichen Landgrafen ist nicht eins gedankt von dem, das er bei Fehrbellin getan; also geht es in der Welt, die Pferde, die den Haber verdienen, bekommen am wenigsten«, schrieb Homburgs Schwägerin am 19. Oktober 1675 an den Grafen von Schwerin.

Ungleich übler erging es Homburgs Nachfolger im Amte Neustadt, Eberhard von Danckelmann. Einst Lehrer und Erzieher des Kurprinzen, später dessen Premierminister und Berater, machte er sich wegen seiner Redlichkeit und klugen Mäßigung bei dem vergnügungssüchtigen Herrscher und seiner Hofkamarilla unbeliebt, wurde seiner Ämter entsetzt, nach Neustadt abgeschoben, verschwand schließlich ohne Gerichtsurteil für viele Jahre hinter den Festungsmauern von Peitz.

Schwarzer Undank des Hauses Hohenzollern den Männern gegenüber, denen es eigentlich zu höchstem Dank verpflichtet gewesen wäre, – das war »ein weites Feld« und hätte wohl ein ganzes Buch zu füllen vermocht. Doch Fontane, der in seinen Briefen gern »am Rande des Hochverrats plauderte«, verzichtete in seinen Büchern darauf. Trübe Erfahrungen aus jungen Jahren geboten, solche Beispiele nur da und dort an eher unauffälligen Stellen einzuflechten.

Sehenswürdigkeiten

Der *Bahnhof*, von dem Fontane meinte, es wäre das einzige, was man gemeinhin von Neustadt kennt, ist wirklich bemerkenswert: Ein spätklassizistischer Bau von neun Achsen, mit zwei schwach vorgezogenen Risaliten und einer Reihe von Medaillon-Reliefs am Hauptgesims. Das beziehungsvollste zeigt ein zum Galopp ansetzendes Pferd mit einem Pfeil und einer Schlange, es ist das »Wappen« des berühmten Neustädter Hengstdepots.

Heute staut sich an der Schranke unmittelbar neben dem Bahnhof der zu jeder Tageszeit rege Straßenverkehr; Fontane mußte noch ein gut Stück zu Fuß zurücklegen, um in die eigentliche »Stadt« zu gelangen. »Unterwegs, von einer Brückenwölbung aus, erfreut uns der Blick über einen weiten Wiesengrund und die kanalartig regulierte Dosse. Fünf Minuten später haben wir die Stadt erreicht, eine einzige Straße, darauf rechtwinklig eine andere mündet. Da, wo beide sich berühren, erweitern sie sich und bilden einen Marktplatz, an dem die ›Amtsfreiheit‹ und die Kirche gelegen sind. Am äußersten Ende der Längsstraße das *Gestüt.*«

Erstaunlicherweise verzichtete er auf einen Besuch »dieser berühmten Vorbereitungsstätte für unsere Kavalleriesiege«. Heutige Besucher reisen hauptsächlich diesen Gestüts wegen nach Neustadt. Die weiträumige, rechteckige Anlage, ausgangs des 18. Jahrhunderts erbaut, strahlt in ihrer architektonischen Geschlossenheit Harmonie und Ruhe aus. Auf den angrenzenden Koppeln tummeln sich Stuten mit ihren Fohlen; Jährlinge jagen in übermütigem Galopp mit wehenden Mähnen, ein Bild kraftvoller Schönheit.

Einen ähnlich oasenhaft friedlichen Eindruck macht das zur gleichen Zeit errichtete *Hengstdepot* Lindenau. Das langgestreckte Hauptgebäude mit neunundzwanzig Fenstern Front bildet mit den ausgedehnten Stallungen ein stattliches Geviert.

Zu den »Neustädter Pferdetagen« strömen alljährlich im September Zehntausende herbei, um sich an der bunt-bewegten Pracht der Hengst-Paraden und Dressuren zu erfreuen. Die wenigsten wissen, daß an der Wiege der Neustädter Pferdezucht der Prinz von Homburg stand.

Auf dem triangelförmigen Marktplatz erhebt sich die *Kirche* mit dem seltenen Grundriß eines griechischen Kreuzes (also mit vier gleich langen Armen) und einem Kuppeldach mit bekrönendem Turm. »Sie gibt sich sauber von außen und innen, womit so ziemlich erschöpft ist, was sich zu ihrem Lobe sagen läßt. ... Im östlichen Kreuzstück der Altar, im nördlichen die Kanzel und beiden gegenüber die zwei Emporen, in die sich, wenn ich recht berichtet bin, die Honoratioren der Stadt und die Beamten des *Gestüts* gewissenhaft teilen.«

Fontane nannte die Kirche »langweilig«, dabei hat er sie nie betreten, vielmehr seine in Neuruppin lebende Schwester Elise gebeten, sich für ihn umzusehen.

»Gib mir dann eine kurze Beschreibung, die sich aber nur auf Bilder, Grabdenkmäler oder historische Erinnerungsstücke zu beziehen braucht... Ist nichts da, so schreibe sonst ein paar Worte auf, die doch ein bißchen nach Augenschein aussehen und laß mir dieselben von Ruppin aus zugehen« (in einem Brief vom 12.10. 1873). Elise erledigte diesen Auftrag wie immer »prompt und zuverlässig«. Als bedeutsam erkannte sie richtig eine Inschrift unterhalb des Chores, darin von einer Feuersbrunst berichtet wird, die 1666 »Schloß, Kirche und Stadt allhier verzehrt«. Danach hat der Prinz von Hessen-Homburg »Anno 1673 diese neue Kirche zu bauen angefangen. Anno 1686 ist abermal der neuste Teil der Stadt in Feuer aufgegangen«, erst unter von Danckelmann als Amtshauptmann ist der Bau dann 1696 zu Ende gebracht worden.

Ihr eigenartiger Grundriß schafft ein besonderes Raumgefühl. Sie wirkt auf uns Heutige fast weltlich-bürgerlich. 1966/67 ist die Kirche – und auch die Inschrift – restauriert worden. Nun ist sie wieder »sauber außen und innen«, aber durchaus nicht »langweilig«.

(Zitate, soweit nicht anders vermerkt, aus »Wanderungen« I, Kapitel »Neustadt a. D.«.)

Ausflug nach Neustadt, Ortsteil Kampehl

»Für die Wanderungen nicht geeignet«, schrieb Fontane in sein Notizbuch, das er immer bei sich zu tragen pflegte, als er im August 1860 den Gruftanbau der Dorfkirche mit dem mumifizierten Ritter Kalbutz verließ. Das ist verwunderlich, denn er hatte doch sonst ein Faible für authentische Gruselgeschichten.

Kalbutz (1651–1702) mißbrauchte das Jus primae noctis schmählich und zeugte neben elf ehelichen noch dreißig außereheliche Kinder. Im Juli 1690 begehrte er die Braut eines Schäfers, die sich ihm verweigerte. Bei nächster Gelegenheit erschlug er den Schäfer an der Schwenzebrücke. Vor Gericht schwor er den Reinigungseid, und weil er ein Ritter war, genügte das, um ihn freizusprechen. Er hatte dem Schwur hinzugefügt, Gott möge ihn, falls er schuldig wäre, strafen und ihn im Tode nicht verwesen lassen. Zwölf Jahre später starb er und bald darauf auch alle Kinder seines Namens. Als die Nachfolger bei der Kirchenrenovierung die Särge öffneten, war der wüste Ritter als einziger unverwest.

Der Küster hatte noch allerlei von makabrem Schabernack berichtet, den durchziehende Handwerksburschen und französische Soldaten mit der Mumie getrieben hätten, und – welch Wunder! – alle waren kurz danach eines mysteriösen Todes gestorben. Vielleicht hielt Fontane diesen Teil der Kalbutzgruselgeschichte für zu degoutant, um sie weiter zu kolportieren; er strich die Aufzeichnungen in seinem Oktavheft entschieden durch.

Ein Jahr später entdeckte er bei seinem Besuch in Buch, einem Dorf zwei Meilen nördlich von Berlin, eine Gruft mit einundzwanzig mumifizierten Leichnamen. Einer glich »einem mit einer elastischen Ledermasse überzogenen Skelett« und erinnerte ihn an den Ritter in Kampehl. Auch hier waren 1806 französische Soldaten eingedrungen, hatten voll Übermut einen Mumienkörper nach oben geschleppt und allerlei frivole Spiele angestellt. Das gleiche also wie in Kampehl.

Fontane suchte seine Aufzeichnungen aus dem Jahr zuvor heraus und fügte dem Buch-Kapitel eine umfangreiche Fußnote über den Ritter Kalbutz an.

Und so kommt es, daß man ihn nicht da findet, wo man ihn eigentlich vermuten sollte, im ersten Band der »Wanderungen« durch die Grafschaft Ruppin, sondern im vierten Band »Spreeland«, zu dem das Kapitel »Buch« gehört.

Sehenswertes

Das *Herrenhaus* des Ritters Kalbutz ist noch vorhanden, und wo die Landstraße von Neustadt über Kampehl vor Wusterhausen auf die Hamburger Chaussee stößt, befindet sich auch noch die *Brücke über die Schwenze*, an der der Schäfer erschlagen wurde. Kalbutz aber ruht unverändert im niedrigen Gruftanbau der Dorfkirche und sorgt dafür, daß alljährlich Tausende kommen, um ihr Gruselbedürfnis zu befriedigen. Die Ursache seiner Mumifizierung hat, trotz vieler Versuche, bis heute noch niemand herausgefunden.

Ausflug nach Wusterhausen/Dosse

Auf dem Wege von Neustadt/Dosse zu den Rohrschen Gütern verbrachte Fontane eine Nacht in Wusterhausen. Das damals schon altersschwache Hotel »Schwarzer Adler« stand am »platzartigen Mittelpunkte« der Stadt. Es ist längst abgerissen. Bevor er sich am Vormittag des 17. September 1873 nach Trieplatz kutschieren ließ, sah er sich die einzigen steinernen Zeugen der Geschichte an, die verheerende Stadtbrände übriggelassen hatten: *Kirche* und *Heilig-Geist-Hospital* am Wildberger Tor. Er zeichnete ein genaues Bild des mittelalterlichen Beguinenhauses: gotischer Backsteingiebel mit Glockennische und Storchennest, klösterlich anmutender Hof und Stephans-Kapelle. Hier lebten die Ärmsten der Armen, die, alt und gebrechlich, eines kärglichen Gnadenbrotes teilhaftig wurden. »Der kaum zwanzig Schritt im Quadrat habende Hof war in zwei Teile geteilt, von denen der eine ein Blumengarten, der andre ein Dunghaufen war... Oben im Nest, am Giebelfelde der Kapelle, begann der Storch zu klappern – ein sonderbarer Genosse *hier*.« Fontane skizzierte dieses Interieur. Als er wieder aufblickte, starrten ihn aus allen Fenstern so stumpfe, ausgemergelte und ausdruckslose Gesichter an, daß es ihn graute. »Und mit verlegener Herzlichkeit grüßend, wie man's tut, wenn man sich fürchtet, empfahl ich mich und floh die Straße hinab und vor das Wildberger Tor hinaus.«

Die Kapelle aus dem 15. Jahrhundert ist noch erhalten, doch der backsteingotische Giebel mit dem Storchennest ist eine Nachahmung des ursprünglichen und stammt aus dem Jahre 1900.

Noch immer verbringen hier alte Prignitzer und Ruppiner ihren Lebensabend, und auch die Störche sind dem Backsteingiebel treu geblieben.

Die Kirche beeindruckte Fontane ob ihrer wuchtigen Größe. Ihre Glanzzeit war längst vorbei: »Statt an zwölf Altären... wird nur noch an einem gebetet, die Holzskulpturen sind zerstört, die Grabsteine zu Türschwellen geworden; der hohe Turm ist niedergebrannt, und eine einfache Ziegelkappe wächst nur wenig über das Kirchendach hinaus. Aber wie kümmerlich diese Rudera sein mögen, sie sind ausreichend, uns erkennen oder ahnen zu lassen, was hier einstens war. ... Die Kirche Sankt Petri und Pauli ist ein gotischer Bau aus dem Jahre 1474.... Sehr wahrscheinlich, daß lange vor 1474 ein romanischer oder frühgotischer Bau an ebendieser Stelle stand.«

Fontane hatte richtig vermutet. Hundert Jahre später, von 1967 bis 1972, wurde die Kirche restauriert; dabei kamen die Granitquader einer romanischen Basilika zum Vorschein und, unter mehrschichtiger Tünche, verborgene Darstellungen heidnischen Abwehrzaubers, – eine Seltenheit in dieser Gegend. Besonders eindrucksvoll sind die von Fontane beschriebenen Leidensstationen Christi in einundzwanzig Tafelbildern an der Nordempore, »Lucas Cranachsche Schule, der wir ja überall in den Marken begegnen.«

Ein anschauliches Bild vom Wusterhausen der Fontanezeit erhält man im *Heimatmuseum*. Es befindet sich in einem der rekonstruierten Fachwerkhäuser in der Ortsmitte. Neben frühgeschichtlichen Funden und volkskundlichen Raritäten gibt es zahlreiche Stiche, Gemälde und vergilbte Photographien aus dem späten 19. Jahrhundert.

(Zitate aus: »Wanderungen« I, Kapitel »Wusterhausen a. D.«.)

Ausflug über Wusterhausen nach Ganzer

Ganzer liegt nicht wie die übrigen alten Besitzungen der Rohrs »an Rhin und Dosse«, sondern auf dem Ruppinschen Plateau. Es gehörte ihnen nur zur Hälfte; die andere Hälfte besaß seit dem frühen 16. Jahrhundert die Familie Wahlen-Jürgaß, die mehrfach mit den Zieten-Wustraus verwandt war. (Sowohl die Mutter als auch die erste Frau des berühmten friderizianischen Reitergenerals stammten aus dem Hause Jürgaß-Ganzer; deren Tochter heiratete wieder einen Jürgaß und deren Sohn wieder eine Zieten, so »daß die Verwandtschaft oft fünf- und sechsfach und in ihren verschiedenen Graden gar nicht mehr zu verfolgen war.« Diese Beziehungen waren es, die Fontane im Sommer 1861 – noch vor der Erstausgabe seiner »Wanderungen« – nach Ganzer führten. Zunächst beeindruckte ihn der Charakter des zweigeteilten Dorfes: »Wir halten vor dem Dorfeingang und schwanken, ob wir unser Fuhrwerk nach links oder rechts hin lenken sollen, denn scharf einander gegenüber erblicken wir zwei Krugwirtschaften, jede mit dem üblichen Vorbau, jede mit einer Anzahl Stehkrippen und jede mit einem Wirt in der Tür. Wir entscheiden uns endlich für links und sind infolge dieser Wahl, ohne Wissen und Wollen, auf der *Rohrschen* Seite gelandet.«

Fontane versuchte, von dem Wirt etwas über die Jürgaß zu erfahren, bekam aber nicht mehr heraus, als daß von den letzten beiden Herren – zwei Brüder, die 1833 das Zeitliche gesegnet hatten – »de een en beten streng wör« und »dat de anner et ümmer wedder goodmoaken un 'n Daler gewen deih … awers … ümmer so, dat de Broder nix merken künn.«

Das Rohrsche Haus ließ er »links vom Wege liegen«, und doch wäre das Kapitel ohne Hinzutun eines Fräulein von Rohr nicht so lebendig zustande gekommen. Das bezeugen zwei Briefe Fontanes vom 11.8. und vom 2.9. 1861: »Ich war also in Ganzer. Das Dorf reizend und mir durch die noch in allem sichtbare Zweiteilung… doppelt interessant. Links die Rohr- und rechts die Jürgaß-Seite. Zwei Krüge, zwei Herrenhäuser, zwei Grabgewölbe etc. Das gußeiserne Denkmal ist sehr stattlich und in gutem Geschmack ausgeführt... Ich würde mich freun, wenn ich *recht, recht* bald von Ihnen... erfahren könnte, wer das Denkmal hat errichten lassen; die Hauptfigur bleibt natürlich Frau von Jürgaß geborene von Zieten und meine Bitte an Sie geht dahin, daß Sie mir noch in einem Briefchen nach Möglichkeit von dieser Dame erzählen. Ich weiß, daß sie klein, häßlich, klug und liebenswürdig war... aber gern erführ ich noch einzelne frappante Züge, die doch ein leidliches Charakterbild geben können...« Mathilde von Rohr muß diese und ein halb Dutzend weiterer Fragen – z.B. nach der Korrektheit der plattdeutschen Sätze über den goden un den strengen Broder – zur Zufriedenheit beantwortet haben, allerdings mit dem Zusatz, »keinesfalls als Informantin genannt zu werden«. Fontane erfand daher als Quelle »eine blasse, leidvolle Tante«, die in allen Stücken das Gegenteil von Fräulein Mathilde darstellte; so, meinte er, »kann kein Mensch erraten, daß es von Ihnen stammt, – es sind ja außerdem auch die liebevollsten Urteile«.

Fontane verbarg nicht seinen Respekt vor der kleinen, häßlichen Frau (»denn sie war eine Zieten und die Zietens sind immer häßlich gewesen«), die ihr Leben als »ein verwöhntes und jeder häuslichen Sorge völlig überhobenes *Hoffräulein*« aufgab, um den jüngeren, schwärmerisch geliebten Karl von Jürgaß zu ehelichen und sich »unbefangen in die Lehre einer tüchtigen Haushälterin zu geben, um nun, gleichsam von der *Pike* an, bis zur Hausfrau hinaufzudienen«, und die auch in einer wenig hoffähigen Umgebung doch immer Dame blieb. »... und kein Feldherr hat wohl je seinen Kommandostab sicherer geführt als diese echte Soldatentochter. Bald war ihr Haushalt als der *Muster*haushalt der Gegend bekannt, und alle jungen Frauen auf den Rittergütern erholten sich Rat bei ihrer unbestrittenen Autorität.«

Fontane kam vermutlich von Neuruppin aus nach Ganzer. Von Wusterhausen aus entgegengesetzter Richtung kommend, muß man also das Beschriebene seitenverkehrt sehen. Ganzer heute läßt von der früheren Zweiteilung nichts mehr erkennen. Das altersschwache Jürgaßsche

Herrenhaus fiel der Zeit zum Opfer, ebenso verschwanden die alten Ulmen und Linden längs der Dorfstraße. Die Krugwirtschaft auf der »Jürgaßschen Seite« existiert noch, und unschwer zu erkennen schimmern noch »die weißen Wände des alten Rohrschen Herrenhauses (eines weitschichtigen Fachwerkbaus mit schwerfälligen Flügeln und Doppeldach), das halb gemütlich, halb spukhaft dreinblickt, je nach der Stimmung, in der man sich ihm nähert«.

Die Grabstätten beider Familien sind eingeebnet, das Epitaph derer von Rohr befindet sich in der Kirche zu Wusterhausen. Von der alten Feldsteinkirche ragen nur noch die Außenwände, die Glocken wurden im Ersten Weltkrieg eingeschmolzen. Für die 1925 neu gestifteten wurde ein freistehender, nach allen Seiten hin offener Glockenstuhl errichtet; davor ein monumentales Denkmal für die Familie von Wahlen-Jürgaß, das mit seinem durchbrochenen, gußeisernen Baldachin an das Schinkel-Denkmal für die Königin Luise in Gransee erinnert.

(Zitate aus »Wanderungen« I, Kapitel »Ganzer«.)

Ausflug nach Trieplatz

Durch das Wildberger Tor verließ Fontane am 17. September 1873 Wusterhausen, um sich *Trieplatz* zuzuwenden, das ihm aus den Erzählungen der Mathilde von Rohr vertraut war; sie hatte ihre Kindheit hier verbracht. Nicht nur, daß er ihr »durch ein möglichst gelungenes Rohren-Kapitel gern eine kleine Freude gemacht hätte«, – die Rohrs waren früher im Ruppinschen und in der Prignitz wirklich »die reichsten und angesehensten und haben auch vielleicht (wiewohl ihnen eine recht markante Figur in der vaterländischen Geschichte leider fehlt)... mehr tüchtige Männer, wenn auch nur von einer gewissen Durchschnittstüchtigkeit, hervorgebracht als die Zietens und Quasts«.

So hatte Fontane schon im August 1864 an seine »hochverehrte Gönnerin« geschrieben, und sie lieferte ihm allerlei Anekdoten und poetische Geschichtchen für das Familien-Kapitel. Doch dann mußte er die verschiedenen Kriegsschauplätze bereisen, und der Stoff ruhte für fast zehn Jahre. Erst 1873, als die völlig umgestaltete dritte Auflage der »Grafschaft Ruppin« ins Haus stand, ordnete er das angesammelte Hintergrundmaterial über die Rohrs und fuhr hin, um die Schauplätze mit eigenen Augen zu sehen. Es »erzählt sich dergleichen nur gut, wenn man die Lokalitäten kennt« (an Mathilde von Rohr, 3.10. 1873).

Die Trieplatzer Rohrs gehörten zu einem weit verzweigten Geschlecht, das zu Beginn des 14. Jahrhunderts – also hundert Jahre vor den Hohenzollern – in die Mark gekommen war. Sie führten ihren Stammbaum auf einen sagenhaft kinderreichen Vorfahren zurück, der um das Jahr 1100 mit seinen zweiunddreißig leiblichen Söhnen an den Hof Kaiser Heinrichs IV. gezogen war, um sich ihm zur Verfügung zu stellen. Dieser imposante Geleitzug wurde der Nachwelt in Öl gemalt überliefert. (Das Bild hing bis 1945 im Rohrschen Herrenhaus zu Meyenburg und befindet sich nun im Museum zu Pritzwalk.) Den Rohrs gehörte durch die Jahrhunderte im

Ruppinschen Leddin, Brunn, Trieplatz, Tramnitz und Ganzer, in der Prignitz Freyenstein, Holzhausen und Meyenburg. Doch was Fontane in Augenschein nehmen konnte, war nur noch ein Abglanz einstiger Größe.

»Im Näherkommen bemerken wir eine prächtige Linden- und Kastanienallee, deren Linien sich kreuzen und dann avenueartig auf den *alten* und *neuen* Hof des Gutes zuführen. Der alte Hof, jetzt eine bloße Meierei, war der Rittersitz des vorigen Jahrhunderts. Dort stand das Herrenhaus, ein einfacher Fachwerkbau…« Stallungen und Scheune waren und sind das Pompöseste unter den Gebäuden des Gutes. Doch auch das Fachwerkhaus, in dem Mathilde aufwuchs, steht – vielfach umgebaut – noch heute. Die Hauptrolle im Rohr-Kapitel weist Fontane Georg Moritz von Rohr zu. »Er war ein echter Rohr, einfach von Sitten, ein frommer Christ, dabei von jenem verqueren Zuge, der auch aus den schlichtesten Naturen *Originale* schafft. … Georg Moritz von R. kam zu hohen Jahren, und wenn er bald nach seiner Geburt die Kanonen von Landau (1713) gehört hatte, so kurz vor seinem Tode die Kanonen von Valmy. Achtzig Jahre lagen dazwischen und drei Kriege, die er selbst bestand.«

Er muß eine Art märkischer Ritter Blaubart gewesen sein und brachte es auf vier Frauen, so daß er »mit dem gesamten Adel der Nachbarschaft verschwägert war«. Die Verwandtschaft traf sich regelmäßig bei den Hochzeiten und Beerdigungen, wobei er jedesmal »Lobe den Herrn, meine Seele« singen ließ. Einen Tag nach dem obligaten Trauerjahr begab er sich dann erneut auf Brautschau, wobei er stets bei seinen Cousinen in Tornow begann. »Mit dem Älterwerden wuchsen auch seine Schrullenhaftigkeiten … Jeden Morgen stieg er mittelst einer Leiter in eine Pappelweide hinein, um in den Zweigen derselben seine Morgenandacht abzuhalten und sang, während sein weißes Haar im Winde flatterte mit klarer Stimme ›Wie schön leucht't mir der Morgenstern‹. Grotesk und rührend zugleich. Für die Dorfjugend aber herrschte das erstere vor, und ein paar Übermütige sägten den Ast an, mit dem der Alte dann auch zusammenbrach… Daß er gezürnt habe, wird nicht berichtet. Er stand bereits da, wo Leid und Lust nur noch traumhaft wirken…« Am 25. Oktober 1873 schrieb Fontane an Fräulein von Rohr: »Der Trieplatz-Aufsatz ist fertig… Eine Hauptschwierigkeit... war die Gestalt des ›Hauptmann von Kapernaum‹. Ich bin nun zwar *sehr* bemüht gewesen... alle seine schönen und liebenswürdigen Seiten herauszukehren, die bedenklichen als bloße ›Originalitäten‹ erscheinen zu lassen, all solch Bestreben kann aber nicht ganz hindern, daß der Hauptmann doch immer als eine halb-komische Figur erscheint... Ich konnte aus ihm keinen Helden und keinen Heiligen machen... Zum Schluß noch eine Frage: Würde es Ihrem Herrn Bruder unangenehm sein, das Trieplatz-Kapitel in der Vossin... abgedruckt zu sehn?... Ihr Herr Bruder, was ich natürlich zu würdigen weiß, gehört... zu den Strammen und könnte ein Rohr-Kapitel in einem fortschrittlichen Blatte unpassend finden...« Der Bruder und andere hochgestellte Familienmitglieder fanden es tatsächlich unpassend, und so mußte Fontane auf das Vorabdruckhonorar verzichten. »Auf Empfehlung« änderte er noch das eine oder andere, und so erschien es in den »Wanderungen«.

»Ob die Familie im Ganzen dadurch befriedigt wird, muß ich bezweifeln«, schrieb er am 26. März 1874 an Mathilde von Rohr, »denn immer aufs Neue mache ich die Erfahrung, daß Familien, mit Ausnahme der gütigen, nachsichtigen und verehrten Dame, an die ich diese Zeilen richte, nicht zufriedenzustellen sind. Ich glaube auch, daß... die Familien von ihrem Standpunkte aus ganz recht haben, weil ein Schriftsteller, der die Dinge lediglich als Stoff für seine Zwecke ansieht, auch bei größter Vorsicht und wirklichem Takt immer noch der Pietät entbehren wird, die im Herzen der Familienmitglieder lebt. Mitunter ist es freilich nicht mehr Pietät, sondern einfach eine Mischung von grenzenloser Dummheit mit ebenso grenzenloser Eitelkeit... Ich hab es aber nun so oft erlebt, daß es keinen Eindruck mehr auf mich macht.«

(Zitate, wenn nicht anders vermerkt, aus »Wanderungen« I, Kapitel »Trieplatz«.)

Ausflug nach Brunn

Man kann heute noch vom Gutshaus Trieplatz aus den Feldweg verfolgen, den die kleine Mathilde täglich nach Brunn zur Schule lief; bei freundlichem Wetter ein angenehmer Weg. Fontane fand »die ganze Gegend am Dosse Ufer hin, …, wie so viele Punkte in der Mark, witwenhaft traurig und mit keinem andern Reize ausgestattet als dem *einen*, den ihr ebendies *Witwenkleid* leiht. Wohl ist dies Kleid unter den Händen der Kultur, die hier und dort, wie eine heitere Enkelin, ein buntes Band eingeflochten hat, um seinen vollen Trauergehalt gekommen, aber das, was vorherrscht und nach wie vor *Charakter* gibt, ist doch immer noch das monotone Grau, das selbst der Ackerscholle nicht fehlt, die daliegt, als ob Asche über ihr frisches Braun ausgestreut worden wäre. Kein See, kein Weiher, kein Fluß; von Zeit zu Zeit eine Gruppe graugrüner Bäume, meist Pappeln und Weiden, die die Stelle andeuten, wo hinter Wipfeln ein Dorf vergraben liegt.«

Durch Melioration ist der Landschaft nun der Witwenschleier genommen, butterblumenübersäte Weiden atmen satte Zufriedenheit; nur wenn der Blick über weite Felder schweift, deren Horizonte graugrüne Pappelzeilen säumen, mag noch ein Gefühl sanfter Melancholie aufkommen.

Hinter grünen Wipfeln verborgen liegt Brunn. Das Herrenhaus war Ende des 18. Jahrhunderts bereits von den Rohrs in die Hände der Rombergs übergegangen. Es existiert nicht mehr.

Fontane hielt damals nur ein *Denkmal* für beschreibenswert: »Im Schloßpark… unter dunklen Tannen und fast am Rande eines stillen Weihers, erhebt sich ein schönes, von Drakes Hand herrührendes Monument, das dem Obersten von Romberg und seinem sechzehnjährigen Sohne errichtet wurde. Sandsteinstufen tragen einen Granitwürfel; auf diesem ruht ein halbkreisförmiger Marmor mit den Hauptrelieffiguren der Hingeschiedenen. Der dargestellte Moment ist der des *Wiedersehens*; beide reichen sich die Hand, und eine hohe Freude verklärt ihre Züge. Die Inschrift am Granitwürfel lautet:

Vater und Sohn
und
vom Romberg

Conrad	Anton
geboren zu Hamm den 25. April 1783. Als preußischer Oberst gestorben zu Groß-Kamin den 20. April 1833.	geboren zu Brunn den 23. Juni 1819. In seiner Blüte gestorben zu Dresden den 8. Mai 1835.«

Keine Zeile, warum der Knabe 1835 in der »Blüte« seiner Jahre starb. Das schöne Denkmal aus der Schinkel-Schule ist kürzlich restauriert worden. Es steht am Rande des leicht verwilderten Parkes; und wenn alljährlich Tausende zu dem Brunner Sommerfest hierherströmen, wirkt es wie eine hoheitsvolle, stille Mahnung.

(Zitate aus »Wanderungen« I, Kapitel »Trieplatz«, siehe Fußnote.)

Ausflug nach Tramnitz

Von Brunn nach Tramnitz führt eine schmale, uralte Eichen-Chaussee. Als Fontane hier entlangkutschierte, muß sie noch wie eine endlose grüne Wandelhalle gewirkt haben. Ein orkanartiger Herbststurm brachte hundert Jahre später fast jeden zweiten der Baumriesen zu Fall. Doch selbst in den Überresten ist die ländlich stille Allee noch schön.

»Dorf Tramnitz wirkt wie ein Kind des Bodens, auf dem es gewachsen. Es weckt ein Herbstgefühl.« Mächtige Eichen flankieren den grasbewachsenen Platz in der Mitte des Ortes, auf dem einst das Fachwerkhaus stand, in dem Wilhelmine von Rohr, eine Tante Mathildens, die Wirtschaft und den Anekdotenschatz der Familie verwaltete. Bei einer »wohlgefälligen Tasse Kaffee« erzählte sie Fontane von einem Rohrschen Unikum: Tante Fiekchen war um 1733 »eine hochbetagte Dame, die des Vorrechtes genoß, allen derb die Wahrheit sagen zu dürfen.« Sie schätzte Besuch. Einmal kam, inkognito, auch der Kronprinz Fritz mit den Offizieren seines Ruppiner Regiments nach Tramnitz. »... und da ihm ›Tante Fiekchens‹ Kaffee, der wenig Aroma, aber desto mehr Bodensatz hatte, nicht schmecken wollte, so goß er ihn heimlich aus dem Fenster. Aber Tante Fiekchen wäre nicht sie selber gewesen, wenn sie's nicht auf der Stelle hätte merken sollen. Sie schalt denn auch heftig und als sie schließlich hörte, wer eigentlich der Gescholtene sei, wurde sie nur noch empörter und rief: ›Ah, so. Na, denn um so schlimmer. Wer Land und Leute regieren will, darf keinen Kaffee aus dem Fenster gießen. *Sein Herr Vater wird wohl recht gehabt haben!*‹«

Dieser Satz muß den Kronprinzen, der seinen strengen Vater haßte, schlimmer als eine Ohrfeige getroffen haben. Dennoch durfte sie ihm auch fernerhin ungeniert Wahrheiten sagen, für die andere nach Spandau gekommen wären. Mit dem Tramnitz-Kapitel verlieh ihr Fontane gewissermaßen einen literarischen Pour le mérite für Zivilcourage.

Die Dorfkirche enttäuschte ihn. »Sie stammt aus der ›armen Zeit‹, will sagen aus den zwischen 1806 und 1815 liegenden Jahren... und gleicht einer Fachwerkscheune, der man ein halbes Dutzend Fenster gegeben hat.« Seine Neugier erregte eine hinter dem Altar aufbewahrte Fahne, »die von irgendeinem Tramnitzer Rohr entweder den Schweden bei Fehrbellin oder den Österreichern bei Hohenfriedberg abgenommen worden sei... eine richtige alte Fahne ist immer so, daß man nicht recht weiß, wo das Seidenzeug aufhört und das Spinnweb anfängt. Und als das Fahnentuch nun ausgebreitet vor mir lag, sah ich, daß es einfach das Rohrsche Wappen war, was darin prangte. So schwand die historische Glorie hin, die bis dahin dieses Banner umgeben hatte. Sehr wahrscheinlich war es eine Fest- oder Einzugs- oder Wappenfahne, die bei irgendeinem Carrouselreiten von irgendeinem jungen Rohr getragen worden war.«

Fontane nahm es als erneuten Beweis, daß sich um alle nicht gleich erklärbaren Gegenstände nur zu leicht Mythen weben lassen. »Ob die Dinge dabei lang oder kurz zurückliegen, ist gleichgültig. Die Sage verfährt in allen Stücken souverän; was sie aber am souveränsten behandelt, das ist die – Chronologie.« Der Wanderer, aber auch der spätere Romancier Fontane, griff immer wieder mit spürbarem Vergnügen diese »Mythen« auf, um sie hernach auf ihren historischen Gehalt hin zu sezieren.

Die »armselige Kirche« wurde von den Dorfbewohnern in den achtziger Jahren unseres Jahrhunderts in Fachwerk neu errichtet. Adrett steht sie als Schmuckstück inmitten des winzigen Dorfes. Von historischem Spinnweb keine Spur.

(Zitate aus »Wanderungen« I, Kapitel »Tramnitz«.)

Ausflug nach Tornow

Ein Abstecher von Trieplatz führt nach Tornow. Diesen Weg legte der unentwegte Hauptmann von Kapernaum wenigstens viermal auf Freiersfüßen zurück. Nach Ablauf des Trauerjahres hielt er stets zuerst um die Hand seiner drei Cousinen an: »Läufer vorauf und gekleidet in den Uniformrock, den er bei Prag getragen, fuhr er dann in Gala nach Tornow hinüber, ließ sich bei den Fräuleins melden und begann seine Werbung bei ›Jettchen‹, um sie bei ›Bettchen‹ zu beschließen. Immer mit demselben Erfolge, denn die Fräuleins waren längst gewillt, in dem stillen Hafen ihrer Jungfräulichkeit zu verharren und das sturmgepeitschte Meer der Ehe *nicht* zu befahren. So hatte denn diese regelmäßig wiederkehrende Szene nur noch eine *symbolische* Bedeutung und bezweckte nichts weiter, als den drei Fräuleins von Bruhn eine exzeptionelle Stellung vor allen Jungfrauen des Landes zu geben«.

Die Cousinen verfügten über ein stattliches Haus. Es gehört heute zu dem Nachbarort Sechzehneichen und wird restauriert. Auf dem Vorplatz der neogotischen Backsteinkirche, umrahmt von Schierling und wilden Rosen, findet man noch die Grabdenkmäler der umworbenen Fräulein: Säule, Obelisk und Putto. Niemand wüßte mehr von ihnen, gäbe es nicht dieses liebenswürdig-ironische Kapitel in den »Wanderungen«.

(Zitate aus »Wanderungen« I, Kapitel »Trieplatz«.)

Oranienburg

»... wir halten auf einem großstädtisch angelegten Platz, über dem sich eben der prächtigste Regenbogen wölbt. Das ist der Schloßplatz von Oranienburg. Das Wetter klärt sich auf; die Sonne ist da. ... Die Luft ist warm und weich und ladet uns ein, unsern Nachmittagskaffee im Freien zu nehmen. Da sitzen wir denn... und freuen uns der Stille und der balsamischen Luft, die uns umgeben.«

Fontane beschreibt hier die Erlebnisse eines Ausflugs, den er am 25. Mai 1861 in Begleitung seines Verlegers Wilhelm Hertz und des Berliner Verlagsbuchhändlers Adolf Enslin unternommen hatte. Der Plauderton erweckt den Anschein des Zufälligen und des Mühelosen, in Wahrheit hatte sich der Autor schon Wochen vorher intensiv mit Ballhorns »Geschichte der Stadt Oranienburg« befaßt und darüber hinaus einschlägige Memoiren, Biographien, Briefe und Tagebücher gelesen. Im Juni/Juli 1861 arbeitete er das Kapitel aus, im Spätsommer erschien es als Vorabdruck in der Zeitschrift »Unser Vaterland«, bald darauf in der Erstausgabe der »Wanderungen«.

1880 übernahm er es in die zweite Auflage des Bandes »Havelland«. Er selbst rechnete es zu den Arbeiten, »die absolut Neues bringen und in ihrem Kern weit über das blos Unterhaltliche hinausgehend, unsre Specialgeschichte in der That bereichern. Diese Arbeiten sind das Beste, was über die betreffenden Dinge und Personen existiert, weil eben nichts existiert als das, was ich darüber gesagt habe« (an Wilhelm Hertz, 24. 11. 1861).

Das Oranienburg-Kapitel kann als Musterbeispiel für die in den »Wanderungen« angewandte Methodik gelten: Ausgehend von der kleinen, kaffeetrinkenden Gesellschaft – eine Situation, in die sich jeder Leser leicht hineinversetzen kann –, leitet er unversehens auf die nächste Umgebung und von dort auf die Historie des Ortes über. »Zu unserer Linken, ziemlich in der Mitte des Platzes, ragt die Statue der hohen Frau auf, die dieser Stadt den Namen und... ein Ansehen in der Geschichte unseres Landes gab.«

Und nun ist er beim »Eigentlichen«, bei der in Erz gegossenen Luise Henriette von Oranien, der Gemahlin des Großen Kurfürsten. Im Sommer 1650 begleitete sie ihn auf einem Jagdausflug. Sie fühlte »beim Anblick der lachenden Wiesen, die den Lauf der Havel einfaßten, sich lebhaft in die fruchtbaren Niederungen ihrer holländischen Heimat zurückversetzt... Der Kurfürst, dessen Herz voller Liebe und Verehrung gegen die schöne, an Gaben des Geistes und Gemütes gleich ausgezeichnete Frau war... schenkte ihr das ›Amt Bötzow mit allen dazu gehörigen Dörfern und Mühlen, Triften und Weiden, Seen und Teichen‹.« Auch ein bescheidenes Jagdhaus war mit inbegriffen. Alles in allem kein Paradies, sondern eine Aufgabe. Die Oranierin rief Kolonisten in das vom Dreißigjährigen Krieg ausgezehrte Land, ließ Vorwerke anlegen und eine Musterwirtschaft nach holländischem Vorbild mit Meierei, Gärtnerei, Baumschule und Blumenzucht; »aber die Hauptaufmerksamkeit der hohen Frau war doch dem Schloßbau, der Gründung eines Waisenhauses und der Aufführung einer Kirche zugewendet.« Von zahlreichen aufeinanderfolgenden Schwangerschaften geschwächt, starb Luise Henriette allzu früh – 1667 –, und Oranienburg geriet wieder ins Abseits. Erst als sich ihr einzig am Leben gebliebener Sohn Friedrich 1688 den Kurfürstenhut und später die Königskrone aufsetzte, ließ er Oranienburg zu einem Prachtschloß ausbauen, wie es kein zweites in der Mark gab. Und kaum eines erlebte eine so wechselvolle Geschichte:

Der Soldatenkönig verfügte 1713, gleich nach seinem Amtsantritt, den Abriß aller Wasserspiele und den Verkauf aller Kostbarkeiten. Sein Nachfolger, Friedrich II., schenkte 1743 das ausgeweidete Gebäude dem Lieblingsbruder August Wilhelm; der mußte dafür mit ihm in alle drei Schlesischen Kriege ziehen. Als 1757 die Schlacht bei Kolin verloren und Preußen gezwungen war, das eroberte Böhmen an Österreich zurückzugeben, suchte der König einen Sündenbock: August Wilhelm fiel in Ungnade und starb wenige Monate darauf in Oranienburg »vor Gram über nichtsnutzig schlechte Behandlung«, so Fontane an Frau Emilie am 20. 3. 1880. Friedrich Wilhelm III. veräußerte das inzwischen verwahrloste Schloß 1802 für 12000 Taler. Es wurde zunächst eine Kattun-, später eine Schwefelsäurefabrik. »Die Schwefeldämpfe ätzten und beizten den Rest der alten Herrlichkeit hinweg.«

Indem er eine Kette von Geschichten um dieses Schloß rankte, Geschichten von Geltungsdrang, Kränkung und Tod, Poesie und Barbarei, gelang es dem Autor, in vierzehn Druckseiten fünf Hohenzollerngenerationen und die Folgen der aufkommenden Industrialisierung darzustellen. Am Schluß des Kapitels kehrt er zu den drei Herren auf der Kaffeeterrasse zurück. Die Sonne geht unter, sie »blicken durch die Umrahmung der Bäume in das Bild abendlichen Friedens hinein. Musikanten ziehen... vorüber...« In der Vorstadt wird ein Schauspiel gegeben: »Das Testament des Großen Kurfürsten«, eben ein »Vorstadt-Drama« aus der Feder des Gans Edlen Herrn zu Putlitz. Fontane hatte 1884 das zweifelhafte Vergnügen, dies Stück als Theaterkritiker rezensieren zu müssen. Etwas doppeldeutig schließt er: »Wir... ziehen es vor, in Bilder und Träume gewiegt, auf ›Schloß Oranienburg‹ zu blicken, eine jener *wirklichen* Schaubühnen, auf der die Gestalten jenes Stücks mit ihrem Haß und ihrer Liebe heimisch waren.«

Sehenswürdigkeiten

Über den *Schloßplatz* führt heute die stark frequentierte Fernverkehrsstraße 96, so daß man »Stille und balsamische Luft« kaum noch genießen kann. Anstelle des Gasthauses, das zugleich Rathaus war, erhebt sich ein nüchterner Verwaltungsklotz aus Beton. Diesen im Rücken, bietet sich aber noch immer ein Bild ähnlich dem, das Fontane beschrieb.

Schweift der Blick linker Hand die Breite Straße hinunter, so trifft er am Ende auf das älteste holländische Backsteinhaus auf märkischem Boden, das von Luise Henriette 1665 gegründete *Waisenhaus* (Havelstraße 29).

Geradeaus, jenseits des Schloßplatzes, erhebt sich seit 1858 »das überlebensgroße *Erzbildnis* der frommen Frau, die beide, Schloß wie Stadt, mit ihrem Namen... verwob«. Wilhelm Wolff schuf dieses freundliche Denkmal, »ein geborner Fehrbelliner und halb Nachbarskind von Oranienburg, unterzog sich der ihm gewordenen Aufgabe mit Liebe und Geschick« (»Wanderungen« I, Erstausgabe). Es wurde 1953/54 restauriert.

»Dahinter, zwischen den Stäben eines Gittertors, schimmern die Bäume des *Parks* hervor«. Er geht auf Entwürfe des Hofgartenarchitekten Ferdinand Jühlke, Nachfolger von P.J. Lenné, zurück. Von gewesener Pracht zeugt noch das – wiederhergestellte – schmiedeeiserne *Parktor* mit der Kurfürstenkrone. Barocken Schilderhäusern gleich stehen rechts und links zwei mächtige Pfeiler, auf deren kräftigem Gebälk zwei weibliche Sandsteinfiguren ruhen; sie symbolisieren Sommer und Herbst.

Das *Schloß* war ursprünglich eine mittelalterliche Wasserburg, im 16. Jahrhundert Jagdschloß, 1651/52 entstand ein frühbarocker Neubau unter den Baumeistern Memhardt und Smidts; von 1688 bis 1709 prächtig erweitert, ab 1802 zur Kattun-, dann Schwefelsäurefabrik degradiert. Fontane hatte es in Kindheitstagen auf seiner Fahrt von Neuruppin nach Berlin noch »grau und verkommen« gesehn. 1861 wurde ein Schullehrerseminar darin eingerichtet. Der »Wanderer« konstatierte es aufatmend: »Nun ist das alte Schloß der Kolben und Retorten wieder los und ledig, und frisch und neu, beinahe sonntäglich, blickt es drein. Aber es ist das moderne Allerweltskleid, das es trägt; die Borten und Kanten sind abgetrennt und der Königsmantel ist ein Bürgerrock geworden.«

Nach den Lehramtskandidaten zogen Gendarmen ein und blieben bis 1945. Im Krieg wurde das Schloß schwer beschädigt. Die nachfolgenden Hausherren, wieder Uniformträger, ließen jedoch das Gemäuer 1948 bis 1960 unter Aufsicht der Denkmalpflege restaurieren. An den prunkliebenden Friedrich I. erinnert nur noch die vergoldete Stuckdecke im Porzellankabinett und ein Deckengemälde von Augustin Terwesten aus dem Jahre 1697.

Außen, am Mittelbau, zwischen dem zweiten und dem risalitartig hervortretenden, volutengerahmten und mit Statuen geschmückten Attikageschoß, prangt auch wieder die lateinische *Inschrift*, die in deutscher Übersetzung lautet: »Dies von der besten Mutter, der Prinzessin von Oranien, Luise, gebaute und durch den Namen ihres Geschlechts ausgezeichnete Schloß hat der Kurfürst Friedrich III. zum Gedächtnis der frömmsten Mutter erweitert und geschmückt im Jahre 1690.« – Wer Fontanes Kapitel gelesen hat, weiß um den Hintersinn dieser Inschrift: Es sollte ein Affront sein gegen Dorothea von Holstein, der zweiten Frau des Großen Kurfürsten. Friedrich lebte zwanzig Jahre lang in panischer Angst, er fürchtete, sie wollte ihn vergiften, um ihren leiblichen Kindern die Herrschaft zu sichern.

Auskunft über die Geschichte von Schloß und Stadt erhält der Besucher in anschaulicher Weise im ehemaligen Amtshauptmannhaus jenseits des Schloßplatzes, Breite Straße 1. Dieser stattliche, zweigeschossige Putzbau – 1657 errichtet und 1700 erweitert – dient heute als *Museum*. Der kleine ovale Festsaal, schöne Stuckdecken und Treppen, Zinnfiguren-Dioramen und Teile der kostbaren Porzellansammlung erinnern an die Hoch-Zeiten der frühen Schloßbesitzer.

Die Stadt selbst hat schwere Kriegsschäden hinnehmen müssen; durch den Neuaufbau und die Ansiedlung verschiedener Industrieanlagen wurde sie im Charakter stark verändert; was aber wiedererstand, ist das von Fontane beschriebene Panorama.

(Zitate, soweit nicht anders vermerkt, aus »Wanderungen« III, Kapitel »Oranienburg«.)

Potsdam

»Potsdam, mehr als irgend ein andrer Punkt, ist die Geburtsstätte des preußischen Staates und unterscheidet sich schon dadurch erheblich von Berlin... Alle Hohenzollern haben an Potsdam gebaut und jeder hat ein etwas zurückgelassen, das besonders charakteristisch für ihn oder für seine Zeit ist, unter diesen Charakterstücken möchten wir eine Auswahl treffen.«

Diese Zeilen stammen aus dem Entwurf eines Potsdam-Kapitels, das ungeschrieben blieb. Erst im Oktober 1989 tauchte es bei einer Autographenauktion in Marburg unter der Nummer 645 im Stargardt-Katalog wieder auf. Zwei Folio-Seiten wurden hier zum Schätzpreis von 5000 DM angeboten. (Fontane hatte, nebenbei bemerkt, für die vierte Auflage des »Havellandes« – 1500 Exemplare – ein Honorar von 1200 Mark erhalten!)

Wir wissen nicht genau, wann sich Fontane mit dem Gedanken eines Potsdam-Kapitels trug, die Wanderungen durchs Havelland erstreckten sich immerhin – mit großen Unterbrechungen – über zwanzig Jahre; er arbeitete sich dabei bis in die unmittelbare Umgebung der Residenzstadt vor – Pfaueninsel, Fahrland, Sacrow, Bornstedt –, um dann mit einem gewaltigen Sprung am Schwielowsee fortzufahren.

Warum wohl ließ er Potsdam aus? Wir können nur vermuten, es gibt vielerlei Gründe: Erstens erlebte gerade in den siebziger, achtziger Jahren die dem Fremdenverkehr förderliche Literatur einen ungeheuren Aufschwung, es gab eine Fülle von Beschreibungen der Schlösser und Gärten; deshalb Fontanes Bedenken: »... von welcher Seite her man auch vorgehn mag, landschaftlich, architektonisch, historisch, es bietet dem Auge nichts Neues mehr« (ebenda).

Zweitens wäre es ihm wohl unmöglich gewesen, sich auf die architektonischen Charakterstücke zu beschränken, ohne von dem Charakter ihrer königlich-kaiserlichen Auftraggeber zu sprechen; und da hätte er bei einigen Herrscherpersönlichkeiten entweder contre cœur oder sich um Kopf und Kragen schreiben müssen. Beides widerstrebte ihm. So entschied er sich fürs Weglassen.

Drittens, die einfachste Erklärung: Das Potsdam-Kapitel hätte nicht nur in seiner Gewichtigkeit, sondern auch im Umfang die Proportionen der »Wanderungen«-Bände gesprengt.

Überdies hatte er sich – viertens – vorgenommen, in den »Wanderungen« »ohne jegliche Prätention von Forschung und Gelehrsamkeit... meinen Landsleuten zu zeigen, daß es in ihrer nächsten Nähe auch nicht übel sei und daß es in der Mark Brandenburg auch historische Städte, alte Schlösser, schöne Seen, landschaftliche Eigentümlichkeiten und Schritt für Schritt tüchtige Kerle gäbe« (an Wilhelm Hertz, 24. 11. 1861). Er wollte nachweisen, daß nicht nur eine Residenzstadt, sondern »jede Quadratmeile märkischen Sandes... ihre Geschichte« hat. Er suchte und fand die Poesie in der von vielen verächtlich belächelten märkischen Streusandbüchse, die er »liebevoll schilderte, aber nirgends glorifizierte«.

Potsdam paßte da letzten Endes nicht hinein. Potsdam war etwas Eigenes, etwas, das ihm in vielerlei Hinsicht widerstrebte. Er hat das einmal an einer versteckten Stelle formuliert, wo man es kaum vermutet: im letzten Kapitel des Buches »Aus den Tagen der Okkupation. Eine Osterreise durch Nordfrankreich und Elsaß-Lothringen 1871«. Dort heißt es: »Das Wesen dieser Potsdamme – wobei ich Potsdam als alten überkommenen Begriff, nicht als etwas tatsächlich noch Vorhandenes fasse – das Wesen dieser Potsdamme, sag ich, besteht in einer unheilvollen Verquickung oder auch Nicht-Verquickung von Absolutismus, Militarismus und Spießbürgertum. Ein Zug von Unfreiheit, von Gemachtem und Geschraubtem, namentlich auch von künstlich *Hinaufgeschraubtem*, geht durch das Ganze und bedrückt jede Seele, die mehr das Bedürfnis hat, frei aufzuatmen, als Front zu machen. Ja, dies ist das Eigentlichste! Ein gewisses Drängen herrscht in diesen der Louis XIV.-Zeit entsprungenen Städten vor, in die erste Reihe zu kommen, gesehen, vielleicht gegrüßt zu werden, Vornehm und Geringe nehmen gleichmäßig daran teil und bringen sich dadurch, während der Hochmut wächst, mit um das Beste was der

Mensch hat: das Gefühl seiner selbst. Es kann keinen wärmeren Lobsprecher des richtig aufgefaßten ›Ich dien‹ geben als mich; es ist ein Charakterzug, gehorchen zu können, und ein *Herzensvorzug*, loyal zu sein, aber man muß zu dienen und zu gehorchen wissen in Freiheit.«

Er wußte, wovon er sprach, denn er kannte Potsdam gut, so gut, daß er darauf verzichtete, im Stile der »Wanderungen«, das heißt konkret mit Namen und Adresse zu schreiben. Lediglich in zwei Romanen erscheint die Residenz, aber auch hier nur am Rande:

In »Vor dem Sturm« unternehmen die Freunde von Lewin und Renate von Vitzewitz eine Schlittenfahrt von Berlin nach Lehnin. Es ist Januar 1813. Yorck hat die Konvention von Tauroggen unterzeichnet, alle warten mit Ungeduld, daß der König sein Volk zum Befreiungskampf aufruft. Doch in Potsdam herrscht Stille. Der unentschlossene König hüllt sich in Schweigen.

Fontane läßt den Pferdeschlitten an Kohlhasenbrück und Griebnitzsee vorübereilen, durch die Weberkolonie Nowawes, »und jetzt am Brauhausberg, dann an der Schloßkolonnade vorbei, ging es in das stille Potsdam hinein.« Am Jägertor werden die Pferde gewechselt, und weiter geht's in raschem Tempo. »Es war jetzt zwei Uhr. Die Kuppeldächer der Communs und des Neuen Palais blinkten in der Nachmittagssonne, und unmittelbar dahinter dehnte sich das Golmer Bruch«. Weiter ist aus der Residenz nichts zu vermelden. Die Entscheidungen fallen anderswo (»Vor dem Sturm« III, Kapitel 15).

In »Schach von Wuthenow« fährt Frau von Carayon in delikater Mission nach Potsdam. Major von Schach hat aus Laune oder Übermut die geistreiche, aber durch Blatternarben entstellte Victoire verführt, ohne die Konsequenzen zu ziehen; er fürchtet den Spott seiner Kameraden aus dem Regiment Gensdarmes. Frau von Carayon will nun den tugendhaften König Friedrich Wilhelm III. bewegen, den Major moralisch zur Heirat zu verpflichten. Als Dame von Stand steigt sie natürlich im Hotel »Zum Einsiedler« in der Nähe des Stadtschlosses ab. Doch der König weilt in seinem geliebten Paretz. Sie überbrückt die schreckliche Zeit des Wartens und läßt sich in Potsdam spazierenfahren, in den Neuen Garten, zu dem noch nicht vollendeten Marmorpalais. »Wirklich, es schlug neun, als man auf der Rückfahrt an der Garnisonkirche vorüberkam, und ehe noch das Glockenspiel seinen Choral ausgespielt hatte, hielt der Wagen wieder vor dem ›Einsiedler‹« (»Schach von Wuthenow«, Kapitel 16).

Aus vielen Kleinigkeiten ist ersichtlich, daß Fontane mit der Örtlichkeit durchaus vertraut war. Und in der Tat, er war oft in Potsdam zu Besuch, manchmal für Stunden, manchmal für mehrere Tage. In den Jahren 1853 und 1854 sah man ihn oft als Gast bei Theodor Storm; den Husumer Rechtsanwalt hatte es nach der Besetzung Schleswig-Holsteins durch Dänemark nach Preußen verschlagen. Fontane ermunterte ihn zur Übersiedlung nach Berlin, hoffte, er würde dort eine Anstellung und im literarischen Sonntagsverein »Tunnel über der Spree« eine geistige Heimstatt finden. Aber »wie mit so mancher Berühmtheit... wollte es auch mit Storm nicht so recht gehen... weil *er* sowohl wie das, was er vortrug für den Rauch- und Kaffeesalon, darin der Tunnel tagte, nicht kräftig genug gestimmt war« (»Von Zwanzig bis Dreißig«, Kapitel »Der Tunnel über der Spree«).

Storm mußte froh sein, für ein paar Taler Diäten in Potsdam Unterschlupf zu finden. Er litt unter der geistigen Einöde der Justizbeamtenschaft, seine Muse darbte. Fontane wußte von seinen Englandaufenthalten, was es bedeutete, in der Fremde einsam zu sein, er tat alles, um Storm und seiner Familie ein Gefühl von Geborgenheit zu geben. Von dem poesiebeflissenen Allerweltsverein »Tunnel über der Spree« hatte sich der »Rütli« abgespalten: Ernst zu nehmende, gutsituierte Männer – unter ihnen Franz Kugler, Adolph Menzel, Wilhelm von Merckel –, die mit der gemeinsamen Zeitschrift »Argo« ein Gegengewicht zu den üblichen sentimentalen Erbauungsschriften schaffen wollten.

Man tagte immer reihum bei einem der Mitglieder. In diesen Kreis hatte Fontane auch Storm eingeführt; er sollte Verse und eine Novelle zur »Argo« beisteuern. Da bei jedem Beitrag um höchstmögliche Qualität gerungen wurde, ergaben sich langwierige Besprechungen. Die »Argo«-Debatten wurden jedoch bewußt getrennt von dem »geselligen Zusammensein«, an dem auch die Frauen teilnahmen. Gleicher Kummer und gleiche

Sorgen knüpften das Band zwischen Emilie Fontane und Constanze Storm, beide trugen ein ähnliches Schicksal: Brachten Kinder zur Welt, öfter, als ihrer zerbrechlichen Gesundheit zuträglich war, beide hielten die Unannehmlichkeiten des Alltags weitgehend von ihren Männern fern, sie lernten, auf dem Wochenmarkt um jeden Dreier zu feilschen, waren Seelentröster und Finanzminister ohne Portefeuille.

Um die klugen, tapferen Frauen mehr einzubeziehen, entstand aus dem »Rütli« schließlich die »Ellora«, eine heitere Selbstpersiflage auf einen Verein, in dem Emilie Fontane zur »Ellora«-Mutter ernannt wurde.

Je aussichtsloser die Potsdamer Kreisgerichtsmisere für Storm wurde, desto mehr flüchtete er sich in einen »Husum-Teekessel-Kult«. »Die Provinzsimpelei steigerte sich mitunter zum Großartigen« (ebenda).

Fontane, der in London den Atem der großen weiten Welt gespürt hatte, warnte ihn: »Großmutters Uhrenkasten ist nicht die Welt«. Er verstand nicht, daß Storm diese Kult-Nische zum Überleben brauchte. Ihre Mentalität, ihre Sicht auf das Leben waren zu verschieden, es kam zu Mißverständnissen, unter denen sie litten und die sie schnell aufzuheben suchten. »Liebster Fontane«, schrieb Storm im Februar 1855, als er die ersehnte Berufung zum Kreisrichter in Heiligenstadt bekam, »nicht wahr, Sie kommen doch um jeden Preis, es ist ja vielleicht das letzte Mal, daß ich Sie sehen kann.« Doch Fontane saß bereits auf gepackten Koffern, um ein drittes Mal nach London zu fahren, wo er mit einer – vom preußischen Ministerium gewünschten – offiziösen Pressekorrespondenz den Grundstein zu einer literarischen Existenz zu schaffen hoffte. So trennten sich ihre Wege für lange Zeit. Aus Heiligenstadt schrieb Storm: »Ich glaube, wir haben viel versäumt.« Vierzig Jahre später schloß Fontane das Storm-Kapitel in seinen Erinnerungen »Von Zwanzig bis Dreißig«: »Als Lyriker ist er, das Mindeste zu sagen, unter den drei, vier Besten, die nach Goethe kommen. Dem Menschen aber, trotz allem, was uns trennte, durch Jahre hin nahegestanden zu haben zählt zu den glücklichsten Fügungen meines Lebens.«

Unproblematisch hingegen war Fontanes Verhältnis zu Karl Zöllner, einem Juristen von Hause aus, dem man im »Tunnel« den Namen

»Chevalier« verliehen hatte. Er gehörte dem »Rütli« an und zusammen mit seiner Frau Emilie auch zum engsten Kreis der »Ellora«. Zöllners wohnten bis zum Herbst 1862 in Potsdam, Neuer Markt 11, gleich hinter dem Stadtschloß, später in Berlin. 1876 übernahm Fontane auf dringende Bitte der Familie den Posten eines Sekretärs der Akademie der Künste, um seine Altersversorgung zu sichern. Er scheiterte in kurzer Frist, und Karl Zöllner trat seine Nachfolge im Amte an, was jedoch das gute Einvernehmen der beiden keineswegs beeinträchtigte, im Gegenteil. Eine Fülle feuilletonistischer Briefe aus Italien und verschiedenen Sommerfrischen richtete Fontane an »den Chevalier und die Chevalière«, sie offenbaren ein herzliches Verhältnis. In einer launigen Ermahnung, doch wieder einmal zu schreiben, heißt es im Mai 1861:

»Sag, wo soll mein Herz dich suchen! wanderst du am Heil'gensee,
Wo die Rietz einst lüstern lachte, wanderst du gen Glinecké,
Wanderst du hinauf die Treppen bis zu jenem Sanssouci,
Wo von Raumer jemand sagte: o zu dumm ist dieses Vieh.
Oder steigst du hügelanwärts, anwärts bis nach Babelsberg,
Wo das Höchste, das man träumet, höchstens doch ein Babelszwerg,
Kühn bis in den Himmel bauet niemand dort auch nur im Traum,
Der ›moralische Erobrungs‹-Turm, er mißt drei Ellen kaum.
Oder ziehst du vor, zu wandern stadtwärts zur ›Einsiedelei‹,
Wo so viele schon empfanden, daß zu zwein es besser sei ...«

Aus diesen Zeilen geht hervor, daß Fontane Potsdam mit Historie und Histörchen sehr gut kannte: Die Rietz war die Geliebte Friedrich Wilhelms II., der das Marmorpalais am Heiligensee bauen ließ; in Glienecke residierte Prinz Friedrich Karl, der manchmal zu seiner Unterhaltung Künstler an den Teetisch lud; in Babelsberg hatte sich Prinzregent Wilhelm (späterer Kaiser Wilhelm I.) ein neogotisches Schloß und den Flatowturm errichten lassen, die Abneigung gegen den Bauherrn ist deutlich. Das Gedicht hat viele Strophen, Fontane unterschrieb in heiterer Selbstironie mit »Noel«, das war sein doppeldeutiger Neckname: Zum einen bezog er sich auf George Gordon Noel Byron, dessen Balladen Fontane übersetzt hatte, zum anderen war er ihm aufgrund seiner Weitschweifigkeit von Freunden verliehen worden. Zweierlei wird in diesem gereimten Brief deutlich: Die hohe Kultur im Umgang, die »Rütli« und »Ellora« auszeichnete, und die intime Kenntnis der Residenzstadt, von der er offiziell niemals Gebrauch machen sollte.

In den Jahren von 1862 bis 1864 hielt Fontane mehrere Vorträge im Potsdamer Offiziers-Kasino, unter anderem über »Die Mark und die märkischen Kriegsobersten zur Zeit des Dreißigjährigen Krieges«.

Etwa in die gleiche Zeit fielen seine Besuche bei Louis Schneider. »Er wohnte damals... am ›Kanal‹, in einem echten, alten Potsdamer Hause, das noch ganz den Stempel Friedrich Wilhelms I. trug.« Beide kannten sich schon seit langem. Als Bernhard von Lepel 1843 den blutjungen Dichter Theodor Fontane in die literarische Gesellschaft »Tunnel über der Spree« einführte, war Schneider dort bereits unangefochtener »Faiseur«. Überdies war er Hofschauspieler und Herausgeber des »Soldatenfreundes«. 1848 wurde er wegen seiner demonstrativen Königstreue in Berlin und Hamburg von einem aufgebrachten Publikum ausgepfiffen. Friedrich Wilhelm IV. ernannte ihn – als Geste der Dankbarkeit – zum Hofrat und berief ihn als Vorleser an den Hof, wo er dem greisen, geistig zu anspruchsvollen Alexander von Humboldt bald den Rang ablief. »Was sich von den Dichtungen unserer Tunnel-Leute nur irgendwie zum Vorlesen an den Theeabenden in Sanssouci, Charlottenhof oder Charlottenburg eignete, kam auch wirklich zum Vortrag.« So auch Fontanes Romanzenzyklus »Von der schönen Rosamunde«. Er wurde recht freundlich aufgenommen und – vergessen.

In seinen Lebenserinnerungen »Von Zwanzig bis Dreißig« versuchte Fontane, Louis Schneider gerecht zu werden: »Ich persönlich habe sehr viel von Schneider gehabt, obschon er mir mehr oder weniger unsympathisch war, seine Politik... im wesentlichen contre cœur und seine Kunst geradezu schrecklich war... In der Zeit, wo ich meine ›Wanderungen durch die Mark Brandenburg‹ zu schreiben anfing, sah ich ihn oft... Er

... gab mir Aufschluß über das Mannigfaltigste, besonders über Reiserouten, wobei er's nur in dem einen versah, daß er mich immer dahin dirigieren wollte, wo vorher noch nie jemand gewesen war. Dies auf Entdeckungen Ausziehn hätte ja nun sehr gut und für mich sehr verführerisch sein können; aber er hatte dabei nur den Sinn für eine herzustellende möglichste Vollständigkeit des Materials – *wie* das Material schließlich ausfiel, war ihm gleichgültig, *mir* aber keineswegs. Er ging durchaus nicht dem Interessanten oder Poetischen nach... Er war noch aus jener merkwürdigen märkisch-historischen Schule, der die Feststellung einer ›Kietzer Fischereigerechtigkeit‹ die Hauptsache bleibt.«

Gänzlich uneigennützig spielte Schneider die Rolle des Beraters wohl nicht: Als Begründer des »Vereines für die Geschichte Potsdams« erhoffte er sich von dem »Wanderer« aufschlußreiche Zuarbeit. Diesen Umstand erwähnte Fontane mit keinem Wort; er bemühte sich im Gegenteil wie immer und überall, das Unverwechselbare, Gute herauszustellen, und das war Schneider als unerschöpflicher Geschichten- und Anekdotenerzähler: »Wofür ich ihm aber am meisten verpflichtet bin, das ist das folgende: ›Sie müssen sich nicht ärgern und nicht ängstigen. Sehen Sie, wir hatten da, als ich noch auf der Bühne herummimte, einen Trostsatz, der lautete: ›Um neun ist alles aus‹. Und mit diesem Satz haben wir manchen über schwere Stunden weggeholfen. Ich kann Ihnen diesen Satz nicht genug empfehlen.‹

Und das hat mir der gute Schneider nicht umsonst gesagt. Ich bin ihm bis diese Stunde dafür dankbar, ›um neun ist alles aus‹.« Mit diesem Satz endet das Louis-Schneider-Kapitel in »Von Zwanzig bis Dreißig«. Es klingt wie eine Vorahnung. Drei Jahre später, am 20. September 1898, stirbt Fontane. Abends um neun.

Schneiders Verdienste um den 1862 von ihm gegründeten »Verein für die Geschichte Potsdams« sind unbestritten. 1868 übernahm er auch den Vorsitz des »Vereins für die Geschichte Berlins«. Er konnte in zahlreichen Ehrenämtern brillieren, weil sich immer Menschen fanden, die mit selbstloser Hingabe an die Sache die Arbeit machten. In Potsdam war dies der Garnisonschullehrer Heinrich Wagener. Als Neunzehnjähriger war er vom

Köpenicker Lehrerseminar an die Elementarschule in Potsdam gekommen, um die Kinder der Berufssoldaten, des Hof-Dienstpersonals und der Gewehrfabrikarbeiter zu unterrichten. Seine Wißbegier, seine Neugier auf Leben, auf das Herausfinden von Zusammenhängen in Natur und Historie übertrug sich nicht nur auf die Kinder der »kleinen Leute«, er überzeugte sogar die honorablen Herren im Vorstand des Geschichtsvereins, die ihn 1863 als Schriftführer wählten.

Höchstwahrscheinlich war es Louis Schneider, der Theodor Fontane an Heinrich Wagener verwies; und dieser muß den zwölf Jahre Jüngeren ins Herz geschlossen haben, denn im Schlußwort seiner »Wanderungen«, in dem er allen »über die halbe Provinz verstreuten« Mitarbeitern dankte, nannte er nur einen einzigen mit Namen: den Garnisonschullehrer Wagener aus Potsdam.

»Unter seinem im Anfange sowohl ihm wie mir unbewußt bleibenden Einflusse war es, daß ich mich aus der historischen Vortragsweise… in die genrehafte zurückfand und den ursprünglichen Plauderton in sein ihm zuständiges Recht wieder einsetzte. Die ganze Gruppe der Kapitel aus der Umgebung von Potsdam, also Bornstedt, Sacrow, Fahrland, Falkenrehde, Marquardt, Uetz und Paretz am Nordufer der Havel und ebenso Werder, Glindow, Petzow, Caputh etc. am Südrande hin, entstanden unter *seiner* Führung, und was an ernsten und heitren Geschichten unter all diesen Kapitelüberschriften enthalten ist, entnahm ich zu sehr wesentlichem Teile seinem immer frischen und anschaulichen, weil überall aus der Erlebnisfülle schöpfenden Unterwegs-Gespräche. Mit einer wahren Herzensfreude denk ich an jene Sommernachmittage zurück, wo wir, von den Dörfern und Ziegelöfen am Schwielow-See heimkehrend, auf einer… Graswalze zu rasten und unser sehr verspätetes Vesperbrot aus freier Hand einzunehmen pflegten, ohne daß der Redestrom auch nur einen Augenblick gestockt hätte. Da vergaßen wir denn der Flüchtigkeit der Stunde, bis die Mondsichel über den kleinen Giebelhäusern stand« (»Wanderungen« IV, Schlußwort, 1881).

Hinzuzufügen wäre noch, daß die besagten Kapitel ihrer Lebendigkeit und ihrer sozialkritischen Töne wegen zu den bemerkenswertesten der

»Wanderungen« gehören. – In den Jahren, in denen Fontane an den Kriegsbüchern arbeitete, war er ständig auf der Suche nach einem stillen Plätzchen, an dem er ungestört würde schreiben können. Sein Ideal war »ein liebenswürdiges Pfarrhaus, wo ich, wenn ich einträfe, eine freundliche Giebelstube fände und nach halbstündiger Begrüßung gleich an die Arbeit gehen könnte... aber wo dergleichen finden? greift man nur ein weniges fehl, ist die Frau dumm oder prätentiös, werden Gäste geladen, die man gerade vermeiden will, sind die Bälger quarrig und ungezogen oder rauchen die Oefen (was in unbenutzten ›Fremdenstuben‹ fast immer der Fall ist), so ist man verloren und hat mehr Schaden von der Sache als Vortheil. Viel hängt auch von der Arbeit ab, die man gerade vorhat; meine ›Wanderungen‹ oder ein Romankapitel lassen sich in Cremmen oder Tremmen schreiben, aber Kriegsbücher nicht, weil ich beständig nachschlagen oder eine ganze Bibliothek um mich her haben muß« (an Mathilde von Rohr, 5. 1. 1872).

Dieses stille Plätzchen durfte aber auch nicht zu weit von Berlin entfernt sein, denn als Theaterkritiker bei der »Vossischen Zeitung« mußte er jede Premiere und jedes besondere Gastspiel wahrnehmen und unverzüglich rezensieren. Er forcierte die Suche nicht, denn »bei mir müssen sich die Dinge immer finden«, aber er sprach manchmal in Bekanntenkreisen davon. So auch im Winter 1873/74; man traf sich im Hause des Geheimen Regierungsrates Karl Hermann von Wangenheim zu »Schopenhauer-Abenden«, bei denen die verschiedensten religiösen und philosophischen Richtungen aufeinanderprallten. Das Faszinierendste für Fontane war die in diesem Hause herrschende Toleranz Andersdenkenden gegenüber. Er kannte die Familie seit langem; in der wirtschaftlich prekärsten Zeit hatte er die reizenden, klugen Töchter in Englisch und Geschichte unterrichtet, und der katholische Freiherr von Wangenheim hatte sich 1870, als Fontane unter Spionageverdacht in französische Gefangenschaft geraten war, beim Kardinal-Erzbischof Césaire Mathieu von Besançon für seine Freilassung eingesetzt. Fontane trug sich mit dem Gedanken, das Porträt dieser Familie in einen großen Berliner Gesellschaftsroman einzuarbeiten, den er »Allerlei Glück« nennen wollte. Doch es blieb bei dem Entwurf.

(Später setzte er den Wangenheims in seinen Erinnerungen »Von Zwanzig bis Dreißig« ein liebenswürdiges Denkmal.)

Guter Freund des Hauses war der evangelische Pastor der Charité Friedrich Adam Windel. 1879 wurde er von der Kaiserin Augusta als Hofprediger an die Friedenskirche in Potsdam berufen.

Das langgesuchte Fremdenstübchen in einem stillen Pfarrhaus – noch dazu am Rande von Sanssouci – schien gefunden. Wie es dann aber tatsächlich aussah, schilderte Fontane am 6. 6. 1881 Mathilde von Rohr: »Der ganze Potsdamer Aufenthalt war kürzer und namentlich unruhiger als gewünscht... Gleich am Dinstag-Nachmittag mußt' ich nach Berlin ins Theater und da das neue Stück *sehr* lange spielte, war ich erst um Mitternacht wieder in der Friedenskirche. Am Mittwoch hatte ich dann die Kritik zu schreiben, was bis 6 dauerte, um welche Zeit Friedel schon im Nebenzimmer wartete und nun holter die polter aufbrach, um die Kritik noch rechtzeitig auf die Vossische Zeitung zu schaffen. Am Freitag kamen Wangenheims, meine Frau und Martha... auf Besuch und nahmen wieder einen Tag fort, so daß ich außer den gemütlichen Abendspatziergängen in Marly-Garten und Sanssouci, nur den Donnerstag zur Verfügung gehabt habe. An einem Abend... waren wir bei Graf Egloffsteins, wo furchtbar viel Gräflichkeit und Christlichkeit versammelt war. Es ging noch ganz leidlich ab, und eine alte Gräfin Dohna, ferner eine Frau v. Burgsdorff gefielen mir ganz gut, trotzalledem mache ich dergleichen höchst ungern mit. Es ist reine Zeitvergeudung... Führen mich bestimmte literarische Zwecke in solche Häuser, so nehm ich das Unbequeme nicht blos geduldig in Kauf, so fühl' ich es auch gar nicht; die stündliche Wahrnehmung, daß ich *das* erreiche, was ich erreichen will, erhält mich bei guter Laune. Ich kriege, wie die Berliner sagen, ›meinen Preis heraus‹. Fehlen diese Zwecke aber, so krieg ich ihn nicht heraus und aergre mich meine Zeit so nutzlos veranlagt zu haben.« Dies mag für Außenstehende nach Hochmut klingen, Fontane kompensiert damit jedoch einen »kleinen Neben-Aerger«, den er mit zunehmendem Alter immer deutlicher empfand: »In der Regel verlaufen die Dinge so, daß man zwar mit exquisiter Artigkeit behandelt, dem Ganzen aber doch ein Ton und Wesen gegeben wird, aus dem man die einem zu Theil werdende bedeutende gesellschaftliche Auszeichnung erkennen soll. Dies ist mir nun im höchsten Grade langweilig und ridikül.« Wie sehr er »aus allem seinen Honig« sog, mag ein Brief beweisen, den er unmittelbar nach seinem Potsdam-Aufenthalt an Gustav Karpeles, den Redakteur von »Westermanns Monatsheften«, richtete. Er stellte ihm darin eine neue Arbeit in Aussicht: »Es handelt sich um eine *politische* Novelle, etwas ganz Neues und Eigenartiges... Der Titel soll sein: *Storch von Adebar* und die Tendenz geht dahin, den *pietistischen* Conservatismus, den Friedrich Wilhelm IV. aufbrachte und der sich bis 1866 hielt in Einzelexemplaren (Potsdam) auch *noch* vorhanden ist, in seiner Unächtheit, Unbrauchbarkeit und Schädlichkeit zu zeichnen. Die Hauptträgerin dieses Conservatismus ist die ›Störchin‹ und ihr eigentlichstes Opfer ihr Gatte, der alte Storch, ein guter, kreuzbraver Kerl, der, in andren Zeiten und unter andrem Einfluß, sich und andren zur Freude gelebt hätte und nun an dem Widerstreit seiner Natur und des ihm Eingeimpften tragikomisch zu Grunde geht. Ich habe all diese Dinge erlebt, diese Figuren gesehn, und ich freue mich darauf, sie künstlerisch gestalten zu können.«

Es sollte – aus welchen Gründen auch immer – nicht dazu kommen, aber einzelne typische Vertreter der Gesellschaft, die eine Karikatur ihrer selbst darstellten, tauchen in späteren Romanen auf oder »spuken hinter der Szene«.

An einem dieser Potsdamer Tee-Abende lernte Fontane den Hofprediger D. Friedrich Adolf Strauß und seine dreiunddreißig Jahre jüngere Gattin kennen. Zufällig traf man sich in Thale wieder, fand Gefallen aneinander und unternahm gemeinsam Partien in den Harz. »Der Verkehr zwischen dem Ehepaar ist ein sehr netter, durchaus nicht pappstofflich, und erinnert an den Ton, in dem *wir* miteinander verkehren. Also das höchste Lob«, schrieb Fontane an seine Frau am 16. 6. 1884 aus Thale. Er arbeitete damals gerade an dem Entwurf zu »Cécile«. Wesen und Erscheinung der kapriziösen, nervösen Hofpredigersgattin halfen ihm, das Bild Céciles vor seinem geistigen Auge entstehen zu lassen. Und ihr Ausflug nach Quedlinburg weitete sich in dem Roman zu einem eigenen Kapitel aus. Er hatte »seinen Preis herausbekommen«.

Noch eine Potsdamer Adresse sei erwähnt: Vor dem Jägertor wohnten die Damen Hesekiel, Witwe und Tochter George Hesekiels, dem Fontane auch ein Kapitel in »Von Zwanzig bis Dreißig« widmete, allerdings ein etwas distanziertes. Ich »fühlte mich, ich will nicht sagen, zu ihm hingezogen, aber doch in hohem Maße durch ihn interessiert. Er war gescheit von Natur, hatte, nicht schulmäßig, aber im Leben und durch Lektüre viel gelernt, kannte tausend Geschichten und Anekdoten... Mich nahm er dadurch ganz gefangen, denn historischen Anekdoten habe ich nie widerstehen können.«

Fontane und Hesekiel waren gleichaltrig, kannten sich schon aus der »Tunnel«-Zeit, und Hesekiel war es, der dem stellungslos aus London heimkehrenden Fontane die Tür zur »Kreuz-Zeitung« öffnete. Beide saßen zehn Jahre in der Redaktion »dicht zusammen, nur durch einen schmalen Gang getrennt«. Mit fünfzig beschloß Hesekiel, seine aus Rheinwein und Sherry zusammengeflossene Schuldenlast von 10000 Talern abzuzahlen, indem er Romane am Fließband verfaßte: »Er schrieb auf Quartblätter, die aufgestapelt vor ihm lagen, und ließ das geschriebene Blatt mit einem kleinen Fingerknips auf die Erde fliegen; da sammelte dann seine Tochter Ludovica, damals noch ein Kind, die zahllosen Blätter und ordnete sie. Von Wiederdurchsehen war keine Rede, kein Wort war gestrichen, alles ging fertig in die Druckerei.« Ein wenig Neid scheint an dieser Stelle durchzuschimmern, denn Fontane konnte sich erst nach gründlichem Quellenstudium an den Schreibtisch setzen; deshalb verdiente er trotz größten Fleißes nur einen Bruchteil der Autoren, die, wie Hesekiel, unbedenklich drauflosschrieben. Allerdings, tröstete er sich, hat sich »keiner dieser Romane... bei Leben gehalten«.

Tochter Ludovica trat in die Fußstapfen ihres Vaters. Ihr Wort und Urteil galten etwas bei der »Kreuz-Zeitung«, in der sie auch Fontanes Werke rezensierte. An der Besprechung seines ersten Romans »Vor dem Sturm« (1878) mußte ihm besonders gelegen haben, daher die Bemerkung in dem Brief vom 4. 6. 1878 an seine Frau: »Am Donnerstag oder Freitag wenn irgend möglich, will ich nach Potsdam (zu Hesekiels)...« – Die Landschaft um Potsdam liebte Fontane sehr. »Wenn Potsdam nur gesünder wäre; es ist gesundheitlich ein erbärmliches Nest. Unser Pastor Windel kehrt jetzt, nach 4monatlicher Abwesenheit, wieder dahin zurück; die Malaria der ›Friedenskirche‹ wird ihm aber nicht von Vortheil sein. Das ganze Terrain ist sumpfig« (an Mathilde von Rohr, 24. 4. 1885).

Bei allem Vorbehalt gegen die »Malaria-Luft« zog ihn doch das historische Flair immer wieder an. Und wie tief er sich in Landschaft und Historie hineingefühlt hatte, geht aus einem langen Gedicht hervor, das er Adolph Menzel zum 70. Geburtstag verehrte:

»Von Marly kommend und der Friedenskirche,
Hin am Bassin (es plätscherte kein Springstrahl)
Stieg ich treppan; die Sterne blinkten, blitzten
Und auf den Stufenaufbau der Terrasse
Warf Baum und Strauchwerk seine dünnen Schatten,
Durchsichtige, wie Schatten nur von Schatten.
Rings tiefe Stille, selbst der Wache Schritt
Blieb lautlos auf dem überreiften Boden,
Und nur von rechts her, von der Stadt herüber,
Erscholl das Glockenspiel.
Nun schwieg auch *das*,
Und als mein Auge, das auf kurze Weile
Dem Ohr gefolgt war, wieder vorwärts blickte,
Trat aus dem Buschwerk, und ich schrak zusammen,
Er selbst, im Frackrock, hinter ihm das Windspiel
(Biche, wenn nicht alles täuschte), dazu Krückstock
Und Hut und Stern. Bei Gott, es war der König.
...«

Es war derselbe König, dessen volkstümliche Biographie die »Tunnel«-Freunde Franz Kugler verfaßt und Adolph Menzel illustriert hatten. Wenn sich die Nachwelt noch heute von Friedrichs Tafelrunde und den Flötenkonzerten in Sanssouci ein lebhaftes Bild machen kann, dann ist es das Bild, das Menzel überlieferte. In Fontanes Gedicht verspricht der gnädige König dem Maler, droben, im Elysium, einen Platz freizuhalten, den Platz Voltaires.

»Ein Jahrer zehne will ich gern noch warten«, heißt es in dem Huldigungsgedicht zu Menzels 70. Geburtstag. Der Autor erntete allgemein Beifall und Anerkennung – nur Menzel reagierte verärgert, weil man ihm nur noch »ein Jahrer zehne« zugebilligt hatte. So endete, was als Huldigung gedacht war, mit beidseitiger zeitweiliger Verstimmung.

Sehenswürdigkeiten

Potsdam war und ist für alle Besucher zunächst einmal Sanssouci, da wird Fontane keine Ausnahme gewesen sein. Das Gedicht für Menzel beweist, wie sehr er mit dem Genius loci auf vertrautem Fuße stand. Natürlich kannte er – schon aus den Erzählungen seines Vaters – alle möglichen Geschichten und Anekdoten um das Weinbergschlößchen, das des Großen Königs Zuflucht und Alterssitz gewesen war; nach ihm hatte nur Friedrich Wilhelm IV., der »Romantiker auf dem Thron«, darin wohnen wollen. Als dieser 1861 starb, wurde Sanssouci von einem mürrischen Kastellan verwaltet. Fontane kannte, soweit damals zugänglich, auch das Neue Palais, Charlottenhof, die Römischen Bäder, den Chinesischen Teepavillon, besonders aber liebte er den *Marlygarten*. Der einstige Küchenkräutergarten des Soldatenkönigs war von Joseph Peter Lenné in ein Paradiesgärtlein verzaubert worden, und Friedrich Wilhelm IV. hatte die Idee zu einem baulichen Ensemble von italienischer Eigenart: Er ließ von Persius und Stüler eine Kirche im Stil frühchristlicher Basiliken errichten, ergänzt durch einen freistehenden 42 Meter hohen Campanile und Villenbauten im Florentiner Stil. An den Säulenvorhof der Kirche schließt sich ein Kreuzgang an, der im Osten durch das Kavalierhaus und im Süden durch das *Pfarrhaus* begrenzt wird, in dem Fontane mehrfach zu Gast war. Als ein Hort des Friedens mußte ihm das Atrium erscheinen, in dem ein Brunnen plätschert und ein Christus von Thorvaldsen segnend die Arme breitet.

In der *Friedenskirche*, genauer in der Gruft unter dem Altar, ruhen Friedrich Wilhelm IV. und seine Gemahlin Elisabeth; in dem sich anschließenden Mausoleum, für Friedrich III. und seine Gemahlin Victoria errichtet, fand am 17. 8. 1991 nach langer Odyssee der Sarkophag des Soldatenkönigs seinen endgültigen Platz.

Dieses Refugium am Grünen Gitter, dem Eingangstor zum Park von Sanssouci, mußte auf Fontane ungemein anregend gewirkt haben. Von hier aus schrieb er am 23. 4. 1881 an Philipp zu Eulenburg: »Seit acht Tagen bin ich hier im Pfarrhaus der Friedenskirche und verlebe glückliche Tage«, und es folgt jener oft zitierte, hellsichtige Brief, der mit den Worten beginnt: »Gegen Bismarck braut sich allmählich im Volke ein Wetter zusammen. In der Oberschicht ist es bekanntlich lange da... Vor seinem Genie hat jeder nach wie vor einen ungeheuren Respekt, auch seine Feinde... Aber die Hochachtung vor seinem Charakter ist in einem starken Niedergehn...« (Er stützte sich offenbar auf Stimmungen und Informationen, die er in der Potsdamer »Gräflichkeit und Christlichkeit« erfahren hatte.)

Man kann davon ausgehen, daß Fontane zwar die Schlösser und Gärten und auch die historische Altstadt Potsdams durchstreifte, doch galten seine Besuche meist zielgerichtet ihm nahestehenden Persönlichkeiten. In den Jahren 1853/54 war dies Theodor Storm. Der Schleswiger Exilant hatte im Dezember 1853 eine Anstellung am Königlichen Kreisgericht gefunden und wohnte mit seiner Frau und zwei Kindern – das dritte war noch nicht geboren – in der *Brandenburger Straße 70*, einem windexponierten Eckhaus nahe dem Brandenburger Tor. (»Ganze Körbe voll Torf haben wir schon verfeuert und keine leidliche Temperatur hervorgebracht.«) Er litt nicht nur unter der Kälte des Winters. Wie ein Hilferuf klingt der Brief vom 22. 12. 1853: »So habe ich denn heute die Bitte, daß Sie, liebster Fontane, und Ihre Frau, am 1. oder 2. Weihnachtssonntag... zu uns herüberkommen.« Er hatte sogar bei aller Bescheidenheit »ein Gästebett« aus Husum mitgebracht, das er Fontane anbot.

Das Haus Brandenburger Straße 70 ist noch gut erhalten.

Im Sommer 1854 zogen Storms in die Mansardenwohnung *Waisenstraße 64*. Hier trafen sich die Rütlionen, um die Beiträge für die »Argo« zu besprechen, oder man vergnügte sich en famille je nach Jahreszeit bei einer Terrine Löffelerbsen oder einer Waldmeisterbowle und Selbstgebakkenem. Hauptsache waren allemal die Gespräche und das Vortragen eigener Texte. Storm wurde immer wieder ermuntert, die Geschichte von Bulemanns Haus zu lesen. Fontane war von dieser gespenstischen Mondscheinstimmung so angetan, daß er viele Jahre später Effi Briest in ein »Spukhaus« einziehen ließ. Die Waisen-, heute Dortustraße 64, in der Storm vom 1. 7. 1854 bis zum 1. 4. 1856 wohnte, fiel im Sommer 1989 trotz zahlreicher Proteste der Bevölkerung wie viele andere Häuser im Zuge der zweiten barocken Stadterweiterung der Spitzhacke zum Opfer.

Erhalten blieb aber die dritte Wohnung Storms in der *Benkert-, damalige Kreuzstraße 15 im Holländischen Viertel.* Auch hier trafen sich die »Rütli«-Freunde, allerdings ohne Fontane, da dieser im September 1855 zum dritten Male nach London geschickt wurde, um dort eine Deutsch-Englische Pressekorrespondenz aufzubauen.

Das Königliche Kreisgericht in der Lindenstraße, in dem Theodor Storm am 10. 12. 1853 als einziger Assessor angestellt und schändlich honoriert wurde, befand sich in dem noch unter dem Soldatenkönig errichteten *Kommandantenhaus.* Äußerlich erscheint es wenig verändert, doch im Innern erfuhr es mehrmals grundlegende Umbauten und war nicht selten ein Ort des Schreckens. Nach 1945 diente es dem Staatssicherheitsdienst der DDR als Untersuchungsgefängnis. Im Herbst 1989 erzwangen Bürgerbewegungen gewaltlos den Zutritt zu dem so lange hermetisch abgeschlossenen Areal. Seitdem steht es der Öffentlichkeit zur Verfügung.

Am Neuen Markt 11 wohnte die mit Fontanes befreundete Familie Zöllner. In einer Sammlung launiger Gelegenheitsgedichte und Toasts aus Fontanes Feder sind die fröhlichsten und herzlichsten an »Chevalier« oder »Chevalière« gerichtet. Diese literarischen Impromptus galten gewissermaßen als Markenzeichen des »Rütli« und der »Ellora«.

Das Haus Nummer 11 kam bei dem verheerenden Bombenangriff am 14. April 1945, der die historische Altstadt von Potsdam fast gänzlich vernichtete, glimpflich davon, es existiert noch, wenn auch in verwahrlostem Zustand.

Der Hofrat und königliche Vorleser Louis Schneider wohnte »in einem echten, alten Potsdamer Hause, das noch ganz den Stempel Friedrich Wilhelms I. trug«, *Waisen-, heute Dortustraße 46*. Hier holte sich Fontane manche Anregung für die Wanderungen durchs Havelland. Das reizvolle Ambiente am Kanal, das er in »Von Zwanzig bis Dreißig« beschrieb, ist verloren, der Kanal zugeschüttet, doch das *Grab Schneiders* auf dem Neuen Friedhof in Potsdam, Heinrich-Mann-Allee, ist noch vorhanden. Der Grabstein hat die Form eines aufgeschlagenen Buches. Schneiders Wirken im »Verein für die Geschichte Potsdams« wurde in jüngster Zeit wiederentdeckt und gewürdigt.

Das Haus *Waisenstraße 28/29* gehörte dem hochangesehenen Justizrat Ludwig Wilhelm Dortu, dessen Sohn Max im gleichen Kaiser-Franz-Regiment seinen Dienst als Einjährig-Freiwilliger ableistete wie Fontane. »Unter den Freiwilligen des ersten Bataillons war ein junger Studiosus namens Dortu, Potsdamer Kind, derselbe, der, fünf Jahre später wegen Beteiligung am Badischen Aufstand in den Festungsgräben von Rastatt erschossen wurde... Es war mir wenigstens in jungen Jahren zubestimmt gewesen, unausgesetzt Revolutionären und ähnlichen Leuten in die Arme zu laufen, die das, wofür sie kämpften, mit ihrem Leben oder mit ihrer Freiheit bezahlt haben« (»Von Zwanzig bis Dreißig«, Kapitel »Bei Kaiser Franz«).

Fontane war in diesen Memoiren bestrebt, sein Engagement in Vormärz und März 1848 herunterzuspielen, und es gab Gründe dafür: Der Prinzregent von Preußen, für den Max Dortu 1848 das Wort »Kartätschenprinz« aufgebracht und der ein Jahr später dessen Todesurteil unterschrieben hatte, lebte noch und war inzwischen Deutscher Kaiser geworden.

Nach dem gewaltsamen Tode ihres Sohnes Max verkauften die Dortus ihr Haus; es wurde Schule und ist es noch heute. Straße und Schule tragen den Namen Max Dortus; neben dem Eingang zum ehemaligen Musiksalon ist eine Gedenktafel angebracht.

In unmittelbarer Nachbarschaft des Dortu-Hauses standen die 1721 von Friedrich Wilhelm I. gegründete Garnisonschule, an der Heinrich Wagener unterrichtete, und das Haus des preußischen Generalquartiermeisters von Massenbach, bei dem Friedrich Schiller 1804 zu Gast war. Beide Gebäude wurden 1907 abgetragen. An dieser Stelle etablierte sich der Rechnungshof des Deutschen Reiches. Nach 1945 zogen hier, Dortustraße 30–34, das Büro für Städteplanung und die Brandenburgische Landes- und Hochschulbibliothek ein. In einigen wenigen Räumen fand das *Fontane-Archiv* seine Heimstatt. Der Wilhelminische Protzbau paßt eigentlich nicht zu Fontane, jedoch ist der neobarocke Bombast nur äußerlich. Innen wird eine im stillen wirkende, leidenschaftlich engagierte und oft von detektivischem Spürsinn gekennzeichnete Arbeit geleistet. Man fing 1947 quasi bei Null an; heute besitzt das Archiv 20000 Bibliothekseinheiten, darunter 2600 Autographen, Tage- und Notizbücher, Original-Manuskripte, Theaterkritiken, auch jene berühmte, in der er sich für Gerhart Hauptmann, den »Hauptmann der schwarzen Realistenbande« einsetzte; sogar Fontanes Bücherschrank mit seiner Privatbibliothek wurde aufgestöbert und die »Ellora«-Fahne, die Emilie appliziert hatte.

Nicht nur Bücher haben ihre Schicksale, sondern auch Nachlässe. Solange Fontanes Werke urheberrechtlich geschützt waren, konnten die Erben das ihnen anvertraute Gut bewahren und ein Archiv aufbauen. Rechtzeitig versuchte der Verleger Friedrich Fontane den literarischen Nachlaß geschlossen an die Preußische Staatsbibliothek zu geben. Er bestand aus 1800 Briefen mit rund 7500 Seiten, 20000 Seiten handschriftlichen Manuskripten, einer Reihe druckfertiger, aber noch unveröffentlichter Texte und einer großen Sammlung Sekundärliteratur. Für die 20000 Manuskriptseiten verlangte die Familie 20000 Mark, also pro Seite eine Mark!

Die Verhandlungen zogen sich sechs Jahre lang hin, dann kam die endgültige Antwort: »8000 Mark für alles, was da ist, zahlbar in zehn Jahresraten.« (!) Das Nietzsche-Archiv erhielt alljährlich 25000 Mark Zuschuß, das Fontane-Archiv keinen Pfennig. Inzwischen lief die Urheberschutzfrist ab, und Friedrich Fontane entschloß sich 1933 schweren Herzens zu einer Auktion. Zum Glück für die Nachwelt fand nur ein Teil der Originale Käufer und verstreute sich in alle Welt. Der große Rest wurde von wenigen Fontane-Freunden zusammengehalten und 1935 schließlich ohne Aufhebens der Brandenburgischen Provinzialverwaltung angeschlossen. Hermann Fricke als Archivar gab mit Friedrich Fontane autobiographische Entwürfe und Briefe des Dichters heraus. Die Auflagenhöhe betrug einige hundert. 1910, als die erste Briefsammlung erschienen war, hatte Thomas Mann, der Fontane den »Vater des realistischen deutschen Romans« nannte, begeistert ausgerufen: »Sind noch mehr da? Man soll sie herausgeben!« Doch die Zeiten waren nicht danach.

Als die Bombenangriffe immer häufiger wurden – eine große, private Fontane-Sammlung in Leipzig war schon in Flammen aufgegangen –, verlagerte man wertvolle Teile des Potsdamer Archivs ins Oderbruch. In den Endwirren des Krieges ging dort vieles verloren, einiges fand man im Roten Luch wieder, anderes im Keller der Buckower Bürgermeisterei. 1947 kehrten die geretteten Bestände nach Potsdam zurück und wurden der neugegründeten Brandenburgischen Landes- und Hochschulbibliothek übergeben. Zwei Drittel blieben verschollen. Mit dem verbliebenen Drittel und 200 Büchern begann der aus der Kriegsgefangenschaft heimgekehrte Joachim Schobeß den Wiederaufbau des Archivs. Als er, fünfundsiebzigjährig, in Ehren Abschied nahm, war die Fontane-Renaissance in vollem Gange.

In aller Welt wurden – und werden – viele Dissertationen in jedem Jahr verfaßt, und wer dabei gewissenhaft vorgeht, kann Rat und Unterstützung des Fontane-Archivs nicht entbehren. Die vom Archiv herausgegebenen Fontane-Blätter werden inzwischen in 34 Länder versandt, und immer neue Übersetzungen treffen in Potsdam ein: »Effi Briest« in chinesischer, »Der Stechlin« in japanischer Sprache... »Jedem bin ich was gewesen,/ Alle haben mich gelesen...« Das hätte sich Fontane gewiß nicht träumen lassen!

Die Arbeits-Gästebücher des Archivs sind eine Kette von Danksagungen: Pierre Sagave aus Straßburg, Jeanpierre Guindon aus Toulon, William Packer aus Toronto, George Klim aus Canberra, Gloria Dillworth aus Freetown, Johannes Ester aus Utrecht, Masaru Fujita aus Tokio, um nur einige zu nennen. Henry H. Remak, der an der Indiana University Bloomington mehrere Generationen von Germanisten zu Fontane-Freunden heranbildete, reimte 1964 im Fontane-Stil:

Fontane-Archiv? – Fontane-Museen?
Hätte Emilie das nur gesehen!
Sie war für so was, ich mehr für Verzicht,
Man hat es oder hat es nicht
...

Auch fehlen nicht herzliche Dankesworte von Ingeborg Fontane, der Urenkelin des Dichters, und launige Reimereien Jörg von Forsters, der sich über die schwer entzifferbaren Notizen seines Ururgroßvaters beklagt. Allein dieses Gäste- und Benutzer-Buch ist ein neues Kapitel brandenburgisch-preußischer Kulturgeschichte.

Im vereinigten Deutschland gewann die Forschungsstätte – vor allem nach Gründung der Theodor Fontane Gesellschaft im Dezember 1990 – weiter an Anziehungs- und Ausstrahlungskraft. Besonders Interessierte können das Archiv, das nach wie vor mit sympathischer Bescheidenheit in Fontaneschem Geiste wirkt, nach Voranmeldung besuchen.

Dem Archiv gegenüber, auf der anderen Straßenseite, befindet sich an der Stelle, wo das Haus Louis Schneiders stand, seit 1985 in einer kleinen Parkanlage die Bronzebüste des Dichters mit seinem Namenszug, geschaffen von dem Freitaler Bildhauer Peter Fritzsche. Fontane schaut interessiert, hellwach und, wie's scheint, etwas ungläubig zum Fontane-Archiv hinüber. Vielleicht gilt seine kritische Haltung auch dem nahen Glockenspiel »Üb' immer Treu und Redlichkeit«, das seit 1991 wieder allen Potsdamern in die Ohren tönt.

Ausflug nach Bornstedt

»Bornstedt und seine Feldmark bilden die Rückwand von Sanssouci. Beiden gemeinsam ist der Höhenzug, der zugleich sie trennt: ein langgestreckter Hügel, der in alten Topographien den Namen ›der Galberg‹ führt. Am Südabhange dieses Höhenzuges entstanden die Terrassen von Sanssouci; am Nordabhange liegt Bornstedt.« Fontane, der sich selbst als »Kartenmensch« bezeichnete, pflegte die Gegend, in die er reisen wollte, zunächst topographisch zu erfassen. So auch Bornstedt, das er im Sommer 1869 gemeinsam mit dem Garnisonschullehrer Wagener besuchte.

Nach den Vorstellungen Friedrich Wilhelms IV. sollte der Ort eine natürliche Fortsetzung von Sanssouci darstellen. Der König hatte die Idee, die Landschaft um die Residenzstadt Potsdam zu einer Art Bühnendekoration für eine große italienische Oper zu gestalten; er ließ alte Dorfkirchen abreißen und von Persius und Stüler neue errichten, neogotisch oder im Stil frühchristlicher Basiliken. Er wurde dabei – wie sich Fontane vorsichtig ausdrückte – »von dem in seiner Natur begründeten Doppelmotiv geleitet: den Gemeinden ein christliches Haus, sich selber einen künstlerischen Anblick zu gewähren...

Die Bornstedter Basilika samt Säulengang und Etagenturm ist ein Schmuck des Dorfes und der Landschaft; aber was doch weit über die Kirche hinausgeht, das ist ihr *Kirchhof*, dem sich an Zahl berühmter Gräber vielleicht kein anderer Dorfkirchhof vergleichen kann. Wir haben viele Dorfkirchhöfe gesehen,... die historisch den Bornstedter Kirchhof insoweit in Schatten stellen, als sie *ein* Grab haben, das mehr wiegt als alle Bornstedter Gräber zusammengenommen; aber wir sind nirgends einem Dorfkirchhofe begegnet, der solche Fülle von Namen aufzuweisen hätte... was in Sanssouci stirbt, das wird in Bornstedt begraben... Generale und Offiziere, Kammerherren und Kammerdiener, Geheime Räte und Geheime Kämmeriere, Hofärzte und Hofbaumeister, vor allem – Hofgärtner in Bataillonen.« Er verweilte bei diesem und jenem Namen, so auch bei Professor Samuel Rösel, geboren in Breslau 1769, gestorben 1843. »›Tretet leise an sein Grab, ihr Männer von edlem Herzen, denn er war euch nahe verwandt.‹ Wer war er? Ein gußeisernes Gitter, einfach und doch zugleich abweichend von allem Herkömmlichen, schließt die Ruhestätte ein«.

Die Frage »Wer war er?« löste unerwartetes Echo aus. Als der Aufsatz über Bornstedt 1871 in der illustrierten Wochenzeitschrift »Über Land und Meer« erschienen war, schrieben viele, die Rösel noch gekannt hatten: Malerprofessor, verkehrte in Häusern wie Schadow, Spener, Mendelssohn, »klein und verwachsen, der Kopf aber groß«, Junggeselle, überall gern gesehener Gast, der sich mit Scherben aus Pompeji, mit Landschaftsbildern, originellen Verschen oder Aperçus revanchierte. Generalleutnant von Roeder a. D., Fontanes ehemaliger Bataillonskommandeur im Kaiser-Franz-Regiment, schloß seinen Brief philosophisch: »Diese Frage war mir wieder einmal ein rechter Beweis für die Vergänglichkeit alles Irdischen.« Vom fernen Mississippi aber klang es vorwurfsvoll herüber: »Sie haben sich durch Ihre Frage eine arge Blöße gegeben, und wenn ich Sie nicht um Ihrer im letzten Kriege bewiesenen Vaterlandsliebe willen schätzte, so würden Sie sich eine öffentliche Rüge zugezogen haben.«

Es spricht für Fontane, daß er all die »Röseleriana«, die zugesandten und die von ihm selbst recherchierten, in einem eigenen Kapitel zusammenfaßte und bereits in die Erstausgabe der »Wanderungen« durch das Havelland von 1872 übernahm.

Sehenswürdigkeiten

Bornstedts »pittoreske Wirkung« wird durch den von Lenné geschaffenen landschaftlichen Rahmen noch erhöht. Kirche und Kirchhof bieten sich bewußt als ein Stück brandenburgisch-preußischer Kulturgeschichte dar. Die *Kirche* mit Säulengang und Campanile wurde unter Anleitung der Staatlichen Denkmalpflege restauriert, originalgetreu bis hin zur Kirchturmuhr, den Glasfenstern und goldbronzenen Ornamenten an der hölzernen Decke. Größte Anziehungskraft besitzt nach wie vor das Grabdenkmal des Freiherrn Paul Jakob von Gundling, jenes unglücklichen Präsidenten der Sozietät der Wissenschaften, den der Soldatenkönig als Hofnarr im Tabakskollegium vorführte. Fontane verzichtete darauf, angesichts dieses Epitaphs über die Beziehungen von Geist und Macht am preußischen Hofe zu philosophieren, er nannte es nur »ein wunderliches Gebilde, das, in übermütigem Widerspruch mit Marmorkreuz und Friedensengel, den Ernst dieser Stunde wie ein groteskes Satyrspiel beschließt«. Man sagt, Gundling soll in einem Weinfaß begraben worden sein. Jedenfalls bildet »dies Epitaphium ein Kuriosum ersten Ranges... Hübsche Basiliken gibt es viele; ein solches Denkmal gibt es nur einmal.«

Der *Kirchhof* hat nicht mehr – wie zu Fontanes Zeiten – »den freundlichen Charakter einer Obstbaumplantage. Die vom Winde abgewehten Früchte, reif und unreif, liegen« nicht mehr in den geharkten Gängen, doch die »drei Zirkel« sind noch deutlich zu erkennen: »den Bornstedter, den Sanssouci- und den Erbbegräbnis-Zirkel«. Bei den schlichten Holzkreuzen der Bornstedter Kossäten hielt er sich nicht lange auf, ihn interessierten die barock verzierten und mit schnörkeligen Inschriften versehenen Steine derer, die dem Hofe nahestanden.

»Heinrich Wilhelm Wagenführer, geboren zu Neuwied 1690. Er wurde vom Rhein an die Havel verschlagen, wie es scheint, zu seinem Glück. Der Grabstein nennt ihn mit Unbefangenheit ›einen vornehmen Kauf- und Handelsmann zu Potsdam‹. Diese Inschrift... ist nicht leicht zu entziffern, denn ein alter Ulmenbaum, der zur Seite steht, hat sein Wurzelgeäst derart über den Grabstein hingezogen, daß es aussieht, als läge eine Riesenhand über dem Stein und mühe sich, diesen an seiner Grabesstelle festzuhalten. Gespenstisch am hellen, lichten Tag!« Wagenführer war ein »Langer Kerl«, von den Werbern des Soldatenkönigs vom Rhein an die Havel verschleppt. Er muß wohl besonders schön und anstellig gewesen sein, jedenfalls malte ihn der König in Öl – wie alle seine Lieblingsgrenadiere – und erteilte ihm später das Privileg, sich als Weinhändler in Potsdam niederzulassen. Die Grabinschrift ist nun gut zu lesen, viele barocke

Steine wurden restauriert, dabei verschwand aber auch die abgestorbene Ulme mit ihrer Gespensterhand. Von Grusel keine Rede mehr, wohl aber von Poesie, die sich erst richtig entfalten kann, wenn man von den Lebensläufen und Schicksalen derer erfährt, die dort unter den efeuüberwachsenen Hügeln ruhen. Dr. Klaus Arlt hat ganz im Fontaneschen Sinne einen Führer über den Bornstedter Friedhof herausgegeben, der sich wie ein Geschichtsbuch liest. Und der Leser weiß dann auch, daß Fontane sich irrte, wenn er hinter der »Demoiselle Maria Theresia Calefice« eine »reponierte Sängerin« vermutete. Es war die Schwägerin des Weinhändlers Wagenführer, die nach seinem Tode die Geschäfte streng und umsichtig weiterbetrieb. Der schönste Teil des Kirchhofs aber ist der, wo »die Eigentlichen« liegen, die Dynastie der Sellos, »Sanssoucigärtner seit über hundert Jahren«, und neben ihnen die angeheiratete Verwandtschaft: Persius, Manger, Lenné... »Denkmal an Denkmal hat diese Begräbnisstätte der Sellos zugleich zu einer Kunststätte umgeschaffen: Marmorreliefs, in der Sprache griechischer und christlicher Symbolik, sprechen zu uns; hier weist der Engel des Friedens nach oben, dort... blickt das Dornenantlitz zu uns nieder... Nur die Sellos, die eigentlichen Herren des Platzes, haben den künstlerischen Schmuck verschmäht: einfache Feldsteinblöcke tragen ihre Namen und die Daten von Geburt und Tod.« Nur auf einem steht der beziehungsreiche Spruch: »Wir preisen selig, die erduldet haben.«

(Zitate aus »Wanderungen« III, Kapitel »Bornstedt«.)

Ausflug nach Fahrland

»Von Potsdam bis Fahrland ist eine gute Meile. Der Weg läuft in gerader Linie nordwärts und wendet sich erst ganz zuletzt gegen Westen. Die erste halbe Meile, wenn man nicht das Glück hat, auf dem linkshin sich dehnenden Exerzierfelde die Potsdamer Garden in Übung zu sehen, ist interesselos; in Höhe des Dorfes Nedlitz aber ändert sich die Szene, und wir treten, auf eine ganze Strecke hin, in ein durch Landschaft und Geschichte gleich bemerkenswertes Terrain ein.«

So beginnt das Fahrland-Kapitel im dritten Band der »Wanderungen«. Fontane hat diese Landschaft wirklich durchwandert, das Hainholz durchstreift, den Kirchberg bestiegen und aus geologischen und geographischen Eigentümlichkeiten seine Schlüsse gezogen. Das Dorf Fahrland lag vor ihm auf einer von der Eiszeit geformten, halbinselartigen sandigen Hochfläche, ein »Vorland«, idealer Platz für Besiedlung und Verteidigung (was Ausgrabungsfunde 50 Jahre später bewiesen). 1197 mit Spandau zugleich urkundlich erwähnt, war es durch die Jahrhunderte ein nicht unbedeutender Rittersitz. Doch interessanter als die schwierigen Junker von Stechow fand Fontane die Fahrländer Pastoren: Johann Andreas Moritz predigte hier von 1774 bis 1793 und führte eine Chronik, die die Querelen eines Landgeistlichen mit den Bauern einerseits und mit der Obrigkeit andererseits schilderte. Diese Aufzeichnungen wurden im Pfarrhaus aufbewahrt und Fontane auf dessen Bitte im August 1869 zur Verfügung gestellt. Moritz »war ein Ehrenmann, brav, bieder, gerecht... opferbereit,... aber er hatte nicht die leichte Liebenswürdigkeit, und wenn wir Umschau halten, so scheint es fast, als ob bei den Menschen diese leichtwiegende Tugend schwerer wöge und wichtiger wäre als die ernstere Schwester... Er war unbeliebt, unpopulär und blieb es bis zuletzt.«

Das Gegenteil von Moritz war sein Vorgänger im Amte, Bernhard Daniel Schmidt, ein heiter-jovialer Mann, der »glücklich *gewesen* und glücklich *gemacht* hatte«, der leben und leben lassen praktiziert und bei seinem plötzlichen Tode ein ziemliches Chaos in den pfarramtlichen Papieren hinterlassen hatte. Schmidt – übrigens der Vater des späteren »märkischen Sandpoeten« Schmidt von Werneuchen – ähnelte offenkundig Louis Henri Fontane, der im Herbst 1867 gestorben war. Und wenn Fontane von Schmidt schrieb: »ein Lebemann,... Anekdotenerzähler, splendid, nie kleinlich,... voll Verständnis für die Bauernnatur, derb, humoristisch und deshalb beliebt«, so konnte diese Charakteristik auch für Vater Fontane gelten.

Die Arbeit an dem Fahrland-Kapitel zog sich lange hin: Im August 1869 wandte sich Fontane – wahrscheinlich auf Empfehlung des Potsdamer Garnisonschullehrers Wagener – an den Fahrländer Pfarrer Meyering und bat um die Chronik. Im Mai 1870 berichtete er seiner Frau, daß er beabsichtige, über Fahrland zu schreiben. Dann kamen Krieg und Gefangenschaft dazwischen. Erst 1871 erschien »Pastor Moritz zu Fahrland. Ein märkisches Charakterbild« im Wochenblatt der Johanniter-Ordens-Ballei Brandenburg; 1875 brachte das gleiche Blatt eine erweiterte Fassung. Als Buch-Kapitel gelangten Fahrland und die Fahrlander Chronik erst in die zweite Auflage des Havelland-Bandes von 1880.

Sehenswertes

»Die erste halbe Meile« von Potsdam nach Fahrland ist heute noch Exerzierfeld und uninteressant, doch dann: »In Höhe von Nedlitz geben sich an einer Schmalung drei Seen ein Rendezvous; die Krampnitz, der Fahrlandsche und der Jungfernsee treffen an einer Schmalung zusammen, und ein viaduktartiger Bau, mit Brückentoren und Brückenhaus, führt von einem Ufer zum andern.« Diese von Ludwig Persius entworfene »*imposante Bogenbrücke*« war erst 1854 eingeweiht worden. Jahrhundertelang gab es hier eine Fähre. Fontane beschreibt die Familiengeschichte der Fähr-Müllers, die »ihre Töchter nach Sanssouci hin mit Hofgärtnern und Hofbauräten vermählten« und auf dem Bornstedter Friedhof das größte Erbbegräbnis innehatten. »Selten wohl hat eine Fährstelle im Leben und Sterben so gute Tage gesehen.« Beim Bau der neuen Brücke erhielt die Familie neben einer Abfindung und Liegenschaften auch den »*Brückenpalast*« zugesprochen, ein burgartiges, mit Zinnen bestücktes Gebäude aus gelben Klinkersteinen, das heute noch gut erhalten ist.

»Nach rechts hin, wo die Krampnitz und der Jungfernsee ein Eck bilden, zieht sich dammartig ein Erdwerk zwischen Wald und Wasser. ... der *Königswall*, im Munde des Volks... die Römer- oder Räuber- oder Schwedenschanze geheißen... Es ist wohl unzweifelhaft ein alter Camp, ein wendischer Lager- oder Verteidigungsplatz aus jenem Jahrhundert, wo sich Christen- und Heidentum hier bekämpften.« Fontanes Vermutungen wurden zehn Jahre nach seinem Tode bestätigt. Professor Schuchardt vom Völkerkundemuseum Berlin konnte durch Ausgrabungen beweisen, daß diese Burganlage in der späten Bronze- und frühen Eisenzeit entstand und im 9./10. Jahrhundert von den Slawen erneuert wurde. Der Königswall oder die »Römerschanze« ist als geschütztes Bodendenkmal ausgewiesen und über die durch Krampnitz am nördlichen Ufer des Lehnitzsees verlaufende Straße zu erreichen.

Das *Amtshaus*. 1693 verkauften die Herren von Stechow ihr »Schloß Vorland« an den Kurfürsten; der ließ es abreißen und dafür ein »Amtshaus im Kasernenstil« errichten. Es »wirkt so nüchtern wie möglich«. Heute dient es als Kindergarten.

An der *Kirche* (im 13. Jahrhundert begonnen und mehrfach grundlegend umgebaut) fand Fontane kaum Vermerkenswertes außer vier alten Grabsteinen, darunter der für die »wohlgeborene und tugendbegabte Frau, Frau Sophie Schmidtin,... verheiratet an Herrn Bernhard Daniel Schmidt, Prediger in dieser Gemeinde, den 13. Juli 1751 und starb den 7. Juli 1752, nachdem sie drei Tage zuvor von einem toten Söhnlein entbunden worden, das ihr zur linken Seite liegt.«

Das erinnerte Fontane wohl an seine eigene Frau, die zweimal, selbst in Lebensgefahr schwebend, Söhnlein entbunden hatte, die bald darauf starben. Die vier Grabsteine an der südlichen Außenwand der Kirche sind erhalten.

Das alte Pfarrhaus mit dem verwitterten Rohrdach, in dem Schmidt wohnte und das sein Sohn später in Versen poetisch verklärte, hat Fontane nicht mehr gesehen. Das neue Pfarrhaus, in dem Pastor Meyering Fontane empfing, war »so einfach wie möglich, einstöckig, zwei mächtige Linden vor der Tür, die Front des Hauses von wildem Wein umrankt«. Es wurde gegen Ende des 19. Jahrhunderts wegen Baufälligkeit abgetragen. Nur die beiden Linden stehen noch.

Im jetzigen Pfarrhaus wird noch immer die Fahrlander Chronik aufbewahrt, die Fontane recht eigentlich anregte, dem Ort ein so umfangreiches Kapitel zu widmen.

(Zitate aus »Wanderungen« III, Kapitel »Fahrland«, »Die Fahrlander Chronik«.)

Ausflug nach Marquardt

»Da haben Sie alle Züge des Buches vereinigt: Schloß-, Park- und Landschaftsbeschreibung, Historisches, Anekdotisches, Familienkram und Spukgeschichte. Mehr kann man am Ende nicht verlangen.«

Mit diesen Worten offerierte Fontane im Mai 1872 seinem Verleger Hertz das Marquardt-Kapitel für die Erstausgabe des Bandes »Ost-Havelland«. Es rankt sich um die schillernde Gestalt des Hans Rudolf von Bischoffwerder (1740–1803), der schon als Kammerherr am sächsischen Hof »zu Alchimisten und Wunderleuten in nähere Beziehung trat«. Später diente er dem Prinzen Heinrich und Friedrich II.; unter Friedrich Wilhelm II. stieg er zum »allvermögenden Günstling« auf. 1790 heiratete er zum zweiten Mal, kaufte Marquardt, wo ihn der König zwischen 1795 und 1797 öfter besuchte, »meist in der Dämmerstunde... Man begab sich nach der ›Grotte‹,... deren Licht- und Farbeffekt ein wunderbarer gewesen sein soll, trat... ein; der König nahm Platz. Alsbald wurden Stimmen laut; leiser Gesang, wie von Harfentönen begleitet. Dann stellte der König Fragen, und die Geister antworteten. Jedesmal tief ergriffen, kehrte Friedrich Wilhelm ins Schloß und bald darauf nach Potsdam zurück.« Auch im Palais der Lichtenau, im Hexenhaus von Sanssouci und im Charlottenburger Belvedere wurden die »Geister« herbeigerufen, denn der labile König »sehnte sich ... nach dem Dunkel, dem Rätselhaften, dem Wunder«.

Fontane versuchte zu ergründen, ob Bischoffwerder wirklich an diese Geister glaubte oder ob er sie »zu selbstischen Zwecken« benutzte, und kam zu der Ansicht: »Er *glaubte* eben an diese Dinge. Daß er, wie bei Aufführung einer Shakespeareschen Tragödie, mit allerhand Theaterapparat Geister zitierte... scheint dagegenzusprechen. Aber es scheint nur. Diese Gegensätze, so meinen wir, vertragen sich sehr wohl miteinander.«

Fontane, der im Sommer 1869 mit Heinrich Wagener Marquardt besucht hatte, ergänzte das Anekdoten- und Spukkapitel durch einen allgemeinen Aufsatz über die »Geheimen Gesellschaften des 18. Jahrhunderts«. Nach umfangreichem Quellenstudium legte er zunächst die Ursachen ihres Entstehens und ihrer epidemischen Verbreitung frei: »Der Absolutismus behinderte jede Kraftentwicklung, die Miene machte, selbständige Wege einschlagen zu wollen; die Kirche war starr; was Wunder, wenn der individuelle Ehrgeiz, der kein legitimes Feld fand, sich geltend zu machen, auf Abwege geriet und im Dunkeln und Geheimen nach Macht suchte.« Wie ein Dokumentarist untersuchte Fontane die Mittel, derer man sich in diesen Geheimen Gesellschaften wie dem Rosenkreuzer Orden, dem Bischoffwerder angehörte, bediente: Schattenbilder nach Art der Laterna magica, Hohlspiegelbilder auf weißen Flächen oder auf Rauch und Qualm oder bloße Benebelung... Doch als Moralist war für ihn die wesentliche Frage: Wurden diese Mittel von Ehrgeizlingen wie Bischoffwerder bewußt eingesetzt oder nicht. »Das ist der Punkt, auf den es ankommt, wo sich Ehre und Unehre scheiden.« Waren sie Opfer, Täter oder beides?

Bischoffwerder war ein zutiefst wundergläubiger Mensch, trank täglich einen Tropfen von seinem »Lebenselexier«, trug stets ein kleines, rotseidenes Kissen als Amulett auf der Brust – und starb trotzdem mit 62 Jahren.

Nach seinem Tode herrschte die couragierte Witwe noch bis 1833 im Schloß, sie »verharrte in Herbheit und Habsucht«. Selbst als man sie längst in der Rundgruft im Park begraben hatte, ging sie noch um. »Wie auf großen Socken schlurrt es durch alle unteren Räume; man hört Türen gehn; dann alles still. Einige sagen,... sie ›revidiert‹, sie kann nicht los.«

Während Fontane noch an diesen beiden Kapiteln arbeitete, schaltete sich der Oberpräsident der Provinz Brandenburg, Werner von Meding, ein und versuchte aus persönlichen Gründen, die Veröffentlichung zu unterbinden, es seien doch alles »Heuchler und Karrieremacher« gewesen. Fontane antwortete höflich, aber bestimmt: »Kann mir bewiesen werden (und ich gehöre nicht zu denen, die sich in vorgefaßten Meinungen versteifen) daß er ein Heuchler war, so will ich zerreißen, was ich gesammelt habe. Aber Ew. Exzellenz werden es verzeihlich finden, wenn ich auf diesen Beweis warte« (19. 1. 1870).

Der Beweis wurde natürlich nicht erbracht, und so erschienen die beiden Aufsätze im März und April 1871 im Wochenblatt der Johanniter-Ordens-Ballei Brandenburg und im Oktober 1872 als Buchausgabe in den »Wanderungen« durchs Ost-Havelland.

Sehenswertes

Das *Herrenhaus*, von 1791–95 auf den Fundamenten eines weitaus älteren Gebäudes errichtet, wurde in der ersten Hälfte des 20. Jahrhunderts von dem Berliner Geheimen Kommerzienrat Louis Ravené erworben und prächtig ausgebaut mit Turm und großzügiger Terrasse. 1932 verwandelte Kempinski das stille Schlößchen in eine Dependence von »Haus Vaterland«; doch nicht lange, und das Vaterland vertrieb Herrn Kempinski und setzte einen arischen Besitzer ein. Gegen Kriegsende diente das Schloß als Lazarett, später als Schule und Institut. Nun hat es seine gastlichen Pforten wieder für alle geöffnet, die sich an der Schönheit der Landschaft am Schlänitzsee erfreuen wollen. Im ursprünglichen Zustand blieben nur die doppelstöckigen Kellergewölbe erhalten, in denen sich laut Fontane 1806 »eine rätselhafte Geschichte ereignete«: »Französische Chasseurs zechten im Saal; einer stieg in den Keller hinab, um eine Kanne ›frisch vom Faß‹ zu zapfen. ... er kam nicht wieder herauf; ... der Trupp, in halbem Rausche, verließ Schloß und Dorf, und des Franzosen wurde erst wieder gedacht, als es im Hause zu rumoren begann. Nun forschte man nach. An einer dunkelsten Stelle des Kellers lag der Unglückliche, unkenntlich schon, neben ihm ein halb niedergebranntes Licht. Die ›Gräfin‹ gab ihm ein ehrlich Begräbnis; da wurd es still.« – In den Köpfen der alten Dorfbewohner spukt der tote Franzose noch immer.

Als Ravené die Terrasse anbauen ließ, wurde, um den Blick zum See frei zu haben, die geheimnisumwobene Grotte, die, »nach dem rosenkreuzerischen Ritual, in einem mit *Akazien bepflanzten Hügel* angelegt worden war«, abgetragen. Auch die runde Familiengruft im Park existiert nicht mehr, wohl aber der *Park* selbst, den kein Geringerer als Joseph Peter

Lenné entwarf. Und er ist noch in seiner Verwilderung anziehend: »...in mehreren Terrassen... steigt er zu dem breiten, sonnenbeschienenen Schlänitz-See nieder, an dessen Ufern, nach Süden und Südwesten hin, die Kirchtürme benachbarter Dörfer sichtbar werden. Mit der Schönheit seiner Lage wetteifert die Schönheit der alten Bäume: Akazien und Linden, Platanen und Ahorn, zwischen die sich grüne Rasenflächen und Gruppen von Tannen und Weymouthskiefern einschieben.«

Die einzige Skulptur des Parkes ist zweifach ausdeutbar, sie könnte einen Waldgott darstellen oder auch Silen, der ein vergnügtes und ein ängstliches Mädchen eingefangen hat. Die Sandsteinplastik stammt aus Ravenéscher Zeit.

»...auf dem kleinen *Friedhof*, der die Kirche einfaßt«, blieben nur wenige Grabmäler erhalten. Ein verwittertes eisernes Kreuz trägt den Namen des königlichen Generallieutenants Hans Rudolf Wilhelm Ferdinand von Bischoffwerder, geboren 1795, gestorben 1858. Auf der Rückseite des Kreuzes stehen die Worte: »Der letzte seines Namens«. (Eines Namens übrigens, den Fontane beharrlich mit »fs« schrieb.)

Besagter Offizier war 1848 Kommandeur der Gardekürassiere in Berlin. Als es an jenem denkwürdigen 18. März vor dem Stadtschloß zu Tumulten kam und »die historischen drei Schüsse fielen, ließ er einhauen. Er tat, was ihn Rechtens dünkte.« Nicht, was Rechtens war. Aber selbst diese Formulierung aus der Feder eines Mannes, der bekanntlich auf der anderen Seite der Barrikade gestanden hatte, zeugt von großer Toleranz.

Der *Kirche* widmete Fontane wohlweislich nur wenige Sätze: Der Schwiegersohn Bischoffwerders, »voll Anhänglichkeit gegen das blauborDierte und blaugepaspelte Kürassierregiment, bei dem er Jahre hindurch gestanden hatte, benutzte eine Neuweißung der Kirche, um den Wänden, den Kirchenstühlen, den Tür- und Kanzelfeldern einen blauen Einfassungsstreifen zu geben.« Einmal beim Aufräumen ließ er auch gleich noch alle gesammelten Schriftstücke von 1786–97 zusammentragen, um zwei Tage den Backofen damit zu heizen. Fontane beschrieb diesen Akt fehlenden Kultur- und Geschichtsverständnisses sehr zurückhaltend. (Es war ja erst neun Jahre vorher geschehen): »Keine Frage, daß Herr von Damitz, aus einer gewissen Pietät heraus, in dieser Weise handeln zu müssen glaubte... Wir begreifen die Empfindung, aber wir beklagen sie; es ist der Triumph des Familiensinns über den historischen Sinn. Und der letztere ist doch das Weitergehende, das Idealere.«

Zweifellos hatte er solche »Renovierungen« im Gedächtnis, als er wenig später das satirische Gedicht »Kirchenumbau. Bei modernem Gutswechsel« schrieb.

Bei einer neuerlichen Restaurierung verschwanden die »Kürassierregiments-Paspeln« wieder.

(Zitate, soweit nicht anders vermerkt, aus »Wanderungen« III, Kapitel »Marquardt«, »Geheime Gesellschaften im 18. Jahrhundert«.)

Ausflug nach Paretz

»Von Uetz nach Paretz ist noch eine gute halbe Meile. An einem Sommernachmittag ein entzückender Spaziergang. Der Weg führt durch Wiesen rechts und links; der Heuduft dringt von den Feldern herüber, und vor uns ein dünner, sonnendurchleuchteter Nebel zeigt die Stelle, wo die breite, buchten- und seenreiche Havel fließt. Paretz selbst verbirgt sich bis zuletzt.«

Dieses ungewöhnliche Dorf, das nach dem Geschmack Friedrich Wilhelms III. ausgebaut worden war und das ein Menschenalter nach dem Tode der Königin Luise noch immer ihr Andenken konservierte, mußte natürlich Fontanes Interesse wecken. Im Mai 1861 wanderte er von Nauen aus über Etzin und Ketzin nach Paretz; im August und November 1869 logierte er im Hause des Hofgärtners Wilken, von dem er mancherlei Geschichten aus der »guten alten Zeit« erfuhr. Weil dem gewissenhaften Arbeiter Fontane »noch ein Stück fehlte«, fuhr er im Mai 1870 noch einmal hinaus, ehe er die Serie »Havel und Haveldörfer« für die Stuttgarter Wochenzeitschrift »Über Land und Meer« abschloß.

Friedrich Wilhelm, unglücklicher Sohn eines labilen, dem Sinnlichen wie dem Übersinnlichen gleichermaßen verfallenen Königs, hatte sich das stille Paretz als Sommersitz erkoren, um dort endlich seinem Gusto leben zu können. Dem Baumeister David Gilly prägte er ein: »Nur immer denken, daß Sie für einen armen Gutsherrn bauen!« Es entstand zu ebener Erde ein einfaches Schloß »im ländlichen Stile«, das Hofgärtner David Garmatter aus der nahen Schweizerkolonie Neu-Töplitz in einen Park einbettete, in dem sich Natur und Kunst unauffällig verbanden. 1796 war das Kronprinzenpaar zum erstenmal hier zu Gast. »1797 erfolgte die Renovierung der Kirche, drei Jahre später der Neubau des Dorfes, wobei zugleich festgesetzt wurde, daß die im Giebel jedes Hauses befindliche Stube jederzeit für die königliche Dienerschaft, ebenso ein auf jedem Gehöft erbauter Pferdestall für die herrschaftlichen Pferde reserviert bleiben müsse.« Aus dem Kronprinzen Fritz war 1797 Friedrich Wilhelm III. geworden, der niemanden mehr um die Bewilligung seiner Baupläne bitten mußte.

»In diesem also umgeschaffenen Paretz, das bei Freunden und Eingeweihten alsbald den schönen Namen ›Schloß Still-im-Land‹ empfing, erblühten dem Königspaare Tage glücklichsten Familienlebens. ... keine Straße führte vorüber, die Ruhe, wenn man sie haben wollte, war beinahe unbedingt; aber man ließ sie gern durch die Heiterkeit des Dorfes unterbrechen.«

Von Hofgärtner Wilken stammten die offenbar im Gedächtnis der Dorfbewohner gebliebenen Schilderungen der Erntefeste, bei denen sogar die lebenslustige Königin mitgetanzt hatte.

»Im Sommer 1805 hielten sich der König und die Königin länger in Paretz auf als gewöhnlich. Wie in einem Vorgefühl kommender Stürme genossen sie das Glück, das dieser stille Hafen bot, noch einmal in vollen Zügen...

Im Spätsommer des nächsten Jahres... am 14. Oktober wurde das alte Preußen begraben... Der Hof ging nach Königsberg; erst im Jahre 1809 kehrte das durch Jahre der Prüfung gegangene Königspaar nach Berlin zurück.

Der Winter verging, der schöne Frühling des Jahres 1810 kam; die Königin empfand eine tiefe Sehnsucht, ihr geliebtes Paretz wiederzusehen... Am 20. Mai fuhr sie allein mit ihrem Gemahl dorthin«. Ahnte sie, daß es ein Abschied für immer sein würde? Zwei Monate später war sie tot. Friedrich Wilhelm ließ da, »wo ihr Fuß zum letzten Mal die Erde von Paretz berührt hatte, eine gußeiserne gotische Pforte aufstellen... an dunkelster Stelle des Parks, birgt sich das Gittertor in dichtem Akaziengebüsch; nur der Spitzbogen ragt in die Helle auf und trägt ein L. und die Inschrift: ›den 20. Mai 1810‹.«

Der verwitwete König kehrte nach dem Sieg über Napoleon nur noch selten hierher zurück; manchmal kamen die Kinder, auch die russischen Neffen, denn seine Tochter hatte den Zaren Nikolaus geheiratet, und die Prinzen spielten mit den Zöglingen des Potsdamer Militärwaisenhauses

Manöver. In keinem Dorf Preußens hatten die Leute ein so inniges Verhältnis zum König wie in Paretz. »Die ruhigsten und glücklichsten Stunden, die dem König noch beschieden waren, hat er in diesem stillen Haveldorf erlebt.«

Nach seinem Tode fiel das Anwesen an Friedrich Wilhelm IV., der Sanssouci bevorzugte; zu Fontanes Wanderzeiten gehörte es Wilhelm I., der im Stadtschloß residierte und sich in Babelsberg ein eigenes Schloß hatte bauen lassen.

Als Fontane – zwanzig Jahre nach seinem ersten Besuch in Paretz – die Novelle »Schach von Wuthenow« schrieb, ließ er die Szenerie um Schloß Still-im-Land noch einmal aufleben. Er datierte den auf Tatsachen beruhenden Gesellschaftsskandal zurück in die Zeit des königlichen Eliteregiments Gensdarmes, das nach der Niederlage von Jena und Auerstedt aufgelöst worden war, und läßt Frau von Carayon, Mutter der von Schach verführten Victoire, nach Paretz fahren und den König bitten, er möge auf seinen Major einwirken, damit dieser »die Ehre des Hauses wiederherstelle« und Victoire heirate. Frau von Carayon fährt mit der Kutsche denselben Weg, den Fontane mehrmals zu Fuß zurückgelegt hatte. »Eine Viertelmeile hinter Marquardt hatte man die Wublitz, einen von Mummeln überblühten Havelarm, zu passieren, dann folgten Äcker und Wiesengründe, die hoch in Gras und Blumen standen, und ehe noch die Mittagsstunde heran war, war ein Brückensteg und alsbald auch ein offenstehendes Gittertor erreicht, das den Paretzer Parkeingang bildete« (»Schach von Wuthenow«, Kapitel 16).

Die Bilder im Empfangszimmer des Schlosses – Engelsköpfe von Josua Reynolds und die »Büßende Magdalena« von Corregio – und vor allem auch die wehmutsvolle Stimmung im Park lassen ahnen, daß der König wohl auf Ehrenrettung dringen, aber nicht das Glück würde wiederherstellen können.

Sehenswertes

Das *Schloß*, »ein langgestreckter, schmuckloser Parterrebau mit aufgesetztem niedrigen Stock«, war schon, als Fontane Paretz besuchte, »kein Sehnsuchtspunkt mehr, nur noch ein Punkt für Erinnerung und stille Betrachtung«. Aber es hatte doch eine poetische Ausstrahlung durch das, was hier einst geschehen war. Im Laufe der Zeit ist nun eine vollkommene Ernüchterung eingetreten. Das Schloß war im Besitz einer Hohenzollernschen Seitenlinie und kaum bewohnt. Gegen Ende des Zweiten Weltkrieges diente es als Magazin für Kunstgegenstände, die man aus Angst vor Bombenangriffen in Berlin ausgelagert hatte. 1945 wurde in einem Teil des Schlosses ein Lazarett eingerichtet. Es folgte eine Zeit des Interregnums, in der die Möbel und Tapeten, die gerettet werden konnten, nach Sanssouci überführt wurden. 1949 etablierte sich die Deutsche Bauernhochschule in Paretz.

Der *Park* verwilderte und verwahrloste, alle romantischen Accessoires, die gußeiserne gotische Pforte mit dem »L«, Gruft und Grotte, japanisches Rohrhaus und Tempelchen mit Marmortafel wurden abgebrochen, der Weiher zugeschüttet. 1983–85 versuchten die Paretzer, den von Garmatter angelegten Park wiederherzustellen. Mit einigem Erfolg, denn die schönen alten Bäume hatten zum großen Teil alle widrigen Zeitläufte überstanden.

Im *Dorfensemble* findet man noch bäuerliche Anwesen, die den von David Gilly gestalteten Charakter tragen.

Wer, wie Frau von Carayon, von Uetz her ins Dorf einfährt, wird nach Passieren der Brücke unschwer die beiden *Torhäuser* erkennen, die sich in gutem Zustand befinden.

Nach einer kleinen Biegung stößt die Straße auf das eigenartigste Schmuckstück des Dorfes, die auf Wunsch Friedrich Wilhelms III. im Stil der Neogotik erbaute *Schmiede*, die unter dem Namen *»Gotisches Haus«* als gern besuchtes Restaurant bekannt ist.

Besondere Beachtung verdient die aus dem 14. Jahrhundert stammende *Feldsteinkirche*, die Gilly 1797/98 neogotisch abwandelte. Bei dieser Gelegenheit wurde auch eine Patronatsloge angefügt. Die Kirche ist wie ihr Bauherr: schlicht und nüchtern. Sie enthält eine voluminöse Arbeit von Gottfried Schadow, »Die Apotheose der Königin Luise«. »Mehr eigentümlich als schön«, bekannte Fontane. »In ihrer Mischung von christlicher und heidnischer Symbolik ist uns die Arbeit kaum noch verständlich... Sie gehört, ihrer Grundanschauung nach, jener wirren Kunstepoche an, wo der Große Fritz in Gefahr war, unter die Heiligen versetzt zu werden, wo er im Elysium, mit Sternenkranz und Krückstock angetan, die der Zeitlichkeit entrückten preußischen Helden wie zur Parade empfing. Eine Art Sanssouci auch dort oben.«

Fontane schätzte Gottfried Schadow hoch, er widmete ihm in den »Wanderungen« ein eigenes Kaptiel, aber »Schadow, sonst von so gutem Geschmack, vergriff sich in diesem Falle, wie es uns scheinen will«. Wer vor diesem Relief steht, wird Fontane recht geben: »Wir haben hier *Kunst*mengerei und *Religions*mengerei, alles beieinander.«

(Zitate, falls nicht anders vermerkt, aus »Wanderungen« III, Kapitel »Paretz«.)

Ausflug nach Uetz

»Die Havel, die auf ihrem Mittellaufe überall Seen und Buchten bildet, streckt an dieser Stelle eine sackgassenartige Abzweigung, die ›Wublitz‹, tief ins Land und bildet dadurch eine Wassergabel, die das von drei Seiten her umschlossene Stück Land zu einer Halbinsel macht. Auf dieser Halbinsel... liegt unser Uetz, das... nur mit Hülfe einer Fähre oder aber auf weiten Umwegen erreicht werden kann.«

Fontane kam im Sommer 1869 von Paretz, wollte sich den Umweg sparen und die Fähre benutzen. Doch der Fischer, der die Fährstelle versah, war mürrisch und wortkarg. Als der Wanderer ihn durch Reportergeschicklichkeit endlich zum Reden brachte, bekam er nichts als Klagen zu hören. »Eine kurze Zeit hindurch schien es, als sollte das stille Dorf mit in die Welt, von der es sonst abgeschlossen liegt, hineingezogen werden. Das war zu Ende des vorigen und zu Anfang dieses Jahrhunderts, wo das eine halbe Meile von Uetz gelegene Paretz, sozusagen die Hauptstadt dieser kleinen Halbinsel, in den Besitz König Friedrich Wilhelms III. überging. Um diese Zeit – der König wählte immer den Wasserweg – wurde Uetz zu einer vielgenannten Fährstelle.«

Die »goldenen Tage« waren lange vorbei, Paretz war den Hohenzollern aus den Augen, aus dem Sinn geraten, und die Bauern ließen ihre Pferde lieber einen Umweg machen, als daß sie dem Fährmann einen Groschen gaben. Unversehens geriet das Gespräch zu einem sozialpsychologischen Diskurs, der die Idylle ringsum Lügen zu strafen schien. Doch als Fontane zum Abschied den Mühlenberg erstieg, »hinter dessen Kamm bereits erblassend die Abendröte stand«, da gewann sein Gefühl, einen paradiesischen Zipfel der Mark Brandenburg entdeckt zu haben, wieder Oberhand: »Ein schwacher rötlicher Schimmer säumte nur noch den Himmel... Das Dorf, die Wublitz waren still; im Fährhaus schimmerte ein Licht, die Schwäne sammelten sich am Schilf, die Abendglocke klang in langsamen

Schlägen über Uetz hin.« Die Wublitz ist heute Naturschutzgebiet. In einem allmählichen Verlandungsprozeß weiten sich urwaldähnliche Erlensümpfe aus und gehen in dunkle, stille Wasserflächen über, auf denen die Mummeln blühen und in deren Schilf eine vielfältige Vogelwelt nistet. Der Besucher kann heute noch den Abschiedszeilen Fontanes beipflichten:

Du schönster Ort im ganzen Havelland,
Wer könnte je dich ungerührt verlassen!

»Uetz. Ein havelländisches Idyll« erschien 1871 in der Stuttgarter illustrierten Wochenzeitschrift »Über Land und Meer« und im Oktober 1872 in der mit der Jahreszahl 1873 versehenen Erstausgabe des dritten Bandes der »Wanderungen«, der den Haupttitel »Ost-Havelland« trug.

(Zitate, soweit nicht anders vermerkt, aus »Wanderungen« III, Kapitel »Uetz«.)

Rheinsberg

»Rheinsberg von Berlin aus zu erreichen ist nicht leicht. Die Eisenbahn zieht sich auf sechs Meilen Entfernung daran vorüber, und nur eine geschickt zu benutzende Verbindung von Hauderer und Fahrpost führt schließlich an das ersehnte Ziel. Dies mag es erklären, warum ein Punkt ziemlich unbesucht bleibt, dessen Naturschönheiten nicht verächtlich und dessen historische Erinnerungen ersten Ranges sind.«

So beginnt das Kapitel »Rheinsberg« im ersten Band der »Wanderungen« durch »Die Grafschaft Ruppin«. Das Schloß besaß für Fontane schon seit Kindheitstagen eine historienumwitterte Anziehungskraft durch die lebhaften Erzählungen seines Vaters Louis Henri: Hier hatte Friedrich als Kronprinz die glücklichste Zeit seines Lebens verbracht. Erlöst aus Küstriner Festungshaft, befreit von väterlicher Fuchtel, durfte er in Ruppin sein eigenes Regiment exerzieren und am Grienericksee von Knobelsdorff eine unansehnliche Wasserburg ausbauen lassen. Daß er als Preis dafür die ungeliebte Prinzessin von Braunschweig-Bevern hatte heiraten müssen, störte ihn wenig; mit Freunden arrangierte er auf der Remusinsel zierliche Feste im französischen Stil, korrespondierte mit dem skandalberühmten Voltaire und schrieb unter dessen Einfluß den »Anti-Machiavell«, eine Art Morallehre für regierende Fürsten.

Rheinsberg war für Fontane aber nicht nur das Dorado des jungen Friedrich, es war auch der Musenhof des Prinzen Heinrich, der, vom helleren Stern seines herrschenden Bruders überstrahlt, in Friedenszeiten stets im Abseits blieb. Er liebte es, schöne Männer und geistreiche Frauen um sich zu versammeln und versuchte, eine Fronde gegen Potsdam und Sanssouci zu bilden.

In den Jahren, in denen sich Fontane zum Apotheker ausbildete und im Londoner Presse-Büro einen harten Existenzkampf führte, sanken die heiteren Bilder von Rheinsberg ins Unterbewußtsein. Ganz unvermutet tauchten sie wieder auf, als Freund Lepel ihn im Sommer 1858 einlud, von London aus nach Schottland zu reisen. Ein Traum erfüllte sich: auf den Spuren seiner Lieblingsdichter Percy, Scott und Shakespeare zu wandern. »Es war in der schottischen Grafschaft Kinross, deren schönster Punkt der Leven-See ist. Mitten im See liegt eine Insel, und mitten auf der Insel, hinter Eschen und Schwarztannen halb versteckt, erhebt sich ein altes Douglas-Schloß, das in Lied und Sage vielgenannte Lochleven Castle. Es sind nur Trümmer noch,... aber der Rundturm steht noch, in dem Queen Mary gefangensaß, die Pforte ist noch sichtbar, durch die Willy Douglas die Königin in das rettende Boot führte« (Vorwort zur ersten Auflage der »Wanderungen« I, 1861). Wildnis und Trümmer belebten sich mit vertrauten historischen Gestalten: Maria Stuart, Mary Hamilton, David Rizzio – ihnen hatte der junge Fontane seine ersten Balladen gewidmet.

Als sie nach Kinross zurückruderten, und der Rundturm von Lochleven-Castle wie »ein Gebilde der Einbildungskraft« über dem Wasser zu schweben schien, schob sich plötzlich ein anderes Bild dazwischen: »das Bild des *Rheinsberger* Schlosses, das, wie eine Fata Morgana, über den Leven-See hinzog, und ehe noch unser Boot auf den Sand des Ufers lief, trat die Frage an mich heran: So schön dies Bild war, das der Leven-See mit seiner Insel und seinem Douglas-Schloß vor dir entrollte, war jener Tag minder schön, als du im Flachboot über den Rheinsberger See fuhrst, die Schöpfungen und Erinnerungen einer großen Zeit um dich her? Und ich antwortete: *nein*« (ebenda).

Dies war der Moment, in dem die Idee zu den »Wanderungen durch die Mark Brandenburg« geboren wurde. Und so bekannte Fontane im Vorwort zur ersten Ausgabe: »Erst die Fremde lehrt uns, was wir an der Heimat besitzen.«

Gleich die erste Exkursion führte ihn im Juli 1859 nach Wustrau und Rheinsberg, und im Oktober/November des gleichen Jahres erschien unter dem Titel »Märkische Bilder« in der »Neuen Preußischen (Kreuz-)Zeitung« die erste Folge über die Stadt, das Schloß und den Park Rheinsberg. Für die Buchausgabe der »Wanderungen« besuchte Fontane den Ort noch einmal im Mai/Juni 1861.

Der Stadt widmete Fontane nur wenige Sätze. Arm und abseits und im 17. Jahrhundert zweimal durch plündernde Soldaten zerstört, begann sie erst als »kronprinzliche Residenz« ein wenig aufzublühen. Doch 1740 wurde sie erneut von einer verheerenden Feuersbrunst heimgesucht. Knobelsdorff entwarf auf des jungen Königs Geheiß einen übersichtlichen Bebauungsplan mit elf großen rechteckigen Karrees. Zwischen Schloßfreiheit und Wohnvierteln verschob sich der schachbrettartige Grundriß, und es entstand ein triangelförmiger Platz, unter dessen Kastanien Fontane im Sommer 1859 mit seinen Rheinsberger Gewährsleuten auf das Wohl der Stadt anstieß. Allerdings waren die Einheimischen skeptisch: »Ja, es tut not, daß man auf das Wohl Rheinsbergs anstößt. Aber es wird freilich nicht viel helfen… Wir liegen außerhalb des großen Verkehrs, und der kleine Verkehr kann nichts bessern, denn was unmittelbar um uns her existiert, ist womöglich noch ärmer als wir selbst.«

Auch das Schloß befand sich zu der Zeit in verwahrlostem Zustand. Es hatte seit dem Tode des Prinzen Heinrich, 1802, innerhalb der Hohenzollern-Verwandtschaft mehrfach den Besitzer gewechselt und wurde nun von einem uralten, kraftlosen Kastellan verwaltet. Fontane war enttäuscht. Erst im achteckigen Arbeitszimmer im Rundturm des südlichen Flügels sprang der berühmte Funke auf den Besucher über: Hier stand der vergoldete Rokokoschreibtisch, an dem Kronprinz Friedrich den »Anti-Machiavell« verfaßt hatte. An der mit rotem Samt bezogenen Schreibunterlage sah man allerdings deutlich, »wie die Federmesser, je nach Charakteranlage der Besucher, mal größere, mal kleinere Karos herausgeschnitten haben.«

Fontane versuchte in aufwendigen Korrespondenzen dahinterzukommen, wo die wertvollen Bilder und Kunstgegenstände geblieben waren. Resultat: »Die Mehrzahl war in alle Welt zerstoben. Einiges steckte noch in Rheinsberg, zum Teil in der Stadt…, anderes auf den Gütern der prinzlichen Mignons in Meseberg, Köpernitz und Hoppenrade… Das Meiste wird sich wohl… ›verkrümelt‹ haben. Pietät war nicht da und alle Controle in diesen Dingen hörte auf, so kleinlich und geizig man in anderm war.«

Nach diesem Blick auf die Habsucht hinter aristokratischen Kulissen mag es ihm schwer geworden sein, die verbliebenen Reste in einem romantischen Licht zu sehen. Auch der Balladendichter Fontane kam in Rheinsberg nicht auf seine Kosten: Blutrünstige Dramen – wie in den schottischen Schlössern – hatten hier zu keiner Zeit stattgefunden, höchstens auf dem Theater; doch leise, erschütternde Tragödien gab es natürlich an einem Hofe, der menschliche Schwächen aller Schattierungen tolerierte, wenn der Betreffende nur zierlich, geistreich und galant war.

Prinz Heinrich war keineswegs die Karnevalsfigur mit Schnapsnase und schiefsitzender Perücke, als die ihn sein königlicher Bruder porträtieren ließ (das Bild hängt heute noch im Neuen Palais zu Potsdam); Heinrich hatte in Frankreich einen beachtlichen Stellenwert, und Royalisten, die sich im Unabhängigkeitskrieg in Nordamerika Meriten erworben hatten und sich nichts anderes vorstellen konnten als ein Königreich nach englischem Muster, zogen ihn sogar als »König von Nordamerika« in Erwägung. Heinrich war klug genug, gar nicht darauf einzugehen, lebte weiter seinen Ambitionen am kleinen Rheinsberger Hofe oder in seinem Palais zu Berlin, in dem sich, wenige Jahre nach seinem Tod, auf Betreiben der Brüder Humboldt die längst fällige Berliner Universität einrichten sollte.

Der Sinn fürs Historische ließ Fontane die Frage aufwerfen, warum Prinz Heinrich an einem Ort, »wo er durch fast zwei Menschenalter hin gelebt und geherrscht, geschaffen und gestiftet hat... ein halb Vergessener« war. Es lag nicht nur an seinem Geschick, »durch ein helleres Licht verdunkelt zu werden... dem Prinzen hat der Dichter bis zu dieser Stunde gefehlt. Von dem Augenblick an, wo Lied, Erzählung, Schauspiel ihn unter ihre Gestalten aufnehmen werden, werden sich auch die Prinz-Heinrich-Zimmer im Rheinsberger Schlosse neu zu beleben anfangen, und die Kastellane der Zukunft werden zu berichten wissen, was in dieser und jener Fensternische geschah... und unter *welchem* Kastanienbaum der Prinz seinen Tee trank und mit einem freudigen ›Oh, soyez le bien venu‹ sich erhob, wenn Prinz Louis Ferdinand am Schloßtor hielt und lachend aus dem Sattel sprang.

Historische Gestalten teilen nicht selten das Schicksal alter Statuen. Einzelne stehen durch ein Jahrtausend hin immer leuchtend und immer bewundert auf dem Postament ihres Ruhmes; andere werden verschüttet oder in den Fluß geworfen. Aber endlich kommt der Moment ihrer Wiedererstehung, und nun erst – neben den glücklicheren neu aufgerichtet – erwächst der Nachwelt die Möglichkeit des Vergleichs.« Die Statue des Prinzen Heinrich liegt noch immer »versunken und vergessen«, denn es fand sich kein Dichter, der die historische Persönlichkeit ins Gedächtnis der Leser zurückgeholt hätte. Auch Fontane fühlte sich dazu nicht angeregt. Zwar spukt die Gestalt des alten Prinzen am Rande in den Romanen »Vor dem Sturm« und »Der Stechlin«, aber es ist dort nicht von seinen Verdiensten die Rede, sondern von seinen Marotten.

Aufschlußreiche Details aus dem Leben am Rheinsberger Hofe von 1786 bis 1802 hatte Fontane durch Sophie Gräfin von Schwerin erfahren. Wieder einmal war es Mathilde von Rohr, die ihm diese wertvolle Bekanntschaft vermittelte. Die Ausbeute einiger anregender Plauderstunden findet sich in einem lebendigen Nachtrag zum großen Rheinsberg-Kapitel und führt zu den »prinzlichen Mignons« nach Meseberg und Köpernitz.

Wenn der Wanderer Fontane auch nicht dazu beitrug, den Prinzen Heinrich als literarische Figur zu beleben, so erreichte er doch, daß der *Ort* Rheinsberg mit seiner reizvollen Umgebung ins Blickfeld der Leser rückte. Noch zu seinen Lebzeiten kamen die Besucher in immer größeren Scharen, und die Beliebtheit des unverwechselbaren Ortes hält an.

Im Roman »Der Stechlin« taucht Rheinsberg noch einmal auf: Der Gasthof Zum Prinzregenten ist Wahl- und Festlokal der Konservativen, während sich auf dem Triangelplatz hunderte von Sozialdemokraten versammeln. Das Wahl- und Festlokal ist unverkennbar der Rheinsberger Ratskeller. In einer anderen Episode besuchen Dubslav und andere Adlige Schloß und Park, unterhalten sich über Friedrich den Großen und suchen historische Stärkung, indem sie die französischen Inschriften des Prinz-Heinrichschen Obelisken studieren.

Sehenswürdigkeiten

Zu empfehlen ist der Besuch der *Kirche St. Laurentius* mit dem kunstvollen Grabmonument Achim von Bredows, »der im Jahre 1568 die Kirche erneuerte und erweiterte. Es ist ein Denkmal von ganz ungewöhnlichen Dimensionen... Es beginnt über der Holzeinfassung des Chorstuhls, reicht fast bis an die Decke hinauf... Oben das Bredowsche Wappen,... darunter in Lebensgröße die Figuren Achim von Bredows und seiner Gemahlin, einer gebornen Anna von Arnim«. Offenbar die Erbauer der Wasserburg am Grienericksee, aus der Knobelsdorff von 1737 bis 1740 Schloß Rheinsberg schuf.

Fontane rühmte die kernigen Inschriften aus der Renaissancezeit und stellte sie den »marklosen französischen Versen« gegenüber, die ein Hofpoet für den Lieblingsgeiger des Prinzen Heinrich und für die liebreizende Tochter des damaligen Rheinsberger Geistlichen Elsener verfaßt hatte. Ansonsten finden sich keine »höfischen Zeugnisse«. »Es zeigt sich deutlich, daß die *Kirche* der gemiedene Schauplatz der Voltairianer war«.

Im rechten Winkel zum Bredowschen Monument weckte das Bildnis zweier Kinder Fontanes Aufmerksamkeit; sie hatten am See gespielt und sollen dabei ertrunken sein. Der tragische Unglücksfall berührte ihn, hatte er doch auch drei Kinder in zartestem Alter verloren. Mühsam versuchte er die Umschrift zu entziffern. Und was fand er? »Das Mädchen war am 25. Februar, der Knabe am 4. März 1586, *also acht Tage später*, gestorben... Das lang herabhängende blonde Haar des Mädchens sah täuschend aus wie halbkrauses Lockenhaar, das im Wasser seine Krause verloren hat und nur noch leise gewellt, wie eine kompakte Masse, über den Nacken fällt. Einfach der Anblick dieses Haares, das nur deshalb wie vom Wasser zusammengehalten aussieht, weil es der Steinmetz nicht besser und natürlicher machen konnte, hat der kleinen Erzählung von den im See ertrunkenen Geschwistern die Entstehung gegeben.«

Der Obelisk. »Vielleicht die größte Sehenswürdigkeit Rheinsbergs ist der Obelisk, der sich, gegenüber dem Schlosse, am jenseitigen Seeufer auf einem zwischen dem Park und dem Boberow-Walde gelegenen Hügel erhebt.« Prinz Heinrich ließ ihn 1790 dem Andenken seines Bruders August Wilhelm und achtundzwanzig Helden des Siebenjährigen Krieges errichten, die »›durch ihre Tapferkeit und Einsicht verdient haben, daß man sich ihrer auf immer erinnert‹.« Er wählte vornehmlich solche Helden aus, die vom Obersten Feldherren wenig oder keinen Dank geerntet hatten. In Rheinsberg behauptete man, Prinz August Wilhelm sei an gebrochenem Herzen gestorben, weil sein königlicher Bruder ihm 1757 die verlorene Schlacht bei Kolin angelastet habe. Und dies zu Unrecht.

Der Obelisk galt allgemein als steinerner Affront gegen Friedrich II. Von diesem Denkmal ist nur noch der nackte Sandstein übriggeblieben; die kupfernen Medaillons und Buchstaben wurden zu Beginn der fünfziger Jahre von Bilderstürmern abgerissen und zum Teil eingeschmolzen. Nun ist man dabei, das Denkmal wiederherzustellen.

Der *Park* »ist eine glückliche Mischung von französischem und englischem Geschmack, zum Teil planvoll und absichtlich, dadurch, daß man die Le Nôtreschen Anlagen durch Partien im entgegengesetzten Geschmack erweiterte, zum Teil aber planlos und unabsichtlich dadurch, daß sich das zwang- und kunstvoll Gemachte wieder in die Natur hineinwuchs. Die ursprüngliche Anlage soll das Werk eines Herrn von Reitzenstein gewesen sein, der schließlich... in verleumderischer Weise beschuldigt wurde, die Kriegsabwesenheit des Prinzen zu seinem Vorteil benutzt und unredlich gewirtschaftet zu haben«. Aus Gram gab er sich den Tod, »indem er einen Diamanten verschluckte«. Fontane hörte gern auf das, was der Volksmund raunte, auch wenn es sich leicht widerlegen ließ. Sein Apothekerverstand sagte ihm, »daß sich von R. *(wenn überhaupt)* einfach durch Blausäure, durch essence d'amandes, getötet hat, aus welch letztrem Worte, lediglich nach dem Gleichklang, ein *Diamant* geworden ist«.

Im Lauf eines Jahrhunderts verwilderte der Park; erst seit 1975 wird er mit gartenkünstlerischem Feingefühl auf die Pläne und Intentionen des 18. Jahrhunderts zurückgeführt. Manches wirkt noch ein bißchen kahl, die Linden längs der Hauptallee sind erst dabei, ihre Wipfel auszubilden und sich auszubreiten. Wie in Sanssouci grüßt auch hier die für einen barocken Park obligate Personage aus Sandstein und Marmor: Flora, Ceres, die Sphinxen, Apoll und die Allegorien auf Erde, Feuer, Luft und Wasser.

Das Orangerieparterre ist von Grund auf erneuert, das sturmzerzauste *Grabmal des Prinzen Heinrich* wiederhergerichtet. Diese gartenarchitektonische Rarität »besteht aus einer Pyramide von Backstein, um die sich ein schlichtes Eisengitter zieht«. Bemerkenswert ist die vom Prinzen selbst verfaßte Grabschrift in altmodischem Französisch, die in der Übersetzung lautet: »Durch seine Geburt geworfen in diesen Strudel eitlen Rauchs,/Den der Pöbel nennt/Ruhm und Größe,/Aber von dem der Weise die Nichtigkeit kennt;/Ausgesetzt allen Leiden der Menschheit;/Geplagt von den Leidenschaften der anderen,/Getrieben von den eigenen; Oft verleumdet;/Ausgesetzt der Ungerechtigkeit/Und auch noch gebeugt durch den Verlust/Geliebter Eltern,/Zuverlässiger und treuer Freunde;/Aber auch oft getröstet durch die Freundschaft;/Glücklich in der Besinnung,/Glücklicher,/Wenn seine Dienste dem Vaterland nützlich sein konnten/Oder der leidenden Menschheit ; Dies ist der Abriß des Lebens von/Friedrich Heinrich Ludwig,/des Sohnes von Friedrich Wilhelm, König von Preußen,/Und von Sophie Dorothee,/Tochter Georgs I., König von Großbritannien./Vorübergehender,/Erinnere dich,/daß es Vollkommenheit auf Erden nicht gibt./Habe ich auch nicht der beste der Menschen sein können,/So gehöre ich doch auch nicht zur Zahl der Schlechten;/Lob oder Tadel/Berühren den nicht mehr,/Der in der Ewigkeit ruht;/Aber süße Hoffnung/Verschönt die letzten Augenblicke/Dessen, der seine Pflichten erfüllte;/Sie begleitet mich im Sterben./Geboren den 18. Januar 1726,/Gestorben den 3. August 1802.«

Überall im Park finden sich verwitterte Inschriften zum Gedenken an Höflinge, die Heinrich zu Lebzeiten wohl ungerecht behandelt hatte und denen er im Tode gereimte Abbitte leistete. Fontanes Kommentar dazu: »Kleine Niedlichkeiten ohne tiefere Bedeutung.«

Das Schloß, 1566 im rustikalen Renaissancestil errichtet, wurde 1737 von Knobelsdorff zu einem Barockschloß um- und ausgebaut: der Stadt zugewandt das Corps de logis, zur Wasserseite hin zwei durch Kolonnaden verbundene Rundtürme. Seine Glanzzeit ging 1802 zu Ende. Es stand noch unter Verwaltung der Hofkammer, durfte aber seit 1923 als Museum besichtigt werden. Ab 1945 war es Kinder- und Erholungsheim, seit 1953 Diabetiker-Sanatorium. Von da an bemühten sich die Denkmalpfleger, die überkommene kostbare Innendekoration zu erhalten und wiederherzustellen. Marmorkamine, Stuckdecken, vergoldetes Schnitzwerk, Boiserien und Spiegelrahmen wurden mühselig nach alten Vorlagen erneuert, auch die fünf Plafondgemälde von Antoine Pesne restauriert. Das größte und bekannteste befindet sich im Spiegelsaal. Es entstand 1739. Friedrich hatte als Thema vorgegeben: »Apoll vertreibt die Finsternis«, ein allegorisch verbrämter Wunsch, der alte, gichtig-grämliche Vater möge endlich sterben, um dem musenfreundlichen Kronprinzen den Weg freizumachen. Pesne verstand sehr wohl; und auch Fontane scheint – hundertzwanzig Jahre später – die Gedanken des Malers geteilt zu haben. Er übersetzte das Gemälde so: »›der junge Leuchteprinz vertreibt den König Griesegram‹. Die Technik ist vortrefflich, und wie immer man auch über pausbackige Genien und halbbekleidete Göttinnen denken mag, in dem Ganzen lebt und webt eine künstlerische Potenz, gegen die nicht gut möglich ist, sich zu verschließen.«

Der Spiegelsaal war lange Zeit der einzige, der für Konzerte oder Vorträge genutzt werden konnte. Die übrigen Räume blieben den Patienten des Diabetiker-Sanatoriums vorbehalten, das im Schloß eingerichtet worden war. Seit 1990 scheint es, als würden die Musen verlorenes Terrain zurückerobern. Es lohnt sich auch sonst, nach Rheinsberg zu fahren: Die Altstadt nach Knobelsdorffschem Muster, der Triangelplatz mit den alten Kastanien und dem neuen Ratskeller, Park und Landschaft werden die Phantasie desjenigen beflügeln, der Fontanes »Wanderungen« durch die Grafschaft Ruppin und darin das Kapitel »Rheinsberg« gelesen hat; er wird vieles davon wiederfinden und die Szenerie ad libitum mit den historischen Gestalten beleben können.

(Zitate, falls nicht anders vermerkt, aus »Wanderungen« I, Kapitel »Rheinsberg«.)

Ausflug nach Köpernitz

Im Mai 1859 war mit der achtundachtzigjährigen Gräfin La Roche-Aymon die letzte Symbolfigur der Prinz-Heinrich-Zeit in Köpernitz zu Grabe getragen worden. Fontane wollte mit ihrem Lebenslauf eine untergegangene Epoche charakterisieren. Wie gewissenhaft er dabei vorging, bezeugen fünfzig Briefe mit Detailfragen, die er an diesen und jenen richtete. Die Ausbeute war nicht so reich wie erhofft. In letzter Minute wandte er sich wieder einmal an seine Schwester Elise in Neuruppin; sie sollte Bekannte überreden, mit ihr nach Köpernitz zu kutschieren, um sich Terrain und Herrenhaus »scharf anzukucken«. »In 8 Tagen geht das Manuskript ab, das die Grafschaft Ruppin in 12 oder 14 Kapiteln behandelt, dann hast Du ausgelitten« (17. 7. 1861). Diesmal schien Elise nicht »gespurt« zu haben. Das Kapitel »Köpernitz« erschien erst 1875 in der dritten Auflage der »Wanderungen«, nachdem Fontane die Örtlichkeit im September 1873 auf seiner Ruppin-Rundreise selbst in Augenschein genommen hatte.

Wer waren die La Roche-Aymons? Der Graf hatte mit siebzehn Jahren als Emigrant sein Vaterland verlassen und war, nach einer Odyssee von zwei Jahren, 1796 am Hof von Rheinsberg gestrandet. Da »der alternde Prinz (er war siebzig geworden) von Alleinsein und Stille gelegentlich mehr besaß, als ihm lieb war«, erschien ihm der liebenswürdige junge Graf wie »ein Geschenk des Himmels«, und noch vor Ablauf einer Woche wurde er »der *letzte* Adjutant des Prinzen«.

Nicht lange, und er heiratete die Tochter des Hofmarschalls von Zeuner, »Prinzessin Goldhaar« genannt, und mit ihr schienen Glanz und Heiterkeit vergangener Zeiten zurückzukehren. Sie bezauberte alle, auch den Prinzen Louis Ferdinand. Ein Duell konnte gerade noch verhindert werden, aber ein Knacks blieb. Seltsam: »Der Rheinsberger Hof war niemals ein Tugendhof gewesen, war es auch *jetzt* nicht, und doch sah sich jeder ungern des *einen* Ideals beraubt, an das er geglaubt hatte.«

Als Prinz Heinrich 1802 starb, mußte jeder sehen, wo er blieb. Die La Roche-Aymons hatten noch kurz zuvor Gut Köpernitz zugesprochen bekommen, das sie verpachteten, um von dem Geld in Berlin oder Paris zu leben. Dieses Vorhaben war ebenso verwegen wie weltfremd. Der Graf, am französischen Hofe vor allem bei den Damen erfolgreich, vernachlässigte die ihm angetraute preußische Gräfin, und so kehrte die stolze Frau 1826 in die Einsamkeit von Köpernitz zurück.

»Das *Herrenhaus* ist von großer Einfachheit: ein Erdgeschoß (neun Fenster Front) mit Dach und Erker... Das einladendste Zimmer des Hauses ist der Salon, der den Blick auf eine große Parkwiese hat.« Hier lebte sie noch dreiunddreißig Jahre lang. Zusammen mit Kakadus, Kanarienvögeln, Eichhörnchen, Hunden und vielen Katzen. Sie überlebte drei Könige. Friedrich Wilhelm IV. besuchte sie öfter. Da die gewitzte Dame auch eine vorzügliche Köchin war, präsentierte sie ihm eine hausgemachte Trüffelwurst. Zu Weihnachten revanchierte er sich mit einem »Kollier, aus goldenen Würstchen bestehend, die Speilerchen von Perlen, und begleitet von einem verbindlichen Schreiben mit dem Motto: ›Wurst wider Wurst‹. Geschenk und Gegengeschenk wiederholten sich mehrere Male, so daß sich zu dem Kollier ein Armband und... ein Ohrgehänge gesellte; zuletzt erschien eine Tabatière in Form einer kurzen, gedrungenen Blut- und Zungenwurst,... oben und unten mit Rubinen besetzt.« (Über königlichen Geschmack läßt sich nicht streiten.) Als die Marquise hörte, daß ein Potsdamer Hofschlächtermeister mit der gleichen Blutwurst-Tabatière und demselben Motto beglückt worden war, stellte sie pikiert ihre Lieferungen ein.

Der Leser dieser Kapitel bemerkt amüsiert, wie ausgewogen sich Historie, Histörchen und Gesellschaftsklatsch beieinanderfinden. Die zeitaufwendigen Recherchen zu Madame de La Roche-Aymon sollten Jahre später noch einmal nützlich werden. In dem Roman »Vor dem Sturm« diente sie, etwas zeitversetzt, als Modell für eine der weiblichen Hauptpersonen, für Tante Amély. Ihre Charakteristik stimmt wortwörtlich mit der aus den »Wanderungen« überein: »Es eigneten ihr all die Schwächen alter Leute, die die Triumphe ihrer Jugend nicht vergessen können; aber was ihr bis zuletzt die Herzen vieler zugetan machte, war das, daß sie, trotz aller Schwächen und Unleidlichkeiten, im Besitz einer wirklichen Vornehmheit war und blieb. Sie glaubte an sich.«

Wie so oft hatte der Romancier Fontane von dem Wanderer Fontane profitiert.

Die Zukunft des desolaten Herrenhauses ist unklar.

Der *Friedhof* liegt abseits, mitten im Wald, an einem sanften Hang. Er ist nicht nach Jahrgängen, sondern nach Familien parzelliert. »Das Grab der Gräfin befindet sich in der Mitte. Ein graues Marmorkreuz trägt die Inschrift: ›Hier ruht Karoline Amalie Marie Marquise de la Roche-Aymon, geborne von Zeuner, geboren den 7. April 1771, gestorben den 18. Mai 1859‹. ... Sie war so beliebt, daß sich immer noch Kränze vorfinden«.

(Zitate, falls nicht anders vermerkt, aus »Wanderungen« I, Kapitel »Der Rheinsberger Hof von 1786 bis 1802«, »Köpernitz«.)

Ribbeck

»Herr von Ribbeck auf Ribbeck im Havelland,
Ein Birnbaum in seinem Garten stand,
Und kam die goldene Herbsteszeit
Und die Birnen leuchteten weit und breit,
Da stopfte, wenn's Mittag vom Turme scholl,
Der von Ribbeck sich beide Taschen voll,
Und kam in Pantinen ein Junge daher,
So rief er: ›Junge, wiste 'ne Beer?‹
Und kam ein Mädel, so rief er: ›Lütt Dirn,
Kumm man röwer, ick hebb 'ne Birn.‹
...«

So beginnt die wohl bekannteste und beliebteste Ballade Theodor Fontanes. Sie entstand recht spät, erst 1889, und erzählt die Geschichte eines menschenfreundlichen Landedelmanns, der ahnt, daß sein knauseriger Erbe die guten Traditionen nicht fortsetzen würde; darum wünschte er sich »eine Birne mit ins Grab«. »Und im dritten Jahr aus dem stillen Haus/ Ein Birnbaumsprößling sproßt heraus...« Er wuchs sich zu einem stattlichen Baume aus, und da er im Winkel zwischen Turm und Kirchenschiff auf dem Friedhof stand, durften die Kinder des Dorfes ungestraft von den Birnen kosten. »So spendet Segen noch immer die Hand/Des von Ribbeck auf Ribbeck im Havelland«.

Den Herrn von Ribbeck auf Ribbeck gab es tatsächlich, er lebte von 1689 bis 1759 in einem schlichten, einstöckigen Doppeldachhaus und muß wirklich ein Menschenfreund gewesen sein, denn das Kirchenbuch vermerkt: »Er hatte Gottes Wort und seine Knechte lieb«.

Merkwürdigerweise kommt er in den »Wanderungen« nicht vor. Da ist in einem kurzen Kapitel über Groß-Glienicke bei Potsdam lediglich von zwei Ribbecks die Rede, Vater und Sohn, die im 17. Jahrhundert lebten und deren mumifizierte Körper Fontane noch in der Gruft unter der Kirche besichtigt hatte.

Das Geschlecht derer von Ribbeck war weitverbreitet und zum Teil recht wohlhabend, wovon das 1624 in der Breiten Straße zu Berlin erbaute Ribbeckhaus heute noch zeugt. Doch keiner dieses Namens hat sich – im Guten oder Bösen – so hervorgetan, daß er in die Geschichtsbücher eingegangen wäre. Bis auf den einen, der durch Fontanes Ballade unsterblich wurde.

Unzählige, die auf der Fernverkehrsstraße Berlin-Hamburg durchs Havelluch und das Dorf Ribbeck fahren, halten inne und erinnern sich. Es gibt an dieser Straße noch ein altersschwaches »Restaurant zum Birnbaum«, in dem ein Stück des legendären Birnbaums aufbewahrt wird. 1911 war er, 150 Jahre alt und morsch, in einer Sturmnacht zusammengebrochen. Einen Teil des Stammes hob der damalige Gutsherr wie eine Art Reliquie auf. Er empfand sich bewußt als Nachkomme seines menschenfreundlichen Vorfahren und geriet nach 1933 folgerichtig in Widerspruch zur menschenfeindlichen Obrigkeit. Er stand den Männern des 20. Juli 1944 nahe und wurde am 2. April 1945 im KZ Sachsenhausen ermordet.

Das Gutshaus – nicht mehr das bescheidene Doppeldachhaus, sondern ein zweigeschossiger Putzbau mit Mansardstockwerk – diente seit 1956 als Pflegeheim. Nach 45 Jahren kam nun der Enkel des so tragisch ums Leben gebrachten Herrn von Ribbeck zurück, er will das Haus seiner Vorfahren wieder übernehmen und die guten Traditionen der Familie fortführen.

Dem altersmorschen »Restaurant zum Birnbaum« gegenüber entstand eine moderne Gaststätte, die sich mit dem Namen »Theodor Fontane« und seiner Ballade schmückt. Die Dorfbewohner wissen wohl, was sie dem Dichter schuldig sind. Sie pflanzten im Winkel von Turm und Kirchenschiff nun schon zum dritten Male einen Birnbaum, dessen Früchte viel besser munden als die ursprünglichen; die schmeckten herb und bitter und waren eigentlich nur »Kodden«, Holzbirnen. Dennoch gingen sie in den Schatzbehalter deutscher Dichtung ein.

Rüdersdorf, »Seebad«

»Seit gestern bin ich hier, an einem für märkische Verhältnisse reizend gelegenen Ort, der sich ›Seebad‹ nennt, weil man in einem See hier baden kann« (an Mathilde von Rohr, 8. 7. 1887).

Frau Emilie hatte dieses schöne Fleckchen Erde östlich Berlins ausfindig gemacht und in dem einzigen Etablissement von Charles Liesen zwei kleine Zimmer für ihren Mann gemietet. Er wollte dort die Quitzow-Kapitel für den Band »Fünf Schlösser« schreiben. Als Theaterkritiker mußte er bis zum Ende der Spielzeit in der »Malarialuft Berlins« ausharren; wenige Tage später traf er aufatmend im »Seebad Rüdersdorf« ein. Der erste Eindruck war alles andere als erhebend: Fettwrasen zog aus der Küche in sein Zimmer, im Vorraum war die Scheibe zerbrochen, und die Tür besaß weder Schloß noch Riegel, so daß er seinen Sessel davorschieben mußte. »Aber das alles stört mich nicht«, tröstete er Frau Emilie (7. 7. 1887). »Eleganz mit einer Wanze oder einem unerträglichen Kellner ist schlimmer als drei zerbrochene Scheiben. Vieles kann man entbehren, wenn man zweierlei hat: Schlaf und Abwesenheit von Ärger … Es giebt nur ein Mittel sich wohl zu fühlen: man muß lernen mit dem Gegebenen zufrieden zu sein und nicht immer *das* verlangen, was gerade fehlt.«

Er verstand es, seine Wünsche mit seinen Möglichkeiten in Übereinstimmung zu bringen: »Bleichröder gehört nach Tréport oder Biarritz, *ich* gehöre nach Seebad Rüdersdorf« (an Emilie, 10. 7. 1887). Das bestand aus einer Dampferanlegestelle, einer Badeanstalt und Liesens Gasthaus. »Unter den Linden in Front des Hauses« saß Fontane bei hochsommerlicher Hitze in angenehmer Kühle und schrieb, mit Blick auf den Kalksee, über die Quitzows in Plaue und Quitzöwel, korrespondierte auch mit Friedrich Stephany, der im Begriffe stand, »Irrungen, Wirrungen« in der »Vossischen Zeitung« als Vorabdruck herauszubringen. Um Briefe aufzugeben, mußte er sich nach Rüdersdorf bemühen. »Die Fahrt hin machte ich zu

Schiff, zurück ging ich, nachdem ich mir Kirche, Kriegerdenkmal (hübsch auf dem Berge gelegen) und den Bergwerksbetrieb angesehn hatte. Der Ort wirkt so wie Plaue, Wilsnack etc. Alle diese Jammernester haben irgendwo einen Charme, eine relative Bedeutung: in Plaue das Schloß sammt seinen historischen Erinnerungen, in Wilsnack die Wunderblutkirche... in Rüdersdorf das Bergwerkswesen und die Wichtigkeit desselben für Berlin. Trotzdem – steht alles nach wie vor auf einer traurigen Tiefstufe (an Emilie, 7. 7. 1887). So wichtig waren die Kalksteinbrüche schon unter Friedrich II., daß sie dem Berliner Bergwerk- und Hüttendepartement unterstellt wurden. Hochrangige Fachleute wie Generalbergkommissar Friedrich Anton von Heinitz und nach ihm Graf von Reden führten hier den Vorsitz. Ihre Porträtbüsten – aus der Werkstatt Christian Daniel Rauchs – zieren die stattlichen Portale des Heinitz- bzw. des Reden-Kanals. Und kein Geringerer als Karl Friedrich Schinkel entwarf das Bergamtsgebäude in Rüdersdorf. Dies alles beeindruckte Fontane, fand aber keinen literarischen Niederschlag. Die »Wanderungen« lagen hinter ihm.

Drei Tage später spazierte er zur Woltersdorfer Schleuse, wo er »in dem ›Gasthaus zum Kranichsberg‹ einen Gilka und eine Flasche Sodawasser genoß, beides zusammen kostete 20 Pfennige... Auf der Woltersdorfer Schleuse war ein großes Leben, überall... Vorstadts-Ehepaare mit merkwürdig forschen und hübschen Weibern, manche *sehr* hübsch... Sie wirken ganz glücklich und haben wohl auch Grund dazu: sie sind gesund, die meisten in andern Umständen, hübsche Kinder um sich her und verfügen über einen Mann, der gehorcht und für alles sorgt und nicht bloß zärtlich sondern von seinem Ehegespons auch noch sehr eingenommen ist. Unendlich harmlose, zugleich aber von sich, ihrem Werth und Können stark überzogene Menschen« (an Emilie, 17. 7. 1887). Der Gedanke an die eigene, mit 27 noch unverheiratete Tochter Mete spielte wohl hier hinein. Wichtiger war ihm jedoch, das Sozialverhalten des Kleinbürgertums zu beobachten, das, von der zweiten Welle der Gründerjahre emporgetragen, nun diesen Aufschwung genoß. Zufrieden resümierte er nach vierwöchigem Aufenthalt: »Essen nach meinem Geschmack, Luft vorzüglich, dabei eine Welt von... kleinen Erlebnissen. Eine wahre Studienmappe behufs

Ergründung des Berliner Vorstadt-Bourgeois.« Mit seiner Arbeit kam er zügig voran, der Plaue-Aufsatz wurde ein paar Tage eher fertig als angenommen, und so bat er Frau Emilie, beim nächsten Besuch – neben zwei Hemden, etwas Soda und etwas Rum – das Konzept zu »Unwiederbringlich« einzupacken: »Ich... will diese Tage dazu benutzen, mich hier auf Spaziergängen noch wieder ganz in den Stoff hinein zu leben und Vorarbeiten zu machen. Ich kann es dann in Krummhübel schneller und besser schreiben« (24. 7. 1887). So war es immer: Sobald eine Sache beendet war, rückte eine neue nach.

1885 hatte man in Rüdersdorf mit der für das Wachstum Berlins unerläßlichen Zementherstellung begonnen, doch von den Unbilden eines Industrieortes war wenige Kilometer südlich in »Seebad Rüdersdorf« nichts zu spüren. Es war und ist eine »reizend gelegene« Gegend, und Naturfreunde haben in den romantischen Löcknitzgründen und entlang der Seenkette zwischen Rüdersdorf und Erkner Wanderpfade angelegt. Einer der schönsten ist nach Fontane benannt. Er beginnt am Ostende von Erkner bei der Gaststätte »Löcknitzidyll« und führt über die Woltersdorfer Schleuse zum »Seebad Rüdersdorf«; vorbei an »Liebesquell« und über die Teufelsbrücke der Wolfsschlucht, die wahrhaftig wie eine Kulisse zu Webers »Freischütz« anmutet. Am Fuße des Kranichberges kann man sich an »einem Gilka mit Sodawasser« laben und im ehemaligen Etablissement von Liesen »unter den Linden in Front des Hauses« den Blick auf den Kalksee genießen. Auch heute wird da noch »sehr gut gekocht«, nur, wenn Fontane schwärmte: »Eine Satte saure Milch... mit Brot und Zucker, Blumenkohl und Kalbskotelett, und Schweinebraten mit neuen Kartoffeln und Preißelbeeren. Alles für 1 Mark«, so ist *das* wohl unwiederbringlich.

Rund um den Schwielowsee: Caputh

»Der Schwielow ist eine Havelbucht im großen Stil wie der Tegler See, der Wannsee, der Plauesche See. Allesamt sind es Flußhaffe, denen man zu Ehre oder Unehre den Namen »See« gegeben hat... Unter allen unsren Seen kommt er dem Müggelsee am nächsten. An Fläche und Ausdehnung diesem Könige der märkischen Gewässer nah verwandt, weicht er im Charakter doch völlig von ihm ab. Die Müggel ist tief, finster, tückisch... der Schwielow ist breit, behaglich, sonnig und hat die Gutmütigkeit aller breit angelegten Naturen... aber wie alle gutmütigen Naturen kann er heftig werden, plötzlich, beinahe unmotiviert, und dann ist er unberechenbar.«

Eine Segelpartie auf dem Schwielowsee hatte sich Fontane schon lange vorgenommen. Im Sommer 1869 sollte sich dieser Wunsch erfüllen. Die drei Söhne des Caputher Fährmanns, »Midshipmen zwischen zehn und vierzehn«, übernahmen Segel und Steuer und der Garnisonschullehrer Wagener aus Potsdam den »aufklärerischen Teil« der Fahrt. Fontane zog aus dessen »immer frischen und anschaulichen, weil überall aus der Erlebnisfülle schöpfenden Unterwegs-Gespräche« soviel Gewinn, daß die Zeit wie im Fluge verging. Der letzte Zug war versäumt, und man mußte im Dorfe »bei Boßdorf« Nachtquartier nehmen.

Wie so oft verhalf ihm auch dieser unvorhergesehene Aufenthalt zu den reizvollsten Impressionen, denn am andern Morgen, als er »unter einem Lindenbaum in Front des Hauses« frühstückte, die Riesensemmeln mit den zutraulichen Spatzen teilte und dem still-geschäftigen Leben des Dorfes zusah, fuhr ein Kremser mit einer animierten Gesellschaft vor: »Zwei Herren, Fünfziger, mit grau melierten Backenbärten, Lebemänner aus der Schicht der allerneusten Torf- und Ziegelaristokratie« und ein paar »junge Damen, aber nicht *zu* jung.« Die Schilderung ihrer »Landpartie« und der augenzwinkernden Virtuosität, mit der Boßdorf ihnen den Morgenimbiß reichte – »vier Kulmbacher, vier Werdersche, mehrere Cognacs und eine

Pyramide von Butterbroten« –, dies gehört zu den schönsten Kabinettstükken der »Wanderungen«.

Es folgt ein ernsthaftes Kapitel über den harten Kampf ums Dasein, den die aufgrund ihrer geographischen Lage vom Ackerbau ausgeschlossenen Caputher zu führen hatten. Die Frauen bauten auf dem schmalen Uferstreifen Obst und Gemüse an, die Männer bauten Lastkähne, auf denen sie Millionen Steine, die in den umliegenden Ziegeleien gebrannt wurden, nach Berlin transportierten. »Die Männer haben den Seefahrerleichtsinn; das in Monaten Erworbene geht in Stunden wieder hin... zumal um Pfingsten. Dann drängt sich alles hier zusammen; zu beiden Seiten des ›Gemündes‹ liegen 100 Schiffe oder mehr, die Wimpel flattern, und hoch oben vom Mast, ein entzückender Anblick, grüßen hundert Maienbüsche weit in die Ferne.«

Ob Fontane den Ort an solch einem Festtag noch einmal besuchte, ist nicht bekannt, jedenfalls nannte er Caputh »das Chicago des Schwielow-Sees«, was ihm die Einheimischen bis heute übelnehmen. Fontane schilderte aber auch die Risiken und Gefahren ihrer Arbeit, denn der Schwielowsee war bei böigem Wind tückisch, und »an manchen Stellen lagen die schweren Kähne reihenweise auf dem Grund wie nach einer verlorenen Schlacht«.

Dem schweren Leben der Dorfbewohner stellte er die heiteren Tage gegenüber, die der Große Kurfürst mit seiner zweiten Gemahlin Dorothea hier im Jagdschlößchen verbrachte. Sein Sohn, Friedrich I., erster König in Preußen, ließ Caputh als »ein kleines märkisches Juwel« ausbauen. Fontane beschwor noch einmal die Bilder aus dem Sommer 1709, als »König Friedrich IV. von Dänemark und Friedrich August von Polen auf Einladung Friedrichs I. von Preußen in Potsdam eine persönliche Zusammenkunft hielten«. Man kam von dort in einem »überaus prächtigen Schiff, das mit allem nur erdenklichen Luxus ausgestattet war und... an die Prachtschiffe der alten Phönizier und Syrakuser erinnerte«. Der Besuch der drei Könige war der glanzvolle Höhepunkt in der Geschichte des Lustschlößchens. Von da an ging's bergab. (Ein gut Teil des kostbaren Porzellans hatte August der Starke bereits, volltrunken, zertrümmert.) Der Soldatenkönig degradierte Caputh »zu einem bloßen Jagdhause«, ein alter Türke wurde Kastellan. Die vergoldete Yacht tauschte er beim Zaren Peter dem Großen gegen zweihundertdreißig »Lange Kerls« ein; unter Friedrich II. zog sogar eine Garnweberei ins Schlößchen ein. 1815 erhielt es Oberst von Thümen für besondere Verdienste in den Befreiungskriegen.

Die heiteren, schwelgerischen Tage kamen nie wieder. Als Fontane in jenem Sommer 1869 nach Besichtigung des Schlößchens auf die Freitreppe hinaustrat und »einen unbehinderten Blick auf das weite Wasserpanorama« warf, »schwamm eine ganze Flotille von Havelkähnen heran, und am Horizonte stand in scharfen Linien steif-grenadierhaft die Garnisonkirche von Potsdam...«

Der Autor selbst hielt das Caputh-Kapitel, das am 17. April 1870 in der »Kreuz-Zeitung« und 1872 in den »Wanderungen« erschien, für eins der besten. »Es ist alles mit dem Haarpinsel gemalt« (an Elise, 22.4. 1870).

Sehenswertes

Fontane erlebte noch im hohen Alter, wie sich die Lebensweise der Caputher einschneidend veränderte: Nach dem Bau des Sacrow-Paretz-Kanals gerieten die Schiffer ins Abseits, hingen ihr Teerzeug an den Nagel und verlegten sich auf Gartenbau und – Fremdenverkehr. Im 20. Jahrhundert siedelten sich auf dem Krähenberg wohlhabende Leute und Künstler, vor allem Maler an, denn der Blick von der kahlen Hügelkuppe über den schimmernden, gleißenden Schwielowsee ist noch immer so berückend, wie ihn Fontane beschrieben hat.

Die *Fähre* befindet sich seit 1848 im Besitz derselben Familie. Nur wurde der Kahn durch eine Seilfähre ersetzt, die seit 1924 durch Motorkraft angetrieben wird. Dank ihrer nostalgischen Beschaulichkeit übt sie – besonders nach dem Fall der Berliner Mauer – ungeahnte Anziehungskraft auf hektische Großstädter aus.

Von der Veranda des *Fährhauses* aus läßt sich das Treiben gemütlich beobachten.

Das *Gasthaus Boßdorf*, von dem Fontane sagte, es habe »das beste Bier und die besten Betten«, wechselte mehrfach den Besitzer, besteht aber noch unter dem Namen »*Havelklause*«.

Das ehemalige *Jagdschlößchen* versteckt sich am Ufer des Templiner Sees. Man orientiert sich am besten am Turm der Dorfkirche, eine jener frühchristlichen Basiliken nachempfundenen Kirchen, mit denen der fromme und italienliebende Friedrich Wilhelm IV. die Landschaft um seine Residenzstadt Potsdam zu schmücken beliebte. Die Kirche war damals noch ziemlich neu, Fontane erwähnte sie nicht.

Das Schlößchen selbst liegt in einem von Lenné entworfenen Park und diente nach dem Zweiten Weltkrieg jahrzehntelang als Berufsschule. Erhalten blieben dennoch wertvolle Stuckdecken, Boiserien, der Festsaal mit dem Deckengemälde, einige Teile des Porzellankabinetts und die mit kostbaren Delfter Kacheln bekleideten Kellergewölbe.

Im Herbst 1990 wurde das Schlößchen Caputh unter die Schirmherrschaft von Sanssouci gestellt, was für die Zukunft des frühbarocken märkischen Kleinods hoffen läßt.

(Zitate, soweit nicht anders vermerkt, aus »Wanderungen« III, Kapitel »Der Schwielow«, »Caputh«.)

Rund um den Schwielowsee: Petzow

»Das *Schloß*... wurde nach einem Schinkelschen Plane ausgeführt. Es zeigt eine Mischung von italienischem Kastell- und englischem Tudorstil, denen beiden die gotische Grundlage gemeinsam ist. Der Bau, wie er sich unter Efeu und Linden darstellt, wirkt pittoresk genug, ohne daß er im übrigen besonders zu loben wäre... Was daran anmutend wirkt, ist... das *malerische* Element, nicht seine Architektur. Diese... ist... kaum fünfzig Jahre alt.« Was so jung ist, kann nicht viel taugen, scheint Fontane zu schlußfolgern; wir denken heute anders darüber. Das Schloß sollte nach dem Willen des Bauherrn, Baron von Kähne, bewußt uralt und ehrwürdig aussehen. Die Kähnes waren ursprünglich schlichte Bauern gewesen. »...während des Dreißigjährigen Krieges erwarben sie das Lehnschulzengut und hielten es nicht nur fest, sondern wußten auch ihren Besitz derart zu erweitern, daß im Jahre 1740 der damalige Träger des Namens in den Adelsstand und... 1745 der Gesamtbesitz zu einem kreistagsfähigen Rittergute erhoben wurde. Ein Beispiel derartigen Aufdienens ›von der Pike‹... ist sehr selten«, zumal unter Friedrich II., der solche Vorrechte nur alteingesessenen Adligen einräumte. Der Besitzesstolz der Herren Barone nahm im Laufe der Generationen pathologische Züge an. Fontane konnte von Glück sagen, an den Großvater geraten zu sein; besonders höflich scheint dieser zwar auch nicht gewesen zu sein, doch schoß er wenigstens nicht, wie seine Nachfolger, ohne Vorwarnung aus dem Hinterhalt auf Fremde, die ahnungslos Kähnesches Territorium betraten. Fontane distanzierte sich in vornehmer Art von dem Schloßherrn, indem er kein Wort über ihn verlor.

Dagegen pries er den Gartenkünstler Lenné, der das Schloß in einen wundervollen Landschaftspark eingebettet hatte: »An einem Hügelabhang gelegen wie Sanssouci, hat es mit diesem den Terrassencharakter gemein. In großen Stufen geht es abwärts. Wenn aber Sanssouci bei all seiner

Schönheit einfach eine große *Wald*terrasse mit Garten und Wiesengründen bietet, so erblickt man von dem Hügelrücken des Petzower Parkes aus eine imposante *Wasser*terrasse«, übergehend in »die *breite Wasserfläche* des Schwielow«.

Als bedeutendster Petzower galt der Sohn des Ziegeleipächters Karl Friedrich Zelter (1758–1832), der sich vom Maurer zum Liedkomponisten und Begründer der Berliner Sing-Akademie emporgearbeitet hatte und zu den wenigen Duzfreunden Goethes gehörte. Seine Spuren suchend, durchstreifte Fontane die »Grelle«, eine Bucht zwischen Schwielow- und Glindower See, und fand endlich ein völlig verwahrlostes Haus und »ein Konglomerat unsagbarer Örtlichkeiten... Ein unpoetischer, selbst ein unmalerischer Ort! Aber aus dem Weinlaub hervor schimmerte eine weiße Tafel mit der Inschrift: *›Hier ward Zelter geboren am 11. Dezember 1758‹*«. Dies entsprach, wie Historiker später herausfanden, nicht der Wahrheit: Zelter wurde in Berlin geboren und verlebte hier ungetrübte Kinderjahre, doch der Irrtum, einmal in den »Wanderungen« festgeschrieben, setzte sich über Generationen von Lesern fort. Das Haus wurde inzwischen abgetragen, die Tafel gerettet.

Sehenswert

ist das gesamte Dorfensemble von Petzow, denn es geht auf Schinkel zurück. Er entwarf nicht nur das zinnenbewehrte *Schloß* und das großzügige Tor zum Gutshof mit Tudorbogen und Zinnenkranz; Tudorbogen und Strebepfeiler setzen sich leitmotivisch an *Dorfschmiede*, *Wasch-*, *Netze-* und *Spritzenhaus* fort, ja, sie kehren sogar am *Bootsschuppen* und an der Löcknitzer Scheunenwand wieder.

Der Dorfkern mit Schloß, Park, Gutsarbeiterhäusern und Kirche wurde 1985 unter Denkmalschutz gestellt, alle Gebäude mit Schinkelschem Prägestempel originalgetreu restauriert, der *Park* mit seinen herrlichen Ausblicken wieder auf Lennésche Intentionen zurückgeführt, das Schloß in einen Ort der Erholung, die Dorfschmiede in ein kleines Café verwandelt.

Als Schöpfung Schinkels und Lennés zieht der Ort heute zahlreiche Touristen an. Eine prächtige Allee führt von der Zelterstraße den Hügel hinauf zur *Kirche*, die Schinkel 1839 auf Geheiß Friedrich Wilhelms IV. entwarf und von Stüler gebaut wurde. Sie reiht sich »in den Kreis jener neuen schönen Gotteshäuser ein, mit denen der kirchliche und zugleich der feine landschaftliche Sinn des verstorbenen Königs Potsdam und die Havelufer umstellte. Wir nennen nur: Bornstedt, Sacrow, Caputh, Werder, Glindow«. Als »gefälliger Punkt in der Landschaft« sind sie zweifellos ein Gewinn, doch Fontane beklagte mehr als einmal, daß bei diesen Neubauten auch vieles verlorenging, »weil alles Historische, was sich in den alten Kirchen vorfand, meist als Gerümpel beseitigt... wurde«. Die ansehnlichen Kirchen blieben »eine vielversprechende Schale... ohne Kern«. Auch die Petzower Kirche rechnete er zu den »tauben Nüssen«. Aber dem über die Kahlheit und Leere des Innenraums Enttäuschten riet er, den Turm zu besteigen. Alle »Verstimmung [werde] plötzlich und wie auf Zauberschlag« von ihm abfallen, da sich unter ihm ein bezauberndes Panorama ausbreite: »Die ›Grelle‹, eine tiefe Flußbucht, liegt uns zu Füßen; unmittelbar neben ihr der Glindower See. Die Havel und der Schwielow, durch Landzungen und Verschiebungen in zahlreiche blaue Flächen zerschnitten, tauchen in der Nähe und Ferne auf und dehnen sich bis an den Horizont, wo sie mit dem Blau des Himmels zusammenfließen. Dazwischen Kirchen, Dörfer, Brücken, – alles, nach zwei Seiten hin, umrahmt von den Höhenzügen des Havellandes und der Zauche. Das Ganze ein Landschaftsbild im großen Stil ...« Man kann es heute noch so genießen.

Der alte *Dorfgasthof* nennt sich heute *Fontane-Klause*; in einer Vitrine erinnern zwei Porträtphotos an den »Wanderer«, daneben Kopien seiner Aufzeichnungen zum Petzow-Kapitel.

(Zitate aus »Wanderungen« III, Kapitel »Petzow«.)

Rund um den Schwielowsee: Baumgartenbrück

Baumgartenbrück »ist eine ›Brühlsche Terrasse‹ am Schwielow-See. Bastionartig springt ein mit Linden und Kastanien dicht bestandener Uferwall in den See hinein, und so viele Bäume, so viele Umrahmungen eines von Baum zu Baum wechselnden Panoramas. Welche Reihenfolge entzükkender Bilder! ... Ist es hier schön zu allen Tageszeiten, so waltet hier ein besonderer Zauber um die sechste Stunde; dann schwimmen, kommend und gehend, ... die Havelkähne in ganzen Geschwadern heran, und zwischen ihnen hindurch gleitet von Werder her der obstbeladene Dampfer.«

Fontane genoß hier im Sommer 1869 neben dem damals berühmten Werderschen Bier »ein landschaftliches Bild ersten Ranges und eine vorzügliche Verpflegung«, er labte sich aber auch an den Erzählungen des ihn begleitenden Potsdamer Garnisonschullehrers Wagener, der Episoden aus früheren Jahrhunderten so lebhaft schildern konnte, als hätte er sie miterlebt.

Baumgartenbrück war ursprünglich eine Furt, unumgänglich für den, der nach Potsdam oder weiter nach Norden wollte. Nach dem Bau einer hölzernen Zugbrücke wurde deshalb kräftig kassiert: »neben dem Brükkenzoll für Pferd und Wagen vor allem auch ein *Brücken-Aufzugzoll* für alle durchpassierenden Schiffe«. Die Brücke tat noch bis 1909 ihren Dienst. In Nachbarschaft zum Brückenzollhaus stand bereits im 18. Jahrhundert ein langgestrecktes, zweistöckiges Etablissement aus roten Backsteinen, das sich seit 1831 im Besitz ein und derselben Familie befindet. In seinem Notizbuch beschreibt Fontane den Wirt als »bescheiden, arbeitsam, von hoher Statur, mit einem gutmütigen, von unzähligen roten Äderchen durchzogenen Gesicht, aus dem zwei helle, freundliche Augen leuchteten«. Außerdem war er diskret, tat sich nicht wichtig mit seinen Gästebüchern, in denen fast alle Namen des märkischen Adels vorkamen; meist Studiosi, die sich auf die Klippengründe der Examina zum Regierungsassessor vorbereiteten, damals noch gefürchteter als die des Gerichtsassessors. Sie glichen »den Goodwin-Sands, wo die Mastspitzen der Verlorengegangenen so dicht aufragen wie die Kreuze auf einem großstädtischen Kirchhof«. Um nun »einem tiefgefühlten Bedürfnis« entgegenzukommen, hatte ein cleverer Akademiker in Geltow »das schöne, beinahe schloßartig gelegene Haus des alten Meusebach« gekauft und eine Art »Pauk-Orden« eingerichtet. Wer eintrat, legte das Gelübde ab, »jede der beim Examen an sie gerichteten Fragen gewissenhaft zu notieren und mitzuteilen. Diese Fragen, nunmehr Eigentum des Instituts, wurden in das Goldene Buch des Hauses eingetragen«, und darauf beruhte eine ganze Assessorenwelt, ja, das Schicksal künftiger Regierungsräte und Polizeipräsidenten, denn damals blieben Prüfer und Fragen auf Jahrzehnte hinaus dieselben.

Im Gasthof Baumgartenbrück pflegten die Herren Studenten sich zu erholen und – reim-dich-oder-ich-freß-dich – in Gästebüchern zu verewigen. Fontane sah in diese Bücher, verzichtete aber darauf, Namen zu nennen. Doch nicht von ungefähr äußerte er sich in zunehmendem Alter immer sarkastischer über die Fragwürdigkeit staatlicher Bildungsattestationen.

Sehenswertes

Der *Gasthof Baumgartenbrück* ist noch heute im Besitz der Familie Hermann, und man kann wie zu Fontanes Zeiten »unter Linden und Kastanien sitzen« und von der »Brühlschen Terrasse« auf Schwielowsee und Havel schauen, wo Segelboote und die »Schwäne der Weißen Flotte« kreuzen; über die neue Brücke flutet, ein Büchsenschuß weit entfernt, der Verkehr zwischen Potsdam und Brandenburg, und doch blieben »Stille und Leben, Abgeschlossenheit und Weitblick« ebenso erhalten wie die gepriesene »vorzügliche Verpflegung«.

»Hier unter den Laubengängen zu sitzen, nach einem tüchtigen Marsch oder einer Fahrt über den See, ist ein Genuß, der alle Sinne gefangennimmt; nur muß man freilich die Eigenart des Platzes kennen«. – Die kulturgeschichtliche Eigenart dieses Platzes eröffnet sich dem interessierten Gast im Obergeschoß des roten Backstein-Etablissements. In Jahrzehnten liebevoll zusammengetragen sind Erinnerungen an Menschen, die hier einkehrten oder für längere Zeit lebten und ihre Spuren hinterließen: Es gibt Ölgemälde des Impressionisten Karl Hagemeister, der von Werder herüberruderte und sein Mittagessen mangels blanker Taler mit Bildern bezahlte. Erst in hohem Alter wurde er als »Schilderer der märkischen Landschaft« entdeckt und geehrt; neben Hagemeister Graphiken und Drucke seines Meisterschülers Siegward Sprotte; Bilder von Theodor von Brockhusen, den Max Liebermann »den märkischen van Gogh« nannte; Bildnisse einer Frauenrechtlerin, die sich 1905 hier einquartierte und allerlei Fahrendes Volk auf ihre photographischen Platten bannte: Leinwand-, Rattifalli- und Blechwarenhändler, Degenschlucker, Scherenschleifer, Bettler und Musikanten, ähnlich denen, die Fontane beschrieb: »Sie blasen drauflos, alle Kinder sind entzückt, du selber folgst lachend den stolpernden Dissonanzen und hast dabei das süße Gefühl bewahrter persönlicher Freiheit. Die allgemein anerkannte künstlerische Unvollkommenheit wird zum rettenden Engel.« Wie glücklich, mit sich und der Welt im Einklang muß sich der künstlerisch so verwöhnte Fontane befunden haben, daß er dem böhmischen Trio von Posaune, Trompete und Triangel soviel Charme abgewann.

Im Raritätenkabinett der Familie Hermann trifft man auch auf Namen, die man kaum in dieser Gegend vermutet: Ferdinand von Schill versammelte hier, unter der Linde hinterm Haus, im April 1809 seine Husaren, um auf eigene Faust den Kampf gegen Napoleon aufzunehmen. Ein paar hundert Meter oberhalb der *Schill-Linde*, auf dem Franzensberg, steht noch die trotz aller Umbauten italienisch anmutende *Villa*, in der Dr. Foerstermann künftige Assessoren präparierte. Erbauer dieser Villa war Freiherr von Meusebach, Präsident des Rheinischen Kassations- und Rechnungshofes, dem dieses Fleckchen Erde so gut gefiel, daß er hier seinen Lebensabend verbringen wollte. Die erlesensten Geister seiner Zeit trafen sich bei ihm: die Brüder von Humboldt und Grimm, Hufeland und Hegel,

Bettina von Arnim, Bunsen und Hoffmann von Fallersleben. Als der Freiherr 1847 starb, hinterließ er die kostbarste Sammlung deutscher Literatur der Lutherzeit. Bettina von Arnim verwandte sich nachdrücklich dafür, daß der König die 30000 bibliophilen Kostbarkeiten ankaufte, um damit den Grundstock für die Preußische Staatsbibliothek zu legen. Sie rettete einen unvergleichlichen Schatz, denn Meusebach junior, »in eminentem Sinne ein ›Lebemann‹«, bereiste in diplomatischen Diensten die Welt, »›Champagner in Eis‹ war sein steter Begleiter, und seine oft abgegebene Versicherung, ›daß er seines Vaters Bibliothek in den *Keller* getragen habe‹, war nur allzu richtig. So konnte die Katastrophe nicht ausbleiben. Eine reich angelegte Natur ging in ihm zugrunde.«

Auf all diese Überraschungen stößt man in der heimatkundlichen Fundgrube. Natürlich fehlen auch Fontanes Notizen von 1869 nicht und die Gästebücher und Photoalben mit den gereimten Stoßseufzern der Herren Studiosi sowie zahlreiche Ausgaben der »Wanderungen«, in denen das Geltow-Baumgartenbrück-Kapitel enthalten ist.

Es erschien zum erstenmal im Mai 1870 in der »Neuen Preußischen Zeitung«, 1873 im Band »Havelland« und hatte – wie ein Brief Fontanes an Mathilde von Rohr vom 26. März 1874 bezeugt – noch ein Nachspiel: »Neulich kriegte ich einen Klagebrief von einer Frau v. Witzleben, geb. v. Meusebach, aus Potsdam, die sich bitter beschwerte über das was ich über ihren verstorb. Bruder geschrieben habe. Er war schließlich absolut verrückt; ich nenne ihn einen ›Mann von Genie und Excentricität‹; das ist nun der Dank dafür... Ich hab es aber nun so oft erlebt, daß es keinen Eindruck mehr auf mich macht.«

(Zitate, soweit nicht anders vermerkt, aus »Wanderungen« III, Kapitel »Neu Geltow«, »Alt Geltow«, »Baumgartenbrück«.)

Rund um den Schwielowsee: Alt-Geltow

»Etwa tausend Schritt hinter Baumgartenbrück, und zwar landeinwärts, liegt Alt Geltow… Geltow war immer arm; dieser Charakter verblieb ihm durch alle Zeiten hin«. Die Dorfkirche in ihrer Schlichtheit rührte das empfindsame Gemüt des Wanderers vor allem durch die verblaßten Brautkronen und Totenkränze. »Das Ganze ein getreues Abbild stillen dörflichen Lebens: er ward geboren, nahm ein Weib und starb.

Es ist jetzt Sitte geworden, die Kirchen dieses Schmuckes zu berauben. ›Es sind Staubfänger‹, so heißt es… Richtig vielleicht und doch grundfalsch. Man nimmt den Dorfkirchen oft das Beste damit, was sie haben, vielfach auch ihr – Letztes.«

Fontane beklagte diese Verarmung mehrfach und benannte auch einen der Verursacher: Friedrich Wilhelm III. und seinen »aufs Saubere und Ordentliche gestellten Sinn«. »In den Dorfkirchen, wo er sonntags zum Gottesdienste erschien, duldete er sie nicht.« Hier ließ er wohl Ausnahmen gelten.

Auf dem Kirchhof fand Fontane den »mit Eschen und Zypressen umstellten Platz«, auf dem Karl Hartwig Gregor Freiherr von Meusebach neben seiner Gemahlin ruhte, und fand auch das Grabkreuz des Sohnes, der »seines Vaters Bibliothek in den Keller getragen« hatte. Dieses Vater-Sohn-Verhältnis muß ihn bewegt haben, denn der sonst recht unsentimentale Fontane »nahm ein Efeublatt vom Grabe des Vaters und stand noch immer wie im Bann dieser Stätte.«

Wenige Jahre später wurde die Dorfkirche wegen Baufälligkeit abgetragen und 1887 eine neue eingeweiht, ebenso schlicht und einfach.

Am 6. Juni 1888, neun Tage vor seinem qualvollen Ende, kam Kaiser Friedrich III. mit seiner Gemahlin Victoria unauffällig und unerkannt von Sanssouci herüber, um in diesem Kirchlein Zwiesprache mit Gott zu halten. Es sollte der letzte Ausflug sein.

Fontane schilderte die Begebenheit in einer ergreifenden Ballade. Von allen Hohenzollern scheint ihm dieser menschlich am nächsten gestanden zu haben. Er schätzte ihn als »ideale Gestalt«, die »auf alle Allüren verzichtete«, er achtete hoch die Würde, mit der er das zur Wirkungslosigkeit verurteilte Kronprinzen-Dasein im Schatten des uralten, eigensinnigen Vaters ertrug, und er verneigte sich vor der stillen Größe des Todgeweihten, dem als Kaiser nur noch neunundneunzig Tage blieben. Er starb am 15. Juni 1888. Fontanes Gedicht erschien im Oktober desselben Jahres mit dem Titel »Kaiser Friedrich III. Letzte Fahrt« in der Zeitschrift »Der Bär«.

Sehenswertes

Bevor die *alte Dorfkirche* abgerissen wurde, hat sie *Karl Hagemeister* noch gemalt. Das *Bild* hängt in Herrmanns Heimatstube im Gasthaus Geltow-Baumgartenbrück.

An der Außenmauer der neuen, inzwischen auch schon alten Dorfkirche lehnen *drei verrostete Grabkreuze*, die Inschriften sind verwittert, mit Mühe erkennt man die Namen »von Meusebach«.

Von Fontane nicht genannt, aber sehr zu empfehlen ist der Besuch der *Hohen Warte*. Hier, an der Grenze des Königlichen Wildparks, pflegten die hochherrschaftlichen Jagden mit einem Picknick zu enden, bei dem oft Prinz Karl den Ton angab; deshalb wurde der 1830 in gelbem Backstein errichtete Aussichtsturm auch Karlsturm genannt. Der weitgereiste Alexander von Humboldt nannte den Blick von Baumgartenbrück und Alt-Geltow über die seenartig verbreiterte Havel »einen der vorzüglichsten«; vom Karlsturm aus wird er noch übertroffen an Weite und Schönheit.

(Zitate aus »Wanderungen« III, Kapitel »Alt Geltow«.)

Werder an der Havel

»Gärten und Obstbaumplantagen zu beiden Seiten; links bis zur Havel hinunter, rechts bis zu den Kuppen der Berge hinauf... Große Beete mit Erdbeeren und ganze Kirschbaumwälder breiten sich aus... und in wohlgerichteten Reihen neigen die Bäume ihre fruchtbeladenen Zweige.«

Als Fontane im Sommer 1869 Werder besuchte – »bei 27 Grad im Schatten und absoluter Windstille« –, erfüllte sich eine Jugendsehnsucht: Auf dem allmorgendlichen Weg von der Großen Hamburger Straße zur Klödenschen Gewerbeschule in der Niederwallstraße hatte er mit Wonne das Einlaufen der Werderschen-Früchte-Armada beobachtet, »große Schuten, dicht mit Tienen besetzt, während auf den Ruderbänken zwanzig Werderanerinnen saßen und ihre Ruder und die Köpfe mit den Kiepenhüten gleich energisch bewegten. Das war ein idealer Genuß, ein Schauspiel... Zwischen Herkules- und Friedrichsbrücke« hatten die prallbusigen, grobknochigen Dienerinnen Pomonens ihren Stand, und Fontane konnte sich nicht entsinnen, »je anders als mit ›Augen rechts‹ an ihrer langen Front vorübergegangen zu sein«. Noch Jahrzehnte später erinnerte er sich an die Pracht, die dort ausgebreitet war: »Welche Pfirsiche im Weinblatt! Die Luft schwamm in einem erfrischenden Duft, und der Kuppelbau der umgestülpten und übereinanderaufgetürmten Holztienen interessierte uns mehr als der Kommodenbau von Monbijou und, traurig zu sagen, auch als der Säulenwald des Schinkelschen Neuen Museums.« Diese Bilder waren noch nicht verblaßt, als sich Fontane 45 Jahre später bei seiner Havel-Wanderung anschickte, die »besten Freundinnen« seiner Jugend an ihrem Ursprung zu erleben.

Wie immer hatte er sich gut vorbereitet und zuvor die »Diplomatische und topographische Geschichts-Beschreibung der kurmärkischen Mediat-Stadt Werder« des Stadtverordnetenvorstehers Schönemann aus dem Jahre 1784 gelesen. Dort wurden die Inselbewohner als »stark, nervig, abgehärtet und sehr beweglich« geschildert. Weiter hieß es: »Viele natürliche Fähigkeiten sind bei ihnen nicht anzutreffen und sie halten fest am Alten... machen Aufwand bei ihren Gastmählern. Im übrigen aber leben sie kärglich und sparsam und suchen sich durch Fleiß und Mühe ein Vermögen zu erwerben.«

Das entsprach durchaus der Charakteristik, die der Werdersche Stadtrichter Irmisch bereits 1630 gegeben hatte. Fontane begnügte sich nicht damit, diese beiden Chronisten zu zitieren, er versuchte nachzuweisen, warum und wodurch die Werderschen so geworden waren. Es war nicht allein der Anteil wendischen Blutes oder die Abgeschlossenheit der Insellage – es war vor allem der Kampf ums Überleben, die Anpassung an den von einer nicht eben freigebigen Natur aufgezwungenen Jahresrhythmus, der sie so hat werden lassen. Fontane, nachdem er die Obstgärtner kennengelernt hatte, widersprach den beiden Chronisten nicht, doch resümierte er: Man kann »kaum behaupten, daß die Schilderung ein besonders schlechtes Licht auf die Inselbewohner würfe. Hart, zäh, fleißig, sparsam, abgeschlossen, allem Fremden und Neuen abgeneigt, das Irdische über das Überirdische setzend – das gibt zwar kein Idealbild, aber doch das Bild eines tüchtigen Stammes, und das sind sie auch durchaus und unverändert bis diesen Tag«.

Höchstwahrscheinlich durch Vermittlung des Potsdamer Garnisonschullehrers Wagener erhielt Fontane Einblicke ins Werdersche Marktgefüge, auch in die damit verbundenen Mühen und Plagen. Er rechnete den Berliner Lesern, die nur die prächtige, duftend verlockende Seite des Werderschen Obstes genossen und vielleicht noch daran herummäkelten, vor, mit wieviel Anstrengungen diese Früchte angebaut und geerntet wurden und wieviel dem Gärtner übrigblieb von den 15 Silbergroschen pro Tiene, wenn Pflege- und Pflückerlohn, Transportkosten und andere Aufwendungen abgezogen waren. (»Eine Fuhre Dung kostet sieben Taler!«) Und wie oft waren die Mühen eines ganzen Jahres vergebens: »Derartige Ausfalljahre sind solche, wo entweder starke Fröste die großen Obstplantagen zerstören oder wo im Frühjahr die Schwaben und Blatthöhler das junge Laub töten, die Ernte reduzieren und oft die Bäume dazu. So gibt es denn unter den Werderschen eine Anzahl wohlhabender Leute, aber wenig reiche. Es ist auch hier dafür gesorgt, daß die Bäume nicht in den Himmel wachsen.« Und er fügt sarkastisch hinzu: »Reich wird der, der mit der Arbeit hundert anderer Handel treibt.«

Unmittelbar nach den Wanderungen um den Schwielowsee fuhr Fontane in die schlesische Sommerfrische nach Hermsdorf, wo er mit Muße und »mit besondrer Liebe« alle Kapitel niederschrieb. Die Werderschen Kapitel erschienen nicht, wie die anderen, im April 1870 als Serie in der »Neuen Preußischen Zeitung«, sondern erst im Sommer 1871 in der »Vossischen Zeitung«. Und alle zusammen, stark überarbeitet, 1873 im Band »Havelland« der »Wanderungen«.

Die Erinnerungen an die Inselstadt Werder, vor allem an die köstlichen Knupperkirschen (»Kirschen wie ein Mädchenmund«) tauchen noch einmal Jahre später in dem Roman »Irrungen, Wirrungen« auf, und der fast siebzigjährige Dichter zählte, scheinbar zufällig und spielerisch, in dem Gedicht »Was mir gefällt« allerlei »Kleinigkeiten« auf, die sein altes Herz erfreuten. Er nennt neben dem ersten Tiergartengrün auch die blühenden Kirschen in Werder, einen Spaziergang durch die Lästerallee, Kuckucksrufen, im Wald ein Reh, den Schaperschen Goethekopf und in gleichem Atemzuge den Backfisch mit einem Mozartzopf – bezeichnenderweise alles liebenswerte Dinge, die nichts kosten und die ihm doch kostbar waren.

Sehenswertes

Wer von Berlin-Potsdam kommend die Baumgartenbrücke passiert, sollte innehalten und die Aussicht genießen. »Das prächtige See- und Flußpanorama« entzückte auch Fontane: »nach rechts hin eine meilenbreite, segelbedeckte Fläche, nach links hin eine giebelreiche, rot und weiß gemusterte, in dem klaren Havelwasser sich spiegelnde gotische Kirche... Um sie herum ein dichter Häuserkranz: Stadt *Werder*«. Wie eine Fata Morgana erscheint sie in der Ferne, und die Nähe enttäuscht nicht.

»Die *Kirche ›Zum Heiligen Geist‹*, auf der höchsten Stelle der Insel malerisch gelegen«, war 1250 von den Lehniner Mönchen errichtet worden, unter dem Soldatenkönig wurde sie völlig umgebaut, »ob sie schönheitlich dadurch gewonnen hatte, wird zu bezweifeln sein«, zum drittenmal erstand sie unter Friedrich Wilhelm IV. in einer »spitzenreichen Gotik, die, in der Nähe vielleicht mannigfach zu beanstanden, als Landschaftsdekoration aber … von seltener Schönheit ist.«

In der Ecke der Sakristei fand Fontane damals ein Bild, das ihm besonders auffiel, es stellt »Christus als Apotheker« dar: »Christus, in rotem Gewande … steht an einem Dispensiertisch, eine Apothekerwaage in der Hand. Vor ihm, wohlgeordnet, stehen acht Büchsen, die auf ihren Schildern folgende Inschriften tragen: Gnade, Hilfe, Liebe, Geduld, Friede, Beständigkeit, Hoffnung, Glauben. Die Büchse mit dem *Glauben* ist die weitaus größte; in jeder einzelnen steckt ein Löffel. In Front der Büchsen … liegt ein geöffneter Sack mit *Kreuzwurz*. Aus ihm hat Christus soeben eine Handvoll genommen, um die Waage, in deren Schale die *Schuld* liegt, wieder in Balance zu bringen.« Fontane vermutete den Werderschen Apotheker als Donator und hielt das Bild für eine außerordentliche Rarität, zumindest für die Mark Brandenburg. Kunsthistoriker bezeichneten es für so selten nicht, konnten jedoch die Herkunft speziell dieses Bildes bis heute nicht exakt klären. Inzwischen wurde es aus dem verspinnwebten Abseits befreit und erhielt im Kircheninnern einen exzeptionellen Platz als Pendant zur neogotischen Kanzel mit den hölzernen Kirchenfürsten.

»*Stadt Werder* … liegt auf einer ›gänzlichen Insel‹. … ›Zur Sommerzeit, wenn das Wasser zurückgetreten ist, kann man die Insel in einer Stunde umschreiten; sie aber zu umfahren, sei es in einem Kahn oder einer Schute, dazu sind zwei Stunden erforderlich.‹« Schuten sind nur noch im *Obstbau-Museum* der Stadt zu besichtigen ebenso Obsttienen und die Kiepen- oder Schutenhüte der Werderanerinnen, die es dem jungen Fontane so angetan hatten.

Es gibt Winkel und Ecken, die bieten sich noch so dar wie zu des märkischen Wanderers Zeiten: Blühende oder früchteschwere Gärten und Obstbaumplantagen, die sich die Berglehnen hinaufziehen, und vor allem die

Insel mit ihren niedrigen Häuschen, in denen Karl Hagemeister seine Bilder malte und nicht verkaufte, katzbucklige Seitengassen und an den Ufern zwischen Schwänen und Haubentauchern die Havelfischer, die ihre Netze ausbreiten. Auf den ersten Blick eine Idylle, die, wenn man wie Fontane genauer hinschaut, auch ihre problematische Kehrseite hat.

(Zitate, soweit nicht anders vermerkt, aus »Wanderungen« III, Kapitel »Werder«, »Die Werderschen«.)

Glindow

»Was Werder für den *Obst*konsum der Hauptstadt ist, das ist Glindow für den *Ziegel*konsum... Es ist oft gesagt worden, daß der Stadt Berlin das *Material* zu raschem Emporblühen beinah unmittelbar vor die Tore gelegt worden sei. Das ist richtig. Da sind Feldsteinblöcke für Fundament- und Straßenbau, Rüdersdorfer Kalk zum Mörtel, Holz in Fülle, Torf- und Salzlager in unerschöpflicher Mächtigkeit. Ohne diesen Reichtum... wäre das riesige Wachstum der Stadt... nahezu eine Unmöglichkeit gewesen. Daran, *daß* es möglich wurde, hat Glindow seinen Anteil: der *große Ziegelofen* der Residenz. Das sogenannte ›Geheimratsviertel‹ ist großenteils aus Glindower Steinen aufgeführt, und ein ganzes ›Berlin der Zukunft‹ steckt noch in den Glindower Bergen. (Glindow heißt übrigens Lehmdorf, von dem wendischen Worte *Glin*, der Lehm.)«

Fontane wohnte zu der Zeit in eben diesem Geheimratsviertel. Das Mietshaus gehörte einem Glindower Ziegeleibesitzer. Er verkaufte 1872 an einen Berliner Bankier, der nach der Renovierung die Mieten um das Dreifache erhöhte, so daß Fontanes gezwungen waren, sich nach einer anderen Bleibe umzusehen.

Im Sommer 1869, als er die Gegend um den Schwielowsee durchwanderte, konnte er noch nichts davon wissen, und doch erscheint gerade dieses Kapitel wie eine düstere Vorahnung, keines ist so prononciert sozialkritisch wie das Glindower. Jahre zuvor, als er über das Leben der Torfstecher im Wustrauer Luch schrieb, hatte er noch versucht, die Erbärmlichkeit ihres Daseins durch poetische Landschaftsschilderungen und gemütvolle Genreszenen zu umranken und dadurch zu entschärfen. In Glindow stellte er die sozialen Gegensätze ungeschönt dar: »die Lehmstube mit dem verklebten Fenster, die abgehärmte Frau mit dem Säugling in Loden« und »am See hin... die Veranden der Ziegellords,... Laubengänge, Clematis hier und Aristolochia dort, ziehen sich durch den Parkgarten, Tauben stolzieren auf dem Dachfirst oder umflattern ihr japanisches Haus...« Die gleichen Bilder tauchen später in »L'Adultera« und »Cécile« noch einmal auf; sie dienen dort als eine Art Bühnenkulisse, die Frieden und Harmonie vortäuscht, während sich dahinter Tragödien abspielen.

Wie bei den Torfstechern im Wustrauer Luch, berichtete Fontane auch hier mit der Genauigkeit eines Reporters über Lebensumstände, Arbeitsvorgänge und Einkommensverhältnisse: So wohnten die fünfhundert Saisonarbeiter von April bis Oktober in einem massiven Haus, »das unten Küche, im ersten Stock Eßsaal, im zweiten Stock Schlafraum hat.« Tagelöhner »erhalten täglich acht Silbergroschen der Mann (sechs Silbergroschen die Frau) und bilden die *Unter*schicht einer Gesellschaft, in der die Ziegelstreicher, wie eine mittelalterliche Handwerkszunft, die *Ober*schicht bilden. Sie sind bloße Handlanger... und erheben sich... wenig über ein dörfliches Proletariat«.

Diese Ausdrucksweise ist neu in den »Wanderungen«, es scheint, als habe Fontane bei Karl Marx nachgelesen (was er aber nachweisbar nicht getan hat). Tausend Steine gingen täglich durch die Hände eines Arbeiters, sie erbrachten ihm acht Silbergroschen, dem Ziegeleibesitzer hingegen acht Taler. (Davon mußten die Kosten für Brennmaterial, Löhne und Transport abgezogen werden.) »Der Gesamtziegelbetrieb ist, soweit Glindow selbst in Betracht kommt, in Händen weniger Familien: Fritze, Hintze, Fiedler; etwa neun große Öfen sind im Gange. Die Gesamtmasse produzierter Steine geht bis sechzehn Millionen«. Dabei sollten die eigentlichen Gründerjahre erst noch kommen...

Sachlich und scheinbar leidenschaftslos schilderte Fontane zunächst den Ort, der nicht nur durch die Schornsteine den dörflichen Charakter verloren hatte. Das Vorhandensein eines »Proletariats« erschreckte ihn: »Ob dasselbe städtisch oder dörfisch auftritt, ob es mehr verbittert oder mehr elend ist, sind Unterschiede, die an dem Traurigen der Erscheinung nicht viel zu ändern vermögen... An und für sich ausgestattet mit dem vollen Reiz eines havelländischen Dorfes, hingestreckt zwischen See und Hügel, schieben sich doch überall in das alt-dörfliche Leben die Bilder eines allermodernsten frondiensthaften Industrialismus hinein, und die schönen alten Bäume, die mit ihren mächtigen Kronen so vieles malerisch zu überschatten und zu verdecken verstehen, sie mühen sich hier umsonst, diesen trübseligen Anblick dem Auge zu entziehen.«

Fontane machte sich uneingeschränkt zum Anwalt derer, die in jeder Saison sechzehn Stunden am Tag zwischen Naßkälte und Glühofenhitze »ihre Gesundheit auf dem Altar der Prosperität zum Opfer darbrachten«, und zum Anwalt ihrer Kinder, »die lässig durch den Ententümpel gehn. Es scheint, sie spielen; aber sie lachen nicht; ihre Sinne sind trübe wie das Wasser, worin sie waten und plätschern.« Diese Töne waren nichts für die Ohren des »seligen Beutner«; die politischen Gegensätze zwischen Fontane und dem Chefredakteur der ultrakonservativen »Neuen Preußischen Zeitung« konnten nicht länger überbrückt werden. Im Mai 1870 kam es zum Bruch. Das Glindow-Kapitel erschien erst im Juli 1871 in der »Vossischen Zeitung«. Dazwischen lag Fontanes Reise zu den französischen Kriegsschauplätzen, seine Gefangennahme, sein »a hairs-breath escape«, seine Nähe zur Pariser Commune;... tief bewegende Ereignisse, die ihn wieder an seine Sturm-und-Drang-Zeit erinnerten. Nicht von ungefähr stellte er dem Glindow-Kapitel ein Zitat aus Schillers »Gang nach dem Eisenhammer« voran; nicht von ungefähr drängt sich ihm Freiligraths Gedicht aus dem Vormärz auf, in dem der preußische König auf einem stolzen Rheindampfer fährt und in der Unterwelt des Schiffes der »Proletarier-Maschinist« den Dampfkessel anheizt...

Die »Feuer-Metaphorik«, die den jungen Fontane nachhaltig inspiriert und die er fast vergessen hatte, drängte sich angesichts der Ziegelbrennöfen wieder auf: »Man sieht..., wie durch eine schmale Esse, in die Kammer hinein und hat die aufgetürmten, rotglühenden Steine unter sich... Man steht über einer Hölle und blickt in sie hinab. Eine Schicht Steine, vielleicht kaum einen Fuß dick, trennt den Obenstehenden von dieser Unterwelt, und der Gedanke hat etwas Grausiges: Wenn jetzt dies Gewölbe –.« Mit diesem Gedankenstrich läßt er es bewendet sein, doch der Gedanke, den Freiligrath in besagtem Gedicht »Von unten auf!« in der Sammlung »Ça ira!« (1846) beschwor, taucht bei Fontane in dieser Zeit öfter auf. So beschloß er am 2. 11. 1871 die Rezension eines an sich harmlosen Lustspiels von Scribe (»Feenhände«) mit den erstaunlichen Sätzen: »Die Welt liegt in Wehen; wer will sagen, was geboren wird! Der Sturz des Alten bereitet sich vor. Gut, die Dinge gehen ihren ewigen Gang; tut eure Maulwurfsarbeit; ihr, die ihr *unten* seid. Millionen leben, die an dem Fortbestand dessen, was da ist, kein besonderes Interesse haben können. ... Mögen sie tun, was sie nicht lassen können, und mag es über uns hereinbrechen früher oder später.«

Und im September 1872 schrieb er an Mathilde von Rohr: »Ich kann es weniger beweisen als ich es *fühle*, daß in breiten Volksschichten, berechtigt oder unberechtigt, eine tiefe Unzufriedenheit gärt... Zündstoff genug ist da, um die Welt, auch ohne Zutat von Petroleum, mal wieder in Flammen zu setzen.«

Das ist keine »Feuer-Metaphorik« mehr, sondern das Ergebnis einer außerordentlich sensiblen Beobachtung gesellschaftlicher Veränderungen.

Sehenswertes

Glindow hat noch immer den »vollen Reiz eines havelländischen Dorfes, hingestreckt zwischen See und Hügel«, doch wird es nicht mehr von Schornsteinen beherrscht. Von neun Ringbrennöfen, die Fontane in Betrieb sah, ist heute noch ein einziger übrig. Dieser letzte *Hoffmannsche Ringbrennofen* wurde zu einem Industrie-Denkmal erklärt; es werden in ihm noch immer Steine gebrannt, vor allem solche, die bei der Restaurierung historischer Bausubstanz – wie im Potsdamer Holländischen Viertel – gebraucht werden.

Im ehemaligen *Aufseherturm* ist ein kleines *Museum des Ziegeleiwesens* untergebracht. Manches darin erscheint wie eine Illustration zu Fontanes Glindow-Kapitel.

Aus dem von ihm erwähnten Hügel wurden im Verlauf der Berliner Gründerjahre die »*Glindower Alpen*«. Bevor der Fremde diese scheinbar maßlose Übertreibung belächelt, möge er sich vergegenwärtigen, daß diese Hügelkette aus dem Sand besteht, der abgetragen werden mußte, um an die tiefer gelegenen Lehmschichten heranzukommen. Und die Männer, die mit Schaufeln und Schubkarren unter Schwitzen und Fluchen die »Glindower Alpen« zusammenkarrten, gehörten auch zu den armen Teufeln, von denen Fontane berichtete.

(Zitate, soweit nicht anders vermerkt, aus »Wanderungen« III, Kapitel »Glindow«.)

Spreewald

»Wir fuhren in einer lauen Sommernacht mit der Post nach Lübbenau, dem Hauptort und Eingangspunkt des Spreewaldes, wo wir zeitig Morgens ankamen... Bekanntlich besteht der Spreewald aus einem großen, mit Wald reich durchsetzten Gebiete, welches die Spree in unzähligen, bald breiten, bald schmalen Armen durchzieht... Wo einzelne Pfade die Wasserstraßen kreuzen, führt ein Steg über die Kanäle, der stets so hoch liegt, daß der, ähnlich dem Venezianer Gondolier, aufrecht stehende Fährmann, der mit seiner Stange den Kahn lenkt, darunter durchfahren kann... Zwischen diesen Wasserarmen, wie auf kleinen Inseln, liegen die hölzernen Bauernhäuser, ganz in Grün eingebettet, jedes für sich... Es herrscht eine stille Poesie, ein tiefes, fast märchenhaftes Schweigen in diesen lauschigen Gründen. Kein Wunder, daß Roquette hier die Anregung zu seiner poetischen Erzählung ›Die Schlangenkönigin‹ gewann.« Und Fontane schöpfte auf dieser Fahrt die Eindrücke zu seiner köstlichen Schilderung des Spreewaldes in seinen »Wanderungen durch die Mark Brandenburg«. Wilhelm Lübke erinnerte sich 1891 in seinen Memoiren an ein Ereignis, das 32 Jahre zurücklag. Damals, im August 1859, hatten sich vier »Tunnel«-Freunde zusammengefunden, um den in Berlin noch weithin unbekannten Spreewald zu »entdecken«; neben dem Kunsthistoriker Wilhelm Lübke der schriftstellernde Provinzialschulrat Karl Bormann, der Literaturhistoriker Otto Roquette – alle drei wohlbestallte, beamtete Herren – und mit ihnen im Bunde der mittellose Theodor Fontane, der seufzend resümierte: »Der Spreewald hat 10 Rtl. gekostet und 21 Rtl. eingebracht, geschäftlich genommen also ein ziemlich trauriges business, denn acht Tage waren nötig, um die vier Kapitel zu schreiben« (an Emilie, 20.9. 1859).

Die vier Reisekapitel waren unter der Überschrift »In den Spreewald« vom 31. 8. bis 3. 9. 1859 in der »Preußischen (Adler-)Zeitung« abgedruckt worden, und das Honorar dafür war mehr als mäßig. Er tröstete sich damit, daß es ja nur Vorstudien zur eigentlichen, großen Arbeit waren. Es sollten allerdings mehr als zwei Jahrzehnte vergehen, bis sie, gekürzt und umgearbeitet, in den Spreeland-Band der »Wanderungen« aufgenommen werden konnten.

Der Spreewald – das war für Fontane nicht nur ein unvergeßliches Naturerlebnis, es war die Begegnung mit einem slawischen Volksstamm, der hier in relativer Abgeschlossenheit Sprache und Kultur bewahrt hatte wie sonst nirgendwo. Hier sammelte er bereits mit wachen Augen die Erfahrungen, die wenige Jahre später in seine Darstellung der »Wenden in der Mark« einfließen sollten. Kantor Klingestein aus Lübbenau, »eine Spreewaldsautorität«, begleitete die vier wißbegierigen Herren aus Berlin, den »Ruder- und Steuermannsdienst« übernahm Christian Birkig, der Nachtwächter. Die sogenannte Hochwald-Tour, die man heute noch ohne weiteres nachvollziehen kann, führte sie von Lübbenau aus über Lehde und Wotschofska, durch den Wiesenspreewald mit dem Wehrkanal zum Hochwald, einem Schwarzerlendschungel; und weiter zum »Schützenhaus«, durch die Schleuse von Kannomühle bis »Eiche« und von dort über die Pohlenzschenke, an der Leipschen Grobla und Leipe vorbei, zurück nach Lübbenau.

»Gleich die erste halbe Meile ist ein landschaftliches Kabinettstück... als es die Besonderheit des Spreewaldes: seinen Netz- und Inselcharakter, am deutlichsten zeigt... nur derjenige, der in einem Luftballon über das vieldurchschnittene Terrain hinwegflöge, würde die zu Maschen geschlungenen Flußfäden allerorten in ähnlicher Deutlichkeit wie zwischen Lübbenau und Lehde zu seinen Füßen sehen.« Erste Station war Lehde, ein bäuerliches Venedig, »die Lagunenstadt in Taschenformat; ein Venedig, wie es vor 1500 Jahren gewesen sein mag... Man kann nichts Lieblicheres sehn als dieses Lehde, das aus ebenso vielen Inseln besteht, als es Häuser hat. Die Spree bildet die große Dorfstraße, darin schmalere Gassen von links und rechts her einmünden. Wo sonst Heckenzäune sich ziehn, um die Grenzen eines Grundstückes zu markieren, ziehen sich hier vielgestaltige Kanäle, die Höfe selbst aber sind in ihrer Grundanlage meistens gleich.

Dicht an der Spreestraße steht das Wohnhaus, ziemlich nahe daran die Stallgebäude, während klafterweis aufgeschichtetes Erlenholz als schützender Kreis um das Inselchen herläuft. Obstbäume und Düngerhaufen, Blumenbeete und Fischkasten teilen sich im übrigen in das Terrain und geben eine Fülle der reizendsten Bilder. Das Wohnhaus ist jederzeit ein Blockhaus mit kleinen Fenstern und einer tüchtigen Schilfdachkappe« und – unverzichtbar noch heute – der immer dienstbereite Kahn, »sei es um bei Tag einen Heuschober in den Stall zu schaffen oder am Abend einem Liebespaare bei seinem Stelldichein behilflich zu sein«.

Im großen und ganzen bietet sich Lehde noch so dar; Wege und Straßen, die Lischza, Quodda, Sabugna oder Giglitza heißen, sind nichts anderes als Spreearme, die das Dorf in kleine, etwas erhöht liegende Inseln, die »Kaupen«, teilen. Mitte des 20. Jahrhunderts wollte man Lehde zu einem Museum machen, zu einem lebenden Skansen. Die Bewohner bestanden jedoch auf einem Minimum an modernem Komfort. So wurde auf einer größeren Insel ein Freiluftmuseum errichtet und dazu aus dem ganzen Spreewald nicht mehr bewohnte, typische Häuser zusammengetragen und wieder aufgebaut mit allem, was dazu gehörte: Doppelstubenhaus, Stallscheune, Back- und Bienenhaus, Altenteil, Kahnschuppen und Stallgalerie. Man kann also heute noch sehen, wie die Spreewälder zu Fontanes Zeiten lebten.

Zwanzig Jahre nach Fontanes Fahrt in den Spreewald entdeckten die Maler das grüne Paradies und bildeten eine kleine Künstlerkolonie; dessen Herzstück war das Gasthaus »Zum fröhlichen Hecht«, das sich heute noch großer Beliebtheit erfreut.

»Das wäre kein echtes Spreewaldsmahl, wenn nicht ein Hecht auf dem Tische stünde.« Fontane und seine Freunde genossen ihn eine Kahnstunde weiter in der »Eiche«, einem Forsthaus am Wiesenhang, das es noch gibt. Es muß ihnen so gut geschmeckt haben, daß er sogar das Rezept aufschrieb: »Das Geheimnis dieser Sauce ruht in der kurzen Formel: wenig Butter, aber viel Sahne.«

Gut essen macht schläfrig, das stundenlange Dahingleiten unterm sonnendurchsprenkelten grünen Laubgewölbe ebenfalls. So kam es, daß der

Dichter die nachmittägliche Tour in drei Zeilen abhandelte: »Noch viel war zu sehen: die Dörfer Burg und Leipe, und in der Nähe des ersteren ein Stück Hügelland, darauf das Schloß des letzten Wendenkönigs gestanden haben soll.« Es ist der Schloßberg, etwa 800 Meter vom Spreehafen entfernt. Der Sage nach soll vor tausend Jahren der Wendenkönig nach verlorener Schlacht gegen die deutschen Ritter dort seine letzte Zuflucht gefunden haben. Der Schloßberg gilt heute als ältestes sorbisches Bodendenkmal.

Munter wurden die literarischen Spreewaldreisenden erst, als der Kahn plötzlich im flachen Wasser festsaß. Als der Bootsführer sie endlich herausmanövriert hatte, war im Labyrinth der Kanäle die Richtung verloren. In diesem »Moment äußerster Not und Verwirrung« tauchte ein Bauern- oder Kätnerhaus auf, »dessen weißgetünchtes Fachwerk aus Geißblatt und Fischernetzen freundlich hervorblickte«. Sieben Kinder plätscherten im Wasser. Der Kätner erbot sich, den Verirrten einen Kaffee zu kochen. »Was an Tisch' und Bänken im Hause war, stand bald draußen, und zuletzt erschien auch ein blaugemustertes Kaffeeservice, das unverkennbar einer besseren Zeit angehörte.« Aus Wortwahl und Gebaren des Gastgebers glaubte Fontane einen »Herrnhuter« herauszuspüren, obwohl er zu dem Zeitpunkt noch nicht wußte, daß Graf Zinzendorf neben der pietistischen Brüdergemeinde in Herrnhut auch eine im Spreewald gegründet hatte, die Mitte des 18. Jahrhunderts 1100 Seelen zählte; diese blühende Gemeinschaft war allerdings inzwischen auf 190 Gehilfenbrüder geschmolzen. Zum Abschied hieß der Gastgeber die Kinder das wohl bekannteste Kirchenlied Zinzendorfs singen: »Jesu, geh voran«, und sie sangen »mit jener unwiderstehlichen Innigkeit, wie sie nur Kinderstimmen eigen zu sein pflegt«. Alle lauschten ergriffen, vor allem Bormann, der fünf Jahre zuvor eben dieses Lied in bis dahin unbekannter rhythmischer Form in seinem »Schulblatt für die Provinz Brandenburg« abgedruckt hatte und der nun glücklich war, es »im stillsten Winkel des Spreewaldes« wiederzufinden. Auch Fontane, der gern betonte, ihm fehle der Sinn für Feierlichkeit, blieb nicht unbeeindruckt und schloß: »Noch reizende Partien kamen, aber der Höhepunkt des Festes lag hinter uns... Es schlug zehn von dem am

Abendhimmel aufdunkelnden Turm, als wir im Schatten der Lynarschen Parkbäume wieder anlegten. Der ›Braune Hirsch‹ nahm uns eine Viertelstunde später in seine gastlichen Betten auf, Bootführer Birkig aber ging seinem Dienste nach, um mit Horn und Spieß für Lübbenau und seine Spreewaldgäste zu wachen.«

Wo findet man heute noch Anknüpfungspunkte an Fontanes Spreewaldkapitel? Er beschreibt zunächst die Einfahrt »durch einen *hochgewölbten Torweg* in Lübbenau«, das ist die Durchfahrt des 1850 erbauten Rathauses. Der *Gasthof »Zum braunen Hirsch«*, in dem die Herren nächtigten, wurde später mit dem »Deutschen Haus« zusammengelegt und beherbergt nun die Spreewald-Lichtspiele. Nach wie vor ist Lübbenau *»vorzüglicher Stapelplatz«* für die klassischen Spreewaldprodukte: Gewürzgurken, Kürbis, Meerrettich und Sellerie, »hinsichtlich deren Vorzüge die Meinungen nicht leicht auseinandergehen«. Unverändert ist die 1738 erbaute *Lübbenauer Kirche* mit dem prachtvollen Hochgrabmal des Grafen Moritz Carl zu Lynar. Fontane erlebte hier einen Trauergottesdienst, bei dem Männer und Frauen getrennt saßen; er schilderte bei der Gelegenheit den Sonntagsstaat der Mädchen und Frauen, den kurzen, faltenreichen Friesrock, »das knappe Mieder, das Busentuch, die Schnallenschuhe,... die bunten seidenen Bänder... Kopfputz und die Halskrause«. Diese schwer zu beschreibenden Hauben, Wunderwerke aus Tüll und Gaze, Kanten und Bändern, fesselten ihn wegen ihrer würdevollen Unförmigkeit schon seit Kindheitstagen; im Berliner Tiergarten begegnete er oft Spreewälder Ammen, die die Kinder wohlhabender Eltern aufzogen und »immer nach Milch dufteten«. Selbst im »Stechlin« und bei »Frau Jenny Treibel« tauchen sie wieder auf.

Das Erstaunlichste an den so munter dahingleitenden, impressionistischen Spreewald-Kapiteln ist die Präzision, mit der historische Momentaufnahmen wiedergegeben werden. Als Plauderei erscheint zum Beispiel der Bericht über die »wendische Predigt«, die er nicht versteht, »das Schluchzen aber, das laut wird«, beweist, daß sie zu Herzen geht und daß der Prediger »in der Liebe seiner Gemeinde« steht. »Und nun schweigt die Predigt, und eine kurze Pause tritt ein, während welcher der Geistliche langsam und sorglich in seinen Papieren blättert. Endlich hat er beisammen, was er braucht, und beginnt nun die Aufgebote, die Geburts- und Todesanzeigen zu lesen, alles in *deutscher* Sprache. Bemerkenswert genug. Die Predigt, die mehr dem Ideale dient, durfte noch wendisch sein; aber sowie sich's um ausschließlich praktische Dinge zu handeln beginnt, ... so geht es mit dem Wendischen nicht länger. Der Staat, der bloß mit deutschem Ohre hört und nicht Zeit hat, in aller Eil auch noch Wendisch zu lernen, tritt mit der nüchternsten Geschäftsmiene dazwischen und verlangt *deutsches* Aufgebot und *deutsche* Taufscheine.«

Als ob der Staat je die Absicht gehabt hätte, »Wendisch zu lernen«; im Gegenteil, er tat alles, um das Sorbische (denn um diese Sprache handelt es sich korrekt) – als Amts- und Kultsprache auszumerzen. Laut amtlicher Erhebung war dieses Ziel 1848/49 im Kreis Lübbenau so gut wie erreicht, das heißt in 66 von 84 Gemeinden war bereits Deutsch die Amtssprache. Nur wenige wehrten sich dagegen, unter ihnen der Lübbenauer Pfarrer Kito Fryco Stempel, dessen Predigt Fontane hörte. Er versah sein Amt »in der Liebe seiner Gemeinde« stehend von 1823 bis 1864. Sein Herz gehörte der Dichtkunst, in einem didaktischen Epos von 405 Stanzen hatte er die leidvolle Geschichte seines Volkes geschildert. Sein Nachfolger war ein Zugereister. So hatte das sorbische Gedankengut in Lübbenau wieder eine Bastion verloren. Stempels Manuskripte gerieten an einen Kolonialwarenhändler, der daraus Tüten drehte.

Unbekannt ist, ob Fontane mehr über Kito Fryco Stempel wußte; erwiesen ist jedoch, daß er mit großer Anteilnahme die Überlebensbestrebungen des kleinen, phantasiebegabten Volkes verfolgte; so schickte er am 3.4. 1872 zum 25jährigen Bestehen des sorbischen Kulturvereins »Macica Serbska« ein Telegramm nach Bautzen. Zu der Zeit arbeitete er gerade intensiv an dem Kapitel »Die Wenden in der Mark«, in dem er sich vehement von der allgemein gängigen Geringschätzung und Diskriminierung alles Slawischen absetzte.

Im *Schloß zu Lübbenau* blicken aus goldenen Rahmen teils ernst, teils erhaben lächelnd die Vorfahren der gräflichen Familie zu Lynar auf den Besucher herab. Hervorragende Maler wie Antoine Pesne, Friedrich August

Tischbein und Anton Graff haben sie verewigt. Kostbare Sammlungen von Meißner Porzellan und böhmischem Glas zeugen von dem Reichtum, den die Lynars über Jahrhunderte erwarben; in der ehemals gräflichen Kanzlei, dem jetzigen *Spreewald-Museum*, findet man die bescheideneren Hinterlassenschaften der nicht-gräflichen Leute. Spätestens hier wird dem Betrachter bewußt, wie tiefgreifend sorbisches Gedankengut, Sagen, Märchen und Volkskunst die deutsche Kultur bereicherte oder hätte bereichern können.

Einen breiten Raum nimmt – mit Bildern, Photographien, Hausrat und Trachten – die zweite Hälfte des 19. Jahrhunderts ein, als Lübbenau und der Spreewald an einem Wendepunkt standen, als Kito Fryco Stempel noch sorbisch predigte und Fontane die Rolle der Schwalbe übernahm, die zwar noch keinen (Tourismus-)Sommer brachte, aber vorausflog, um ihn anzukündigen.

Das Überraschende für einen Großstädter ist, daß der Spreewald heute noch vielerorts unberührt von lärmiger Moderne liegt; es gibt sie noch, die stillen Fließe, die dunklen Blockhäuser in bunten Bauerngärten, Kühe und Schafe, die auf die Weide gestakt werden, es gibt noch die hohen, grünen Blätterdome mit ihren verwirrenden Lichtreflexen, die huschenden, blausilbernen Prachtlibellen und den aufrechten Spreewald-Gondolier.

(Zitate, soweit nicht anders vermerkt, aus »Wanderungen« IV, Kapitel »In den Spreewald«.)

Werneuchen

»Inmitten des Barnim, halben Wegs zwischen Berlin und Eberswalde liegt das Städtchen Werneuchen. Ich sage Städtchen, um dem Lokalpatriotismus einzelner seiner Bewohner nicht zu nahe zu treten, die das Beiwort ›Stadt‹ für ironische Übertreibung und die Bezeichnung ›Flecken‹ als Mangel an Respekt ansehen möchten.« Am Karfreitag 1861 hielt eine Kutsche auf dem Platz zwischen Pfarrhaus und Kirchhofsmauer unter den alten Linden, und ausstiegen drei würdige Herren: der Gymnasialprofessor und Sagensammler Wilhelm Schwartz, der Verleger Wilhelm Hertz und Theodor Fontane.

Das Städtchen, durch die unlängst erbaute Chaussee seiner Abgelegenheit entrissen, war zu bescheidenem Wohlstand gekommen, das Reputationsbedürfnis der Bürger also erklärlich. Fontane benutzte die Geschichte des Ortes als Rahmen für das Porträt eines Mannes, der hier von 1796 bis 1838 Pfarrer gewesen war: Friedrich Wilhelm August Schmidt, genannt Schmidt von Werneuchen. Er »handhabte Vers und Reim mit großer Leichtigkeit und zählte zu den produktivsten Lyrikern jener Epoche. Man muß freilich hinzusetzen, er tat des Guten zuviel.« (Fontane hatte für diesen Aufsatz allein sechs Gedichtbände durcharbeiten müssen!) »Über die... Sonette und Balladen gehen wir so schnell wie möglich hinweg«, er tat »in dieser Dichtungsart beständig den bekannten *einen* Schritt vom Erhabenen zum Lächerlichen... aber er war ein Naturbeobachter und Naturbeschreiber... ein Genremaler..., vor allem... ein *Landschafter*... Am vorzüglichsten war er da, wo er in klassischer Einfachheit und nie zu bekrittelnder Echtheit die *märkische* Natur beschrieb und den Ton schlichter Gemütlichkeit traf, *ohne in Trivialität oder Sentimentalität zu verfallen.*«

Es kam Fontane nicht auf eine literaturhistorische Ehrenrettung an, vielmehr wollte er ein liebenswürdiges Bildnis des »kleinen Mannes«

malen, der von den »Großen« viel Hohn und selten Anerkennung geerntet hatte. Hochgestellte Theologen verunglimpften den dichtenden Seelenhirten als einen »splendiden Lebemann«; die deutschen Romantiker, allen voran Ludwig Tieck, machten sich ungeniert über ihn lustig; sogar Goethe verfaßte einen Spottvers über des Predigers »Misthaufen-Idylle« – doch Jahre später korrigierte er sich: »Man hätte sich über ihn nicht lustig machen können, wenn er nicht als Poet wirkliches Verdienst hätte, das wir an ihm zu ehren haben.«

Ungeachtet des Streits der Gelehrten wurden etliche von Schmidts Gedichten immer wieder in Volksbüchern nachgedruckt und von Generation zu Generation weitergetragen. Wodurch erklärte sich seine anhaltende – wenn auch lokale – Popularität? Fontane meint, er habe wie kaum ein anderer der Wesensart des Märkers entsprochen:

»Die Märker lieben es, hinter ironischen Neckereien ihre Liebe zu verstecken, und während sie nicht müde werden, über die eigene Heimat, über die ›Streusandbüchse‹ und die kahlen Plateaus, die ›nichts als Gegend‹ sind, die spöttischsten und übertriebensten Bemerkungen zu machen, horchen sie doch mit innerlicher Befriedigung auf, wenn jemand den Mut hat, für ›Sumpf und Sand‹ und für die Schönheit des märkischen Föhrenwaldes in die Schranken zu treten. Und dies hat Schmidt von Werneuchen ehrlich getan. Er tat es *zuerst* und tat es *immer wieder*. Sein ganzes Dichten, Kleines und Großes, Gelungenes und Mißlungenes, einigt sich in dem *einen* Punkte, daß es überall die Liebe zur Heimat atmet und diese Liebe wecken will.«

Es scheint, als habe Fontane, der ja erst am Beginn seiner »Wanderungen« stand, hier auch pro domo gesprochen.

Nicht von ungefähr kam er mehrfach auf Schmidt von Werneuchen zurück. Als erstes erschien – als Resultat jenes Karfreitag-Ausflugs – ein Aufsatz in der »Neuen Preußischen Zeitung«; im Jahr darauf (1862) das Kapitel über Fahrland, den Geburtsort des Dichter-Pfarrers, in der Erstausgabe der »Wanderungen«; die umfassendste kritische Würdigung aber erfolgte im Werneuchen-Kapitel, das 1881 dem vierten Band »Spreeland« zugeordnet wurde. Und schließlich widmete er ihm in »Vor dem Sturm«

ein ganzes Roman-Kapitel, in dem er geschickt Pro und Contra des Streits um den »Sandpoeten« entflammen läßt. Fontanes Urteil hat hundert Jahre später noch immer Bestand, und der Buchverlag »Der Morgen« brachte in der Reihe »Märkischer Dichtergarten« unter dem Titel »Einfalt und Natur« eine Auswahl von Schmidts Gedichten heraus, ergänzt durch die widersprüchlichen Äußerungen seiner Zeitgenossen und verschönt durch Kupferstiche von Daniel Chodowiecki.

Sehenswürdigkeiten

Alles, was an die Zeit des Schmidt von Werneuchen erinnert, findet sich in dem engen Zirkel zwischen Markt und Kirche wieder.

Die uralte *Wröh-Linde* steht noch, unter der bis ins 19. Jahrhundert hinein die Bürger zu Gericht saßen und in deren Schatten die drei würdigen Herren am Karfreitag 1861 ihre Hasenbrote verzehrten, nachdem »Schmalhans, noch dazu unter groben Werneuchener Formen... Küchenmeister gewesen« (an Wilhelm Hertz, 30. 3. 1861).

Die *Pfarrkirche*, im Kern ein mittelalterlicher Feldsteinbau, wurde 1873 im neugotischen Stil verändert. Zwei Glocken aus dem Jahre 1651 existieren noch.

In dem stillen Winkel zwischen Kirche und Pfarrhaus erwecken zwei Grabstätten Aufmerksamkeit: Das *Mausoleum* für Otto von Arnim stammt aus der Architektenschule von Gilly und ähnelt mit seiner geböschten Frontseite, die von einem Dreieckgiebel abgeschlossen wird, eher einem antikisierenden Backofen. Die schlichte *Grabstätte des Schmidt von Werneuchen*: Ein gußeisernes Kreuz mit Namen und Lebensdaten, früher umgeben von einem einfachen Holzgitter, das später durch ein Eisengitter ersetzt wurde. Neben ihm ruhen sein Lieblingssohn Ulrich und seine geliebte erste Frau Henriette, der ausnahmslos alle Gedichte gewidmet sind.

Das *Pfarrhaus*, ein Fachwerkbau aus dem 18. Jahrhundert, mußte 1930 wegen Baufälligkeit abgerissen werden. Das an seiner Stelle neu errichtete liegt genauso beschaulich im Schatten der alten Bäume, umfriedet von Schneeball- und Fliederbüschen. Eine Gedenktafel bewahrt das Andenken an den einstigen umstrittenen Bewohner.

(Zitate, soweit nicht anders vermerkt, aus »Wanderungen« IV, Kapitel »Werneuchen«.)

Ausflug in den Blumenthal

»›Der Blumenthal‹, das heißt der Blumenthal-Wald, ist der Name eines großen Forstreviers, das den Hohen-Barnim von Westen nach Osten hin durchzieht und durch die von Berlin nach Wriezen führende Straße fast seiner ganzen Länge nach durchschnitten wird.« Er ist zwei Meilen lang und teilt sich »in eine Werneuchensche und Prötzelsche Hälfte. Die erste ist die landschaftlich schönere, die andere die historisch interessantere. Der schönste Punkt der westlichen Hälfte ist der Gamen-Grund. Hier war es, wo Schmidt von Werneuchen seine Sommer- und Familienfeste zu feiern liebte... Der Chausseebau machte... die Überbrückung des Gamen-Grundes nötig... ein Viadukt ward quer durch die Schlucht geführt«, und von seiner Höhe aus »blickt man nach links hin in die Wassertiefe des Gamen-Sees, nach rechts hin in die Waldestiefe des Gamen-Grundes hinab«.

Viele Vorüberfahrende können auch heute nicht der Verführung widerstehen, halten an und genießen den Anblick, der sich noch genau so darbietet, wie ihn Fontane geschildert hat; so, als habe er den Blumenthal-Wald zu jeder Jahreszeit erlebt. In Wahrheit kannte er ihn nur von einem Werneuchen-Abstecher (1861) und einer Herbstwanderung an der Seite eines kundigen Führers. Der Gamen-Grund – eine in einen Wald gebettete tiefe Rinne, in der sich dreizehn verschwiegene Seen aneinanderreihen – reizte ihn sehr, doch aus Zeitgründen mußte er sich auf einen Punkt beschränken: auf die sogenannte Stadtstelle. Zu seiner Zeit stritten sich die Gelehrten noch, ob dieses Steinfeld eine wirkliche Siedlung oder heidnische Opferstätte gewesen war; Fontane wollte durch eigenen Augenschein die Antwort finden. Zuvor hatte er – wie so oft – Bekmanns »Historische Beschreibung der Kur und Mark Brandenburg« aus dem Jahre 1751 zu Rate gezogen, sich von Wilhelm Schwartz' Sammlung märkischer Sagen inspirieren lassen und auch die Aufzeichnungen des Predigers Lehmann aus Prötzel nicht verschmäht. »Unser kundiger Führer führt uns an ein Gestrüpp von Elsbusch und Brombeerstrauch und sagt dann, auf eine Steinlinie zeigend, die kaum fußhoch aus der Erde hervorragt: ›Dies ist die Kirche.‹« Fontane, skeptisch noch, überzeugte sich anhand von Kalk- und Mörtelspuren, daß es sich tatsächlich um gemauerte Fundamente handelte, fand auch die Stellen, wo Rathaus, Brunnen und Backofen gewesen waren und wo Wurzelstubben uralter Eichen den einstigen Marktplatz begrenzt hatten. Das Merkwürdigste aber war der Markstein:

»Er mißt etwa acht Fuß im Quadrat und geht über vierzehn Fuß in die Tiefe und ragt nur wenig aus dem Erdreich hervor. Natürlich hat ihn nicht Menschenhand hierher gelegt, und die Annahme hat nichts Gezwungenes, daß er ein Opferstein der Ureinwohner war.« Von diesem Markstein aus sah er »alles in der Klarheit einer Reliefkarte« vor sich: »...ungerufen wie eine Vision steigt die alte Stadt aus ihrem Grabe wieder vor uns auf. Gewiß ist das Bild, das wir uns von ihr machen, ein vielfach falsches, aber es sind dieselben Fehler nur, wie wenn wir uns, mit Hülfe eines Plans, eine Stadt im Geiste aufbauen. Die Dinge selbst sind nicht richtig, aber *wir geben den Dingen den richtigen Platz.*« Dies ist ein Schlüsselsatz für Fontanes ersten Roman »Vor dem Sturm«, den er nur wenige Jahre später begann.

Nur zögernd trennte er sich von der Stätte, die von der Natur über die Jahrhunderte lautlos zurückerobert worden war. Aber auch sie mußte wieder einen Teil abtreten – an die Agrikultur. Allerdings: »An Unheimlichem fehlt es noch immer nicht. Das Wildschwein hat es nicht vergessen, daß jahrhundertelang *ihm* diese Stelle gehörte, und in Sommernächten, wenn der Rapsduft vom Felde her in den Wald zieht, dann bricht es in sein altes Revier ein, erst in die ›Suhle‹, dann in die Saat, und tritt nieder und wirbelt auf. Wer dann im ›Blumenthal‹ seines Weges kommt, der hört ein Lärmen und... Grunzen... wie in alter Zeit, und er weiß nicht, ist es ein Hexensabbat oder die Wilde Jagd.«

Der Blumenthal heute ist so schön wie eh und je; nur die »Stadtstelle« wird man ohne kundigen Führer kaum finden. Vom Gamen-Grund aus auf der schönen breiten Waldchaussee wandernd, stößt man auf halber

Strecke nach Prötzel auf ein Gutsvorwerk. Nun geht es einige hundert Meter südlich der Straße zwischen Wald und Feldrändern entlang. Wildschweinsuhle. Pappelhain. Freies Feld. An den Rändern verwilderte Obstbäume, in der Mitte ein altersgrauer Birnbaum. Hier ist es. Aber der Pflug ist seit 1947 darüber hinweggegangen, und immer wieder haben ahnungslose Bauern fluchend die Steine aufgesammelt, die dabei zum Vorschein kamen, und sie zu neuen Wällen aufgetürmt. Ackergeräte rammen noch jetzt von Zeit zu Zeit erdverborgenes Mauerwerk. Auch blaugraue, hartgebrannte Scherben, mit Riefelungen verziert, werden hochgewühlt. Was aber blieb und bleiben wird, ist der Markstein. Fünf Meter tief hat man gegraben und noch kein Ende gefunden. Ebenmäßig und glatt liegt er da wie ein in die Erde versunkener Tisch und gibt Rätsel auf.

(Zitate aus »Wanderungen« II, Kapitel »Der Blumenthal«.)

Ausflug nach Gielsdorf-Wilkendorf

Im Februar 1861 hatte Fontane dem Verleger Hertz einen zweiten Band »Wanderungen« angeboten: »Oderland«. Hertz sagte nicht Ja und nicht Nein, wollte erst abwarten, wie sich der erste Band verkaufen ließ. Endlich, im Mai 1863, äußerte er sich: »1250 Exemplare Erstauflage. Honorar pro Bogen 13 Taler. Beginn der Drucklegung in 4 Wochen.« – Diese Nachricht stürzte den Autor in bedrohliche Zeitnot. Zum Glück hatte er auch ohne Vertrag schon die ganze Zeit über daran gearbeitet, so daß er ihm im September 1863 mitteilen konnte: »Es ist jetzt, ein paar Korrekturen abgerechnet, eigentlich alles fertig, mit Ausnahme des vorletzten Kapitels... das ich nicht schreiben kann, als bis ich in Gielsdorf und Wilkendorf gewesen bin.«

Gielsdorf, Wilkendorf und Jahnsfelde waren die letzten Besitzungen derer von Pfuel, zu denen einst auf dem Barnim und im Oderland zweiundzwanzig weitere Dörfer gehört hatten. Es war »nicht nur ein fürtreffliches, sondern auch ein uraltes Geschlecht... aus dem tapfere Kriegsschilde und wohlgelahrte, verständige Männer hervorgegangen sind«. Ihre Geschichte wollte er erzählen. Freilich: »Alles in der Kürze; aber mit einzelnen *Pointen*, damit es nicht allzu langweilig wird« (an Mathilde von Rohr, 4. 7. 1864).

Auf den Spuren der Pfuels hatte er bereits Schulzendorf, Garzin, Bukkow und Jahnsfelde durchforscht; blieben noch Gielsdorf und Wilkendorf.

Wie minutiös er seine »Wanderungen« vorbereitete – er mußte sie ja neben der Redaktionsarbeit bei der »Kreuz-Zeitung« bewältigen –, beweist der Brief an Hertz vom 18. 9. 1863: »... erlaube ich mir folgenden Vorschlag./*Montag mittag ein Uhr* in einem Ein- oder Zweispänner Abfahrt von hier auf gemeinschaftliche Kosten bis *Strausberg*, wo wir viereinhalb Uhr eintreffen. Sofort von dort nach Gielsdorf und Wilkendorf, die dreiviertel Meile von Strausberg entfernt sind; wir würden fünfeinviertel in

Gielsdorf, sechs Uhr in Wilkendorf sein, gerade noch rechtzeitig genug, um bei Tageslicht Dorf und Kirche sehn zu können./Zu beliebiger Zeit nach Strausberg zurück.« Leider ging der Plan nicht auf: Herr Hertz konnte oder wollte Fontane nicht auf der geplanten Reise begleiten, und so mußte dieser in den sauren Apfel beißen und die 10 Reichstaler für die Kutsche aus eigener Tasche bezahlen. Er hätte auch die Wriezener Landpost nehmen und den Rest zu Fuß gehen können, doch dazu hätte er sich zwei Tage Urlaub von der Zeitung erbitten müssen. Und das war ihm noch fataler.

Er konnte Gielsdorf und Wilkendorf an einem Spätnachmittag »abmachen«, weil er sich vorher in die umfangreiche Familiengeschichte der Pfuels eingelesen hatte, deren Andenken noch in Sagen und Anekdoten weiterlebte. Um der historischen Pointe willen wählte er aus der Ahnenreihe Christian Friedrich Pfuel: »Eine Stückkugel riß ihm, beim Sturm auf Kaiserswerth, den Kopf weg, und Rumpf und Glieder wurden in Gielsdorf begraben. Das war 1702. Er war Oberst in einem Infanterieregiment... Am Tage vor dem Sturm... will Pfuel in sein Zelt treten... und sieht sich selber, schreibend, am Tische sitzen. Er tritt hinter die Gestalt, blickt dem ruhig Weiterschreibenden über die Schulter und liest sein Testament. Dann verschwindet die Gestalt. Pfuel wußte jetzt, daß er andern Tags sterben werde. Er setzte sich auf den Feldstuhl, auf dem eben sein Doppelgänger gesessen, schrieb an seine Frau und nahm Abschied von ihr. Andren Tages fiel er an der Spitze seiner Sturmkolonne.

Es ist sehr wahrscheinlich, daß diese Geschichte zu Chamissos schönem Gedichte ›Die Erscheinung‹ Veranlassung gegeben hat. Wenigstens ist die Situation dieselbe. Chamisso war mit Fouqué befreundet, und Fouqué seinerseits kannte die Familientradition des ihm verwandten Pfuelschen Hauses.«

Fontane liebte solche Gruselgeschichten, die, in Spinnstuben, Lesebüchern und Hauspostillen weitergetragen, unbewußt an dem Geschichtsbild des schlichten Lesers woben.

Sehenswürdigkeiten

Den *Ort Gielsdorf* – »durch den schönen Ihland-See von Wilkendorf getrennt« – erwähnt Fontane mit keinem Wort. Die Häuser sind, typisch für den »steinreichen« Oberbarnim, aus Findlingsblöcken gemauert und geben dem Dorf einen etwas verschlossenen, aber soliden Charakter.

Die *Kirche* steht noch, wie sie Fontane beschrieb: spätromanisch, aus Granitquadern gefügt, gedrungen, trutzig; ein stummeliger Fachwerkturm erhebt sich nur wenig über das Kirchendach.

Auch das Innere ist so geblieben: Da ist die eingemauerte Steintafel »Zur Erinnerung an die 1460 unter Kurfürst Friedrich geschehene Belehnung des Werner Pfuel mit Gielsdorf und an den vierhundertjährigen Besitz seiner Erben. Gustav von Pfuel, 1860.« Fontane fand sie genauso beeindruckend wie den im 16. Jahrhundert aus fränkischem Kalkstein herausgehauenen Taufstein und die ebenso alten Glocken. Dem aufmerksamen Betrachter wird die Grabplatte eines geharnischten Ritters von Pfuel auffallen, der 1530 starb. Sie wurde erst 1883 aus dem Alten Dom zu Berlin nach Gielsdorf überführt.

Bemerkenswert ist der Schnitzaltar aus dem 16. Jahrhundert. Im Mittelpunkt Maria, ihr zur Seite Joseph und die Mutter Anna. »Die Anna hält *zwei* Kinder auf ihren Armen, und zwar auf dem rechten die Jungfrau Maria (so daß diese gleich zweimal auf dem Bilde ist, einmal groß und einmal klein), auf dem linken das Christkind. Die Jungfrau ... trägt, eminent puppenartig, das Kleid der Himmelskönigin.« Maria und Anna hingegen erscheinen wie dralle, pausbäckige Frauen vom Lande. Dieser Altar stand jahrhundertelang in der Kirche zu Wilkendorf und wurde erst 1975 nach Gielsdorf gebracht.

Wilkendorf (heute Ortsteil von Gielsdorf)

Das heute noch bewohnte, »reizend am Abhang gelegene, auf eine Talwiese niederblickende Herrenhaus« war damals erst wenige Jahre alt und für Fontane uninteressant, mit Ausnahme einiger Porträts, die über mannigfache verwandtschaftliche Beziehungen Auskunft gaben. Sie stammten zum Teil aus dem Besitz des Landrats von Briest auf Nennhausen im Havelland, »bekannt durch den klugen Beistand, den er der Armee des Großen Kurfürsten erst bei der Überrumpelung von Rathenow, dann später auf ihrem Marsch nach Fehrbellin leistete. Der letzte Sproß der Familie, eine Tochter, war an Friedrich de la Motte Fouqué vermählt.«

Jahrzehnte später griff der Romancier Fontane auf den Namen dieser verdienstvollen, aber ausgestorbenen Familie zurück und nannte seine Titelheldin »Effi Briest«.

Der Verbleib der Ahnengalerie von Wilkendorf ist nicht bekannt. In der spätgotischen *Feldsteinkirche* bewunderte der Wanderer einen (heute noch vorhandenen) aus einem großen Granitblock ausgemeißelten Taufstein: »Solche granitnen Taufsteine waren in der ersten Zeit der Christianisierung des Landes sehr häufig; allerorten auf den Feldern umherliegende Rollsteine, wie sie das Material zu den Kirchen selber boten, wurden ausgehöhlt, und die ›Taufe‹ war fertig. Die Bearbeitungskunst bleibt aber unter allen Umständen erstaunenswert, wenn man erwägt, wie geringe technische Hülfsmittel damals zu Gebote standen. Jetzt begegnet man solchen ›Taufen‹ nur selten noch.« Als zweite Sehenswürdigkeit nannte er »einen mit Geschmack und Pietät restaurierten Schnitzaltar« (unter Gielsdorf bereits beschrieben).

Denkmalpflegerische Leistungen dieser Art waren damals selten. Zwar bemühte sich der noch von Schinkel eingesetzte Erste Konservator der Preußischen Kunstdenkmäler, Ferdinand von Quast auf Radensleben, alles Erhaltenswerte zu inventarisieren, doch stieß er auf dem flachen Land oft auf Mißtrauen und Unverständnis. Wechselte ein Pfarrer oder eine Gutsherrschaft, so landete oft alles, was an den Vorgänger erinnerte, in der Rumpelkammer. Quast fand für sein Vorhaben in den Berliner

Kunsthistorikern Kugler, Lübke, Waagen und Eggers Verbündete; sie alle gehörten zum Freundeskreis Fontanes. Dieser engagierte sich nicht nur mit dem satirischen Gedicht »Kirchenumbau. Bei modernem Gutswechsel«, er rief auch im »Schulblatt für die Provinz Brandenburg« alle Geistlichen, Kantoren und Lehrer auf, ihm mitzuteilen, wo noch Bilder- und Schnitzaltäre aus der vorreformatorischen Zeit vorhanden seien. Er gab sogar seine Privatadresse an: Theodor Fontane, Berlin, Alte Jakobstraße 171, 3 Treppen; nahm die Mühsal umständlicher Korrespondenzen auf sich und fertigte auf seinen Wanderungen selbst Skizzen und präzise Beschreibungen von Kunstdenkmälern und Altertümern an. So sehr verlor er sein Herz daran, daß er beim Zusammenstellen der Kapitel für das »Oderland« bemerkte: »...eine gewisse Frische, Unbefangenheit und gefällige Plauderhaftigkeit fehlt, die dem ersten Band vielleicht wesentlich zu seiner guten Aufnahme verholfen haben« (an Wilhelm Hertz, 17. 5. 1863).

Seine Bedenken waren nicht unbegründet: Die erste Auflage verkaufte sich relativ schnell, um aber die 800 Exemplare der zweiten Auflage zu verkaufen, brauchte Hertz elf Jahre, von 1867 bis 1878. Etwas resigniert resümierte Fontane: »Ernst und Eifer werden selten honoriert. Der Leser will nicht belehrt, er will unterhalten sein.« Und er hielt sich in den Bänden »Havelland« und »Spreeland« an diese Erfahrung.

(Zitate, soweit nicht anders vermerkt, aus »Wanderungen« II, Kapitel »Gielsdorf«, »Wilkendorf«.)

Editorische Notiz

Fontane soll dem Leser auf allen Wanderwegen gegenwärtig sein, darum wurden im Text möglichst viele Originalzitate verwendet. Wird aus den »Wanderungen«, Romanen und autobiographischen Schriften zitiert, liegt in jedem Falle die Fontane Werkausgabe des Aufbau-Verlags, Berlin, zugrunde (Theodor Fontane, Wanderungen durch die Mark Brandenburg 1–7, © Aufbau-Verlag Berlin und Weimar GmbH 1991); Gedichte sind der dreibändigen Ausgabe des gleichen Verlags entnommen. Briefzitate beruhen – mit wenigen Ausnahmen – auf der vierbändigen Brief-Ausgabe des Hanser Verlags, München (Die Briefe Theodor Fontanes. Verzeichnis und Register, hrsg. v.W. Müller-Seidel, © Hanser Verlag München 1987). Hier wurde, um größerer Authentizität willen, Fontanes manchmal recht eigenwillige Orthographie und Interpunktion beibehalten.
Beiden Verlagen sei für die freundliche Genehmigung des Abdrucks gedankt.

Danksagung

Zu guter Letzt noch ein Wort in eigener Sache:
Ich möchte mich bei allen Fontane-Freunden bedanken, die mir die Ergebnisse ihrer lokalen Fontane-Recherchen uneigennützig zur Verfügung stellten. So waren mir die Forschungsarbeiten von Herrn Hans-Werner Klünner über die Wohnstätten Fontanes eine große Orientierungshilfe für das Berlin-Kapitel; mein Dank gilt auch Herrn Dr. Joachim Kleine (Zeuthen–Hankels Ablage) und Herrn Gerhard Fenske (Wusterhausen/Dosse), vor allem aber den Herren Dr. Manfred Horlitz und Peter Schaefer vom Fontane-Archiv Potsdam; sie standen mir über Jahre mit immer gleichbleibender Freundlichkeit und mit Rat und Auskünften zur Seite. Wie Fontane über Carl Ferdinand Wiesike, so darf auch ich von ihnen sagen: »Ich persönlich kann seiner [ihrer] nicht ohne Dank und Rührung gedenken und zähle die mit ihm [ihnen] verplauderten Stunden zu meinen... bestangelegten« (»Fünf Schlösser«, Kapitel »Schloß Plaue gegenüber«).

Register

Inhalt

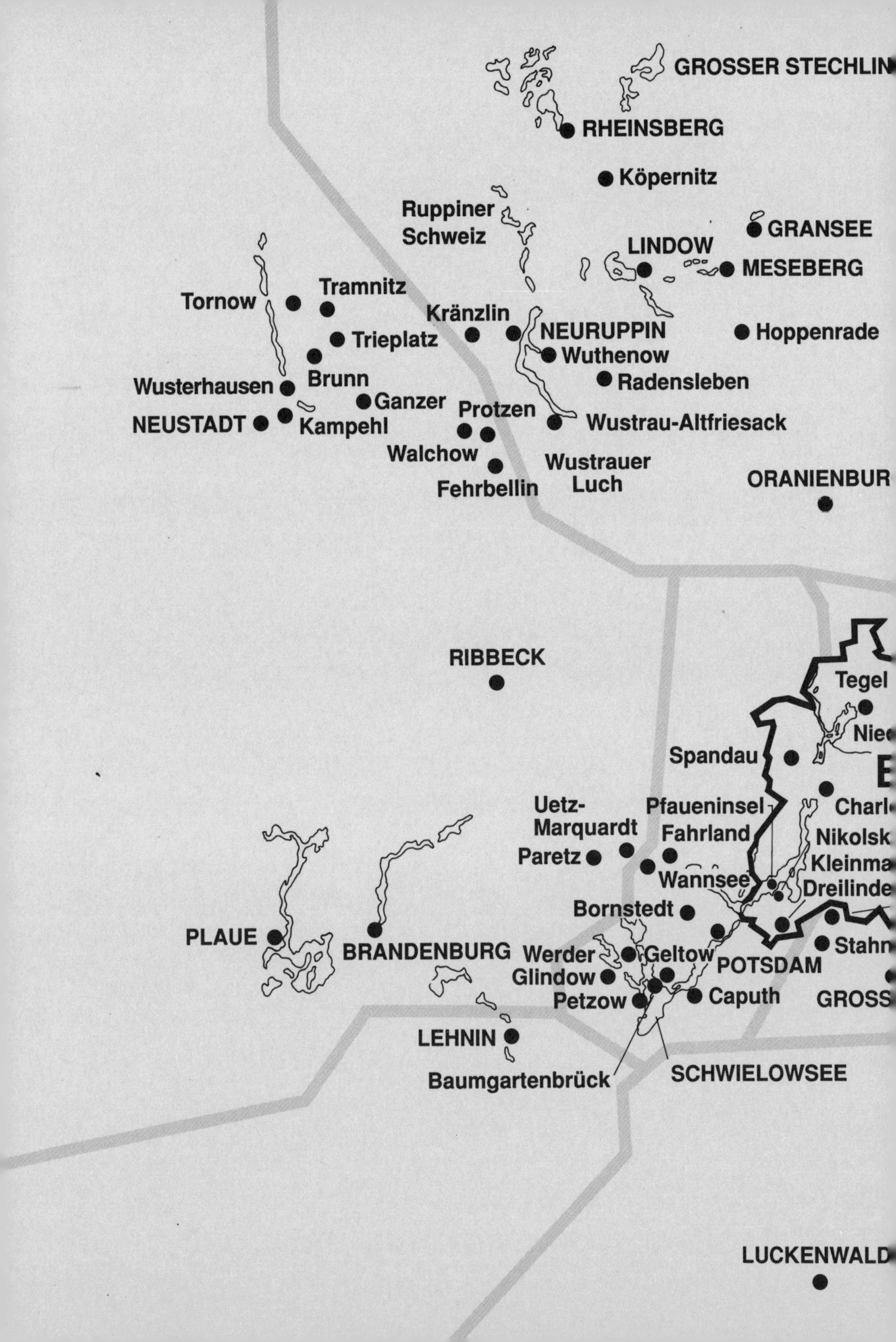

GROSSER STECHLIN
RHEINSBERG
Köpernitz
Ruppiner
Schweiz
GRANSEE
LINDOW
MESEBERG
Tornow
Tramnitz
Kränzlin
NEURUPPIN
Hoppenrade
Trieplatz
Wuthenow
Brunn
Radensleben
Wusterhausen
Ganzer
Protzen
NEUSTADT
Kampehl
Wustrau-Altfriesack
Walchow
Wustrauer
Luch
Fehrbellin
ORANIENBUR
RIBBECK
Tegel
Spandau
Uetz-
Marquardt
Pfaueninsel
Fahrland
Paretz
Wannsee
Bornstedt
PLAUE
BRANDENBURG
Werder
Geltow
POTSDAM
Glindow
Petzow
Caputh
LEHNIN
Baumgartenbrück
SCHWIELOWSEE
LUCKENWALD